小康目标后的江苏博物馆事业

——江苏省博物馆学会 2011 学术年会论文集

江苏省博物馆学会　编

文物出版社

封面设计：程星涛

责任印制：梁秋卉

责任编辑：周艳明

图书在版编目（CIP）数据

小康目标后的江苏博物馆事业：江苏省博物馆学会
2011学术年会论文集／江苏省博物馆学会编 . —北京：
文物出版社，2012.12

ISBN 978 - 7 - 5010 - 3607 - 3

Ⅰ.①小…　Ⅱ.①江…　Ⅲ.①博物馆事业 - 江苏省 -
文集　Ⅳ.①G269.275.3 - 53

中国版本图书馆CIP数据核字（2012）第261232号

小康目标后的江苏博物馆事业

——江苏省博物馆学会2011学术年会论文集

江苏省博物馆学会　编

*

文 物 出 版 社 出 版 发 行

北京市东直门内北小街2号楼

（邮政编码　100007）

http://www.wenwu.com

E-mail：web@wenwu.com

北京盛天行健艺术印刷有限责任公司印刷

新 华 书 店 经 销

787×1092　1/16　印张：18

2012年12月第1版　　2012年12月第1次印刷

ISBN 978 - 7 - 5010 - 3607 - 3　定价：90.00元

目　　录

强化陈列展览个性特色

研究保护利用文物资源

新技术与博物馆宣教

序　言

单霁翔先生在《从"馆舍天地"走向"大千世界"》一书中，提出了关于"广义博物馆"的系列思考，其核心内容是：博物馆是按其功能进行管理，还是按其社会职能、社会要求追求发展目标。按功能要求，博物馆应以收藏、研究、教育（展示）为最主要职能；而按社会要求，博物馆则须以提供更好的文化产品、文化环境和文化服务为己任。

今天，随着中国经济持续高速发展，经济与社会的协调、持续发展已成为政府和社会各界追求的目标，博物馆事业发展也获得了广阔的前景和难得的机遇。特别是在江苏省，2010 年底，全省已基本实现以县为单位的、高标准的小康社会，目前正向 2020 年实现基本现代化的目标迈进，以传承传统文化、弘扬地域文明、提供精神生活享受为服务目标的博物馆，无论是公立博物馆，还是民办博物馆，均已蓬蓬勃勃地发展起来。因此，坚持博物馆的社会职能是小康生活目标下博物馆事业发展的题中之义。

博物馆事业发展要以实现公众需求的社会职能为目标。要扩展视野，追求解码历史与传统、享受技术与艺术，追求协调社会公平发展、抚平公众的文化差异与族群地位差异，提供公平的文化休闲享受；要以特色和服务为要义，坚持以社会职能为第一目标的要求，发展公众喜爱的博物馆和特色博物馆群，发展过程中要防止政绩观和盲目建设的思路。因此，在政府、社会、行业和公民普遍重视博物馆发展的过程中，应坚持以实现和谐社会为目标的社会责任。博物馆社会职能的调整与完善，应该回归到服务社会发展的目标上来。

博物馆事业发展必须坚持服务社会与公众的原则。小康生活目标下，公众对博物馆发展提出了更高的要求，希望博物馆能从单一的馆舍走向社会生活的各个方面，包括促进城市文化进步、加强社会教育、改善民众生活、协调经济社会发展等因素。博物馆要从保护、展示文物藏品延伸到同时保护、利用带有不可移动性质的文物乃至文化遗产，从专业人士向往的缪斯的神圣殿堂转变为公众享受文化服务的休闲场所。同时，要防止将过多的资源用于服务文物和服务者本身。

博物馆事业发展必须坚持公益性特点。要防止出现以文物资产增值为目标、忽视和谐社会大众责任的"伪博物馆"，特别是以经营为目的的企业博物馆和以保值为目的的私人博物馆。我们鼓励民办博物馆的发展，坚持在一定阶段内，让其与公立博物馆一样，享受公益性文化设施的政策待遇。但是，民办博物馆必须坚持公益性特点，以服务社会及公众为目标，以非营利为宗旨，以安全利益为保障，以提供公平的文化享受为职能，切忌最终成为以文物买卖为核心的民间"文物商店"。

博物馆事业发展必须坚持更为个性化与艺术化的建筑空间与展览空间。坚持博物馆的个性化和休闲文化的个性特色，建筑与展览要体现藏品特色；坚持博物馆的地域文明特色，摒弃贪大贪洋、求全求最的建设心态，防止片面追求外观形象或地标建筑要求；坚持真实反映社会历史和时代精神，追求美的造型艺术和视觉效果；坚持建筑空间与展览功能的统一，注重人性化理念的表达，防止平淡、乏味和说教，从而最大限度地满足观众的参观要求和舒适体验。

　　中国实现小康社会注定将成为历史的必然，让我们站在新的起点，进一步扩展视野、理清思绪，找准目标、抓住机遇，让博物馆真正成为公众喜爱并愿意亲近的文化场所；让参观、阅读博物馆真正成为小康生活之后人们的一种生活方式；让旅英作家李俊明在伦敦的体验成为中国的现实———我不在家，就在去博物馆的路上。

（本文原载《东南文化》2011 年第 2 期）

江苏省博物馆学会理事长、南京博物院院长　

2012 年 3 月

提升博物馆的品质

白 宁

（南京市博物馆 江苏南京 210004）

内容提要： 江苏率先进入小康社会，博物馆事业迎来新的发展机遇，提升品质是博物馆建设的核心问题。需强化博物馆姓"公"的理念，强化经营博物馆的理念。理清发展思路，在新的历史时期更好地发挥博物馆的社会职能。

关键词： 博物馆姓"公" 经营博物馆

"十二五"时期，是我省全面实现小康社会并向基本现代化迈进的关键时期，博物馆发展迎来了新的机遇。在新的历史时期，加快博物馆建设步伐，充分发挥博物馆自身优势，充分发挥博物馆公共文化设施的作用，更好地为公众服务、为社会服务，是我们的使命。提升博物馆的品质，建设与小康社会相适应的博物馆，是我们奋斗的目标。我们要更新观念，创新理论，勇于实践，实现目标。本文就提升博物馆品质问题，谈些想法，求教方家。

一 强化博物馆姓"公"的理念

当今的博物馆是城市文化主要设施，从某种角度上说，了解一个地方的过去和现在是从博物馆开始的，一座博物馆就是一部物化的城市发展史，博物馆是彰显人类历史积淀和深厚文化底蕴的主要场所。人们通过文物与历史对话，穿过时空的阻隔，俯瞰历史的发展轨迹，感受华夏文化的博大精深。因此，博物馆不只是文物收藏馆，它还必须向社会开放，让众人走进博物馆享有公共文化资源。1974年，国际博物馆协会的丹麦哥本哈根会议，将博物馆定义为"一个不追求利益，为社会和社会发展服务的公开的永久机构。它把收集、保存、研究有关人类及其环境见证物当作自己的基本责任，以便展出，公诸于众，提供学习、教育和欣赏的机会"。这一博物馆的定性确定了博物馆为公众服务、为社会服务的方向。

多年来，各级政府扶持重视博物馆建设，把博物馆作为城市文化建设的重点项目，作为城市文化的名片，在城市建设中积极建设博物馆，改善场馆条件，提档升级，更新面貌。但是由于一张门票，把很多观众挡在了门外，博物馆与老百姓之间的距离甚远。为此，博物馆界曾专门把如何解决"门可罗雀"现象作为博物馆建设的研讨题目认真探讨。2008年，中宣部、财政部、文化部、国家文物局联合下发《关于全国博物馆、纪念馆免费开放的通知》后，全国各地博物馆逐步免费开放，拆除了博物馆的"围墙"，很多博物馆都出现过观众排队等候参观的现象，甚至上万人一天涌入博物馆的火爆场面。据 2012 年江苏省"两会"公布的数据，截至 2011 年底，江苏省免费开放的博物馆、美术馆、文化馆，总数达到 400 个，文化系统博物馆、纪念馆免费开放率达到 92.6%。一个国家、一个民族令人惊叹的文化财富不再束之高阁，每个公民都平等地享有欣赏和参与的权力，这是博物馆的一个巨大的变化。它标志着博物馆回到了公众文化场所的位置，成为基本公共服务的主要提供者。

博物馆建设和管理已经纳入了公共文化体系建设中，我国正在积极进行深化事业单位内部管理制度和运行机制的改革，博物馆与图书馆、群众艺术馆都被列为公益性事业单位，而且是纯公益性的。所谓纯公益性事业单位，除了是财政全额拨款外，所从事的是不以经济利益为目的，与人们日常生活息息相关的行业。至此，博物馆曾经以抓好社会效益、经济效益，以创收来弥补经费不足的阶段已经结束，国家以足够的资金用于博物馆为公众服务，满足公众的精神文化需求。这一重大转变，再次把博物馆为"公"服务的性质确定下来。

博物馆姓"公"性质的确定，要求博物馆人在体制、机制、管理及措施等方面必须相应的跟上，在理念上有足够的认识。因此，迫切需要对自身的社会文化角色与社会责任进行再认识，对博物馆文化价值与社会需求进行再认识，对博物馆致力于服务社会达到与社会公众需求之间的高度和谐进行再认识，在这场变革中重塑自身形象，在公共文化体系建设中发挥更大的作用。

1. 提升博物馆品质，体现公益性特点

"十一五"期间，江苏博物馆的场馆建设速度较快。无论是中国第一家博物馆南通博物苑、贝聿铭先生封笔之作的苏州博物馆，还是坐落于江南最大的古建筑群内的南京市博物馆，都显示了江苏博物馆场馆的实力与特色。各种专题博物馆、纪念馆从不同角度展示着江苏历史文化丰富的内涵。博物馆数量倍增，历史馆、艺术馆、专题馆、纪念馆、科技馆、自然馆、综合馆门类齐全，国有博物馆和民营博物馆都得到了发展，形成了独具特色的江苏博物馆体系。江苏 13 座城市的市级综合馆改造基本完成，县级博物馆展览展示和服务水平提升工程不断推进，省博物院正在进行全面的升级改扩建，江苏的博物馆率先走上了现代化之路，为文化大发展大繁荣奠定了基础。

公共文化究其实质，一要姓"公"，二要有文化。所谓公共文化的"公共性"，体现在普遍性、均等性和非营利性上。公共文化设施是用纳税人的钱建立起来的，"取之于民，用之于民"，理应为人民服务。服务公众，体现公益性，是博物馆的使命和责任，就是要在"十一五"期间打下的良好的硬件基础上，更好地研发体现博物馆公益性特点的服务软件；就是要把博物馆工作的重心转移到为公众服务、为社会服务上去，让更多的人了解博物馆、走进博物馆、关注博物馆，在博物馆与社会公众之间架起沟通的桥梁。

"博物馆"一词起源于希纳文 mouseion，它的意思是一个专门为供奉希腊神话中掌司诗歌、舞蹈、音乐、美术、科学等活动的九个女神 meusin 的场所，即缪思美神之殿。这被公认为世界博物馆之始。经过 20 多个世纪的发展，博物馆从最初的"缪思美神之殿"，经历了从宫廷、贵族、教堂、寺院的收藏，到个人博物馆的兴起，直至今天公共博物馆发展的过程。21 世纪的博物馆相对于古老博物馆在性质、功能上发生了根本性的变化。那么，进入小康社会后，博物馆要"从专业人士向往的缪斯的神圣殿堂转变为公众享受文化服务的休闲场所"[1]。这是博物馆姓"公"的发展目标。

目标确定，理论先行。要体现公益性，必须构建起博物馆公共服务体系，必须探索与其相关的理论体系和方法论。我们要打破传统的办馆理念，坚持博物馆的公益性特点，探索公益性的措施。我们要逐步实现博物馆的社会服务由传统的宣传教育型向多层次教育服务型转变，博物馆功能由科学研究型向科学普及型转变，陈展方式由单一型向多元化转变，博物馆工作由封闭型向开放型转变。这不是简单地打开博物馆的大门，实行形式上的免费就行了，关键是要有免费服务的内容和举措。我们要为普通人办博物馆，把参观博物馆变成人们生活的常态，成为小康生活中人们的一种生活方式，让博物馆真正为公众所拥有。

2. 提升博物馆品质，实践为公众服务

《国家文物博物馆事业发展"十二五"规划》中明确了推动博物馆发展从数量增长向质量提升转变是"十二五"期间的主要任务，博物馆在公共文化体系建设中，必须提升博物馆的品质，为社会服务，为公众服务。然而，提升品质和服务都不只是口号，更需要在博物馆免费开放中不断探索与实践。

做好服务，就要关注服务对象的需求。进入小康社会后，人们对精神生活的需求发生了变化，他们可以通过看书、看电视、看戏、看博物馆等方式丰富文化生活，但是这几年大批量的书籍、大量的影视片以及敞开大门的博物馆对公众的吸引力并没有达到预期的效果。由此向我们提出了如何服务的问题。

日本九州博物馆开放六年来接待观众已超过1000万人次，是"好看好玩，亲近观众"赚来了如此高的人气。博物馆馆长三轮嘉六说："我们的目标，是建设一座与市民息息相关的博物馆，让所有人都能在这里享受到文化的乐趣。"为吸引青少年观众，"博物馆要比学校更有趣，比教科书更简明易懂"[2]。为了吸引观众，九州博物馆不仅在展览的趣味性、体验性上用足心思，还发掘出很多颇具创新意义的参观项目，让观众对博物馆始终保持亲近感和新鲜感。不仅使博物馆有着很高的参观率，更有回头率，观众成了博物馆的常客，市民成为博物馆大家庭的成员。

美国大都会博物馆不仅有"义工"承担着18个业务部类的专题导览、"精品导览"，还有馆长亲自用4种语言讲解54件他最喜爱的展品的"馆长推荐"录音导览。通过各种导览形式，启发观众的思维，让观众对博物馆的展品产生兴趣。此外，博物馆内从展览到影视放映、专题讲座，甚至到餐饮、购物等，各项活动都从观众的需求出发，为观众在博物馆待上一天提供了多种选择方式[3]。

从上述举例可见，公众到博物馆不仅仅是来接受教育、与历史对话，同时也是来享受与一般文化场所氛围不同的生活。因此，为公众服务就要为公众营造"参观就是生活"的环境，将博物馆建成与公众文化生活息息相关的场所。这是提升博物馆品质的重要方面。

我国博物馆的参观人数不是很均衡，甚至在大城市中，有的博物馆人头攒动、摩肩接踵，有的博物馆观众稀少，甚至难得见到观众。究其原因，无非是博物馆对观众开放的内容无特色，与观众交流的形式落后，从建馆到办展、服务，按照省馆、大馆的模式生搬硬套，忽视了自己城市的文化基础和百姓对博物馆的需求，不了解他们对博物馆的体验要求、认知度和期望值。以举办展览为例，当博物馆举办了上百乃至上千个展览后，一些优秀的展览脱颖而出，成为博物馆陈列展览水平的标尺。但是我们也看到这样的现象，历史类展览千篇一律，形成了"先看骨头再看陶，看完铜器看烧窑……"的模式。这些从内容到形式雷同的展览，关键是没有把博物馆与城市文化结合起来，没有把乡土史料的精华与城市文明的特色结合起来，没有把藏品优势发掘出来，没有把博物馆的个性显现出来。因而博物馆不能引起观众的兴趣，自然就没了回头率。对观众而言，博物馆与他们的生活关联不大，是可以去也可以不去的地方。由此可见，提升博物馆的品质至关重要，博物馆的品质与公众的需求是密切相关的。

我们要分析观众的需求，了解观众的求知欲望、审美要求，按照观众需要设计展览，为公众的生活提供修学、休闲的环境。在工作中要善于把观众作为朋友进行平等交流，要善于将学术成果、文献记载转化为能被公众接受的普及性的陈列语言。我们应改变那种拍脑袋办展览，"我办你看"，甚至自诩为"高雅"的展陈状况；改变那种把观众当作被教育对象的观念。探索博物馆展陈设计既有"定向思维"的方式，又有"发散思维"的多元化方式，我们应通过展陈设计将博物馆的科研、文化成果惠及每个公众。

由此可见，博物馆品质的提升不仅仅在于增加高科技的展陈辅助手段、整合文物展品，还在于博物馆与公众之间要有共同的目的、共同的语言，博物馆的文化是普通人能接受的、老百姓所喜欢的。博物馆品质的提升是在公众满意基础上的提升，是在融入城市文明建设中的提升。

二　强化经营博物馆的理念

博物馆是非营利机构，多年来"经营"的概念似乎与博物馆建设没有太大的关系。近二十年来，我们仅限于将博物馆的经营创收活动作为博物馆的经营，而博物馆与企业的经营方式是没有关系的。21 世纪后，国际博物馆学界提出了"经营博物馆"理念。在 2010 年上海召开的第 22 届国际博物馆协会大会上，英国博伊兰（Boylan）主编的《经营博物馆》一书引起了大家的关注。2011 年，中国博物馆协会又推出美国博物馆协会伊丽莎白·E·梅里特评述的《美国博物馆国家标准及最佳做法》一书，此书成为区域博物馆专业委员会培训的教材。

现代经营是指经过筹划（含决策、计划）、控制、组织、实施等经营职能，使其达到期望目标（目的）的活动。经营博物馆的概念则是指：以市场为对象，以陈列展览和宣教服务为手段，为实现博物馆服务社会、服务公众的目标，通过筹划、组织、管理和开拓、创新，使博物馆的投资、保护、利用、陈展及宣教服务等一切活动与博物馆的外部环境保持动态均衡的一系列有组织、有计划的活动。其目的是使博物馆的资产不断增值，社会声誉不断提高，在城市文化建设中发挥积极的作用。

经营博物馆与管理博物馆概念基本相同，但是略有区别。经营离不开管理，经营的内涵中有很大的管理成分，但是在博物馆的建设和运行中，使博物馆的藏品（无形资产）与博物馆场馆（有形资产）保值增值，发挥最大的效益，的确是个经营问题。我国大多数博物馆都是政府投资建设的，政府把博物馆作为提升城市文化品位的平台、弘扬中华优秀传统文化的窗口精心打造。一些博物馆投资上亿元乃至十几亿元。博物馆的运行经费主要来源于政府财政拨款，政府的投资为的是当地的历史能够得到展示，文脉得以传承。江苏率先进入小康社会后，博物馆场馆面貌发生了很大的变化，有的博物馆建筑成为城市文化建筑的地标，展陈的水平走在全国的前列。具有优厚条件的博物馆，完全应当在现有的基础上，更好地利用自身优势，发展博物馆，使博物馆在保持原有价值的基础上体现出新的价值。为实现这个目标，博物馆人必须研究如何经营博物馆，探究博物馆经营规律，寻找博物馆经营方式。

博物馆实行免费开放后，就没有经营门票增加收入的问题，政府下拨的经费保证了博物馆的正常运行。但是，博物馆需要发掘藏品内涵，用文物见证历史，帮助观众唤起历史的记忆，传承中国优秀传统文化，建设精神文明家园。博物馆需要将藏品的物质形态和丰富的历史信息展示出来。博物馆的藏品连接着大千世界，沟通着历史与现在，这种经营大有学问。我们应当根据社会与城市文化建设的需求建设富有特色的博物馆，在满足人们的精神生活需求这一命题上做文章，为此，需要我们博物馆人倾心经营。

目前，博物馆发展偏重于展陈而忽视了博物馆的基础工作，以至于故宫"十重门"成为2011年媒体和社会关注的话题。"故宫老了"，这是人们对故宫若干事情发生后的评价。其实，它反映了博物馆管理滞后，经营方式老化了。故宫"十重门"向中国博物馆界提出了必须重视现代博物馆经营的问题，因此必须从管理体制和制度上研究现代博物馆的经营。

从《经营博物馆》一书中得知，藏品管理、库存与建档及藏品的照管与维护等都是博物馆经营的内容。而这些方面的管理，我国的《文物保护法》、《文物保护法实施条例》、《博物馆管理办法》、《博物馆藏品管理办法》、《中国文物博物馆工作人员手册》等早有规定[4]。众所周知，文物是博物馆的基础，曾经有人把博物馆的文物库房比作心脏，没有文物就不是博物馆。没了文物，博物馆经营也就没了基础。作为国有博物馆，是国家委托我们在管理属于国家的文物及文化遗存，因此我们要有敬畏之心，爱惜文物要像爱惜眼珠一样，以强烈的责任感保护好文物。博物馆对文物的管理不可无章可循，因为文物不可再生，文物伤不起。文物在博物馆中应当有一个稳定、安全的收藏、展示环境，还应当有一批维护文物使其延缓衰老的专家型"保姆"。除了定期检查文物状况外，在使用文物时要考虑改变文物存放的环境是否对文物有伤害，在人为操作时要想到是否对文物有伤害，要把对文物伤害的程度减到最低，使我们这一辈人管理的文物能够"子子孙孙永保用"。为此必须从文物保护的角度倾心研究博物馆的经营。

静态的文物、久远的历史能够通过博物馆载体让现代人与历史对话，要营造这样的空间，博物馆人必须要读懂文物，读懂历史，读懂艺术。博物馆人有着与文物零距离接触的条件，理所应当重视发掘文物内涵，诠释历史，把发掘资源作为重要任务，潜心研究，用丰富的展示手段使静态的文物得到充分展示，得到升华。我们要让以文物为主体的博物馆成为一座城市和城市的人民不可或缺的文化场所。为此必须从文物展示的角度倾心研究博物馆的经营。

经营博物馆是靠人来完成的，博物馆的人包括管理者和专业人员。故宫"十重门"后，人们对什么人能做博物馆掌门人议论纷纷。其实，能够承担起博物馆管理的掌门人，不论是专家还是行政人员，都应当具有管理水平和经营能力，熟知博物馆的法律法规，熟知博物馆的家底和经营内容，熟知博物馆的管理体系，熟知博物馆的发展规律，同时还应具有高度的责任感。只有这样,才能承担起重大的历史责任。掌门人要能够将博物馆的国有资产管理好。国家把流传千年的文物交给博物馆管理,这些财产属于国家,它不是博物馆个体的财产,不是私有财产。因此,掌门人就要负起上对得起祖先,下对得起后代的责任,让文物在我们的手上很好地传承下去。为此,博物馆的经营者必须掌握经营的本领,面对数量众多的馆藏文物,面对政府投资兴建的馆舍、展厅,管理者有责任把它管理好、经营好。

中国博物馆发展历经百年,纵观博物馆的发展,历经了从 20 世纪 50 年代博物馆普遍采用的苏联博物馆"三部一室"的模式,到 20 世纪 80 年代中国博物馆学会提出的"三性二务"的模式,直到改革开放后的"二个服务"、"多元化"模式,以及现在的"经营博物馆"模式。博物馆建设理论的探索与实践远远没有终结,我们应当在博物馆建设理论上不断探索,不断实践,不断发展。国外博物馆的经验可以借鉴,但是由于国情、体制、人员素质及社会环境不同,盲目地生搬硬套是不能奏效的。走中国博物馆发展之路是硬道理,经营博物馆应当适合中国博物馆的情况,适合国情。潜心研究博物馆发展之路、经营之道,让中国特色的博物馆和博物馆事业得到长足的发展。

注释:

[1] 龚良:《扩展视野　坚持博物馆的社会职能》,《东南文化》2011 年第 2 期。

[2] 朱凯:《亲近市民,博物馆才有"回头率"》,《南京日报》2012 年 2 月 15 日。

[3] 段勇:《美国博物馆的公共教育与公共服务》,《中国博物馆》2004 年第 2 期。

[4] 国家文物局、中国博物馆协会编:《博物馆法规文件选编》,科学出版社,2010 年。

关于地市级博物馆新馆建设的思考

陈丽华

（常州博物馆　江苏常州　213022）

内容提要： 地市级博物馆新馆建设的浪潮方兴未艾，在一座座新馆拔地而起的同时，一个个遗憾也尾随而至。面对地市级博物馆新馆建设中存在的难题，博物馆人当认识到症结所在。通过提高地方政府认知程度，对新馆定位进行理性判断，积极参与建设过程，重视新馆后续管理等方面工作，以期使新馆建设更趋合理。

关键词： 地市级博物馆　新馆建设

在当今中国，博物馆的文化价值正在逐渐得到重视与认同，中国的博物馆事业迎来了发展的黄金时代。十几年间，我国新建了一大批博物馆，除国家级、省级大馆外，其中多数为地市级博物馆。然而面对一座座新落成的博物馆，我们博物馆人在欣喜之余，一旦冷静下来以审慎的态度对博物馆新馆建设进行思考，就不难发现现实中有着许多不足之处亟待解决。以下是对于地市级博物馆新馆建设的一些思考，希望能够引起各位专家和同行们的关注和探讨，以促进地市级博物馆新馆建设朝着更健康、更科学的方向发展。

一　地方政府应提高对新馆建设的认知程度，尽快出台新的博物馆建筑标准

我国的地市级博物馆作为文化事业单位，绝大部分都是由地方政府的财政拨款维持运转的，新馆建设同样也要政府出钱。因此，政府对于博物馆建设项目认知程度的高低，直接影响博物馆建设的方方面面。博物馆建设项目能够被提上政府议程，说明政府对于博物馆建设是有热情的，但是光有热情没有深刻的认识是远远不够的。博物馆建造是一项极为复杂的工程，不仅专业性强，而且涉及面广，在建筑功能的适用性、陈列设计的独特性、建筑设计和陈列设计的相符性、安保及文物保管技术的可靠性等方面都有特殊的要求。而要在以上领域做到符合博物馆建筑要求，就需要对设计单位和施工单位的资质进行严格的甄选，并提出具体的实施要求。在这方面，博物馆人作为博物馆以后的使用者却很少具有话语权，作为为博物馆建设买单的政府，无疑在招投标过程中具有绝对的主动权。

1989 年，国际博协关于博物馆的经典定义中称"博物馆是非营利的、为社会及其发展服务、向公众开放的永久性机构"。作为"永久性机构"的载体，博物馆建筑也是各地方公共文化事业的代表性建筑，因此，在建造时更应当慎重其事。笔者认为，地方政府在为博物馆建设立项的同时就应该留下足够的时间，充分听取博物馆界的声音，了解博物馆建

设的独特性，对本地博物馆的馆藏特色以及未来新馆开展各项工作的需求等情况进行摸底，并以此为依据对博物馆建造工程进行统筹思考、认真论证和详细规划。但是，现实情况却很难达到这样的理想状态。有的建设工程时间紧促；有的在成熟的陈列设计出台前，建筑设计就已经完成并开始施工；有的索性就是"交钥匙工程"——一座建好的建筑直接交付博物馆使用，但是建筑功能却不符合博物馆的工作需要。出现这种情况在很大程度上并不是因为政府不重视博物馆建设，而是因为政府对于博物馆建设的认知程度不高。政府花了大钱却做了博物馆不领情的事，这是我们不希望看到的。

地方政府作为地市级博物馆建设的真正主导者，他们对于博物馆建设相关理论的缺乏是各地博物馆建设中最亟待解决的问题。如何提高政府对于博物馆建设的认知程度，是值得我们博物馆人思考的问题。多年来，博物馆界一直对于博物馆建设的理论非常关注，希望地方政府在建博物馆的过程中更加理性，更多地关注博物馆建设的重点。但是，要求地方政府认识博物馆建设的重点，显然也是不现实的，因为一届政府建一座博物馆几十年才碰上一次。怎么在实际工作中提高可操作性，许多博物馆专家对此提出了自己的建议。吕济民先生呼吁"建立博物馆建筑的标准"；苏东海先生呼吁"加强博物馆建筑理论的研究，以更好地指导实践"；周士琦先生"希望能在国家文物局正在制定的陈列设计规范中加入对博物馆建筑的评估"[1]。这些建议都非常具有时效性和针对性。但是仅仅在博物馆界普及博物馆建设理论，仍然是不够的。靠各地博物馆去向当地政府争取，其难度和普遍适用性并不乐观，而且博物馆人不是建筑师，无法从建筑学上对馆舍合理性和可实施性进行论证。1991 年，建设部和文化部颁布了《博物馆建筑设计规范》，现在看来这部规范中的条文比较宽泛，不能与博物馆建设要求逐步提高的现状相适应。笔者认为，当下我们博物馆人应与建筑业的专家们通力合作，尽早制定颁布新的、符合时代要求的博物馆建筑法，明细博物馆建设的准则、标准以及具体的管理办法，以此作为以后博物馆建设项目的指导来加以严格遵守。有了明确的相关标准和实施办法，那么对于博物馆建设的要求就有了明文规定，有章可循，有法可依，政府对于博物馆建设的认知就有了切实的保障，这才是我们广大地市级博物馆迫切需要的。

二　新馆建设前对于新馆的定位需要博物馆人理性判断

2010 年，江苏省博物馆学会就"中小型博物馆发展的个性与特色"展开了专题研讨会。笔者与许多省内的专家一致认为，明确定位对于中小博物馆的发展与经营是至关重要的。地市级博物馆大多属于"中小型博物馆"的范畴，在建馆过程中大多面临着种类趋同、特色不明显，藏品量少、难成系列，以及建馆资金不足等问题。这些问题的客观存在，很难得到根本上的改变。然而正确地为新馆定位，树立自身特色，不仅可以有效地弥补自身建馆条件上的不足，同时也可以为以后的发展奠定坚实的物质基础。

我国的地市级博物馆中历史类博物馆占据着绝大部分。这种现状与我国的博物馆体系以及重视历史教育的传统有着直接关系。但是大家都搞历史陈列，即便在陈列设计上动足了脑筋，仍难免会出现一些固定的套路，为彰显各自特色制造了困难。根据丹佛亚洲艺术协调理事会主任史珏丽 1999 年 9 月的研究报告，在博物馆高度发达的美国，在所有类别的博物馆中，艺术类博物馆占15%[2]。其实，我们地市级博物馆筹建艺术类博物馆也是完全可行的。艺术类博物馆如能与本地特色工艺进行紧密结合，那么不仅能够彰显自身特色，同时对于地方的宣传和教育工作也能起到非常大的作用。以苏州博物馆为例，苏州馆的建馆定位中就大量地引入了地方工艺，展览的艺术性非常高。观众走进博物馆在欣赏精美的艺术作品的同时，对于地方的历史文化也会有一个直观的认识。这样的定位同样也能创造可观的社会效益。

针对地市级博物馆藏品量少、难成系列的现状，笔者认为，地市级博物馆建设应该采取有多大能力建多大馆的做法，为自己量身定做，定位的重心应该放在研究自身特色上。如果馆藏文物不能支撑起大型陈列，那么盲目建设大馆舍、长展线就是不客观的。即便采用大量的声光电技术或者场景复原等方式拉长展线，也只会导致形式上的喧宾夺主和展览内容上的空洞。同时，这样求大求全的建馆定位对于财政拨款也是一种浪费。而根据各地历史和人文特点，凝练展览主题，把展览做细做精，通过展览内涵来吸引观众，才是务实的办馆态度。特别是在相邻市县历史文化差异不大，藏品种类、特征相对接近的地市级博物馆，做好建馆定位就变得更加困难。单纯追求馆舍精美、展览宏大，但是摆在观众面前的文物和讲述的历史背景却大同小异，那无疑就是建馆定位上的失败。所以，大力发掘藏品内在的人文价值，彰显地域和本馆特色，才是我们地市级博物馆做好建馆定位所亟待解决的问题。

在建馆资金有限的情况下，无法建设大馆舍和展厅，那么在努力争取的同时，更应该扬长避短，科学把握，合理定位。在"展览哲学"上，欧美博物馆有着两种截然不同的做法，一种是英国式的"密集陈列"思想，一种是美国式的"精品陈列"风格。以美国博物馆为例，在大都会艺术博物馆300多万件藏品中，有100万件常年对公众展出，约占藏品总数的30%。而在史密森尼研究院下属单位的庞大收藏中，则只有2%常年对外展出[3]。这个例子虽然举的是美国的大型博物馆，但是从中我们可以看到不同的展览思路。有些时候，客观条件确实无法为博物馆提供足够的展览空间，作为博物馆人我们无力改变现状，但是通过不同的定位，为自己找寻可行的办馆思路却是我们能够做到的。

三　博物馆人的参与和策划在建馆过程中至关重要

一个新博物馆建设项目是否成功，很大程度上取决于博物馆人如何参与和策划。博物馆是博物馆人的家，我们应当充分发挥主人翁精神，积极参与到博物馆建设工程中去。对于博物馆人来说，要做到新馆的合理布局、科学设计，以下四点至关重要。

首先，必须有一支懂业务、精专业、知家底的博物馆人的团队全程参与新馆建设。不管是代建制、委托制还是自己建，从博物馆建筑设计到扩初设计直至土建开始，其中所有的流程（包括招投标），博物馆的团队都要参与知晓。即便是采用了代建制模式，博物馆人虽然不作主，没有话语权，但仍然要有甲方确认签字的权利。博物馆的团队要熟知本馆情况并充分发挥专业知识，根据博物馆的行业规范，要求代建方得到我们的认可。在这个过程中我们要据理力争，说服代建方，这是我们应尽的权利和义务，责任重于泰山。上海博物馆的新馆建设就是一个极好的例子，在马承源馆长带领下的上博团队无疑在整个建设过程中发挥了核心作用，为以后上海博物馆跻身全国一流、世界先进的博物馆行列打下了坚实基础。

其次，细节决定成败，博物馆人要认真对待新馆建设的每一个环节、每一个细节。1974年国际博协章程中明确指出，博物馆的职能是"对人类和人类环境的见证物进行搜集、保存、研究、传播和展览"。因此，一个功能齐全的博物馆不可以单纯注重某些职能，却忽略或轻视其他职能。目前，确实在地市级博物馆新馆中存在着一些遗憾：有的博物馆建筑很漂亮，但对于展览和文物保管来说不够实用；有的布展规模很大，但内容与形式不符，在知识和信息传达上存在缺憾；还有的陈列展览很精致，但文物库房和办公条件相对较差，不相协调。因此，博物馆人不仅要抓住建新馆的好时机，打一个翻身仗，彻底改变博物馆面貌，更要讲求和谐建馆、和谐办馆，相互协调，使博物馆各项职能都得到提升，为博物馆的可持续发展奠定良好的基础。这就要求我们无论是展厅陈列、库房建设还是办公区域和公共空间，都要考虑周全，严格从博物馆的性质、内容、要求来合理布局、科学分配，不能顾此失彼。同时，在建设过程中，一定要注重细节。有时候，一个小小的电源插座的位置都会影响到日后工作是否能顺利开展。所以必须精心策划，精心打造，精心布展。要给博物馆的馆藏安一个现代化的家，凡事要有超前意识，新馆完工后至少10年之内不落后、不被淘汰。切不能新馆刚建成，问题就一大堆，这里不符合要求，那里不能使用，这个不科学，那个落后了。否则就又需要改造重建了，这是我们博物馆人最不愿意看到的窘境。

再次，严格按照博物馆安防要求设计施工。"博物馆可以是一个蕴含着高度风险的地方，而且，在所有分类中，这些风险都被列在'高度'的类别里。它的藏品尤其容易受到来自破坏行为的威胁，如蓄意破坏、火、水、化学物的威胁等"[4]。因此，博物馆安保工作是最重要的，保证文物安全是我们每个博物馆人的职责所在。以往经验告诉我们，新馆建成开放好几年安防验收都未通过的例子很多。博物馆人强化建设方对于博物馆的风险认识，督促他们加强安防设计，就成了一件头等大事。1992年，我国就出台了《文物系统博物馆风险等级和安全防护级别的规定》，其后又对《规定》进行了修订。《规定》对于安防工程设计、安防工程程序与要求以及安防系统的技术要求等，都有着明确的标准。按程序，博物馆建设在建筑施工前就需按照博物馆的风险等级逐级报批安防设计方案，请有关专家论证提出修改意见，方案批准后才能进入正式施工，最后按风险等级通过安防验收方能开馆。作为博物馆法人对此一定要重视，不出问题不要紧，万一安防上出事故追究责任，法人是第一责任人，责无旁贷，望引以为鉴。

最后，博物馆人要与建设方齐心协力，形成合力。政府投入造新馆，用的是国家的钱，所以我们要对纳税人负责，要把钱花在刀刃上，要物有所值，要保质保量。因此，新馆建设开工后，更要从质量抓起。博物馆的团队要经常深入建设工地提要求、讲建议。一方面，要监督承建方；另一方面，也要与他们做好沟通工作，在理解他们意图的基础上，提出自己的意见和理由，博取他们的理解和支持。博物馆的建设过程其实就是博物馆界与建筑界的一次碰撞与结合。只有双方充分配合才能使博物馆的建设更加合理有序，最大程度地满足博物馆的工作需要。

四 新馆开放后的后续管理

一个博物馆从老馆到新馆，在陈列展览、开放宣传、文物保管等方面都发生了翻天覆地的变化。面积增大、场地扩大、人员扩编，各方面运行的成本都发生质的飞跃。特别是博物馆对社会实行免费开放后，博物馆就成了一个城市的会客厅、窗口单位，每天人来人往，因此我们必须要做得更好，即使没有任何的创收和经济效益。这就需要我们博物馆人在建馆之初，对新馆开放后的后续管理作一个理性的思考，提出可行性报告，为博物馆新馆的后续管理打下良好的基础。以我们常州博物馆为例，新馆的后续管理一直处于良性的循环运行中。2007 年 4 月 28 日，常州博物馆新馆正式对社会开放。在此之前，我们提出了社会化管理博物馆的可行性报告，从保安、保洁、绿化、维修、弱电管理、接待会议服务到水电运行都由市政府机关事务管理局延伸管理，由财政统一按实结算。这种运行模式实行四年多来，我们觉得非常顺畅。博物馆人从科学管理的角度提要求，通过考核、签字等手段，不断提升社会化管理部分的服务水平，这样就解决了博物馆的后顾之忧，使我们的日常工作从这些杂务中解脱出来，从而将更多的精力投入到业务工作中。但也有些地市级博物馆新馆建成后，运行经费未得到落实的例子。馆长自己去跑经费，花费的精力非常大，劳心费神不说，对于博物馆业务工作的影响也很大。因此，公益性事业单位在新形势下的管理模式也有待我们去探讨和研究。

此外，地市级博物馆新馆开放后很重要的一点是，要适时调整博物馆的部门设置，根据各个馆自身的特点和要求，重新设置部门职责。人员的配置及时到位，岗位职责清晰明确，才能使新馆运行良好，充分合理利用新的硬件设施，实现社会效益最大化。这些工作因各博物馆的现实情况不同，所以实施起来也会各有差异。不过，建馆之前对于未来工作的思路一定要具有一定的前瞻性，否则新馆舍老办法，无疑会严重影响博物馆工作的提升。

地市级博物馆的新馆建设是一个非常严峻的课题。当然，在博物馆发展的黄金时期，我们有理由也应有信心克服难题。所需要的不仅是努力的工作，更要有理性的思考和判断。如何趋利避害，少犯错误，少走弯路，值得我们深思。

注释：

[1] 王莉：《博物馆专家、建筑专家关注博物馆建筑问题》，《全球化下的中国博物馆》，文物出版社，2002 年。

[2] 段勇：《当代美国博物馆》，第 11 页，科学出版社，2003 年。

[3] 段勇：《当代美国博物馆》，第 86 页，科学出版社，2003 年。

[4] 帕维尔·伊拉塞克：《博物馆安全和应灾准备》，《经营博物馆》，译林出版社，2006 年。

博物馆在旅游业中的定位

王栋云

（南通博物苑　江苏南通　226001）

内容提要：近年来，随着我国改革不断深入，经济快速发展，公共文化事业和文化产业取得了长足的进步。随着人民文化水平的提高和生活的不断改善，高层次的精神需求愈来愈强烈，旅游逐渐成为人们休闲娱乐的首选。本文从博物馆与旅游相结合的角度初步探讨了博物馆的发展趋势。

关键词：博物馆　旅游　效益

近年来，随着人民文化水平的提高和生活的不断改善，高层次的精神需求愈来愈强烈，旅游逐渐成为人们休闲娱乐的首选，旅游热已成为一个明显的社会现象。博物馆与旅游相结合是博物馆发展的大趋势，是我们在以后很长一段时间内不得不面临的课题。文物和旅游相互依存，密不可分，它们之间的相互关系主要体现在三个方面：首先，文物在旅游资源中占有重要的地位，为旅游发展提供必不可少的资源条件；其次，文物旅游资源提供了更高层次的旅游享受，对旅游的深层开发起着重要的作用；第三，保护文物是旅游发展的重要前提，发展旅游又可促进文物保护。

一　博物馆应自觉从"对物的关照"上升到"对人的关注"

博物馆是传承华夏文化精髓的主要载体，其丰富的文物资源不仅是我们这个民族悠久历史的物证，更是我们这个民族满怀自信地走向未来的文化根基。2006年，国务院颁布实施的《国家"十一五"时期文化发展规划纲要》对建设公共文化服务体系、繁荣文化事业、发展文化产业、维护低收入和特殊群体的基本文化权益等提出了明确的目标和要求。因此，建立和完善博物馆的公共服务体系成为文博事业发展面临的突出任务。继而党的十七大报告第七部分"推动社会主义文化大发展大繁荣"指出："深化文化体制改革，完善扶持公益性文化事业、发展文化产业、鼓励文化创新的政策，营造有利于出精品、出人才、出效益的环境。坚持把发展公益性文化事业作为保障人民基本文化权益的主要途径，加大投入力度，加强社区和乡村文化设施建设。"

随着我国改革不断深入，经济快速发展，公共文化事业和文化产业取得了长足的进步。人民日益增长的文化需求、政府对公共文化服务的战略规划和政策保障，决定了未来公共文化服务体系在完善社会职能、拓展服务范围、提高服务水准等领域的发展方向。博物馆作为公共文化服务的中坚力量，责无旁贷地肩负着实现文化遗存公益性价值的重任，只有通过深化思想认识、提高业务水平、加强服务能力，才能更好地提升公共文化服务水平，从而推动社会文明的进步。

博物馆应树立"以人为本"的经营思想和服务理念，从过去收藏、研究、保护文物转变到从观众的需求出发开展工作。以人为本的核心是"无差别对待"，博物馆应尽可能地根据不同人群的需要，计划、实施展览和服务，将不同文化背景造成的解读困难降到最低，使展品的历史和审美价值得到恰如其分的展现，以完成文明传承与交流的使命。

近年来，南通博物苑一直把"人"放在第一位，重视引进人才，重视人才培养，也把为人民服务作为最高宗旨。工作中，南通博物苑始终坚持一切从人民根本利益出发，为人民群众谋福利。一方面，领导干部切实关心职工群众的利益，切实为职工群众解决他们所关心的热点、难点问题，工、青、妇组织也积极发挥作用，为职工营造温暖之家的感觉。这一切，保证了职工的工作积极性，增强了单位的凝聚力和向心力。另一方面，不断完善服务设施、健全服务制度、提高服务水平，为广大游客提供更为贴心的服务。自2004年2月18日起，南通博物苑对所有预约的未成年人团体免费开放，每月的18日对公众免费开放；自2006年5月1日起，对全社会免费开放。南通博物苑的免费开放工作走在了全国的前列。文化部、国家文物局领导周和平、赵维绥、丁伟、张柏等来南通视察时对此均给予了高度肯定。

二 博物馆应切实根据自身的两重属性提升两种效益

博物馆是陈列、展示、宣传人类文化和自然遗存的重要场所。它具有两种属性：一是意识形态属性。这一属性要求博物馆推出文化产品要坚持正确的方向，要着眼于社会主义核心价值体系建设，要始终坚持以科学的理论武装人、以正确的舆论引导人、以高尚的精神塑造人、以优秀的作品鼓舞人。强化博物馆文物的思想价值和精神内涵，见文、见人、见精神。二是产业属性，即要发挥市场在配置博物馆资源中的基础性作用。博物馆作为一种特殊的文化产品，要通过市场流通和交换来实现自身的价值。

博物馆的两种属性决定了博物馆具有两种效益：一般而言，博物馆是满足人的精神文化需求，发挥引导、激励、教育的功能，所以要把社会效益放在首位，不能以营利为目的。博物馆的产业属性要求博物馆在坚持社会效益的前提下，也要讲求经济效益，追求经济效益是其能更好地发挥社会效益的内在要求。旅游业的兴起给博物馆带来了更多的观众，给博物馆的工作提出了新的问题。如何使博物馆的工作做得更好，适应广大观众的要求，便成为博物馆要考虑的问题。

南通博物苑是我国第一座园馆一体的百年博物馆。建苑初期，苑中广植花草树木、养殖珍禽异兽，与室内展品相呼应，另有各种园林设施点缀其间，营造出一种高雅精致而又轻松闲适的氛围。为了提升城市形象，配合打造文化旅游品牌，同时为内强素质、外展形象，进一步提升"中国第一馆"品牌的品质与内涵，把南通博物苑建成服务一流、国际知名的博物馆和风景游览区，在南通市委、市政府的领导下，在南通市主管部门的大力支持与帮助下，南通博物苑于2006年全面启动了国家AAAA级旅游景区创建工作，制定了详细的创建工作计划与方案。对全苑硬件设施进行了进一步完善，重新设计制作室外标志牌，增设了游客服务中心，增加了服务项目，增设了免费提供使用的设施，如轮椅、婴儿车等。展厅内明确了功能分区，增设了游客意见反馈、咨询、投诉等服务。全苑内部管理机制等"软件"也进一步完善，如加强了制度建设，加强了对员工的礼仪、业务等知识的培训，全苑员工的思想道德素质、专业知识水平和接待服务质量都有了很大的提高。经过全苑干部员工的同心协力，博物苑以深厚的文化底蕴、良好的服务、和谐舒适的游览氛围受到社会各界好评。2007 年通过国家评审，获得"国家 AAAA 级旅游景区"称号。2008 年苏通长江大桥通车以来，来博物苑参观的苏南游客日渐增多，年接待游客达 50 万人次，社会利用率大幅提高，社会效益日益突出。南通博物苑依托自身在馆藏、学术、技术、服务以及声誉等方面的公共资源，联合社会上企业、媒体、民间组织和个人的力量，举办类型丰富的文化活动，为游客和观众提供多元的公共文化产品，激活文化事业潜在的创造力，为地方文化的传承开拓了更为广阔的空间，形成了社会效益和经济效益双赢的良好局面。

三　博物馆应主动发挥国民教育阵地的重要作用

博物馆是文物和标本的主要收藏机构、宣传教育机构和科学研究机构。教育是博物馆的重要职能之一。随着博物馆事业的发展，博物馆教育功能不断拓展，博物馆已成为公众的"第二课堂"、终身教育的场所。博物馆教育与学校教育、家庭教育以及其他社会教育一起形成国家的大教育系统。博物馆教育以其自身独有的特点，区别于其他教育形式。它以实物教育为基础，以多样的形式设计手段为辅助，在提高国民素质、促进科学研究、丰富文化生活等方面发挥着巨大作用。现如今，随着旅游业的兴盛，博物馆与旅游相结合已成为实现博物馆寓教于乐的重要途径。国际博协和博物馆世界联盟在对今年"国际博物馆日"主题进行阐释时指出，一个博物馆教育的内容应该以促进知识增长、态度改变和增强包容来有助于历史、文化和环境，并最终形成对其他的生活方式、信仰、观点和社会条件的尊重，同时也使旅游业更环保。

南通博物苑是地方综合性博物馆，拥有自然和人文双重资源。一百年前，南通博物苑的创建者，清末状元、近代著名的实业家、教育家、社会活动家张謇先生就提出了"设为庠序学校以教，多识鸟兽草木之名"的办苑宗旨。近几年来，南通博物苑根据自身实际，研究制定了《南通博物苑拓宽公共文化服务的实施意见》，开展了丰富多彩的活动和展览，每年"国际博物馆日"和中国"文化遗产日"之际，举办系列宣传、咨询服务或专场文艺演出。据不完全统计，自 2005 年以来，南通博物苑在办好基本陈列的同时，共计举办临时展览、巡回展览、历史文物讲座近百场，广大的通城市民在家门口就可享受我市文博事业发展的成果。在长期的未成年人思想道德教育中，大力倡导"馆校结合"，推进文博场馆和学校"结对"共建，先后与市内十多所学校签订了教育基地协议书，大力发挥爱国主义教育基地和未成年人思想道德教育基地作用，成为未成年人的"校外课堂"。同时组织开展的"博物苑一日游"、"青少教育专题讲座"、"青少年公益夏令营"、"小小讲解员培训"、"知南通爱家乡"等主题活动，创出了南通博物苑社会教育的知名品牌。

为方便广大学生及外地游客及时了解博物苑的发展动态、展陈信息、研究成果等，南通博物苑于 2006 年"国际博物馆日"之际全面更新了网站。南通博物苑网站为参观、游览博物苑打破了时间和空间的限制，拓展了学生的视野，满足了其求知欲，并成为研究南通博物苑和张謇的专业性窗口。

博物馆事业和旅游事业服务的对象都是广大群众，博物馆所掌握的公共资源，是否在为大众服务的过程中最大限度地发挥了效能，是衡量博物馆成绩的重要标准。博物馆应深挖潜力，整合资源，以公益性为终极目的，与旅游业互相配合和支持，为社会贡献更多优质、鲜活、多元化的展览和服务，从而推动博物馆事业的发展和旅游业的繁荣。

公共文化服务体系建设中
现代化美术馆的发展方向

杨企远

（江苏省美术馆　江苏南京　210018）

内容提要： 公共文化服务体系建设中现代化美术馆的发展方向，这一课题紧密结合当前美术馆发展的新理念与新目标，围绕"公共文化服务"功能的实现，围绕美术馆现代化发展的要求，阐述了在拥有了现代化的建筑设施之后，需要树立现代的理念，采取卓有成效的新举措，并且以现代的机制为保障，依靠现代的人才队伍，来实现美术馆在公共文化服务中的重要作用与价值。

关键词： 公共文化服务　美术馆　现代化

一　以服务为导向的现代化美术馆发展理念

1. 公共文化服务与现代化美术馆

公共文化服务是文化建设的重要组成部分，全面建成公共文化服务体系，被列为江苏省"十二五"规划中文化建设的目标之一。作为公共文化服务体系建设中重要的组成部分，美术馆发挥着公益性文化事业单位的重要作用。"十二五"期间，江苏省美术馆的建设任务是全面向现代化的美术馆迈进[1]。现代化美术馆，意味着硬件设施的现代化，意味着美术馆功能的现代化，意味着管理体制与运行机制的现代化。当美术馆现代化的发展与公共文化服务体系的建设联系起来时，我们把美术馆事业的发展落到"服务公众"这一中心任务上，并以这一理念为目标与标准，来衡量与评价美术馆的发展实践。

公共文化服务体系的基本要素，包括政策法规、基础设施、机构与人才、文化产品、服务方式、经费等[2]。这意味着公共文化服务体系的建设，需要相应的法律法规与政策措施来鼓励和扶持公共文化服务的发展，需要拥有一定的基础设施与经费来保障公共文化服务得以顺利开展，需要从事文化管理和服务的各级政府和文化事业单位、专业技术人员与管理人员来提供公共文化服务，并最终以丰富的文化产品与现代化、多样化的服务方式来满足广大人民群众日益增长的文化需求，提高公共文化服务水平。美术馆实现服务公众的功能也正需要从以上诸方面考虑，在建设现代化的场馆设施、拥有一定的经费保证、创新管理机制以及建立现代的美术馆队伍等方面做好工作，从而以丰硕的收藏、研究、展览等艺术成果奉献给广大公众。

"十一五"时期是江苏文化发展最快最好的时期，江苏省美术馆也处于大发展的时期，最大的成就是新馆的建成开放。现代化场馆的落成，为提高公共文化服务水平提供了良好的硬件设施。在软件建设方面同样达到现代化的目标，是摆在我们面前的建设真正现代化的美术馆的重要任务。因此，"江苏省美术馆在新馆良好的硬件条件上，把软件建设搞上去，充分发挥省级美术馆的龙头作用，不仅在硬件上，而且在软件上，真正地纳入全国的重点，为江苏文化建设作出新的贡献"[3]。

2. 服务公众的现代化理念

现代美术馆首先要转变观念，需要吸收兄弟美术馆以及国外的一些美术馆的理念。有着250多年历史的大英博物馆，随着时间的演进也面临着"现代化"的迫切需要，1998年开始实施改建，其中"大中庭改建计划，馆方以空间规划宣示将'服务观众'的精神纳入博物馆未来的经营理念"[4]。

江苏省美术馆有着70多年的历史，在国内美术馆中堪称历史最悠久，并且新馆已经建成，在当前国内美术馆界被认为是最为现代化的美术馆。在这历史发展新的转折点上，我们需要树立起现代化的美术馆发展理念，特别是在服务公众方面，需要转变观念，结合我们的实际，确立全新的工作理念、管理理念。

（1）树立藏品服务于社会的观念，转变藏而不用的局面。将藏品形成各类专题展，在具备安全措施和保障的条件下，以多种方式和途径（固定陈列、巡展、借展等），用于展示和研究，让藏品服务于大众，运用数字化、网络化、出版等手段来推进，扩大使用面。

（2）加强自主研究和策划的能力，形成展览精品纷呈的格局，以满足日益丰富和多元的社会审美需求。紧扣社会主题和公众需求，注重多元的艺术样式的展示，注重展览的学术品质，注重学术性与普及性的结合。根据不同的展览配置讲解员，提供语音导览设备。在展陈设计上，让艺术品更容易为观众所接近、所理解。通过数字化美术馆和巡回展览，扩大展览的覆盖面和影响力，实现资源共享。

（3）将研究力量转化为成果，为广大公众所利用。举办美术馆学术讲座，邀请专家作学术讲演、艺术欣赏等，目标之一是结合正在进行的重点展览，提供背景，增加某个领域的知识；另一个目标是让公众了解美术发展的特征。好的展览需要全方位的宣传，突出展览亮点，以多渠道展示，从而推广美术馆的影响力。印制展览小册子、馆藏画册，让观众查询到与美术馆收藏、展览等相关的资讯，引领普通大众了解艺术创作，认识艺术家，参与到艺术创作中来。

（4）营造多样化的公共文化空间，让美术馆成为公众文化休闲的场所。开设礼品店、书店，销售展览衍生品与藏品的复制印刷品、艺术类书籍等，开设咖啡厅、茶馆等餐饮服务区。配备残疾人通道、残疾人卫生间等设施，为特殊人群提供便捷服务。

二 江苏省美术馆发展公共文化服务的新举措

1. 深化落实"三免费"的要求

江苏省美术馆新馆落成后，为优化服务，向广大公众承诺实行"三免费"，即实行对公众免费开放，为有重大艺术成就的艺术家免费办展，为社会公众提供免费艺术教育、现场培训和服务。

江苏省美术馆于 2008 年初就在全国率先实行了全面免费开放。2010 年新馆开放大半年时间里，免费开放参观人数由过去的 10 万人次上升到 40 万人次。在应对免费开放人流加大所带来的一系列问题上，我们面对管理、资金、需求等种种压力，积极采取对策，主要在以下几个方面取得了阶段性的成果。

（1）加强展览的学术化。2010 年新馆开放后，我们成功举办了"走向辉煌展"、"传世经典展"、"国家重大历史题材美术创作工程作品巡展"、"时代多彩展"、"走近大师展"、"南北二石展"、"德国珂勒惠支作品展"、"黄君璧书画展"等多种题材、多种形式的展览，并首次成功举办了"第五届亚洲美术馆馆长论坛"这一国际活动，受到专家、学者的称赞和广大观众的认同。2011 年，举办了单项展览参观人数达 31 万人的"今日江苏"摄影展，也举办了高规格的"李岚清篆刻书法素描艺术展"，并注重展览的学术性和普及性相结合，对展览内容、水平进行预审，承接和策划了"江苏省国画院作品特展"、"春润江南——江苏省美术馆馆藏精品展"、"赛比勒·贝格曼摄影展"、"江苏书法院成立作品展"、"江苏省重大主题美术创作精品工程展"、"中国百家金陵画展"等大型展览，广受社会公众好评。

（2）加强设施的标准化。为更好地服务公众，我们根据免费开放的经验，配备多项服务设施，增加各项人员，购置专项安检设备，实施门禁系统管理，增加安保和物管人员，科学规划进出通道，及时分散人流，对维护良好的参观环境和参观秩序起到了有力的保障。同时，完善服务细节，关注特殊人群，配备了轮椅、残疾人通道、自动扶梯等设备，免费提供伞架、售货机、电子屏播放、展览资料等服务。

（3）加强服务的公众化。将美术馆的服务指南、办展流程公开化，以便于展览举办的程序操作并提高效率。申请举办的展览都要经馆务会研究讨论，并将信息及时反馈给申请单位（人）。印制美术馆介绍和展览资讯、宣传册，全部免费发放给观众。在展厅门口长期设置留言簿，听取观众意见和建议。全面更新升级美术馆网页，开通"网上展厅"、"学术"、"典藏"等栏目，增设"视频"、"场馆设施"、"服务指南"等栏目，对"新闻"、"展览信息"、"公共教育"等栏目内容及时更新，完成美术馆、社会、公众一体化服务平台建设的第一步。在实施全面免费开放、完善公共服务的基础上，我们制定了"三免费"细则。为东南大学、南京师范大学设立素质教育基地。公开招募首批在校大学生 80 名作为志愿者，并举行了省属文化单位文化志愿服务启动仪式。积极参与全省文化"三送"工程，分别将"二院一室成果展"、"李岚清篆刻复制作品展"送到苏北等文化欠发达地区展出，带动全省文化均衡发展。将在全省市、县美术馆组织馆藏作品巡回展，推广我们的免费开放体会和经验，充分发挥省馆的龙头作用，同时为偏远穷困地区群众提供服务。

2. 开办"江苏美术讲堂"

为进一步推进公益性文化事业的发展与繁荣，加强公共文化服务体系建设，由江苏省美术馆精心创办的"江苏美术讲堂"于 2011 年 2 月 24 日正式开讲，首讲隆重推出"新金陵画派"系列讲座。讲座特邀江苏省国画院著名书画家、鉴赏家萧平和江南大学设计学院教授、"新金陵画派"二万三千里写生亲历者黄名芊两位专家，他们以鲜为人知的日记实录和精彩翔实的艺术评析，展开"'新金陵画派'二万三千里写生轶事"和"'新金陵画派'及江苏省国画院初创时期的名家名作"两场美术讲座，为广大美术爱好者提供了一次全方位了解"新金陵画派"辉煌的发展史和杰出的艺术成就的极好机会。

"江苏美术讲堂"的创立，是江苏省美术馆积极响应文化部、财政部最新公布的美术馆免费开放要求而采取的一项重要举措。文化部、财政部联合出台的《关于推进全国美术馆、公共图书馆、文化馆（站）免费开放工作的意见》明确提出，2011年底之前，国家级、省级美术馆全部向公众免费开放。不仅公共空间设施场地全部免费开放，而且所提供的基本服务项目全部免费。《意见》特别提到，要求各地在实现均等普惠的公共服务基础上，逐步增设多样化服务，重点增加对未成年人、老年人、农民工等特殊人群的对象化服务。

创办"江苏美术讲堂"，是拓展美术馆免费公共服务项目，提高公共文化服务水平的又一重要举措。其目的是发挥美术馆的公共教育功能，提高全民文化素质，增加公众的美术知识，保障人民群众的基本文化权益，让市民了解美术的发展历史，提升公众的审美鉴赏能力。讲堂邀请美术界著名的专家教授来到美术馆开办讲座，以他们渊博的专业知识，使美术馆美术讲堂具有丰富的知识性，吸引市民走进美术馆，成为广大公众文化生活的重要内容。

自2011年2月24日"江苏美术讲堂"开办以来，在近一年的时间里，已经成功举办了十余次讲座。其中大多数的讲座，结合了正在举办的重要展览，为广大公众更好地理解与欣赏艺术作品提供了相应的知识。特别是6月份省委宣传部副部长、省文化厅厅长章剑华走进"江苏美术讲堂"，为广大社会公众作了一场题为"《富春山居图》合璧过程及意义"的讲座，生动讲述了《富春山居图》辗转流传、两岸分隔、合璧展出的过程以及国宝背后的传奇江苏缘，深刻揭示了国宝合璧所蕴含的历史文化价值以及对江苏文化强省建设的启示。讲座极好地宣传了《富春山居图》的学术价值与历史内涵，满足了社会公众的审美认知需求。

"江苏美术讲堂"已成为江苏省美术馆常设性的公共服务项目。讲堂不仅包括系列专题讲座，还包括面向社会各阶层举办的中外美术史、美术技法知识、美术鉴赏与收藏、创作与理论研讨、美术常识通识等普及教育讲座，让广大市民在美术馆不仅能够看到各种各样的美术展览，还能够听到丰富多彩的美术讲座，充分享受美术馆免费提供的高质量的公共文化服务。

3. 结合重要展览积极开展公共教育活动

中国美术馆馆长范迪安先生曾经指出，公共教育越来越成为衡量美术馆公益性程度的硬指标。他对我们江苏省美术馆近期举办的丰富多彩的免费公共教育活动给予了充分的肯定。

我们将公共教育项目与展览活动紧密结合起来，及时策划导赏及艺术活动。比如，2011年5月中旬，邀请南京书画院施邦鹤老师带领学生及家长前来参观正在举办的"异景——刘国夫作品展"。施老师针对学生的特点，挑选了展览中的作品进行讲解，引导学生领会画家的创作意图与经验，充分感受作品所具有的奇妙的想象空间与强烈的梦幻意趣。艺术讲解活动，提高了公众的审美感知能力，让美术馆的展览为广大公众所理解接受。

又如，2011年端午佳节之际，南京甘棠美育教育中心的师生前来参观"馆藏儿童版画展"，江苏版画院的翁承豪院长为师生们展开了精彩的导赏活动，从版画工具、材料、种类、主题、作品背后的故事等不同侧面作了深入浅出的讲解。很多家长表示，听了翁院长的赏析,不仅领略了儿童版画的艺术魅力,同时也深深领悟到作品中所蕴含的孩子们的生动的想象力和可贵的创造力。许多孩子表示了希望自己的作品也能在江苏省美术馆展出的美好心愿。活动成功拉近了公众与艺术的距离,拉近了公众与美术馆的距离。

再如,2011 年是中国共产党成立 90 周年,"今日江苏——庆祝中国共产党成立 90 周年大型摄影展"在我馆隆重展出。摄影家们通过镜头,用独特的视角展示了建党 90 年来江苏取得的巨大成就。不仅反映了江苏优美的自然风光,也反映了江苏人民奋发有为的精神面貌。许多单位把参观展览当作庆祝建党 90 周年的特别活动以及进行党史教育的良好契机。在展览期间,我们策划了"寻找江苏的风土人情"艺术探寻活动,针对青少年进行了一次爱国主义教育活动。7 月 27 日,来自梅园街道公教一村社区和乐天艺术培训中心的孩子及家长共约 200 人参加了活动。活动通过趣味性、挑战性的游戏形式,培养学生细致观察画面的能力,引领学生认识到江苏大地上所发生的翻天覆地的变化和所取得的令人鼓舞的成就,激发他们爱国爱党爱家乡的热情。

2011 年,我馆将培训部改为公共教育部,并成功开展了上述一系列公共教育活动。公共教育活动成为美术馆开展公共文化服务的一项重要内容,引导社会公众特别是青少年通过实践活动,丰富他们的艺术审美经验,并使美术馆的艺术展示和美术活动得到更为充分和广泛的传播。

三 良好的体制机制保障和人才队伍建设

为了更好地实现公共文化服务,文化事业单位需要深化内部改革,创新运行机制,建设文化人才队伍,吸引优秀专业人才进入公共文化服务领域,提高文化服务队伍的综合素质。

随着时代的发展,美术馆原有的体制机制已经不适应现代新的要求,所以在管理、用人机制、机构设置等方面要采用新的机制。2010 年 12 月,省文化厅对美术馆的机制改革提出了新的要求与指示,具体要做到"三新",即"新理念"、"新构架"、"新机制"。以"三新"提升软件水平,尽快与超一流的新馆硬件相匹配。"新理念"就是要树立符合美术馆专业管理的规范意识、标准意识。"新构架"就是要实施新的扁平化管理,将全馆分为四个中心和综合部门。"新机制"就是对"三项制度"的创新,要制定新的劳动、人事、分配制度。尤其要实现"两竞",即员工竞聘上岗与干部竞争上岗。实行"三新",目的是以新的理念、新的构架和新的机制,实现科学化的管理,提供一流的服务,呈现一流的表现,作出一流的贡献。

有了现代机制的同时,还要有新的现代队伍。所谓新的队伍,指的是美术馆人在不断地自我改造、自我更新、自我发展、自我提高过程当中,组成一支新的队伍;同时引进新的人才、新鲜的血液。在新的机构、新的机制当中,不断地更新,成为一支崭新的队伍,适应现代美术馆的要求。

党的十七届六中全会通过的《中共中央关于深化文化体制改革推动社会主义文化大发展大繁荣若干重大问题的决定》指出,建设宏大文化人才队伍,为社会主义文化大发展大繁荣提供有力人才支撑。具体来看,要坚持尊重劳动、尊重知识、尊重人才、尊重创造,深入实施人才强国战略,牢固树立人才是第一资源的思想,全面贯彻党管人才原则,加快培养造就德才兼备、锐意创新、结构合理、规模宏大的文化人才队伍。江苏省美术馆以新馆开放为起点，确立了建设真正的与国际接轨的现代化美术馆的发展目标，将今后一段时期的工作重点放在加强美术馆运行机制、管理制度和人员队伍建设上，全面提升美术馆的公共服务能力和水平，以充分发挥美术馆的多重功能与社会效益。

从 2011 年初开始，按省文化厅党组建立新构架、新机制的要求，江苏省美术馆实施了中心化管理机制，成立了运行服务中心、典藏研究中心、展览策划中心、创作中心四个中心，对美术馆原有部门按照功能进行区域划分，实行中心制管理。同时，根据美术馆新的发展目标和工作要求，对全馆所有岗位进行重新定岗定责，强化规范管理、强化岗位职责、强化绩效考核，并逐步实施全员"竞争上岗、竞聘上岗"。在省文化厅党组的关心和支持下，经过多次研究讨论和周密安排，美术馆先后进行了四个中心主任、副主任和主管二十个岗位的竞聘，竞聘过程主要有资格审核、笔试、面试、民主测评、组织考察、馆务集中和公示。整个竞聘过程强调公开、公正、民主，严格方案制定、严格程序操作、严格结果透明，取得了很好的成果。四个中心主任、副主任、主管都已到岗并顺利开展了工作。

新机制的核心就是强调岗位责任和绩效考核。为此，馆领导带头落实分工负责，加强重大展览和节假日值班。各中心将每一项工作落实到岗、落实到人。特别是在重要展览和重大活动中，加强各中心、各岗位的相互协调和配合，注重各项工作的衔接与合作，制订多项突发情况的应急方案并加强实际处理能力，每次重要活动都主动邀请消防、公安进行安全检查，完善大型运行设备的日常维护、检修、保养和操作的规范化流程。在一系列大型展览和活动中经受了观众爆棚、巨幅作品、连日大雨和中央领导接待等诸多考验，没有发生任何意外和问题，圆满完成各项展出任务，为美术馆的运行提供了切实可靠的安全保障。

美术馆的管理机制、用人机制的改革是适应文化工作发展的需要，是适应进一步扩大公共文化服务的需要，是适应美术馆现代化发展的需要。美术馆将以更加科学、规范、高效的管理机制树立起更具有活力、吸引力及亲和力的现代化美术馆形象，为社会大众提供更加贴心、丰富、优质的公共文化服务。

对于美术馆来说，公共文化服务是一个新的实践课题。党的十七届六中全会通过的《中共中央关于深化文化体制改革推动社会主义文化大发展大繁荣若干重大问题的决定》指出，大力发展公益性文化事业，保障人民基本文化权益。加强公共文化服务是实现人民基本文化权益的主要途径，加强文化馆、博物馆、美术馆等公共文化服务设施和爱国主义教育示范基地建设并完善向社会免费开放服务。江苏省美术馆在现代化的发展过程中，将积极开展各项公共文化服务项目，努力提升美术馆服务公众的水平与能力。

注释：

　[1]　章剑华：《向现代化美术馆全面迈进——在江苏省美术馆全体干部职工大会上的讲话》，
　　　　2010 年 12 月 13 日。

　[2]　朱光磊主编：《城市公共服务体系建设纲要》，第 180 页，中国经济出版社，2010 年。

　[3]　章剑华：《向现代化美术馆全面迈进——在江苏省美术馆全体干部职工大会上的讲话》，
　　　　2010 年 12 月 13 日。

　[4]　刘惠媛：《博物馆的美学经济》，第 12 页，生活·读书·新知三联书店，2008 年。

试论革命纪念馆的公益性与经营性

张　谨

（周恩来纪念地管理局　江苏淮安　223200）

内容提要： 本文在对革命纪念馆经营现状观察的基础上，辩证分析了革命纪念馆公益性与经营性的关系，认为公益性并不排斥经营性，公益性与经营性应当是可以同体兼容、互补相长的，公益性为经营性拓展了空间，经营性对于公益性的成长具有趋利避害的作用。当然，革命纪念馆在推进经营时应把握相关原则，以防止经营失控无序。

关键词： 革命纪念馆　经营性　公益性　关系　原则

革命纪念馆是博物馆大家庭中的特殊群体，打着历史与时代的双重烙印，文化价值中所包含的意识形态成分更浓更重。自免费开放以来，作为以传播红色文化为主旨的革命纪念馆的公益性特征得到了进一步强化，突出了社会效益，强化了教育功能，敞开了大门，取消了进入的门槛。同时，支出靠拨款，项目靠财政，发展靠政府，工作的注意力更加集中，服务社会的自觉性明显增强，事业发展有了一定的保障。在这样的背景下，公益性鲜明的革命纪念馆是否需要契入经营性成了当下业内莫衷一是的话题和抉择。笔者就此作一些分析与探讨，以助推革命纪念馆朝着健康的方向发展。

一　革命纪念馆的经营现状分析

纵观各地革命纪念馆的现状，面对经营的态度和做法，归结起来，目前主要有三种境况：一是不能，就是客观不允许，认为革命纪念馆有鲜明的政治色彩，要最大限度地体现公益性，而不能丝毫沾染功利性，不可弥漫铜臭味。有些主管部门也不允许、不支持革命纪念馆开展各种经营活动，劝导远离市场，避开商气，一门心思抓宣传、搞服务，拓展业务，繁荣事业。馆里即使开展一些经营活动也是羞羞答答，理不直、气不壮，或是袖手观望，或是暗箱操作。二是不愿，就是主观不作为，认为身在事业单位，旱涝保收，无需乱花气力，自找麻烦，搞经营挣钱不如向上伸手要钱来得直接而轻松。因而，在整体工作安排上，经营无位置，创收无计划，行动被动消极，无视内在资源的市场价值，无视多样化的社会需求，不愿涉足经营，不愿承担风险，不愿接受挑战，经营项目一片空白，经营成果毫无斩获。三是不敢，就是心里不踏实，心存疑虑。担心经营活动刺激政策变化，带来副作用，造成后遗症；担心经营色彩过重危及事业单位性质；担心自主创收能力增强影响正常财政供给，甚至被作为经济实体推向市场。在如此阴影的笼罩下，经营活动被控制在十分有限的范围内，且小心翼翼，痕迹模糊，调子低，动作小，收入大多处于隐形状态。

总之，由于受"三不"的影响和支配，革命纪念馆经营气氛不浓，服务项目陈旧、单调甚至稀缺，对消费的拉动刺激作用甚微。尽管不少地方并不缺乏人气，但与其他一些公共文化场馆和旅游景点相比，环境显得沉闷而缺少活力。

二　革命纪念馆公益性与经营性的关系

作为公共文化资源重要组成部分的革命纪念馆，其公益性地位和"非营利"特征是显而易见的，"非营利"并不等同于"不能营利"，而应理解为"不以营利为目的"。公益性并不排斥经营性，公益性与经营性应当是可以同体兼容、互补相长的，公益性为经营性拓展了空间，经营性对于公益性的成长具有趋利避害的作用。

首先，经营性的有效契入可以彰显公益性宣教主题。深入挖掘革命纪念馆红色资源的特有内涵，把经营项目与主题教育活动合理嫁接，借助收藏与体验载体，使教育效果更具生动性和持久性。开发经营打上革命纪念馆烙印的纪念品是一种常规而普遍的做法，不可或缺。而西安八路军办事处纪念馆开辟"国际青年旅舍"的尝试则给人耳目一新的感觉。参观革命遗址、体验传统氛围、感悟红色历史与旅店经营在这里得到了有机整合，过往者在此付出的不仅有房费还有热情，获得的不仅有怀旧观感还有精神享受。这类经营项目的推出，可以说是社会效益与经济效益的双赢。

其次，经营性的有效契入可以消减公益性所伴生的行政化倾向。在革命纪念馆，没有刚性目标和任务的公益性可能滋生行政化倾向，重视对上负责而忽视对普通观众的负责，重视一时的轰动效应而忽视日常的服务水准。同时，内部机制不活，一味强调稳定性而严重缺乏竞争性。经营项目和活动的开展，可以引导革命纪念馆的管理者和服务人员转移视角，放低身位，不是在口头上而是在行动上把观众当成自己的"衣食父母"；可以用市场的方式择优汰劣，用实现的经济价值来衡量"产品"是否对路、质量是否优质、服务是否到位。由此消减积弊影响，遏制"官商"作风，拉近与观众的距离，进而转变革命纪念馆的对外形象。南昌起义、西柏坡等革命纪念馆对讲解员实行评星定级、有偿服务、分档提成的做法是行之有效的，既保证了规范经营又调动了职工的积极性。

第三，经营性的有效契入可以为公益性增添多样化服务。免费开放，针对普通观众的常规参观需求，免门票，免一般的公共服务项目的收费，就达到了增强吸引力、放大文化资源效应的基本目的。但是，随着经济的发展，人们消费观念的转变，在免费服务项目之外，观众也需要一些其他的旅游消费项目。这就对革命纪念馆的服务多样化提出了新的要求，也为经营项目和活动的开展提供了机遇。搭建经营平台，提供诸如馆内观光交通、传统茶食餐饮、特景道具留影、特色临时展览等个性化、选择性的服务项目，以有偿的服务满足无价的感受，使革命纪念馆的服务更具品位和人情味。沈阳大帅府筛选引进的"名人名枪"展览，融传奇故事、科普知识与稀有文物于一体，趣味性、观赏性相互结合，很受观众好评且收益颇丰。

第四，经营性的有效契入可以为公益性带来成本控制效应。革命纪念馆大多属于全额拨款事业单位，依靠"皇粮"供养，既无生存危机也无暴富可能，市场意识淡薄，做事缺少核算概念、成本概念。经营性的导入，经营项目和活动的参与，可以迫使革命纪念馆的管理者与职工增强市场意识，懂得持家理财，学会精打细算，善于开源节流，用好用活各种资源，以成本的最小化求得效益的最大化，为可持续发展奠定基础。韶山毛泽东铜像广场的敬献花篮项目，全天候服务，流程化推进，庄重的仪式吸引了四面八方的观众，可观的经济效益由此形成，经营理念也潜移默化地在每个员工的心里植根。

第五，经营性的有效契入可以为公益性补充财力后援。尽管革命纪念馆大多有财政保障，工资发放不愁，正常开支不烦，但要谋求事业发展、改善职工福利，仅靠固定拨款是难以为继的。经营性可以形成内生动力，通过合理的、多渠道的经营创收，弥补缺口，增加积累，增强实力，加大建设力度，实现滚动发展。同时以此为基础，努力为职工多办实事，着力创造良好的工作、学习和生活环境，增强单位的凝聚力，提高职工的幸福指数。常熟沙家浜风景区，以革命纪念馆为依托，规模不断扩展，景观不断增加，经营活动有声有色，自身实力与日俱增，景点知名度和美誉度不断提升。

三　革命纪念馆推进经营性应把握的原则

革命纪念馆对于经营性既不能因噎废食、绝对排斥，也不能放任无度、失控无序。

首先要主次分明。革命纪念馆要毫不含糊、坚定不移地把社会效益放在第一位，充分发挥爱国主义教育基地的应有作用，倾力做好围绕中心、服务大局、高扬主旋律这篇大文章。在此前提下，开辟一些经营项目，辅之一些经营活动，切不可喧宾夺主，中心偏移，顾此失彼。

其次要井然有序。总体布局要合理自然，主体教育场所与经营场所要有机串联，风格要协调一致，不可冲淡主导氛围，不可挤占核心空间。要根据场馆的实际规模，注意经营项目的总量控制，并加强管理，建立良好的经营秩序，合理定价，诚信服务，营造安全、温馨的环境。

第三要注重品位。革命纪念馆的经营项目要力求具有创新性、独特性，尽可能与教育主题关联，与场馆形象关联，使经营活动成为延伸服务的一个环节、一个部分，自然和谐地融入其中。无论环境、服务还是产品都要高雅，具有文化内涵，丰富而不庞杂，娱乐而不低俗。

第四要政策倾斜。各地政府和主管部门要立足长远，出台相关政策，锁定革命纪念馆的公益性质，明确事业发展的主体方向和基本原则，稳定人心，激发士气，消除余悸。同时，积极引导和鼓励其开展力所能及的经营活动，增强自我造血功能，对有创收能力的不但不减少投入，而且要落实奖励措施，加大支持力度，以激活内部机制，增强发展后劲。此外，还要配套制度约束，规范经营行为，严格财经纪律，加强检查监督，铲除滋生腐败的土壤，保证革命纪念馆的经营活动持续、健康发展。

革新思路 整合资源
特色发展 立体营销

——浅谈苏皖边区政府旧址纪念馆可持续发展策略

王卫清

（苏皖边区政府旧址纪念馆 江苏淮安 223002）

内容提要： 苏皖边区政府旧址是党领导下的苏中、苏北、淮南、淮北四大解放区的民主联合政府所在地，1985 年成立纪念馆。伴随其发展，苏皖边区政府旧址纪念馆作为景区也暴露出旅游产品薄弱、开发有待深入、发展模式较为陈旧等问题。在强调文物保护的前提下，本文提出了旅游产品丰富化、旅游商品特色化、品牌提升系统化、营销推广立体化等策略，以期实现苏皖边区政府旧址纪念馆的可持续发展。

关键词： 苏皖边区政府旧址纪念馆 红色旅游 可持续发展

一 苏皖边区政府旧址纪念馆发展现状与问题透析

苏皖边区政府旧址纪念馆位于淮安市中心，于 1985 年经中宣部批准成立，2005 年实施了旧址保护与环境整治工程。纪念馆现占地面积约 1.2 万平方米，展览与陈列面积达 5000 多平方米，由新建的陈列馆和苏皖边区政府旧址两大区域组成。多年来，苏皖边区政府旧址纪念馆在推进优质服务、提高职工素质、提升社会效益、品牌创建等方面工作成绩斐然，人气逐年提升。但其在发展过程中也日益暴露出诸多问题。

1. 保护与环境整治工作成效显著，但旅游开发还有待进一步深化

在 2005 年，为纪念抗日战争胜利 60 周年及苏皖边区政府成立 60 周年，苏皖边区政府旧址保护与环境整治工程正式启动。东南大学设计了《苏皖边区政府旧址保护与环境整治规划》方案，整个方案分一、二期实施。经过两年的运作和建设，一期整治工程已于 2007 年 8 月全部竣工，对旧址原有房屋全部进行了维修保护，并新建了 3000 平方米的陈列馆。经过改造后，苏皖边区政府旧址整体布局协调合理，展陈史料翔实生动，大大提升了纪念馆作为一个爱国主义教育基地的教育功能。但纪念馆目前的红色旅游开发还处于初级阶段，旅游产品单一，精品旅游项目缺乏，旅游配套设施不够完善。

2. 区位交通条件优越，但可发展空间较有限

苏皖边区政府旧址纪念馆地处淮安市的中心地区，多条城市干道与其相交，铁路、高速公路、运河等多种交通方式均可到达，对外交通联系十分便利，区位交通条件十分优越。

但苏皖边区政府旧址由于受自身地域范围的局限，周边为城市居民聚集区及商业街区，可用于旅游发展的空间有限，不利于充分发挥其红色旅游资源的独特价值，旅游产品更新换代的成本较高，在一定程度上限制了景区的长远发展。因此，需要在此背景下强化纪念馆旅游开发的研究与探索。

3. 硬件设施配套良好，但旅游产品较为薄弱

苏皖边区政府旧址纪念馆现为全国重点文物保护单位，国家 AAA 级旅游景区，省、市爱国主义教育基地，江苏省全民国防教育基地，江苏省优秀博物馆和江苏省园林式单位。景区建筑等各项硬件设施配套良好，并已经达到了一定的接待水平，能够满足景区目前日常接待的需求。但旅游产品主要以单一的观光游览为主，相关食、购、娱的类别不足，体现在旅游活动体验、旅游商品体系、旅游美食等开发缺乏，游客停留时间短。这就需要进一步强化可参与、可购买、可回味的旅游产品体系，以增强游客的满意度。

4. 历史底蕴较为丰厚，但文化底蕴仍待彰显

苏皖边区政府旧址作为党领导下的苏中、苏北、淮南、淮北四个解放区的民主联合政府所在地，凝聚了 1945～1947 年"民主建设、革故鼎新，恢复生产、发展经济，宣传民众、繁荣文化，积极备战、全力自卫，坚持敌后、解放华中"的历史精华。苏皖边区政府的历史意义体现在：为当时坚持华中和全国的解放作出了重大贡献；为建设新中国培养了人才，提供了经验；为探索建设新民主主义社会的规律作出了贡献。但目前纪念馆所展现的游览方式较为传统，仍以陈列布展为主要手段。深厚的历史文化底蕴仍需通过多种手法进行丰富和提升，包括在旅游服务、旅游活动当中进行渗透，以全面提升纪念馆的旅游吸引力和革命传统教育的效果。

5. 红色旅游前景广阔，但发展模式亟需创新

红色旅游是一项政治工程、经济工程、文化工程，不仅具有强大的政治功能和丰富的文化内涵，更是一项经济产业。近年来，国家和地方各级政府高度重视红色旅游产业的发展，红色旅游市场不断得到开拓，红色旅游迎来全面的历史性发展机遇，拥有广阔的发展前景。苏皖边区政府旧址纪念馆在全馆工作人员的共同努力下，旅游接待人数不断增加。2009 年，来馆参观的游客近 30 万人次；2010 年，来馆参观的游客已达到 40 余万人次。旅游人气不断提升。但目前国内关于纪念馆旅游发展的研究较少，大多数纪念馆仍采用传统红色旅游发展模式。尤其实行了免费开放政策后，营利性的旅游项目缺乏，自身造血功能不足，这无疑给纪念馆带来了人员紧张、资金短缺和运转成本剧增等困难。因此，为确保纪念馆健康、科学、可持续发展，应重视旅游产品设计、旅游商品开发、品牌形象塑造、市场宣传推广、专业运营管理等方面工作的开展。

二　同类型纪念馆旅游景区发展对比分析

旅游竞争的激烈化，要求其发展战略战术要更具科学性。故希望通过对同类型纪念馆旅游景区发展案例的对比分析，得出经验与启示，为苏皖边区政府旧址纪念馆更好地发展提供参考（表一）。

表一　　　　　　　　　　　　　同类型纪念馆旅游景区发展案例

名称	概括	特色分析
古田会议纪念馆	位于福建省龙岩市上杭县古田镇，是介绍古田会议历史及其意义的专题革命纪念馆，建于1964年。先后被授予"全国文化工作先进单位"、"全国首批十大优秀社会教育基地"、"全国首批百家爱国主义教育示范基地"、"全国爱国主义教育示范基地先进单位"、"福建省一级达标纪念馆"等殊荣	在做好陈列展示的同时，结合重大的纪念活动和节庆活动举办临时展览，组织宣传小分队外出巡回宣讲；举办夏令营等活动，聘请老红军、老同志到馆给观众作革命传统报告；同驻闽部队、武警部队以及厦门大学和全市范围内的30余所大中小学校签订了文明共建和德育教育协议书
新四军军部旧址纪念馆	位于安徽省泾县云岭乡，为首批全国重点文物保护单位，是全国著名的爱国主义教育基地。2004年被列为全国一百个红色旅游经典景区之一，是安徽省红色旅游经典景区首家AAAA级旅游景区，享有"南方延安"之美誉	通过伟人蜡像、立体化影像、气雾墙、电子教科书等新颖的科技手法，多方式地展现新四军历史；在做好纪念馆陈列展示的基础上，与鲁陕苏红色景区进行线路联合开发，共享客源；与黄山、太平湖、九华山联合发展，形成一条完整的旅游线，向市场推广
王稼祥纪念园	坐落于安徽省芜湖市风景秀丽的狮子山上，为国家AAAA级旅游景区、全国一百个红色旅游经典景区之一、全国爱国主义教育示范基地、首批国家国防教育示范基地、中国红色旅游十大景区之一	与院校携手建立红色景区大学生志愿讲解员队伍，借助优势，传承红色理念；举办"全市18岁成人仪式主题教育活动暨全市青少年革命传统教育基地授牌仪式"；组建"王稼祥中队"，开展"继承革命遗志、弘扬革命精神"主题活动；开展新党员入党宣誓、党员重温入党誓词、党员领导干部廉洁从政教育等活动
周恩来纪念馆	位于江苏省淮安市楚州区桃花垠，馆名由邓小平题写。整个馆区由两组气势恢宏的纪念性建筑群、一个纪念岛、三个人工湖和环湖四周的绿地所组成。在纪念馆南北800米长的中轴线上，依次有瞻仰台、纪念馆主馆、附馆、周恩来铜像和仿北京中南海西花厅等纪念性建筑。此外，还有岚山诗碑、海棠林、海棠路、樱花路、五龙亭、怀恩亭、西厅观鱼等景点。周恩来纪念馆馆区平面图呈等腰梯形，俯瞰全景，纪念岛和三个人工湖构成汉字"忠"字形	在周恩来诞辰、七一、八一以及国庆等特殊日子，举办各种纪念、主题活动；以"周恩来班"为主体，以宣讲小分队为载体，组织开展宣讲、送展进校园及竞赛等活动；先后与50多家单位结成共建单位；引进国际ISO9001质量管理体系，与质监部门联合率先推出红色旅游服务标准

续表一

名称	概括	特色分析
侵华日军南京大屠杀遇难同胞纪念馆	坐落于江苏省南京市江东门,占地面积约7.4万平方米,建筑面积2.5万平方米。新展馆整体形状犹如一艘巨大的"和平之舟",东部拔地而起的高大船头是陈列丰富的展厅,周边庄严肃穆的广场可容纳万人集会;中部是原馆的遗址悼念区;西部大片开阔区域是树木葱茏的和平公园。另外,还有十多座形态逼真、寓意深刻的雕塑点缀其中,是一座纪念性的遗址型历史博物馆,也是全国爱国主义教育基地和全国重点文物保护单位	对社会公众免费开放,对内围绕爱国主义教育、对外围绕和平反战开展工作,与省内外80余家学校和单位签订了共建协议,并提出按世界文化保护遗产的规模来规划与建设
徐州淮海战役纪念馆	位于江苏省徐州市南郊淮海战役烈士纪念塔园林内。该馆藏品1.5万多件,建筑面积3950平方米,馆内陈列面积2800平方米。陈列分前厅、序言厅、战役厅、支前厅、烈士厅、后厅六部分,共展出珍贵文物、历史照片以及油画、国画、雕塑等2200余件,其中一级文物79件。馆内另设放映厅,放映有关淮海战役的历史影片。专题陈列"徐州双拥陈列馆",陈列老一辈无产阶级革命家题词15幅,照片约500幅,实物近40件	大量运用场景复原、浮雕、蜡像及声、光、电等多媒体技术,系统、翔实、生动地反映了淮海战役全貌,突出表现了淮海战役规模宏大、战场辽阔、战斗激烈、人民支前规模空前等特点,使观众仿佛置身于波澜壮阔的战争场面之中,营造出了浓厚的战争氛围

三　苏皖边区政府旧址纪念馆旅游发展思路与措施

苏皖边区政府旧址纪念馆景区应以科学的旅游发展观为指导,积极转变旅游发展思路,在文物保护的基础上,科学合理地利用与开发旅游资源,紧扣红色旅游的时代脉搏,认真学习、借鉴国内外红色旅游景区发展经验,加强与周边景区的联动发展,以强化"提升红色旅游精神、彰显旅游主题环境、提升特色服务质量、丰富旅游产品与商品"为重点,以"产品策划、商品设计、营销推广、品牌提升"为突破口,全面提升纪念馆的吸引力。

1. 旅游产品丰富化

以市场需求为原则,对红色旅游产品进行创新性策划,充分整合周边各种旅游资源,融入苏皖边区政府独特的红色革命精神,结合现代人的消费理念,注重红色旅游产品的参与性、体验性、知识性、科技性,大力开发高品位、高起点的旅游新产品。可重点开发红色体验类、观光游览类、美食购物类旅游产品。红色体验类旅游产品主要包括:纪念馆曲目欣赏游、赏影片听故事知识竞赛游、红色主题婚装摄影游、随军工厂生产体验游;观光游览类旅游产品主要包括：苏皖边区政府旧址纪念馆游、红色文化主题游、历史文化古迹游；美食购物类旅游产品主要包括：红色主题餐饮游与旅游商品购物游。此外，针对市场实际，还可开发红色主题巡回展览、红色旅游（纪念馆）发展论坛、节庆红歌会、红色文化艺术研究论坛等旅游产品。

2. 旅游商品特色化

以满足消费者需求为出发点，深入挖掘苏皖边区政府旧址红色文化内涵，注重旅游商品的功能性与突出内涵精神相结合，注重商品的实用性、艺术性、科技性，发挥商品的广告宣传与经济创效的功能，实现旅游商品的叠加效应。可分类开发旅游工艺品、旅游纪念品、旅游日用品及文化知识性商品，并重点开发"苏皖边1945"国缘红色经典、"苏皖边1945"卷烟、"苏皖边1945"肥皂、"苏皖边1945"纪念币、"苏皖边1945"画册、"苏皖边1945"民间十艺系列六大精品旅游商品。

3. 品牌提升系统化

完善景区的企业形象识别系统（CIS），包括理念识别（MI）、视觉识别（VI）、行为识别（BI）、听觉识别（HI）几部分[1]。规范统一的形象系统，形成品牌化的认知标识。同时，规范景区工作人员的行为，建立标准化的行为准则，树立专业的红色旅游形象，逐步提升自身市场的知名度和美誉度。应设计具有自身特色的核心形象、旅游宣传口号及旅游形象标识。具体应用如下：

VI——系统化视觉设计及其应用，包括基础要素和应用要素两部分。基础要素部分的设计，可以对苏皖边区政府旧址纪念馆旅游产品的品牌名称、标志、色彩、字体等进行规范，并且对标志进行组合。应用要素部分的设计，可以对景区的办公用品、公关用品、环境布置、标牌招牌、制服服饰、交通工具等采用统一的标识。聘请专业的策划团队，结合苏皖边区政府旧址纪念馆的特色，设计富有特色的视觉识别系统。

MI——旅游服务理念识别。苏皖边区政府旧址纪念馆服务社会的公益性色彩较浓，应注重结合自身特点对经营理念、经营宗旨、发展目标、广告语等进行策划设计。

BI——基于服务行为方式的形象塑造和识别。通过培训苏皖边区政府旧址纪念馆旅游从业人员的行为以及各种生产服务行为，传达苏皖边区政府旧址纪念馆的独特个性。策划内容包括：员工形象、品牌形象、沟通礼仪、商务礼仪、接待礼仪、销售礼仪等。

HI——基于旅游者听力的形象识别设计，是音乐或声音的特色化，即特别设计的歌曲、乐曲或声音。如利用红色革命歌曲传达信息，让广大游客感受到苏皖边区政府旧址纪念馆的红色氛围。

4. 营销推广立体化

树立"强化主题、区域联动、顺势而起、树立品牌"的总体营销理念，采取"主动出击"的营销策略，采取多种形式的市场推广手段，进行全方位、立体化宣传，逐步提升市场的知名度。在景观环境提升和环境氛围营造的基础上，始终以消费者和市场为中心，塑造独特旅游形象、完善旅游产品、丰富旅游商品、提高服务水平，通过广告营销、节庆营销、网络营销、会展营销、关系营销等手段让游客对纪念馆旅游景区形成良好的品牌认知，不断扩大品牌影响力，让品牌深入人心。可以采取以下多种方式营销推广。

（1）区域联合营销

与淮安市乃至江苏省红色旅游景点进行联合，结成联盟关系，以地缘为载体、产品为纽带，通过资源共享、市场共建、客源互送，达到利益共赢。领会中共中央办公厅、国务院办公厅联合下发的《2011～2015年全国红色旅游发展规划纲要》的主要精神，按照泰州—盐城—淮安—徐州线的规划区域，在京沪、宁连、徐宿淮盐高速公路与205国道，以及通往苏皖边区政府旧址纪念馆的一级公路和各主要特定路段进行长期户外广告宣传。

（2）媒体营销

制作介绍纪念馆景区的各类产品与商品的宣传册和光盘，方便游客索取和购买。重视在相关媒体上进行旅游产品的宣传，如《淮安日报》、《中国旅游报》；聘请专业广告制作公司，拍摄苏皖边区政府纪念馆景区旅游宣传片（3～5分钟），在江苏卫视、旅游卫视等媒体播放。

（3）体验营销

号召群众创作以缅怀革命先烈、探索苏皖边区政府民主政权等为主题的文学作品；紧密结合建党、建军等节庆举办红歌会、红色文化艺术活动月、淮安市中小学生入团宣誓、国庆节革命知识有奖问答等活动，扩大影响力，奠定良好的群众基础；邀请江苏省大专院校及中小学生、各级政府团体、武警部队和中央有关领导到景区参观，并通过观后感、游记或新闻的方式将他们的亲身感受传递给潜在的旅游消费者等。

（4）网络营销

进一步提高景区自身网站的性能并对网站进行完善与即时更新，充分利用网络媒介的强大传播优势，加强苏皖边区政府旧址纪念馆红色旅游形象的传播；通过新浪、百度、谷歌等知名搜索引擎，提升知名度；通过携程、驴妈妈、同程等网站扩大影响，吸引更多的年轻旅游者。

（5）影视营销

《乔家大院》、《非诚勿扰》等知名节目，均在宣传与促销景点、景区方面发挥了重要的作用。纪念馆景区可以依托自身丰富的红色文化背景，将其拍摄成影视作品，如以苏皖边区政府尝试建立国内民主政权为主题的《民主中国》。通过电影电视作品的播出，提升景区的知名度、美誉度，加深游客对旅游景区的良好印象。

四　结　语

红色旅游既是旅游形式的一种创新，也是新时期思想道德建设的创新。红色旅游经过多年的发展，在取得了辉煌成绩的同时，也渐渐走入以故居、纪念馆、铜像为主要内容的"老三篇"的窘境。如何以创造性思维实现红色旅游创新发展，成为业内人士普遍关注的重要问题。苏皖边区政府旧址纪念馆景区，以"产品策划、商品设计、营销推广、品牌提升"为突破口，跳出纪念馆发展纪念馆，通过"文化聚魂、商业造血、产业拓伸"的理念，加强纪念馆周边业态的进一步提升与发展，以更好地实现文物保护的意义，更好地服务淮安社会经济的发展和提升"红色精神"的教育与渗透作用，努力探寻实现纪念馆可持续发展的道路。

注释：

　　［1］马勇、李玺:《旅游规划与开发》，第202～204页，高等教育出版社，2006年。

基本现代化目标下的
江苏博物馆指标体系编制构想

邢致远

（江苏省文物局　江苏南京　210005）

内容提要： 基本现代化已经成为江苏今后发展的明确目标，因此制定基本现代化目标下的博物馆指标体系具有必要性和可行性。在坚持整体性、导向性和前瞻性的原则下，按照"全面评估、分类指导、动态监测、规划导向"的思路，本文根据博物馆具体工作特点，将基本现代化目标下的江苏博物馆指标体系初步分为宏观指导类、管理运行类、社会贡献类、公共延伸类四大类一级指标和 32 个二级指标。

关键词： 博物馆　现代化　指标体系　编制

一　编制基本现代化目标下的江苏博物馆指标体系的背景

"率先全面建设小康社会，率先基本实现现代化"是中央对江苏发展提出的重要建设任务。21 世纪的第一个 10 年，江苏着力推进"全面建设小康社会"工程，率先制定了省级小康指标。"十一五"末，江苏总体上达到省定全面小康指标，比全国提前了 10 年。到 2020 年，江苏预计全省总体上达到世界中等发达国家水平，在全国率先基本实现现代化。"十二五"时期，苏南等有条件的地方率先基本实现现代化。《江苏基本实现现代化指标体系（试行）》由经济发展、人民生活、社会发展、生态环境四大类 30 项指标组成。此外，还有反映人民群众对基本现代化建设成果满意度的评判指标。这一指标体系在注重经济发展方式转变的同时，注重基本公共服务均等化，并体现了人民生活水平的提高。基本现代化已经成为江苏今后发展的明确目标。

现代化建设的根本目的是实现人的现代化。人的现代化主要体现为民生现代化，必须坚持以人为本，使全民生活质量和生活环境显著改善。博物馆作为公益性文化单位，在改善民生、服务社会方面发挥着积极的作用，博物馆的建设和发展水平理应成为民生现代化的重要组成部分，共同构成江苏基本实现现代化的指标体系。

江苏省各级党委、政府和有关行政管理部门一直高度重视公共文化服务体系建设，"十一五"以来，包括博物馆在内的公益性文化设施建设呈现出良好的发展态势。国家文物局公布的《2010 年度全国博物馆名录》中，江苏共有 188 座各级各类博物馆、纪念馆。其中，中央与地方共建国家级重点博物馆 1 座，国家一级博物馆 5 座、二级博物馆 12 座、三级博物馆 15

座，数量和质量在全国位居前列。目前，江苏在全国率先完成所有省辖市中心博物馆建设，13 个省辖市全部建成市级中心博物馆并正常对外开放；52 个省财政直管县的综合博物馆覆盖率已超过 70%。南通、扬州等地开展博物馆群、博物馆城建设，苏州、南京等地积极扶持和推进民办博物馆建设。在注重传统博物馆建设的同时，江苏已经开始进行非物质文化遗产博物馆、数字博物馆、遗址和旧址博物馆、社区博物馆、生态博物馆的实践。综合以上数据表明，江苏的博物馆建设已经初具规模，逐步形成覆盖全省的省、市、县三级博物馆体系，博物馆强省地位基本确立。因此，制定基本现代化目标下的博物馆指标体系具有必要性和可行性。

二　编制基本现代化目标下的江苏博物馆指标体系的原则

1. 整体性原则

博物馆的职能水平、思想水平和科技水平是和它所处的社会的历史阶段相适应的。博物馆的现代化是博物馆观念现代化、思想现代化和科学技术现代化的综合体现[1]。基本现代化目标下的博物馆指标体系是对博物馆现代化发展目标系统的总体反映，它客观描述这一系统的构成要素和预期功能。设定基本现代化指标体系，必须选择一系列科学的、有代表性的、能够概括博物馆各方面的指标组成有机体系，既包含场馆面积、数量、经费、人员等投入性指标，也包含陈列展览、文化产品、社会服务等产出性指标，还包含博物馆的影响力、示范力、公信力及知名度、美誉度等延伸性指标，从而全面反映博物馆建设和发展状况。

2. 导向性原则

我国的博物馆经历了不同的发展阶段。从 20 世纪 50 年代至今，经历了计划主导型、政府资金投入型、数量追赶型、博物馆要素型、基础建设型、资源开发型的不同时期。博物馆的发展不是简单的线性的量的积累，而是在外部力量推动下的综合、开放的积极变化过程[2]。基本现代化目标下的博物馆指标体系应该充分体现博物馆的自身属性和功能要求，既要有衡量、评价的功能，也要发挥导向、推动的作用，努力引导各地把握工作方向、明确工作重点，以促进博物馆事业的发展。特别是应当结合江苏博物馆发展的新阶段、新形势、新要求，创新体现江苏特色的博物馆评价体系和发展模式。

3. 前瞻性原则

当前，博物馆的概念不断扩大，博物馆的核心理念和价值观念不断酝酿和形成，博物馆的思维范式和行为模式不断变化和转换，博物馆的专业功能和社会职能不断完善和提升。博物馆的保护、研究、展示空间，也必然从传统博物馆的"馆舍天地"，走向丰富多彩的"大千世界"。博物馆学和博物馆事业，无论是在数量、规模和发展速度上，还是在内容和方法上，都将发生深刻的变化，"广义博物馆"时代必将到来[3]。基本现代化目标下的博物馆指标体系应该立足实际，但也应当适度超前，为发展留足空间。在江苏经济发展领先全国的同时，博物馆等文化事业发展也应起到率先垂范作用。

三　基本现代化目标下的江苏博物馆指标体系的构想及设置依据

博物馆指标体系指的是若干个相互联系的统计指标所组成的有机体。按照"全面评估、分类指导、动态监测、规划导向"的思路，根据博物馆工作具体特点，对于基本现代化目标下的江苏省博物馆指标体系初步设想为宏观指导类、管理运行类、社会贡献类、公共延伸类四大类一级指标和32个二级指标。江苏各地区经济发展不平衡，苏南、苏中、苏北的地区发展情况不尽相同。江苏省统计局《2009年江苏社会发展水平综合评价分析》数据表明，全省13个地区的社会发展水平大致分为3个层次：第一层次是社会发展水平较高地区，包括苏州市、无锡市、南京市、常州市、镇江市5个市；第二层次是社会发展中等水平地区，包括南通市、扬州市、泰州市3个市；第三层次是社会发展水平相对较低的地区，包括盐城市、徐州市、淮安市、连云港市、宿迁市5个市。在设计纵向指标体系的同时，应对三个地区的指标有所区别，横向设置约束性指标、预期性指标。在具体工作实践中，分别以定量指标和定性指标出现（表一）。

1. 宏观指导类指标：加强政策引导，提高公共财政的支持力度，强化对博物馆的规划布局

（1）指标构想

宏观指导类指标主要体现政府对公益性文化事业的指导和扶持，以及地区博物馆宏观管理情况。宏观指导类指标主要区分度表现为"投入"差别，可进一步细分为9个二级指标（①～⑦为约束性指标，⑧和⑨为预期性指标；①～⑧为定量指标，⑨为定性指标）：

①地方文物保护专项经费（博物馆部分）年度递增率；

②地方文物保护专项经费（博物馆部分）占当地公共财政支出年度比例；

③万人拥有博物馆数量：城镇居民万人拥有博物馆数量，农村居民万人拥有博物馆数量；

④万人拥有博物馆面积：城镇居民万人拥有博物馆面积，农村居民万人拥有博物馆面积；

⑤国家一、二、三级博物馆数量；

⑥博物馆在省辖市、省财政直管县覆盖率；

⑦行业类博物馆、民办博物馆数量及覆盖率；

⑧生态博物馆、社区博物馆、数字博物馆、旧址博物馆、遗址博物馆、非物质文化遗产博物馆等新型博物馆数量及覆盖率；

⑨博物馆群、博物馆城、博物馆聚落、博物馆景观线路建设。

（2）设置构想

《博物馆管理办法》中规定："县级以上人民政府应当将博物馆事业纳入本级国民经济和社会发展规划，事业经费列入本级财政预算。"博物馆等公共文化服务设施在内的文化基础设施建设应纳入地区经济、社会发展规划，建立公益性文化建设目标责任制，把博物馆工作列入创建文化先进县和创建文明城市等相关指标体系。各级财政应统筹规划，加大对博物馆建设和发展的投入，确保财政支出预算并力争逐年递增，扩大公共财政覆盖农村的范围，确保重点博物馆建设和发展的资金需求。2010年，江苏省文物保护专项补贴经费为4000万元，并从2011年起每年递增500万元。建议苏州市、无锡市、南京市、常州市、镇江市，地方文物保护专项经费每年递增8%～10%；南通市、扬州市、泰州市，地方文物保护专项经费每年递增5%～8%；盐城市、徐州市、淮安市、连云港市、宿迁市，地方文物

保护专项经费逐年递增不少于3%。

博物馆的数量、种类、规模以及布局，应当根据本地区国民经济和社会发展水平、文化资源和公众精神文化需求，统筹兼顾，优化配置。鼓励优先设立填补博物馆门类空白和体现行业特性、区域特点的专题性博物馆；支持经济实力强、可展示文物资源丰富的地区建设符合地方经济社会条件的综合性博物馆，并考虑为事业发展留有更大的空间，建设用地、场馆面积等基本建设适度提前；鼓励历史文化名城及文物资源丰富的地区，借助文物建筑、乡土建筑、工业遗产等现有资源，就地建设专题类博物馆及生态博物馆、社区博物馆，对文化生态实施动态整体性保护；扶持反映地方特点和行业优势的行业博物馆、民办博物馆建设，倡导科技、艺术、自然、民族、民俗、生态、工业遗产等专题性博物馆发展；有计划地进行博物馆聚落、博物馆文化景观的建设。

2. 管理运行类指标：加强内部管理，整合馆藏资源，全面提升博物馆的整体水平

（1）指标构想

管理运行类指标主要体现博物馆内部管理运营水平。管理运行类指标主要区分度为"管理"差别，可以进一步细分为9个二级指标（①~④、⑧~⑨为预期性指标，⑤~⑦为约束性指标；①~④为定性指标，⑤~⑨为定量指标）：

①博物馆行业组织的机构、职能完善；

②全省统一的博物馆机构代码编制；

③全省博物馆统一数据中心及信息交流平台建设；

④博物馆法人治理结构完善；

⑤博物馆人才培养及高级人才引进，专业人员比例、高级人才比例，在职人员培训率；

⑥博物馆展厅、库房及藏品安全防范达标率；

⑦博物馆藏品管理信息化程度；

⑧博物馆科学研究水平，学术成果的国际、国内影响力；

⑨社会力量在博物馆建设中投入比例。

（2）设置构想

完善覆盖全省的省、市、县（区）的博物馆体系，建立以中央与地方共建国家级重点博物馆、国家一级博物馆为核心的专业协作网络，推进博物馆之间的馆藏资源、科研成果、管理经验、专业人才的优势互补和资源共享，加大对中小型博物馆的业务指导。发挥中央地方共建馆和国家一级博物馆在藏品保护、展陈设计、社会服务、数字化建设、文化产品开发以及博物馆管理等领域的引领辐射作用，鼓励国家一、二、三级博物馆定向对口支援建设县级博物馆、行业博物馆、民办博物馆，打破管理体制上的壁垒，推进对中小型博物馆的连锁、代管，提高中小型博物馆的综合管理水平。强化博物馆内部管理和业务水平提升，提高博物馆的国际、国内知名度。与高校和科研院所联合进行博物馆馆长培训、组织博物馆发展论坛等学术交流活动。省博物馆学会成立相应的专业委员会，密切馆际之间的联系，强化行业自律。尝试和探索社会力量参与的模式，引导和鼓励社会力量通过资助项目、赞助活动、提供设施等形式参与博物馆工作，在场馆建设、藏品捐赠、人员培训、社会活动等方面鼓励多元资金的投入，拓宽社会资本对博物馆建设的支持渠道，发挥各投资主体的优势，促使社会资源进一步合理配置，促进整体水平的提高。

3. 社会贡献类指标：促进博物馆深化服务意识，推进文化事业与文化产业的协调发展，提高博物馆的社会贡献率

（1）指标构想

社会贡献类指标主要体现为博物馆作为公益性文化机构对于社会发展的贡献。社会贡献类指标主要区分度为"产出"差别，可以进一步细分为以下8个二级指标（③为预期性指标，其他均为约束性指标；①～⑤为定量指标，⑥～⑧为定性指标）：

①博物馆自行举办的陈列展览数量；博物馆交流（含引进和推出）的国内陈列展览数量；博物馆交流（含引进和推出）的国外、境外陈列展览数量；

②博物馆自身开发的教育活动和社会服务项目数量；

③博物馆自主研发的具有品牌的文化产品数量及销售额；

④博物馆有效观众数量，博物馆观众二次参观及多次参观比例，博物馆观众散客与团队比例；

⑤博物馆事业性收入增长比例；

⑥博物馆提供公众学习机会；

⑦博物馆全年开放时间；

⑧博物馆网站建设。

（2）设置构想

国际博物馆协会章程对博物馆的定义是：为社会及其发展服务的、非营利的永久性机构，并向大众开放，它为研究、教育、欣赏之目的征集、保护、研究、传播并展出人类及人类环境的证物。由这一定义可见，为社会服务是博物馆的基本职能之一。作为以公共财政为主要支撑的国有博物馆，必然要有高标准公共产品的产出。应完善公共文化设施免费开放管理绩效考核办法，建立健全博物馆评价机制，把服务社会、服务基层、服务公众作为考核内容，把有效观众数量特别是观众二次参观及多次参观比例作为考核的重要依据。根据博物馆所在地的地域文化、审美需求、受众群体及博物馆的馆藏文物、场馆设施的特点，按照彰显特色、科学改造的原则，在"县级博物馆展览展示和服务水平提升工程"和"全省博物馆馆藏精品巡回展览"的基础上，实施"中小型博物馆陈列展览精品推进工程"。加大博物馆陈列展览引进和送出的力度，鼓励与国内外其他博物馆进行交流。结合陈列展览开发与之相关的创意衍生产品，尝试文化产品数字化营销模式，争取江苏文化产业引导资金的支持和帮助。鼓励博物馆以多种方式纳入国民教育、在职教育，积极参与社区文化建设。鼓励博物馆利用电影、电视、音像制品、出版物和互联网等途径传播陈列展览、科研成果、藏品知识。如无特殊原因，所有博物馆应正常对外开放，国有博物馆全年开放时间不少于10个月，民办博物馆全年开放时间不少于8个月。

4. 公共延伸类指标：参与社会事务，打造文化品牌，扩大博物馆的知名度与美誉度

（1）指标构想

公共延伸类指标主要体现在博物馆的社会影响，以及公众对于博物馆的认知程度。公共延伸类指标主要区分度为"影响"差别，可以进一步细分为以下6个二级指标（①～⑥均为预期性指标、定性指标）：

①博物馆品牌认知度；

②大众媒体对于博物馆的评价；

③博物馆参与社会事务的评价；

④博物馆馆长的社会影响力；

⑤"博物馆之友"、博物馆志愿者服务；

⑥博物馆职业道德、博物馆工作者职业道德履行情况。

（2）设置构想

博物馆是物化的文化发展史，从博物馆中，人们能看到一座城市、一个地区文化的多元性。博物馆既是旧遗产的"投影机"，也是新文化的"发生器"。博物馆在展示传统文化的同时，又要展示时代特征和精神面貌。源自公众、属于公众、服务公众的性质，决定了记录历史、见证发展、表现时代、弘扬精神已成为博物馆义不容辞的社会责任。同时，博物馆作为公益性文化服务机构，理应承担公共组织的社会作用，参与社会公共事务，处理好与社区、大众传媒以及其他社会组织的关系。各种形式的博物馆志愿者组织应发挥"第三部门"的职能，在为公众提供博物馆体验、实践的同时，宣传、推介优秀博物馆文化。与此同时，博物馆必须遵守国际、地区、国家和地方的法律以及国际公约的规定合法运营。《国际博物馆协会职业道德准则》被认为是从事博物馆工作的从业人员应该遵循的最基本的道德行为和工作标准，博物馆专业工作人员应当遵守被认同的标准和法律，坚持职业的尊严和忠诚，恪守职业道德，保护公共利益，反对非法和不道德的职业行为。

表一　　　　　　　　基本现代化目标下的江苏博物馆指标体系

类别	序号	指标名称	预期性指标/约束性指标	定量指标/定性指标
宏观指导类指标	1	地方文物保护专项经费（博物馆部分）年度递增率	约束性指标	定量指标
	2	地方文物保护专项经费（博物馆部分）占当地公共财政支出年度比例		
	3	万人拥有博物馆数量：城镇居民万人拥有博物馆数量；农村居民万人拥有博物馆数量		
	4	万人拥有博物馆面积：城镇居民万人拥有博物馆面积；农村居民万人拥有博物馆面积		
	5	国家一、二、三级博物馆数量		
	6	博物馆在省辖市、省财政直管县覆盖率		
	7	行业类博物馆、民办博物馆数量及覆盖率		
	8	生态博物馆、社区博物馆、数字博物馆、旧址博物馆、遗址博物馆、非物质文化遗产博物馆等新型博物馆数量及覆盖率	预期性指标	
	9	博物馆群、博物馆城、博物馆聚落、博物馆景观线路建设		定性指标

续表一

类别	序号	指标名称	预期性指标/约束性指标	定量指标/定性指标
管理运行类指标	10	博物馆行业组织的机构、职能完善	预期性指标	定性指标
	11	全省统一的博物馆机构代码编制		
	12	全省博物馆统一数据中心及信息交流平台建设		
	13	博物馆法人治理结构完善		
	14	博物馆人才培养及高级人才引进，专业人员比例、高级人才比例，在职人员培训率	约束性指标	定量指标
	15	博物馆展厅、库房及藏品安全防范达标率		
	16	博物馆藏品管理信息化程度		
	17	博物馆科学研究水平，学术成果的国际、国内影响力	预期性指标	
	18	社会力量在博物馆建设中投入比例		
社会贡献类指标	19	博物馆自行举办的陈列展览数量；博物馆交流（含引进和推出）的国内陈列展览数量；博物馆交流（含引进和推出）的国外、境外陈列展览数量	约束性指标	定量指标
	20	博物馆自身开发的教育活动和社会服务项目数量		
	21	博物馆自主研发的具有品牌的文化产品数量及销售额	预期性指标	
	22	博物馆有效观众数量，博物馆观众二次参观及多次参观比例，博物馆观众散客与团队比例	约束性指标	
	23	博物馆事业性收入增长比例		
	24	博物馆提供公众学习机会		定性指标
	25	博物馆全年开放时间		
	26	博物馆网站建设		

续表一

类别	序号	指标名称	预期性指标/ 约束性指标	定量指标/ 定性指标
公共延伸类指标	27	博物馆品牌认知度	预期性指标	定性指标
	28	大众媒体对于博物馆的评价		
	29	博物馆参与社会事务的评价		
	30	博物馆馆长的社会影响力		
	31	"博物馆之友"、博物馆志愿者服务		
	32	博物馆职业道德、博物馆工作者职业道德履行情况		

四　结　语

　　博物馆事业的兴衰与国家、民族的命运息息相关。建设好博物馆，充分发挥博物馆的社会功能，是保护历史文化和自然遗产、展示优秀文化和文明成果的最佳手段。建设好博物馆，让更多的公众走进博物馆，享受文化遗产保护成果，是不断满足全社会精神文化需求的必要途径。在江苏基本实现小康目标、制定基本现代化目标的形势下，基于有需要、有能力、有规划、有布局、有特色、有保障的背景要求，应当本着有利于传统文化和地域文明的传承、有利于文物的有效保护和永续利用、有利于城市形象和城市品位的提升、有利于公众的文化享受和民生需求的原则，把文化遗产保护与基本现代化建设紧密结合，编制相应的博物馆建设、发展和评估指标体系，以博物馆基本建设为核心，以加强博物馆基础工作、提升服务水平为推手，保护和传承民族民间优秀传统文化，从而保障和实现广大人民群众的文化权益，促进经济、社会、文化全面协调发展。

注释：

［1］苏东海：《博物馆的沉思——苏东海论文选》（卷二），第185、194页，文物出版社，2006年。

［2］宋向光：《物与识——当代中国博物馆理论与实践辨析》，第369～371页，科学出版社，2009年。

［3］单霁翔：《广义博物馆理论与实践的思考》，《中国文物报》2011年6月29日。

文化建设与博物馆的使命

毛晓玲

（南京市太平天国历史博物馆　江苏南京　210001）

内容提要： 在经济全球化及中国全面建设小康社会的今天，文化建设呈现出转型期的复杂态势。博物馆在新的文化建设的内容、途径、方式、目标等方面都将努力探索规律、寻求动力，肩负起义不容辞的使命。

关键词： 全球化　文化建设　博物馆使命

对于人类生活和世界而言，文化是最深层的东西，它是人的活动及其文明成果在历史长河中自觉或不自觉地积淀或凝结的结果。博物馆作为人类历史的记忆现场和未来文化的熔铸殿堂，在全球化时代的文化建设中，面对着一系列转型期文化的冲突、融合、传播、殖民和整合，以及由此带来的种种困惑，承担着保持文化多样性，以深层文化启蒙引导文化精神的培养和大众文化的形成，以及追求文化发展的先进性等重要使命。面对目前中国文化发展的现状，博物馆在担此重任时更拥有广阔的发展前景。

一　一种忧虑：反思当前文化转型时期面临的困惑

人类社会是一个由人的多种运动形式、多层面的存在形态、多样化的物质和精神结果、多重体制和社会关系组成的复杂的总体。文化是内在于所有方面的活动图式和机理，是人与生俱来的本质性的存在方式。经济全球化时代的文化发展，更呈现出多样化和趋同化相互斗争的复杂态势，各种思潮之间相互碰撞、激荡，成为世界的新图景，各种文化异彩纷呈的同时，也面临着不同的挑战与考验。文化的核心是价值观，价值观的冲突表面上温情脉脉，却常常会以血与火的形式上演。由此，在以价值观冲突为中心的伦理道德、社会精神、文化形式等方面的困惑和迷惘也就表现在社会生活的方方面面。

1. 多元碰撞的迷惘

随着社会意识形态的聚焦点由政治思想斗争转向科学技术与经济发展，哲学理论和大众生活有了前所未有的自由度和宽容度，多元的经济利益、多元的需求、多元的生存方式、多元的价值观念不再被限制和禁止，而是得到默许、宽容甚至鼓励。这种多元理念一方面为地域文化的碰撞与互动提供了更多机会，为文化冲突和交流的深入拓展了新的空间，但另一方面也带来了一系列价值迷失、伦理式微、道德滑落、文化失范的问题。

2. 传统模式的禁锢

任何文化都在一定的传统中演变，在继承传统精华的同时，也或多或少受传统模式的牵制。以中国文化为例，作为世界文化发展的一个有机组成部分，以数千年计的中华文明具有良好的传统，为中华民族塑造了积极向上、锐意进取、勤劳勇敢的民族精神；但也存在着保守、消极的沉重包袱，有一些落后和腐朽的东西，像"官本位"、封建意识、迷信思想、因循守旧、盲目自大等，在现代生活中依旧是若隐若现、如影随形。

3. 西风东渐的激荡

西方理性主义文化的个体本位和内在创造性、超越性带来了自由自觉的清新气息，冲击着一个经验世界、常识世界、习俗世界自发自在的文化模式。但个人主义、自由主义、霸权主义、武装干涉等理念与实践不仅给时代精神、价值取向、伦理规范造成不良影响，也部分颠覆了传统大众的生活观念和生存模式。

二　一份责任：关注全球化时代文化建设与博物馆发展

在全球化时代，每一种文化形态、每一种地域文化都不可阻挡地卷入其中，成为世界文化发展进程的一部分，正如斯宾格勒在《西方的没落》中所说的："愿意的人，命运领着走；不愿意的人，命运拖着走。"这也是文化发展的根本出路，我们没有理由也没有可能逃避。博物馆作为文化机构，其发展进程与文化建设息息相关。立于时代浪潮的前沿关注博物馆的未来，站在社会责任的高度剖析博物馆的使命，也正是为了探索文化发展的内在规律，寻求文化发展的时代动力。

1. 全球化时代文化建设的主要内容是现代化进程中文化精神的培养

无可否认，人类社会和人类历史的进步总是深刻地体现于社会运动深层所内含的人的文化精神的更新与飞跃。在现代化进程中，除经济起飞、技术发展、体制完善等社会层面的现代化外，以文化转型、素质提高、生存方式和行为方式转变为主要内涵的人自身的现代化尤为迫切。应该说，中国社会短期内还没有形成一种支撑现代化进程的相对统一的、主导性的文化精神，"文化滞差"依然存在。

博物馆作为一种文化设施与机构，其所承担的不仅仅是文物的收藏、藏品的研究和展示以及为社会及其发展服务的职能，其倡导的多学科、多维度的综合研究思路，探索的社会事业与产业经营共赢的发展方向，实践的岗位目标责任制和ISO标准的管理评估体系，提供的自主型、探索型的学习过程等，所体现的既是理性的、科学的、契约的、主体的现代文化精神的本质内涵，也是潜移默化培养自觉文化精神的真实过程。

2. 全球化时代文化建设主要通过深层文化启蒙促进大众文化形成而实现

随着现代化进程的深化，大众层面开始引起一种自觉的市民文化的萌生。大众群体已不再满足于作为精英文化的被动听众和受众，大众层面的文化精神和话语也不再直接为政治意识形态所左右，而是从精英文化和精英话语的控制下游离出来。可以说，大众文化已是不可遏止的洪流，其无所不至的包容性、浅显生动的表现形式和贴近日常生活的亲和力有着重要作用。

博物馆以人民大众作为自己的展示和服务对象。在大众群体日渐放弃追随传统精英文化理性、人生价值意义、人类终极关怀等深度文化价值取向时，博物馆应如何把握时代脉搏，在坚持文化导向和教育的基础上，突破纯粹思想观念的引导，而在大众层面的消费文化和通俗文化方面当好向导呢？虽然经济增长、科技进步、社会发展带来了理论形态、文化精神、社会心理、文化模式等重大变化，但在全社会商品化浪潮和功利心态的影响下，目前更多的中国民众的主要文化模式是一种贴近生活原生态的平面文化，传统日常生活世界的自在活动图式依旧发挥着社会活动和个体行为的规范和解释功能，甚至传统的经验式、人情化的文化模式披着科学、理性、民主、自由、进步等外衣或各种现代的甚至所谓后现代的文饰而登场。博物馆应该通过文化理念传播、文化内涵揭示、文化氛围营造、文化服务创新等方式，以深层文化启蒙倡导人文知识分子向生活世界的回归和对传统日常生活的批判，进而通过精英文化与市民文化的对接与整合，在普通民众生活世界中生成以人之主体性为内涵的现代化人文精神。应该说，在全球化时代，博物馆在将大众生活由自在活动图式引向自觉文化模式，为大众构造理性文化或理想文化空间，引导市民阶层向相对独立、自律、多元的文化精神迈进等方面，都将大有作为。

3. 全球化时代文化建设的方式主要是在保持文化多样性基础上的文化创新与文化整合

所谓文化多样性，是指在文化内容空前复杂、文化主体广泛丰富和文化形式极大创新的基础上，人类文化发展具有多方向、多层次、多方式的性质。文化的多样性是经济全球化时代世界文化发展的标志，也是各种地域文化形式维持其存在的主要表现。从我国文化发展面临的双重任务来看，一方面我们要进行文化内在的创造性转化，即文化创新，因为"我们走在时代前进的路途之中，而通向未来的路并无前车之鉴"；另一方面，我们又必须正视强势文化对我们的挑战，要进行外在的文化批判性重建，也就是通过文化整合努力保持自身文化的存在，在与强势文化的竞争中争取有利地位。

博物馆是沟通各种文化的重要桥梁，文化多样性在博物馆发展中也得以真正体现。传统类型的历史类、艺术类、自然科技类博物馆正在不断壮大，特殊类型的博物馆日益丰富，行业博物馆异军突起，而贴近实际、贴近生活、贴近群众也进一步丰富着文化主体，博物馆的发展思路、展示形式、运营模式、服务理念也在不断突破旧有体制的束缚而呈现多样性内涵和多元化趋势。不同类型的博物馆在保持自身特色的同时，也在进行博物馆文化自我审视的内在创新和学习借鉴中的批判重建。

4. 全球化时代文化建设的目标是实现人类共同追求的先进文化

文化多样性不等于多样的文化都具有先进性。是否符合社会发展的客观规律和现实需要是衡量一种文化形态是否先进的标准。应该说，追求文化发展的先进性是各种地域文化形式共同追求的目标。

在文化建设的不断自我否定、自我更新的过程中，博物馆也应向着先进文化的三个维度发展，即继承过去、立足现实和面向未来。博物馆要继承传统文化的精华和吸收借鉴人类文明的一切优秀成果，应该说，数千年的中华历史文化积淀为博物馆塑造了发展的根基和灵魂。博物馆要立足于现实的社会文化，关注现实的社会生活，研究社会发展中迫切需要解决的新问题，以丰富多彩的生活为基础进行文化精神的提炼。博物馆文化也应代表人类社会未来发展的方向和趋势，以实现人类社会的发展和人的文化进步为己任，力争在未来社会成为主流文化之一。

三　一片希望：展望未来博物馆事业的辉煌

从目前我国或者世界博物馆总体发展来看，还存在着很多普遍问题，如第三世界国家的博物馆在数量和质量上明显滞后，博物馆的管理运营模式还有待改进，博物馆陈列内容丰富但多数更新缓慢，一般展览的群众参与性不强，等等。进入全球化时代，文化与经济和政治相互交融，在综合国力竞争中的地位和作用越来越突出，而高科技、信息化、数字化、网络化的新理念、新成果不断涌入博物馆领域，也给博物馆注入了丰富的营养。博物馆将突破纯粹的政治功用，注重以人为本，为国家文化竞争力的提升发挥应有的作用。

其一，博物馆将不仅仅是传播历史文化和科技知识、陶冶大众情操、提高公民思想道德素质的教育阵地，还将是国家、民族、社会乃至每一个个体向着现代化发展的文化精神动力机。因为在某种意义上，一部人类历史就是各种文化相互交织、相互渗透或各种文化生生灭灭的历史。文化具有内在的生命力，博物馆也将肩负着文化的使命，通过自己的有机生长和盛衰变化来展示人类丰富的生存方式，来不断超越给定的文化形态，推动历史的演变。

其二，博物馆将具有更为宽广的视界和更为深厚的承载。尽管每一个博物馆收藏、研究、展示的藏品各不相同，不同地域、不同性质的博物馆对自己的责任和使命有不同的认识和定义，但从总体的发展趋势来看，人类文化演进的基本轨迹是从相对独立的民族文化经过民族文化间的交流和交汇乃至冲突，逐步走向保持着各自民族特色的但也是具有共识性的世界文化。博物馆将在这一宽阔而激越的文化汇流中就"普世性"的问题，如全球意识、全球伦理、网络文化、大众文化、消费文化、生态文化、可持续发展理念、现代性理念等予以更多关注，探索解决人类社会共同面临的这些文化问题，为人类社会的未来发展创造无限的生机。

其三，博物馆将在建设先进文化、弘扬传统文化、传播大众文化、抵制腐朽文化中，进一步为新的文化模式的确立发挥重要作用。我们知道，人类的发展和完善往往体现在其基本生存方式或行为模式的转变上，这是一种新的文化模式渐变生成的表现，是最深刻意义上的脱胎换骨式的转变。因为新的文化模式所具有的文化精神内含的超越性和革命性，会从根本上剔除已经成为个人活动和社会进步桎梏的旧的文化要素和体制障碍，从而解放被束缚的人的自由和创造力，解放被束缚的社会生产力，为社会提供前所未有的发展空间。博物馆种类纷繁的丰富知识含量，形式多样的大众公益项目，立足现实、面向大众的人文理念，以及在改革发展中自我审视并合理调整的创新勇气，都将冲击传统自然主义和经验主义文化模式的阻滞和羁绊，带来实践理性的复兴、主体意识的成熟、发展观念的更新和文化精神的重建。

充分发挥美术馆在文化旅游中的作用

王晓露

（江苏省美术馆 江苏南京 210018）

内容提要： 文化是一个民族的灵魂和血脉，是一个民族的精神记忆和精神家园。伴随着文化旅游的兴起，美术馆作为文化旅游的一个亮点，在对民众开展民族教育方面发挥着不可替代的作用，成为对大众进行艺术熏陶的绝佳场所。希望在我们的共同努力下，使美术馆成为城市访者的必到之处。

关键词： 美术馆 文化旅游 作用

在当下经济蓬勃发展的时代，人们拥有越来越多的时间来关注文化。2011 年是"中华文化游"主题年。人们在休闲的时候，不仅关注自然景观，而且更多地在意旅游本身的文化内涵。在如今旅游业成为各省市经济新的增长点的状态下，利用原有的文化旅游资源打造古城、名人、艺术等文化效应，进一步提升城市品牌，已成为很多城市发展文化旅游的一个重要方面。在文化旅游备受关注的同时，美术馆也逐步走进了大众文化旅游的行程单。

一 文化与旅游水乳交融

文化旅游是以旅游文化的地域差异性为诱因，以文化的碰撞与互动为过程，以文化的相互融洽为结果的，它具有民族性、艺术性、神秘性、多样性、互动性等特征。文化旅游的过程就是旅游者对旅游资源文化内涵进行体验的过程，这也是文化旅游的主要功能之一。它给人一种超然的文化感受，这种文化感受以饱含文化内涵的旅游景点为载体，体现了审美情趣激发功能、教育启示功能和民族、宗教情感寄托功能。文化旅游，是最近几年才出现并流行的一个名词，它的出现与游客需求的转变密切相关。因此，其目前较为流行的定义是"那些以人文资源为主要内容的旅游活动，包括历史遗迹、建筑、民族艺术和民俗、宗教等方面"。

我们先论述一下地域文化和旅游及经济的关系。胡锦涛同志在党的十七大报告中特别强调："当今时代，文化越来越成为民族凝聚力和创造力的重要源泉、越来越成为综合国力竞争的重要因素。"没有先进文化的积极引领，没有人民精神世界的极大丰富，没有全民族创造精神的充分发挥，国家的发展就会失去支撑，民族的振兴也就无从谈起。从文化的总体定位来看，文化是现实生产力，是综合国力的重要标志。地域文化和旅游的关系极为密切，二者相互促进并相互依赖。地域文化可以促进旅游的强劲发展，而旅游又可以彰显地域文化的魅力和内涵。如果没有文化的注入，旅游只能是一个经济的躯壳。城市文化的兴起和挖掘，为旅游开辟了一个广阔的前景，旅游的崛起为文化提供了一个展示的舞台，二者不可分割。没有文化内涵的旅游是空洞的、乏味的，没有旅游的城市文化是沉寂的、不足的。只有两者有机结合、互相渗透，才具有竞争力和生命力。旅游是文化的载体，文化是旅游的灵魂，二者是肉体与灵魂的关系，互为依托，缺一不可。"旅游活动的结构表现为'经济外壳'和'文化内涵'，这是一个不可分离的整体"[1]。

首先，文化是旅游者活动的本质属性。在具有了可自由支配的时间与收入的情况下，个人要成为旅游者还必须有旅游需求和旅游动机，而旅游需求与动机是一定文化背景的产物，是文化驱使的结果。旅游的本质是消遣和审美，其活动需要文化的参与；同时，旅游者作为旅游的主体是一定文化的负载者和传播者，旅游本身是一种文化交流活动，是两种地域文化的际遇与整合。旅游活动尽管具有经济色彩，但本质上是一种文化，享受"文化"和消费"文化"是旅游者旅游活动的出发点和归宿。

其次，文化是旅游资源的魅力所在。文化孕育着人文旅游资源，人文旅游资源蕴含文化，人文旅游资源的鉴赏与开发都需要文化进行解释。人文旅游资源属于文化的范畴，许多文化产物都是人文旅游资源，不少文化资源只需通过略加开发就可以成为富有吸引力的旅游产品。本文讨论的美术馆，就是这样一种文化资源，恰恰也是人文旅游资源。

再次，文化是旅游业的灵魂。现代旅游已不停留在游山玩水这样一种感官愉悦的观光旅游层次上，而日益成为一种综合性的高品位审美文化活动。这就要求旅游产品应具有一定的文化含量与文化品位，能够满足旅游者的文化需求，也只有这样，才能使旅游产品具有生命力与吸引力。

二　美术馆与文化密不可分

文化是一个民族的灵魂和血脉，是一个民族的精神记忆和精神家园，体现了民族的认同感、归属感，反映了民族的生命力、凝聚力。文化创造的是一个意义的世界[2]。在今天经济全球化深入发展、中国经济飞速前进的背景下，中华传统文化中许多优秀的内容不但受到中国人民的重视，而且也像磁铁一样深深吸引着世界的目光。所以，一座城市文化内涵的提高，就会以她独有的魅力吸引着全世界的目光，从而推动经济快速发展。在当前，应主要抓好这样一些事关文化发展全局的工作。要解放思想，牢固树立抓文化就是抓发展的崭新理念。文化也是生产力，文化体现软实力，先进文化的发展繁荣必将极大地增强一个地方的综合实力。抓文化也是抓发展，而且是在一个更高的层面上抓发展。

美术馆作为一个公共领域内的文化机构，它在中国的产生与发展，既是中国现代历史自身写作的需要，也显示了中国文化艺术史进入一个统一的世界文化艺术史的自觉努力。首先，美术馆服务于文化，美术馆承担着收藏、研究与陈列人类文化产品的功能。美术馆为文化服务，这是一种被动关系。其次，美术馆是文化的服务单位，是提供文化服务的机构，承担着文化传播的功能。这样看来，美术馆与文化之间的逻辑关系是主动关系，美术馆提供文化服务。而当前美术馆多侧重第一方面，在现有功能设置中，无论在人力上还是物力上都侧重于收藏、研究与陈列等保存研究文化、为文化服务的功能，而在如何传播文化、提供文化服务方面则考虑较少。

成功的美术馆经验表明，它的意义已经超出作为一个专业美术空间的价值，而是代表了一个地域的文化标志，反映出这个地域的文化底蕴、公众文化品位及对外文化交流的水平，也标志着这个地域文化的开放度和开明度。美术馆文化是一种独特的深深植根于民族历史文化血脉之中的记忆文化，既要上对祖先又要下对子孙，既要传承历史又要启迪未来。美术馆在美术界结构中发挥兼容、引领作用。在整个社会美术界板块中，美术馆显现最突出的个性是它的公益性、专业性、兼容性。通过对美术馆与政府、公众、艺术家、艺术机构关系的分析，可以清晰地看出美术馆的特征。它承担着研究、梳理和展现美术历史，促进当代美术事业发展繁荣，引领美术潮流，培育公众审美情怀，认定艺术价值，扶持美术家成长的责任。

三 美术馆是文化旅游的靓丽风景

1. 与国外美术馆在文化旅游作用中的差距

"多年来，国内不少美术馆机关化严重，变成了艺术家的沙龙，公众亲近感不强。举办一场展览，开幕式时车水马龙，平日里门可罗雀。我认为，美术馆应该成为城市访者必到的地方，英国的大英博物馆，法国的卢浮宫，美国的大都会博物馆，不仅本地居民熟悉，外国游客哪个不想去呢。美术馆不能仅成为象牙塔式的殿堂，更应是为公众服务、融入城市生活的公共服务场所。"这是江苏省文化厅副厅长高云在2010年"第五届亚洲美术馆馆长论坛"上的观点，一语道出了所有美术馆人的心声，得到了所有与会美术馆馆长的赞同与呼应。

首先我们来看一下世界著名美术馆2010年参观人数，法国卢浮宫的"业绩"是全年参观总人数达到850万人次，与前两年持平，连续5年保持参观人次800万以上，只要来到法国的游客，卢浮宫是必然要参观的；伦敦大英博物馆584万人次；纽约大都会博物馆522万人次。再看一下亚洲的著名美术馆，韩国国立博物馆307万人次，东京国立艺术中心203万人次。在参观人次中，旅游者占有很大比例。而在中国，中国美术馆每年参观人次保持在90万~100万；江苏省美术馆2010年接待参观者40余万人次，与国外美术馆存在着相当大的差距，而且以本地市民为主，外来游客所占比例少之又少。这是很值得我们深思的问题！

2. 在政府的支持下，与旅游行业合作，让美术馆走进旅游行程单

党的十七大对推动社会主义文化大发展大繁荣、兴起社会主义文化建设新高潮进行了全面部署，着重强调了加强文化建设、提高国家文化软实力的重要性，这充分体现出党对当今时代发展趋势和我国文化发展方位的科学把握和高度重视。江苏省美术馆新馆在江苏省委、省政府的高度关心和支持下，2010年正式建成并永久性免费对外开放，新馆建筑设施均达到国际一流水平。在其他省份，也有不少美术馆在翻新、新建，这些都是国家对文化事业支持的体现。2011年初，文化部、财政部共同出台政策，明确在2011年底之前，全国各国家级、省级美术馆将对公众实行免费开放，所有公共图书馆、文化馆（站）也将实现无障碍、零门槛进入。而在2012年底之前，各级美术馆也将向市民免费开放。这是推进公共文化服务体系建设的又一重要举措。我省的省级三馆——江苏省美术馆、南京图书馆、

江苏省文化馆在免费向公众开放方面，早已走在了全国先列。免费开放无疑为旅游者参观美术馆提供了更便利的条件。

国家强了，人民富了，自然旅游的人数也就多了。2010 年，南京市接待国内旅游者6366 万人次，接待入境旅游者 130.88 万人次[3]。这是多么令人振奋的数字。作为江苏省美术馆人，体会更为深切，每天经过总统府，门前都是人头攒动，热闹非凡。而美术馆就与总统府隔街相望，为什么不能与旅游行业协调一下，在游客的行程单上加上美术馆？在参观完总统府之后，几步路走向江苏省美术馆，在欣赏完美景之后，接受艺术的熏陶，享受一番艺术盛宴，岂不美哉？免费开放的美术馆对游客来说，只是多花一些时间而已，少去一个购物点，这个时间就有了。宣传当地文化艺术、提高全民文化素质，是一件惠民利国的好事，相信游客也会很乐意。这需要政府、旅游部门和美术馆共同努力来实现。

3. 美术馆应加强自身服务，吸引更多的游客

在世界最大的卢浮宫博物馆中，您不但可以看到书店、CD 唱片行、琳琅满目的巧克力店、服装店，更可以找到各式各样的餐厅、咖啡厅。在不妨害艺术文化的前提下，为留住观众脚步而努力。在"第五届亚洲美术馆馆长论坛"上，维多利亚国家美术馆收藏展览部主任皮埃尔·阿平透露，在澳大利亚，一些美术馆为了融入市民生活，增加了夜间开放，给青少年提供欣赏美术作品的机会。美术馆还增加了网上项目，让观众随时下载展品视频。而在韩国，很多年轻人选择在美术馆与朋友约会。韩国全北道立美术馆馆长李兴宰分析，看电影只有 2 个小时，而到美术馆可以悠闲自在，放松又高雅。因而深受年轻人青睐，并成为一种时尚。美国旧金山亚洲美术馆的工作更细致，据其首席代表罗宾·格罗斯贝克女士说，10 年来，他们每年都会对观众就展览的认识、评价、建议等问题作 4 次调查，美术馆再根据他们的具体兴趣，安排展览。她说，这一切就是希望"艺术能融入民众生活"。

江苏省美术馆正在作各方面的努力，举办各种类型的展览，设立艺术长廊、茶吧、咖啡吧、艺术书店、艺术用品店、江苏地域特色展示等来吸引游客，将美术馆打造成为对公众进行审美教育的最佳场所，成为展示民族优秀文化成果的最佳窗口，成为我们城市文化品质的最佳标志。

我们可以看出，美术馆在对民众开展民族教育方面发挥着不可替代的作用，有着其他教育形式所没有的优势。同时，随着人们精神文化追求的不断提高，美术馆也逐渐成为对大众进行艺术熏陶的绝佳场所。因此，我们需要充分利用美术馆的文化旅游功能，在潜移默化中对人们进行爱国教育和民族精神教育，从而在全球化的过程中传承优秀的民族文化，增强民族凝聚力。让我们共同努力，使美术馆成为城市访者的必到之处。

注释：

[1] 王义民：《论旅游研究应"从经济进去由文化出来"》，《信阳师范学院学报》1998 年第 2 期。

[2] 樊浩：《伦理精神的价值生态》，第 123 页，中国社会科学出版社，2001 年。

[3] 摘自《2010 年南京市旅游经济发展统计公报》。

探索新的理念　创新经营机制
大力推进博物馆发展迈上新台阶

刘　洪

（连云港市博物馆　江苏连云港　222006）

内容提要： 在市场经济条件下，博物馆的生存和发展受到了市场规律和博物馆规律的双重制约。博物馆不仅有管理问题，还有经营问题。博物馆经营就是博物馆组织从自身行为特征出发，以提高博物馆资源利用效率与效益为根本目的，以博物馆资源多层次优化配置、整合为基本途径，所实施的博物馆经营环境分析、博物馆经营思想确立、博物馆经营目标确定、博物馆经营策略选择以及博物馆经营操作方式等一系列的策划、营谋活动。博物馆不但可以经营，也应该经营。

关键词： 博物馆　经营　理念　发展

所谓经营，一般是指根据市场环境变化，采取相应对策，以保证企业取得良好经济效益的一系列管理活动的总称。所谓经营博物馆，就是运用市场机制对博物馆资源及智力资本等进行重组和运营，通过公司化运作和服务化经营形成博物馆开发、建设、管理新格局，实现博物馆的自我积累和自我增值。博物馆虽然是非营利性的组织，但在市场经济环境下，博物馆所从事的综合管理与基础设施建设、藏品管理与科学研究、展示教育与社会服务等活动均属于有投入和产出的经营行为。同时，随着我国博物馆管理体制改革的不断深入，博物馆正在成为自主办馆的法人实体。因此，传统计划经济体制下的博物馆管理模式已经难以适应市场经济体制下管理博物馆的需要，必须借用企业管理的经营理念和运行机制，按照市场经济的运作方式，树立经营管理的理念，合理使用博物馆资源，才能提高博物馆办馆水平与效益，才能促进博物馆持续发展。

一　管理与经营的区别

1. 讲效率与讲效益

管理讲效率，经营讲效益。管理博物馆，其核心是提高博物馆和职工的工作效率，目标是完成博物馆工作任务，馆长关注的是上级的评价和博物馆的形象。经营博物馆，其核心是提高博物馆的社会效益和经济效益，目标指向生存和发展，馆长关注的是工作质量和社会的满意程度。

2. 着眼于内部与内外兼修

管理博物馆，着眼于博物馆内部，办馆基本上是封闭的，馆长无权根据市场进行定位，也无权确定博物馆服务的对象。经营博物馆，办馆是开放的，重在内外兼修，根据经济规律和博物馆规律找准位置。

3. 被动与主动

管理博物馆，馆长习惯于照章办事和贯彻、落实政策，遇到困难寻求上级的支持。经营博物馆，馆长考虑的是服务、竞争和生存，遇到困难找市场，寻找商机。

4. 对上负责和对下负责

管理博物馆，馆长主要强调对上级负责。经营博物馆，馆长着重强调对下负责，让职工和观众都满意。

二　博物馆经营的现状与问题

随着市场经济体制改革的深入和国内博物馆市场逐步对外开放，政府、社会、民间组织和个人等多种力量参与办馆，办馆主体呈现多元化。博物馆管理也发生着深刻的变化，不仅给博物馆发展带来了勃勃生机，也使博物馆由管理到经营的转变在一些地方成为不争的事实而受到社会各界的广泛关注和重视。

我们还发现，现有的博物馆经营存在严重的两难困境。一方面，现有博物馆管理体制与博物馆自主发展要求存在难以协调的矛盾，使博物馆受到来自博物馆管理体制、上级主管部门等各方面的束缚和限制，无法放开手脚自主经营；同时，由于长期对馆长负责制的认识不到位，使博物馆经营在实行过程中没有得到真正的落实。另一方面，许多博物馆的经营行为尚处于探索阶段，在发展过程中没有得到必要理论的指导和规范，带有很强的自发性和盲目性，并且缺乏长期的规划，表现出短期功利性。因此，我国博物馆经营行为亟待新的科学理论和博物馆管理学理论的指导，以及政府的规范与协调。

三　经营博物馆应树立六大意识

1. 确立服务意识

"顾客是上帝"、"服务第一"是市场经济的基本理念。博物馆也有服务，这已成为不争的永恒理念。社会服务是博物馆的核心工作，观众不是管理对象，而是服务对象。确立服务意识是经营博物馆的思想前提。博物馆要牢牢树立起服务意识，承担起为纳税人服务的义务，应认识到观众是衣食父母，保护他们就是保护自己的社会效益和经济效益。因而要着眼于观众的发展，努力提供优质的社会服务。如果仍然抱着计划经济下那种享受服务的观念，则不用说发展，生存都存在问题。所有人都要学会微笑，要有换位意识，微笑上岗，礼貌服务，敬观众如敬亲友。特别是馆长应该努力服务于博物馆的长期发展目标，理想的馆长应该把博物馆的发展视同自己的眼睛一样。

2. 确立质量意识

质量是市场经济永恒的主题，也应成为博物馆的命脉。"质量至上"，无论现在还是未来都不会过时。博物馆当务之急是必须应对市场经济要求确立新质量观，树立市场欢迎、质量就好，市场唾弃、质量就坏的理念，按照入世后市场新规则出牌，着力调整布局，优化结构，苦练内功，提高博物馆质量和办馆效益。在博物馆办馆主体多元结构形成及博物馆经营的时代，博物馆不仅应提供给观众漂亮的馆舍，还应能给观众带来知识，提高他们的素养。当然，博物馆不同于企业，不能以营利为目的，要注意教育机会均等问题。实践证明，在视质量为生命的理念指导下，通过相关的改革，必然能使博物馆立于不败之地。

3. 确立品牌意识

两者相争勇者胜，勇者相争智者胜，智者相争名者胜。特色品牌是市场经济中成功企业的制胜之道，也是博物馆走上品牌之路的必然选择。博物馆应确立以特色和品牌立馆的办馆理念，找准定位，在办出特色、打造品牌上狠下功夫，从而才能以较强的实力、鲜明的特色、公认的质量立足于竞争潮头。同时，博物馆还应精心策划，利用强势媒体，采取一系列营销手段，广为造势，强力宣传，提高博物馆的知名度、美誉度和信任度。在越来越开放的大环境下，许多博物馆经营者意识到，一个有实力的博物馆品牌不仅可以使博物馆获得更多的超额利润，还可以不断提升办馆品位、带来更好的社会效益。如何提升博物馆品牌价值则越来越成为人们关注的重要话题。博物馆应实施 CIS 战略[1]，推进扬名工程，以较强的实力、鲜明的特色、公认的质量取胜，塑造博物馆形象，达到创特色办名馆的目的。

4. 确立成本效益意识

企业要考虑投入成本和效益产出，办博物馆也是如此。博物馆应尊重市场经济规律，降低成本，增加效益，把博物馆当作企业来经营。通过布局结构调整和资源重组，盘活现有博物馆资产，提高经费投资的社会效益和经济效益，以求在展示教育与社会服务、藏品管理与科学研究等方面获得最大回报。例如，通过各种途径，充分利用博物馆资源，杜绝资源闲置和浪费。再如，采取定编设岗，倡导人尽其责、人尽其才、才尽其用、各展其长、各得其所，减少人力投资，防止人才浪费、人浮于事，节约博物馆成本。

5. 确立资本运营意识

随着博物馆市场的开发、开放，博物馆要把一切可以利用的资源都看作可增值资本。资本经营不仅限于产权经营活动，如联合、兼并、参股、控股等形式，还包括可以使资本实现最大增值的一切活动，如无形资本经营、实业资本经营和金融资本经营等。例如，有些名牌博物馆可以以自己的馆名和名家名馆长作为无形资产，或以智力资本和出售冠名权的方式增加博物馆资产总量等。

博物馆要提高无形资本，提升职工队伍素质，打造人才品牌是非常重要的。首先要转变职工的观念，观念的落后，意味着一切的落后，要从学习入手，树立继续学习、终身学习的理念，努力构建学习型组织，使职工成为学习型职工，朝着职工专业化方向发展。我们认为，博物馆的差距不在于规模和条件，而在于职工群体的学习能力的差距。通过学习反思，不仅能转变职工的观念，同时还能提高职工的职业道德修养和文化素养，提高他们的工作水平和能力。与此同时，还要重视骨干职工的特别培养。管理理论"二八定律"[2]告诉我们，博物馆 80% 的工作、成绩及其品牌都是由 20% 的骨干职工打造出来的。20% 的骨干职工为博物馆赢得声誉。为此，博物馆要精心策划制订职工继续学习、骨干职工培养和名家工程的周密、详细、可行、有效的计划和规划，并付诸实施。这是提高博物馆无形资本的重要组成部分，也是促进博物馆可持续发展和提高博物馆品牌含金量的核心工作。

6. 确立改革创新意识

改革创新是市场经济发展的源泉，也是博物馆的生机和活力所在。博物馆要用发展的观点来办馆，努力开拓创新，与时俱进，而不能满足现状、墨守成规。现在的博物馆要实行自主经营，在内部广泛引入竞争机制，积极推进人事制度改革，如聘任制、末位淘汰制、结构工资制等，力图体现多劳多得、优劳优酬的分配原则。这样既可以增加办馆自主权，提高博物馆抗击市场风险的能力，又能极大地激发职工的积极性、主动性和创造性，使博物馆拥有不竭动力。

四　怎样经营博物馆才能促进博物馆的发展

博物馆经营涉及政府、社会、博物馆自身运行的方方面面，需要构筑以政府投资为主体，国有与民营资本、外资、社会捐助为补充的投资模式；必须优化与合理配置博物馆资源，运用合作办馆等形式，吸引国内外优质博物馆资源；需要建立现代博物馆制度，构建高效的管理体制和运行机制等，其中最根本和最关键的就是如何提高博物馆办馆的社会效益与经济效益。

1. 扩大办馆规模效益

办馆规模是衡量一座博物馆工作水平的指标之一。根据由经济学的规模经济理论应运而生的博物馆规模适度理论，规模与效益之间的关系呈现上升－最大－递减的关系，存在一个最大效益的适度规模，即保持适度规模，才能达到最佳的规模效益。

2. 提升博物馆质量效益

博物馆质量是衡量博物馆办馆水平的一个重要指标。博物馆的效益与质量紧密相关，提高展示教育与社会服务质量以及其他产出的质量，才能真正提高博物馆的办馆效益。一座博物馆能否持续发展，关键就在于其工作质量和办馆效益能否稳步提高，在于数量、质量与效益能否协调发展。长期以来，我国的一些博物馆缺乏质量和效益意识，盲目追求数量目标。一谈发展就是数量、规模的扩大，就是博物馆的合并与升格，很少提及甚至不提质量。效益问题长期得不到重视，盲目上热门项目，造成很大浪费。有些博物馆认为办热门项目，人源、财源充足就是效益。其实对博物馆来讲，提高办馆效益就是以一定的投入推出更多更优的符合社会要求和满足社会需要的各类服务，既要考虑经济效益，更要考虑社会效益，保证展示教育与社会服务的质量。博物馆必须要处理好数量、质量和效益的关系，坚持以质量求生存、以效益求发展的原则，走数量、质量、效益相统一的发展道路，才能实现可持续与和谐发展。在著名的美国纽约大都会艺术博物馆，"教育是博物馆的核心"是其不变的宗旨。在欧美等博物馆繁荣的国家，信奉"藏品是心脏，教育是灵魂"的博物馆比比皆是，它们时刻提醒着人们，要牢守博物馆"教育传播"的宗旨[3]。

3. 提高博物馆资源效益

博物馆资源可分为硬资源与软资源，博物馆的人力、物力等有形资产可称为硬资源；博物馆的办馆理念、馆风、学风、工作作风，以及博物馆的传统、文化氛围、形象、品牌与声誉等可称为软资源。博物馆是知识生产、传播、应用的主力军,合理配置博物馆资源是博物馆提高办馆效益的重要手段。博物馆只有优化资源配置,重组优质资源,才能使有限的博物馆资源在博物馆综合管理与基础设施、展示教育与社会服务、藏品管理与科学研究等领域发挥更大的作用。如何优化配置资源就需要博物馆领导与管理者精心运作与经营谋划。博物馆普遍在硬资源建设方面投入相对较多,而在软资源方面投入相对较少。在规模得到足够扩张后,应该强调内涵发展,加大投入,提升博物馆软资源的影响力。软资源的实力既源于博物馆综合实力,又是综合实力的有机组成部分。软资源的实力反映博物馆的社会影响力。扩大软资源的实力就会大大增强博物馆对社会的吸引力和影响力,也就提高了博物馆的办馆效益。

4. 加大博物馆投资效益

衡量博物馆的办馆效益,必然要讲求投资效益。长期以来,传统的博物馆观念认为博物馆不以营利为目的,对博物馆只讲投入,不讲产出,不重视对博物馆投资收益问题的研究,缺乏效益的观念与经营理念,失去了节约经费、提高效益的内在动力;政府对博物馆也不提出明确的效益指标,只是简单地下达观众数量等指标,并按各地的具体情况划拨博物馆经费,失去了发展博物馆、提高投资效益的外在压力。这样,一方面政府对博物馆的投资不足;另一方面,博物馆投资效益也不高,博物馆的成本结构状况不良,经营不善。近年来,博物馆投资主体已多元化,更迫切需要提高博物馆的投资效益,树立博物馆经营理念。这也将进一步推动财政拨款机制的改革。博物馆的投资效益指标,无疑将成为投资者的经营决策依据。虽然我国博物馆的投资来源日趋多样化,但相比于其他国家的博物馆,我国博物馆对财政拨款的依赖程度依然很高。为此,需要提高博物馆的经营运作和管理水平,才能真正实现提高博物馆投资效益的目的。

5. 增大博物馆管理效益

要提高博物馆的办馆效益,不能不依赖于高效率的管理。科学合理的管理制度是博物馆综合管理与基础设施、展示教育与社会服务、藏品管理与科学研究进入良性循环的重要保证。合理、健全的管理机制将在博物馆内部营造出一个良好的氛围和环境,对于提高全员积极性与工作效率无疑发挥着重要作用。博物馆是一个门类齐全的科学文化教育机构,是一个具有自主权的独立的社会实体,是一个五脏俱全的小社会。为保证各部门的密切协作,创造出人尽其才、物尽其用、财尽其效、事尽其功的管理机制,需要博物馆管理者与领导精心运作与谋划。这是提高博物馆社会效益和经济效益的重要途径,也是博物馆经营的根本所在。

五 经营博物馆相关问题的思考

1. 经营博物馆并不影响博物馆的公益性

博物馆事业作为公益性事业,其目的不是为了牟取利益、获得利润,而是为公众提供文化服务。博物馆的这种特性,使它不可能通过纯市场的机制来有效地获取效益。经营博物馆引入市场机制,并不意味着把博物馆完全推向市场,而是通过市场对博物馆的有限介入,努力促成一个包括观众市场、馆长市场、职工市场、博物馆资源市场在内的、充满活力的博物馆市场，从而真正促进人才流动，促使博物馆之间展开竞争，达到优化资源配置，以至更好地实现社会公共利益的目的。

2. 经营博物馆并不排斥博物馆教育的公平性

有人认为将市场机制引入博物馆，必将造成博物馆教育资源不均，影响受教育机会均等。其实这只是短视之见和片面理解。对照判断博物馆教育公平问题的发展性、历史性和差别性原则，我们不难得出这样的结论，正是由于人们对博物馆教育公平的不懈追求，才推动博物馆教育事业向前发展，使博物馆教育从不公平趋于较公平或更公平。绝对、抽象的博物馆教育公平是不存在的。经营博物馆运用市场手段来整合优质博物馆教育资源，目的完全是为了更好地适应形势发展，从整体上提高办馆质量和效益，从而推动博物馆教育公平的真正落实。这是世界上大多数国家的通行做法，也是当前中国博物馆教育发展的趋势。提出经营博物馆与改造薄弱博物馆并不矛盾。相对薄弱的博物馆尤其应运用经营博物馆的手段来摆脱尴尬境地，尽快让每个公众都平等地享受到优质的博物馆教育资源。不能将经营博物馆片面理解为让强者更强、弱者更弱。

3. 经营博物馆并不能照抄照搬企业经营的做法

经营博物馆与经营企业具有本质的不同。首先，目的不同。经营企业追求的是经济利益，实现经济利益的最大化是企业的唯一目的；博物馆是公益事业，经营博物馆不能以营利为目的，而应把培养人、发展人作为首要目标。但博物馆的公益性并不必然排斥营利性行为的存在。其次，生产管理方式不同。企业通过科学手段带来技术革新来生产物质产品，经济杠杆在管理中发挥着巨大作用；博物馆是通过理念的创新带动博物馆教育体系的变革来塑造产品（人），精神力量在其中发挥着无与伦比的作用。再次，产品追求度不同。企业生产追求质量整齐划一的标准化产品，博物馆教育追求的是素质得以提升的富有个性的一代新人。最后，市场介入度不同。企业经营完全根据市场调节，政府基本不管；博物馆的性质决定了只允许市场的有限介入，特别是国有博物馆更是离不开政府的指导和支持。所有这些都反映了经营博物馆与经营企业之间存在着天壤之别。

六　结　语

随着知识经济时代的到来，博物馆与经济的关系日益密切。在经济全球化背景下，面对日渐开放的中国博物馆市场环境，作为竞争主体的博物馆应如何应对？这就给我们提出了一个革命性命题——经营博物馆。随着市场经济日臻成熟，经营博物馆对于博物馆管理和发展的重要性日益突显。

作为博物馆馆长，既要懂得博物馆规律，又要懂得经济规律，要研究博物馆与经济如何结合并寻找其中的结合点。博物馆经营理念的提出，正是对这一要求的有力应答。在实践中要用市场的观点审视博物馆问题，用市场分析的方法解释博物馆问题，把经营管理思想引入博物馆领域，即把经济智慧与博物馆智慧、价值规律与博物馆规律有机加以结合，按博物馆产业的特殊规律来规范博物馆行为，在博物馆市场化经营方面作出积极探索和实践，构建适应博物馆特点的经营模式。

注释：

［1］ CIS,英文全称为 Corporate Identity System,意为企业形象识别系统。它是将企业经营观念与精神文化,运用整体科学的视觉传达系统,给予企业相关的公众、团体以及社会环境,带来可以超越企业表象层面的更深层次的理解,通过企业的自我认知和公众对企业的外部认识的交互碰撞,产生接近一致的价值认同感与生存观。

［2］ 二八定律也叫巴莱多定律,是 19 世纪末 20 世纪初意大利统计学家、经济学家巴莱多提出的。他认为,在任何一组东西中,最重要的只占其中一小部分,约 20%,其余 80% 尽管是多数,却是次要的。在任何特定群体中,重要的因子通常只占少数,而不重要的因子则占多数,因此,只要能控制具有重要性的少数因子,即能控制全局。

［3］ 诺思:《说说博物馆的市场化》,《中国旅游报》2011 年 8 月 31 日。

浅析博物馆文化衍生产品开发的相关要素

章义平

（南京博物院　江苏南京　210016）

内容提要： 我国改革开放和现代化建设的深入发展，客观上要求博物馆事业与时俱进，不断发展与创新。博物馆文化衍生产品作为博物馆文化产业的核心环节，做好其开发、营销工作，意义深远。博物馆文化衍生产品的创意、设计、开发过程，是一个不同于一般商品开发的具有其特殊性的复杂系统工程。为确保创意开发取得成功，研究、分析与把握其关键节点即相关要素，至关重要。

关键词： 博物馆　文化衍生产品　创意开发　要素

通俗意义上讲，博物馆文化衍生产品是指运用博物馆资源创意研发、生产，并在博物馆商店营销的与博物馆文化特性相关的商品。博物馆文化衍生产品承载着与博物馆主题相关的历史、文化信息，同时被赋予了特定的文化内涵、地方特色，具有较高的艺术品位及一定的教育意义和纪念意义。因此，博物馆文化衍生产品的开发过程，是一个不同于一般商品开发的具有其特殊性的复杂系统工程。为确保完美与成功，在整个创意、开发的过程中，研究、分析与把握其关键节点即相关要素，是至关重要的。

一　准确区分博物馆文化衍生产品的类别

博物馆文化衍生产品品种繁多，不管是什么类型的博物馆，文化衍生产品的类型都呈现了多样性，各个博物馆对其分类也各有不同。如台北故宫博物院在其"线上精品"展销中，将馆内的文化衍生产品分为工艺典藏、艺术书画、经典图书、文房四宝、特色饮食、风格服饰和生活艺品七类。也有人按照生产方式分类，分为手工制品、半手工制品、工业制品等；按照材质和工艺分类，大致分为金属类、陶瓷类、玻璃类、泥塑类、竹木类、印染类等。参考国外学者某些分类方法并结合自己的认识，笔者将现有博物馆文化衍生产品分为以下几类。

1. 出版物品类

此类主要是一些旨在宣传博物馆的理念以及其研究成果的出版物，包括馆内藏品的相关学术性书籍、专刊、学术资料、研究报告和博物馆导览手册等资料。随着时代的发展，这些出版物也不再局限于传统平面的范畴。那些互动性更强、信息含量更高的多媒体光碟，由于体积小，便于携带，也深受消费者的喜爱。

2. 典藏复（仿）制品类

此类主要是以博物馆馆藏文物精品为母本而复制的复（仿）制品，能在一定程度上满足那些有经济实力且喜欢珍藏古玩的消费者把"文物"带回家的愿望。

3. 文化创意产品类

此类是源于博物馆馆藏文物元素与博物馆文化主题的具有纪念意义的文化创意产品。创意主要是依据博物馆藏品或博物馆的文化主题、文化内涵衍生而来的，是将博物馆的相关元素注入到各类与生活息息相关的小产品内，如明信片、帽子、围巾、T 恤、领带、首饰、文具、玩偶等。

4. 体验产品类

这一类别是博物馆文化衍生产品中比较特殊的一类。例如观众在参观博物馆时加盖的博物馆纪念戳、现场定做的个性化纪念品等。譬如：杭州南宋官窑博物馆内设有的陶吧，供人们亲手制作自己的陶艺作品，并代为烧制；中国丝绸博物馆内设有专门的印染工坊，让观众参与印染工艺过程。这一类型的产品由于具有很强的互动性、趣味性，对消费者的吸引力也是巨大的。有资料显示，"1994 年中国科技馆到瑞士卢塞恩市举办的中国古代科技展览，就有提供在宣纸上用毛笔书写瑞士人中文名的服务，收入相当可观"[1]。

二 熟悉了解博物馆文化衍生产品的基本特性

博物馆文化衍生产品的基本特性即属性主要表现在以下三个方面。

1. 教育性

博物馆文化衍生产品与一般产品最大的不同，在于其所依附的博物馆是具有教育性的。博物馆文化衍生产品作为其教育的延伸与拓展，在一定意义上是消费者"可以带回家的博物馆"。

2. 纪念性

纪念功能是博物馆文化衍生产品的主要功能之一，主要体现在情感方面。（美）唐纳德·A·诺曼在《情感化设计》一书中，曾经描述过类似巴黎埃菲尔铁塔的各种复制纪念品。他认为这些复制纪念品并不是要冒充为艺术品，而是用于帮助回忆的。在艺术与设计界，人们认为这种纪念品、明信片和纪念物标志是劣质品（Kitsch）并加以嘲笑。但他认为，尽管这些复制品是"低劣的"，不值得被看作是艺术品，只是对现存作品的复制，几乎没有什么智力深度，但是人们却忽略了这种在巴黎大街小巷都可以买到的纪念品事实上非常流行的原因，因为它满足了人们一些基本的需要，因为它拥有丰富的情感含义，是一种标志、回忆或者联想的源泉[2]。

3. 宣传性

曾有博物馆学家这样形容，走进博物馆商店就好像走进大博物馆里的小博物馆，即使是浏览一番博物馆商店里的文化衍生产品，也会对博物馆藏品再次加深印象。因而宣传性也是博物馆文化衍生产品的特性之一。

这些被人们"带回家的博物馆"，走进了人们的生活，也将博物馆和博物馆的历史、科学、文化信息传播到千家万户。从某种意义上说，博物馆文化衍生产品是博物馆最好的宣传品，是博物馆最好的"名片"。博物馆文化衍生产品被消费者带到哪里，就相当于把博物馆及其所蕴含的历史、科学、文化信息传播到哪里，从而大大拓展了博物馆的知名度和影响力。

三　遵循博物馆文化衍生产品开发的相关原则

博物馆文化衍生产品的开发必须坚持社会效益第一并兼顾经济效益的原则，突出博物馆社会教育的作用，体现博物馆文化传播的职责。博物馆文化衍生产品的开发不是盲目无序的，必须与博物馆的宗旨、业务相吻合，这既是博物馆文化衍生产品开发的目标，也是其有别于其他文化产品的个性化特点。基于这些特点，博物馆文化衍生产品的开发应依托藏品，充分尊重历史和文化，融入具有文化内涵的"故事"，注重高档化和平民化相结合，同时兼顾实用性，注重依托陈列展览，相互补充。

1. 一般原则

博物馆文化衍生产品的开发从宏观上来说属于一般产品开发的一种，因此它具有一般产品的开发原则。

（1）美观原则

人类具有普遍的对于美的本能的追求，"美观"是吸引消费者的首要特征。在《情感化设计》一书中，（美）唐纳德·A·诺曼指出，开发有三种水平：本能的、行为的和反思的。美观原则正是本能水平的体现，书中也曾提到这样的事实："我记得在决定购买 Apollinaris（一种德国的矿泉水）时，只是因为我认为它放在我的搁架上会非常好看。结果表明，它是一种很好喝的水。不过我认为即使它不是那么好喝，我也会购买。产品的美观吸引了感情强大的本能水平，它引起了直接的本能反应。"[3]有些人仅仅是因为产品外观漂亮，就产生了想拥有的念头。所以，博物馆文化衍生产品的开发要美观，这是首要也是基本要点。

（2）实用原则

美观是吸引消费者的首要特征，实用也是成功的博物馆文化衍生产品需要具备的特征。美观将消费者的眼球吸引过来，如果发现这个产品还具有实用价值，对消费者的吸引力就更大了。许多游览博物馆的消费者在要求博物馆文化衍生产品在具有纪念功能和审美功能的前提下，还希望它有实用价值。所以博物馆文化衍生产品中，具有纪念意义的同时还具有实用价值的，如钥匙圈、书签、冰箱贴等，往往是最热销的。因此，是否具有生活上的实用功能，也是博物馆文化衍生产品开发得以成功的前提。

2. 特殊原则

博物馆文化衍生产品是一种商业产品，但同时它又是一种较为特殊的产品，因此其开发还必须遵循一些特殊的开发原则。

（1）文化为根原则

一个产品只有具有了文化内涵，才能具有真正的生命力。博物馆文化衍生产品作为传播博物馆文化内涵的载体，必须以本馆的特色文化为一切文化衍生产品创意的来源，这也是各个博物馆文化衍生产品差异化的前提。每个博物馆都有自己独特的文化内涵，这是开发本馆文化衍生产品的先天优势，只有找准了自己的文化特色，才能创造出与众不同的有

"灵魂"的产品。因此，对于具有馆藏特色的传统文化的传承，是博物馆文化衍生产品开发的根本生命力，也是博物馆文化衍生产品开发的首要特殊原则。

（2）情感化原则

从消费者的消费行为角度出发，消费者对于博物馆文化衍生产品的消费行为是一种情感消费。所以，从某种意义上说，文化产品卖给消费者的不仅仅是商品，应当是某种情境或感觉。换言之，在消费者购买博物馆文化衍生产品的时候，他们不仅仅是购买文化衍生产品，也是购买一段故事、一个情节。博物馆文化衍生产品的价值就在于它背后的故事，因此其应该具备这样的情感元素。例如，在台北故宫博物院文化衍生产品开发案中，设定了一个人物——妃妃，由此带出一段故事、一段文化。这样产品具有了情感，不仅可以寓教于乐，而且由这个人物所带出的延展性也很大，从她的服装、表情与相关故事，延伸创造出一系列文化衍生产品，最重要的是让妃妃变成了一个代言人。

（3）时代化原则

这里所说的时代化，是指博物馆文化衍生产品开发要符合时代文化的特征。从古至今出现的优秀产品，无不蕴含了某一个历史时期人类的智慧与主流思想文化。每个时代都有每个时代的文化特征，随着人的社会生活条件的变化，人们的社会心理特征和思想文化也会发生变化，这些都会对那一时期的产品开发风格产生影响。例如，原始社会的陶器有纯朴的特征，明代的家具有简约、流畅、优雅的特征，而清代的家具有趋向繁琐、复杂、华丽的特征，现代的家居生活产品有时尚、夸张、幽默的特征，这些产品都包含了人类不同时期的主流思想文化。

博物馆文化衍生产品的开发，同样也要符合当下消费主力军即消费主体的思想文化特征。但是，只有在吸收和借鉴传统文化内涵的基础上创造出新的形式，并与时代流行观念紧密结合的博物馆文化衍生产品才能被消费者所广泛接受。现代社会中，年轻人已成为消费主力军。台北故宫博物院正是瞄准了这一消费群体，挖掘符合其审美需要的博物馆文化衍生产品，进而大获成功。分析台北故宫博物院开发的文化衍生产品，其中最热销的莫过于各种Q版的可爱白菜系列和公仔系列，这些产品无不深受年轻人的喜爱。这与现在是个崇尚"卡哇伊"、崇尚"Q文化"、崇尚"可爱文化"[4]的时代有极大的关系。台北故宫博物院推出的Q版纪念品，不管是"大人物小公仔"还是与阿莱西（Alessi）公司合作的"Old is New"宫廷系列，其产品的造型都有简洁、幽默、可爱、结构简单、色彩明亮的特征，无不透露着"可爱文化"的基因。符合时代特征，符合消费者需求，是这些产品获得成功的原因。

（4）系列化原则

纵观成功的博物馆文化衍生产品，突出卖点，形成系列化产品，是一个市场潮流。针对一个题材的博物馆文化衍生产品，应该拥有多种不同的形式，只有这样该题材才会引发消费者的关注和兴趣。例如，台北故宫博物院中仅"翠玉白菜"这个主题，目前就有80余种相关产品，并且新品还在不断开发中。与阿莱西合作开发的产品，也是由几个系列组成的。

系列化产品的优势在于：第一，容易引起注意，更有利于元素主题的推广。系列化产品在功能、造型元素、色彩、结构和材质上具有很强的协同关联性，主题元素在消费者的视线中被重复，无疑可以加大消费者对于该主题或元素的注意力。功能的不同，也使得这样的产品比单一产品更能满足不同消费者的需求。第二，有助于产品深度的挖掘和广度的拓展，完善产品结构。系列化的产品把市场更细化了，这样产品卖点更有针对性，也使品牌中的系列产品形成了亮点、卖点，产品做到了重点突出，推广做到了有的放矢。第三，通常具有明确的主题，它能根据市场的动向和消费者的喜好，机动灵活地发展出新的产品，既能及时满足当下市场的需要，又能最大限度地节约开发力量。所以，博物馆文化衍生产品的开发应当走向系列化。

（5）品牌识别原则

品牌是文化衍生产品生产经营者为使自己的产品与其他生产经营者相同或类似的产品相区别，而加在自己产品上或在经营活动中使用的特定标识[5]。博物馆文化衍生产品打造品牌的目的，就是向观众传递"一种承诺、一种信任感以及一种对利益的可期待性。……就是要在消费者对此类产品或服务有了需求的第一时间，将其注意力吸引过来。……一个卓有成效的自我品牌形象，就能够把以上群体吸引进博物馆；他们当中的某些人，还会因此成为博物馆的常客和忠实追随者"[6]。台北故宫博物院的文化衍生产品，从手机链、钥匙扣、背包，到瓷器、食品、U盘等都印有其品牌标识。这也为其文化产品与其他生产者相同或相类似的产品加以了明确的区别，体现了其独特性。

（6）适度包装原则

包装对于现代文化衍生产品来说是一个不可或缺的重要元素，包装不仅是对产品在携带和运输过程中的保护，同时也可以吸引消费者的眼球，促进消费。开发良好的包装能为产品带来很高的附加价值，能为消费者带来审美享受和教育意义。

博物馆文化衍生产品的包装要在适度的前提下体现出产品的美感、文化感，更要体现出产品的教育功能。台北故宫博物院开发的文化衍生产品，非常重视包装，即便是一个小小的钥匙圈或是餐垫，都有其适度的包装，令其显得更加精致，增加了产品的附加值。毫无疑问，精致的包装可以引发消费者的美感，增加购买欲，同时包装也可以成为博物馆文化衍生产品的"身份证"。台北故宫博物院的产品在其包装上都标明了创意来源，以及与创意来源相关的文化知识和故事，使得博物馆文化衍生产品具有了更加明显的教育意义。

四　科学运用博物馆文化衍生产品开发的方法

博物馆文化衍生产品和一般产品的不同，就在于文化因素是博物馆文化衍生产品的一个特有要素。从根本上说，博物馆文化衍生产品就是博物馆文化在具体的产品开发中的凝结和物化。人与人之间是通过语言来沟通的，物与人之间的交流是通过物的功能和形态来传达的，博物馆文化衍生产品就是博物馆文化与使用者之间交流的工具。因而，在博物馆文化衍生产品开发中，博物馆特有的文化元素与文化主题的衍生方式与方法就显得尤为重要。博物馆文化向其衍生产品的转化，实际上是文化因素层次向开发因素层次的转化，而这种转化形式，是可以分为三个层次进行的，即表皮式、骨架式、意蕴式。

1. 表皮式

表皮式的衍生，是指将文化元素以符号化、图腾化的方式融入产品开发中。此种衍生方式特点就是，将现有的文化元素附加到现有的产品上。我国现有的博物馆文化衍生产品大多属于这种文化衍生方式。其优点是：开发方法简单，产品文化意图的表达通俗易懂，开发周期短，相应开发成本低；缺点是：开发层次较低，易"雷同"仿制，产品附加值不高。表皮式衍生适合价格定位比较低的博物馆文化衍生开发产品，例如本子、杯垫、贴纸等趋于平面化的产品。

2. 骨架式

此种衍生方式并不是简单地把图案拷贝或套用到现有的产品上，而是通过认识和了解博物馆的文化内涵后，在此基础上进行再挖掘和改造，将文化元素与现代产品在功能、使用方式等方面进行对接。相对于表皮式来说，骨架式的融入方式并不仅仅是将一个现有的文化元素的图案附加到一个器物上，而是结合产品本身的使用功能让文化元素同时具有实际的意义。譬如故宫博物院开发的龙形开瓶器，就是将战国时期的龙形玉佩作为开发元素，同时利用元素的线条与开瓶器的功能相结合。曼工戏活设计团队开发的中国元素烟灰缸，将古窗花元素与烟灰缸融合，采用的也是骨架式的衍生方式，将窗花作为烟灰缸的烟灰弹入口，元素融合的同时考虑了与产品的功能相结合。

3. 意蕴式

纯粹由文化元素的外在表象开发出的博物馆文化产品是一种图腾式的思考，而结合文化元素与产品功能的骨架式的开发方式也不足以体现文化元素的内在核心。因此，这两种方式应该要进化，从更深层次的文化元素的内涵出发，这种文化衍生方式才是博物馆文化衍生产品开发的最高境界。也许在新开发产品上已经找不到具象的文化元素，找不到所谓的"中国风"，但是在细细品味之后，剥离了具象元素与符号的产品，却显露了更深一层的味道。因为产品的核心是来自于文化元素的内涵，来自于文化元素的精神层面，这就是文化元素与产品意蕴式的融合。但是，这个层面的融合是比较困难的，并不是对文化元素"形"的简单套用和照搬，而是要将文化元素的精髓，以精神和情感的方式融入产品中。对于消费者来说，在理解和认知文化元素的精神内涵后，就能读出其衍生产品的意蕴所在。

外在层次的文化元素，可以通过表皮式的融合方法开发出本能层次的文化产品，主要是运用文化元素的外在形式、质地、样式等因素将其转化为现代产品。中间行为层次的文化元素，可以通过骨架式的融合方法开发出行为层次的文化产品，这个层次的开发更关注文化元素与产品功能、操作的结合关系。而内在精神层次的文化元素，则可以通过意蕴式的融入方式开发出反思层次的文化产品，这个层次的开发主要是以精神的方式转化到现代产品中，使得产品在剥离了具象的文化元素后，也具有特殊的文化意涵，有故事性和感情等特质。当然，这种对应关系并不是绝对的，几种衍生方式有时也可以同时混用。

五　掌握博物馆文化衍生产品开发的特定流程

开发是一个从"无"到"有"的创造活动的过程，它是将抽象的概念或想法逐步转化为具体的、具象的形式的过程，而这一过程仅仅靠灵感和直觉思维是难以实现的。要想保证开发的各个环节和因素能够协调和达到最佳的平衡，就需要运用合理的、规范有效的开发程序和方法。博物馆文化衍生产品开发，承担着将"问题概念化"、"概念形象化"这样一种创意与革新的工作，这也就决定了开发的程序从"问题"开始[7]。

　　不管哪种开发程序，其分析问题和解决问题的方式和过程基本上是一致的，产品开发的目标和内容在本质上是一致的。外部的开发程序，可以分为准备阶段、构思阶段、实现阶段。内部的思维过程则是提出问题、分析问题、解决问题的过程。

　　博物馆文化衍生产品的开发属于产品开发的范畴，因而其开发程序是符合以上三个阶段的。但是，它又不同于一般的产品，具有文化内涵的特殊性，因此对于博物馆文化衍生产品的开发来说，也应对一般程序加以适当的调整和整合，建立相应的特殊开发模式与流程。相对于一般产品，博物馆文化衍生产品的文化内涵是一个首要的开发要素。因此，博物馆文化衍生产品应在遵循产品开发的基本流程的基础上，将对文化要素的调查研究放在首位。

　　就开发程序而言，博物馆文化衍生产品的开发可以分为四个步骤：文化元素初识阶段、开发展开阶段、开发实施阶段、开发评估阶段。

　　首先是文化元素的初识阶段：此阶段中需要把原始的文物资料、文化元素的外在表象及内在涵义作深入的调查研究，由此建立一个文化对象的"属性档案"，包括外在层次的形状、颜色、质地，中间层次的功能、操作性，以及内在精神层次的文化内涵、故事性等，通过科学的调查方法将文化元素中的信息加以提取、整合和评估，为未来的开发作准备和参考。

　　第二阶段是文化衍生产品开发的展开阶段：此阶段也是文化信息的转化阶段，上一阶段从文化元素中获取的信息在这一阶段将以合理的方式被转化成文化产品。对于博物馆文化衍生产品的开发，应遵循文化产品文化为根的原则。在概念构思的过程中，将上一阶段提取的文化元素与待开发的文化产品连线，在综合评估开发和文化元素演绎的方式、演绎的合理性与可行性以及该文化产品的风格定位、功能、材质、人机等基础上，进行方案的草绘。

　　第三阶段是开发的实施阶段：这一阶段是将上一阶段的草案文化衍生产品化的阶段，将草图以二维、三维的方式表达出来，并处理产品的结构细节、颜色、材质，以及模型的制作等。

　　第四阶段是开发的评估阶段：此阶段需要对上述结果进行综合评估，包括产品的文化涵义演绎合适度、造型、操作性、安全性等，基于评估结果可进行进一步改进。

　　总之，我国改革开放和现代化建设的深入发展，客观上要求博物馆事业与时俱进，不断发展与创新。博物馆文化衍生产品作为博物馆文化产业的核心环节，做好其开发、营销工作，意义深远。每个博物馆都拥有自身独特的文化资源，在开发博物馆文化衍生产品上具有得天独厚的优势。由于我国博物馆文化衍生产品的开发尚处于起步阶段，在理念、体制、资金、政策、模式等多方面尚有待思考与探索。只要根据我国博物馆的具体实情，并借鉴国外博物馆的成功经验及其运作模式，革新理念，遵循正确的开发原则，掌握科学的开发方法，采用特定的开发流程，就一定能改变我国博物馆文化衍生产品开发的落后面貌，逐步形成"品种齐全、种类多样、特色鲜明、优势突出、富有竞争力的博物馆文化衍生产品体系"[8]。

注释：

［1］楼锡祐:《论博物馆商店》,《中国博物馆》1995 年第 3 期。

［2］(美)唐纳德·A·诺曼著,付秋芳、程进三译:《情感化设计》,电子工业出版社,2005 年。

［3］(美)唐纳德·A·诺曼著,付秋芳、程进三译:《情感化设计》,电子工业出版社,2005 年。

［4］"可爱文化"起源于日本,并逐渐发展成为一种新的文化浪潮,在世界范围内的年轻人群中流行。他们喜欢在生活中寻找某些可以保留儿童时代特征的物品,如夸张、可爱、鲜艳、幽默、个性化的造型和图案成为他们追捧的对象。

［5］李娟、潘荣等:《商品的诞生——产品的设计与开发》,第 95 页,中国建筑工业出版社,2005 年。

［6］(美)尼尔·科特勒、菲利普·科特勒著:《博物馆战略与市场营销》,第 224 页,北京燕山出版社,2006 年。

［7］许继峰、张寒凝:《工业设计程序与方法教程》,第 69 页,广西美术出版社,2009 年。

［8］中国博物馆学会:《关于加强博物馆文化产品开发倡议书》,《中国文物报》2010 年 2 月 10 日。

在变革中创新

——免费开放背景下博物馆
提升公众公共文化权益的探索与思考

魏保信　金宏久

（苏州博物馆　江苏苏州　215001）

内容提要： 免费开放以来，博物馆面临新的机遇和挑战，进一步提升公众公共文化权益是我们共同面临的新课题。博物馆人要以科学化管理加强博物馆基础保障，以人性化服务扩大博物馆社会影响，以国际化视野定位博物馆拓展取向，坚持理论联系实际，担当历史使命与社会责任，营造博物馆发展建设新局面。

关键词： 科学化管理　人性化服务　国际化视野　变革与创新

2008 年以来，全国各地大多数公益性博物馆陆续免费开放，中国的博物馆进入了免费开放时代。免费开放使公众的文化权益与博物馆的社会责任得到了空前有效的体现。博物馆进一步贴近了实际、贴近了生活、贴近了群众，社会影响日益扩大，教育功能显著增强。与此同时，博物馆人不断面临着新课题和新挑战，特别是在提升公众公共文化权益方面带给我们更多的思考和探索。

一　以科学化管理加强博物馆基础保障

博物馆事业的迅速发展对博物馆的管理工作提出了越来越高的要求，从管理理念到管理方法，从宏观的制度规划到具体的细节实施，更加强调科学、规范、专业、合理，以科学发展观贯穿始终，努力做到具有明确的针对性和持续的可操作性。这是保障博物馆有效运行的基础和前提。

面对免费开放，博物馆要在加强管理力度、提升服务水平、丰富展览内容、扩大宣传教育等方面做好准备工作，实现免费不免责任、免费不减服务、免费不降质量。科学制定行之有效的制度措施，把开放区域的日常巡检和观众入馆安全检查作为重点，重视观众反馈意见，提供更多温馨服务，使免费开放工作呈现平稳、安全、有序、有效的局面，在确保文物、观众和公共设施安全的同时，保障优良的参观环境和质量。同时，重视舆论导向和提升服务水平，积极与各类新闻媒体沟通合作，做好宣传推广，告知有关事项，引导文明参观。

博物馆科学化管理的目标既是通过合理配置资源为社会提供优质服务，也是为了有效调动员工的积极性、创造性和能动性。近年来，博物馆的学术研究蔚然成风，以科研带动学术，以学术促进工作，着力营造学术研究氛围逐渐成为博物馆的共识。从 2009 年开始，苏州博物馆实行馆级科研项目申报工作，业务人员申请相关科研课题，经馆学术委员会审核批准，拨出专项经费予以支持。目前，已有四项馆级科研项目相继启动或结项，这种学术研究与实际工作相结合产生科研成果的做法已初见成效。

　　人才是博物馆事业发展的根本。在人才培养方面，一要加强现有员工队伍的继续学习和业务培训，二要引进高端人才和特需人才。苏州博物馆邀请相关大学教授和专家学者进行文博系列专业培训，先后开设了"中国古代史"、"中国美术史"、"博物馆学概论"、"考古学概论"、"吴文化概论"、"古代瓷器"、"古代玉器"、"古代书画"等课程，馆内 60%以上的业务工作人员都参加了培训并通过了考核。通过系统培训，激发了员工的业务学习和研究兴趣，提升了自身业务工作水平，为博物馆各项业务工作的开展夯实了基础。另外，还在馆内常年进行全员英语培训，效果明显。在人才引进方面，根据人员专业结构和学术研究现状，制定人才队伍建设的中长期规划。按照岗位设置，有计划、有目标地招聘、引进专业对口的博士、硕士研究生，形成一支具有较高专业素质的文博队伍。努力培养业内领军人物和学科带头人，重点从文物研究鉴赏、文物保护修复、展览策划运作、社会教育推广等方面发现人才、吸引人才、留住人才、用好人才。

　　为了真实了解、追踪博物馆观众结构、观众心理和观众需求的变化，从而合理调整博物馆服务内容与形式，博物馆应该坚持开展观众问卷调查。苏州博物馆连续 4 年进行此项工作，逐年完成《苏州博物馆观众调查问卷分析报告》。调查统计数据显示，免费开放后的观众结构出现了主体年龄青年化、高学历观众多、外地观众多等特点。观众中 45 岁以下的青年人约占总数的 82.7%，大专/本科及以上学历水平的观众占 75.8%，外地观众占69.9%。参观目的以欣赏博物馆陈列展览和文物藏品者居多，观众对博物馆的总体满意度达到了 80.72%，其中对参观环境的满意度达到了 90.5%。这些客观数据对改进和提高博物馆的科学管理具有重要的参考与借鉴意义。

二　以人性化服务扩大博物馆社会影响

　　博物馆的科学化管理和人性化服务是有机统一的，二者缺一不可。在不断强化制度建设、改进完善工作措施的基础上，博物馆应该注重探索服务的方式和路径。特别是免费开放以来，博物馆与人的关系更加密切，博物馆日益成为人们扩大知识领域、满足审美享受、培养生活情趣的重要场所。因此，博物馆要进一步加强与观众的全方位互动，更多地体现人文关怀，强调以人为本、服务至上的经营理念。

　　1. 社会教育活动的推广

　　策划组织多种形式的社会教育主题活动是当今博物馆普遍追求的方向。社会教育的目的在于扩展博物馆的辐射范围和影响广度。因此，社会教育活动既要创新主题，又要有声有色。几年来，苏州博物馆挖掘潜力，发挥优势，组织专业人员，整合社会资源，使社会教育活动呈现出多元化的新格局。陆续推出了面向社会公众的"文博论坛系列讲座"，面向社区、企业、校园的"爱上博物馆——苏州博物馆精粹巡礼"巡展，一年一度的面向中小学生的"印象苏博"画信活动，两年一届的面向大学生的"翰墨姑苏"苏州高校学生书法大赛等几个层面的系列主题活动，逐渐形成了品牌。另外，还有"体验之旅"暑期文化考察活动、"在历史的隧道中寻求感动"学生写作活动、配合电影《博物馆奇妙夜》举办的博物馆非常体验活动以及"国际儿童格尔尼卡和平壁画"创作活动等。丰富多彩的社会教育内容得到了学校师生、社区居民和广大公众的积极参与和热烈反响，产生了很好的社会影响力。

2. 推出独具博物馆特色的"文博论坛系列讲座"

为了扩展公众视野，提升公众素养，苏州博物馆每月推出一期"文博论坛系列讲座"，内容涉及苏州地区悠久的历史、璀璨的文化和精美的艺术。配合特别展览以及相关节日推出专题讲座，邀请了有一定学术造诣和社会影响的专家学者主讲，如著名作家冯骥才、著名画家吴冠中、徐悲鸿学院院长徐庆平、中国美术学院院长许江、上海世博会中国馆总设计师何镜堂、夏商周断代工程首席科学家李伯谦、美国圣地亚哥艺术博物馆馆长 Derrick R. Cartwright、比利时雕塑家费利克斯·鲁林等。讲座使更多的人走近了博物馆，认知了博物馆，对于传播普及历史知识和博物馆文化发挥了积极作用。

3. 志愿者队伍的建设与发展

志愿者是现代博物馆不可忽视的重要组成部分。苏州博物馆十分注重志愿者工作的开展，新馆开放以来先后进行了 7 批志愿者招募工作，建立了一支比较稳定的由 150 名左右社会各界人士组成的志愿者队伍。志愿者为观众提供讲解服务累计超过 3 万个小时。2009年推行的"志愿者全程讲解直通车服务"项目备受欢迎，同时激发了志愿者们的学习热情，提升了整体服务质量。除常规的导览讲解服务以外，志愿者还参与了图书编辑、外文翻译和社会教育等多项工作。志愿者是博物馆服务队伍的补充和延伸，起到了沟通博物馆与社会的纽带和桥梁作用，更好地发挥了博物馆教育的社会功能，受到了广泛赞誉和肯定，成为博物馆一道靓丽的风景。上海观众留言："志愿者热情大方，知识渊博，听他们讲解非常享受。"北京观众写到："志愿者导览是最美的风景，深入人心，为中国人骄傲！"

4. 开发博物馆文化衍生产品

文化衍生产品是博物馆服务社会的内容之一，是博物馆实现文化传播功能的有效途径，也是满足观众文化需求、创造社会效益和经济效益的重要手段，逐渐成为博物馆免费开放后一个新的经济增长点。苏州博物馆经过认真调研，参照其他博物馆的运行模式，在开发博物馆文化衍生产品方面进行了有益的尝试。苏州博物馆坚持特色，自主开发设计了 70 余种产品，并正在按计划、分档次逐步开发与博物馆展览、博物馆馆藏、博物馆建筑等有关的产品，初步实现了观众将博物馆带回家的愿望。

三　以国际化视野定位博物馆拓展取向

一座博物馆的定位和取向主导着自己未来的方向。在一个文化多元与融合交织的时代背景下，博物馆承载着前所未有的历史使命，国内外博物馆之间交流与合作的空间愈加广阔，相互借鉴博物馆先进理念与运行模式成为当前的趋势和潮流。面对新的机遇，博物馆人应从高起点、高立意出发，应具备国际化的视野和开放的胸襟，并应善于学习思考，吸纳他人之长。只有这样，才能更有利于博物馆事业的发展。苏州博物馆新馆建成开放以来，努力追求"国内领先、世界一流"的发展目标，在专题展览、馆际合作、对外交流等方面始终秉承国际化的高端路线。

1. 专题展览凸显精品意识

在专题展览的选题上应注重高标准、高水平、高质量。开馆 5 年来，苏州博物馆根据自身定位，推出基本陈列和特别展览共计 60 余个，先后引进了"展盛事滋生　写姑苏繁华——辽宁省博物馆藏《姑苏繁华图》特别展览"、"唐风宋韵　石渠宝笈——辽宁省博物馆藏唐宋国宝书画苏州特展"、"择厥吉金　自作御器——吴国王室青铜器特展"、"藏礼于器　吉金重光——陕西宝鸡出土青铜器珍品展"等精品文物展，以及"悲鸿南归——徐悲鸿经典绘画作品苏州特展"、"又回苏州——吴冠中 2007 年新作展"、"最葵园——许江作品展"、"罗中立：置换的描绘"画展、"冥想·心象·无相——赵无极先生铜版画和插图画作品展"、"超以象外　得其环中——朱德群先生艺术作品苏州特展"、蔡国强"水巷寻梦"特展、徐冰装置艺术展"背后的故事"、"康斯坦茨之子——汉斯·布赖恩林格画展"、"雕塑与建筑——比利时费利克斯·鲁林雕塑特展"、"美国圣地亚哥艺术博物馆馆藏油画、版画精品展"等。陈列展览是博物馆的主要文化产品，这些选题体现了苏州博物馆在陈展思路上跨越地域、跨越时代、跨越流派的高瞻远瞩和兼收并蓄，诠释出"一流的建筑举办一流的展览"理念，从中亦可看到苏州博物馆竭力打造艺术化、现代化、国际化品牌的理想与追求。

2. 对外交流与合作

对外交流与合作是学习吸收先进成果的有效渠道，这已经成为博物馆界的普遍认识。苏州博物馆广泛开展馆际文化交流，先后与美国圣地亚哥艺术博物馆和韩国国立全州博物馆缔结为友好博物馆，与美国大都会博物馆、故宫博物院等海内外 100 多家博物馆和文化机构开展了交流并建立了出版物交换机制，与法国、瑞士、意大利、比利时和美国等国家驻上海领事馆开展了交流与合作项目，与法国、比利时、美国和英国等国家的博物馆合作举办展览，并选派专业人员赴美国、韩国研修交流。凭借不断扩大的知名度和影响力，苏州博物馆在对外交流与合作方面迈出了坚实的一步。

3. 开展博物馆会员制

博物馆作为公益性的文化机构，既服务于社会，又需要社会的关注和支持。会员制正是这样一个体现社会公众对博物馆提供支撑的平台。会员制率先发端于欧美的博物馆，在欧洲一般称为"博物馆之友"，在美国一般称为"博物馆会员"。博物馆通过会员制整合多层次的社会资源，以资金、物资、科技和文化服务等形式为博物馆的持续发展添加助力。美国的博物馆会员制历史悠久、发展成熟，不同规模、属性、种类的博物馆普遍设有会员制度，通过严格的级别划分和权利分配，最大限度地利用社会资源为博物馆获取支持和赞助。会员已经成为美国博物馆不可或缺的组成部分，一座中型规模的博物馆往往拥有上万名会员，会员的赞助成为博物馆重要的经费来源。会员在为博物馆提供资金援助的同时，也享受到博物馆在物质上和精神上给予的特殊回馈。

为给博物馆爱好者提供优质服务，增强与社会的沟通和互动，加快与国际博物馆接轨的进程，在经过精心酝酿、策划、考察和调研的基础上，苏州博物馆于 2009 年底正式推行会员制。根据苏州的区域特点和社会资源，苏州博物馆会员初步分为普通会员和贵宾会员两类，分别享受相应的权利。普通会员享受优先参观特展、馆内消费项目优惠、获赠博物馆出版物等权利。贵宾会员在享受普通会员全部权利的同时，还享有会员专属聚会、馆藏文物观摩、指定场所租用等高端服务。借助会员制的开展，将丰富的人文资源和社会资源有机结合，能够创造出互惠双赢的局面。

2009 年 11 月 14 日，李长春同志在河南博物院发表关于博物馆建设的重要讲话，明确指出："努力把博物馆建设成为爱国主义教育的重要阵地，人民群众文化鉴赏、愉悦身心的精神家园，青少年增长知识、陶冶情操的'第二课堂'，中外游客踊跃参观的重要景点，对外文化交流、推动中华文化走出去的重要窗口，学术研究和科普教育的重要平台。"讲话深刻阐述了博物馆在全面建设小康社会中的地位和作用，为博物馆事业的发展指明了方向，是对广大博物馆工作者的鼓舞和鞭策。

传承与创新始终是博物馆的主旋律。面对新的历史机遇，博物馆要在变革中不断进取成长，树立良好的社会形象，努力成为亮丽的城市新名片和市民家中的大客厅。形式与内容相和谐是一座博物馆的灵魂，陈列与建筑的和谐、鲜明地域特质与城市文化氛围的和谐才能彰显博物馆的个性和价值。李长春同志的讲话将激励博物馆同仁励精图治，开拓创新，进一步提高文化自觉，增强文化自信，着力打造具有经典文化气质并使人赏心悦目、流连忘返的博物馆，为繁荣文化事业、提升公众公共文化权益、致力于社会和谐作出应有的贡献。

现代博物馆经营探析

陶婷婷

（南京市博物馆　江苏南京　210004）

内容提要：近年来，关于博物馆商业经营是否符合博物馆身份的争论不绝于耳。本文对现代博物馆的经营进行了探析。博物馆的经营是对博物馆的筹划与管理，并不单指商业性经营行为。博物馆经营的目的是为了推动博物馆事业的发展，为人类社会发展服务。博物馆想要在文化产业竞争中取胜，吸引观众，就需要在经营中适度地引入市场营销的理念和方法。

关键词：博物馆　经营　市场营销

近年来，故宫博物院内开设星巴克咖啡店，以及中国国家博物馆举办"路易威登艺术时空之旅"展览、"宝格丽125年意大利经典设计艺术展"等博物馆经营行为，引起了社会的广泛关注。各方媒体和社会大众都在对这样的活动对于博物馆是否适合进行着热烈讨论，国际博物馆界也对过分的商业经营是否与博物馆的本质背道而驰进行着激烈争论。现代博物馆究竟应怎样来经营，值得我们深思。

提到"经营"这个词，人们最容易想到的是企业经营、赚钱，经营被人们赋予了更多的经济意义，而"博物馆经营"也常被简单地理解为利用博物馆的资源去营利。实际上，"经营"一词在《现代汉语词典》中作为动词，有两个意思，即筹划并管理（企业等）、泛指计划组织。其实，不论是个人还是组织（如家庭、企业或政府）都需要经营活动，需要通过筹划、控制、组织、实施达到期望的目标。经营是人类社会生存和发展的前提。因此，博物馆的经营就是对博物馆的筹划和管理，商业性经营行为包含于博物馆经营之中，但并不是全部。

21世纪的今天，电影、电视、音乐、戏剧、出版等文化产业蓬勃发展，博物馆必须与其他文化产业进行竞争，为自己争取更多公众的支持和参与，才能实现自己的职能与使命。在中国，许多博物馆已经免费开放，但是，博物馆在人们文化消费的选择中所占的比例还非常小。在西方国家，博物馆正积极地投入到文化市场的竞争中，他们运用市场营销的各种办法、手段吸引观众的做法已经被社会大众普遍接受，并且做得有声有色。在现代社会，博物馆的发展离不开市场竞争，想要在竞争中取胜，博物馆的经营就必须要遵循市场规律。但是，博物馆特殊的定位与属性决定了它的经营不能以谋求利润为最终目的。因此，博物馆如何处理商业性经营行为和非营利宗旨的关系，就显得非常关键。

一　博物馆经营的目的

博物馆是一个非营利性的常设机构，以教育、研究、欣赏为目的，征集、保护、展出、传播人类及人类环境的物质与非物质遗产。通过向公众开放，最终实现为社会及其发展服务，是博物馆恒久的使命。博物馆里收藏的文化、自然遗产属于每一位公民，博物馆通过对文物的收藏、保护和展示，传承历史、培育后代。因此，谋求利润绝不是博物馆经营的目的。博物馆应通过经营推动自身的发展，实现服务于社会的目标。

1. 弥补博物馆经费的不足

我国博物馆的经费来源比较单一，主要依赖于政府拨款。政府财政的投入在博物馆的运营经费中只占一部分，用于保障博物馆的日常运行，包括员工的基本工资、文物的日常保护、水电费、保安、保洁等基本费用，而对于设备维护、展览更新、硬件设施改善、科研等事业发展来说却是杯水车薪。通常，解决的办法只能是由博物馆的经营性收入来补充。如果博物馆能通过纪念品销售、商业性展览、餐饮、收费讲座等项目增加收入，增强自身的造血功能，将会弥补政府划拨经费的不足。

2. 建立良好的内部循环机制

博物馆在经费充裕、管理得当的情况下，征集、保护、研究、展览、宣传、教育以及设备和技术升级、人才引进、员工培训等工作才能得以广泛、深入地开展。激励机制健全了，员工的工作积极性才会提高，博物馆的凝聚力也会随之增加。各部门工作水平提高了，部门之间的互相支持也会越来越多。后勤部门的工作做好了，业务部门才可以专心地投入工作。征集、保管和科研水平的提高，可以促进办展水平、教育水平的提升，也有利于经营活动的开展。最终，博物馆内部会形成一个良好的循环机制。

3. 满足观众的文化消费需求

经营有利于博物馆了解社会公众的需求，了解他们想要从博物馆获得什么。博物馆应通过划分不同的目标群体，有针对性地提供文化产品和服务，用各种展览、活动、讲解、纪念品、饮食等吸引观众，提升参观者对博物馆藏品的兴趣和关注程度，培养出具有一定规模的忠实的博物馆爱好者，增加博物馆的社会影响力，满足各类型观众的文化消费需求。同时，公众对博物馆需求的不断提高，也会给业务部门带来前进的动力。我们必须自我完善，为观众提供优质、新颖的展览与活动，让观众满意。经营加强了博物馆与观众之间的联系，让博物馆有更多的机会接受观众的反馈意见和建议，从而作出改进，实现博物馆的社会效益。

二　博物馆经营需要适度地引入市场营销的理念和方法

目前，在我国的博物馆经营中，亟待解决的问题有市场竞争力较低、缺少公众的广泛支持及资金不足等，而依靠原有的经营、管理方式难以取得突破。因此，博物馆的经营需要适度地引入市场营销的理念和方法，但博物馆的商业性经营行为必须符合自己的身份，不能违背博物馆经营的宗旨。

市场营销包括市场调研、需求预测、选择目标市场、产品开发、定价、分销、促销、售后服务等多个环节，是一个完整的体系，具有科学的理论基础。将市场营销的理念和方法引入到博物馆经营中，要求博物馆遵循市场规律，选用适合自己的营销方法，作充分的观众调查，划分目标观众群，分析自身资源，从受众的需求出发，设计文化产品，通过多种渠道向公众宣传，满足社会大众的文化需求。

1. 观众调查，划分目标观众群

博物馆通过对观众和潜在受众进行调查，了解受访者的背景（性别、年龄、教育程度、职业、收入等级）、参观感受（最具吸引力的展览、展品是什么，对各种服务、设施、体验活动的感受）、参观习惯（多久来一次博物馆、和谁一同来、是否需要讲解、停留多长时间、消费喜好、参观路径）等。然后，对调查数据进行统计分析，按照观众类型（年龄、性别、地区、收入、受教育程度等）、参观目的和动机、对博物馆的喜好程度等方面进行划分、组合、对比，将受众分为不同的群体，这就是市场细化。市场细化是博物馆经营的基础。很多国外的博物馆在设计、制作陈列展览前会对观众类型及其需求进行周密的调研。例如，史密森尼研究院的政策与分析处曾作过一项针对 6000 名游客的身份背景和喜好的调查，该调查传达给博物馆最重要的信息是要在保留旧展品的同时不断更换或增添新的展品。报告显示出观众是否是首次参观该馆，多少观众来自美国，多少游客来自首都华盛顿，本地游客对哪家分馆最有兴趣，游客的平均年龄及满意程度等诸多信息。博物馆的一位管理人员经过分析后发现，为迎合常客和有较高鉴赏力的游客，该馆需要有针对性地制订相应的策略。

2. 整合自身资源

博物馆具有独特的资源优势，如藏品、资料、场馆、设施、专业人员等，为经营提供了强大的后盾。博物馆应充分发掘这一优势，进行资源整合，拓展经营领域。在纪念品方面，博物馆可以出版与本馆相关的各类专业书籍、音像资料，制作文物复制品，设计出既有本馆特色、又具实用性的工艺品等。如日本奈良县立博物馆出售的毛巾、手帕、包袱皮、环保袋、领带等纪念品的主要纹饰就是其藏品螺钿紫檀五弦琵琶，这类纪念品很受游客的欢迎。在藏品的利用方面，既可以制作独具特色的常设展览，以节庆、纪念日或某一门类藏品为主题的临时展览；也可以进行展览交流，制作巡回展览；各馆之间还可以互相租借藏品，将藏品用活。在教育活动方面，请专家举办文物鉴赏讲座及青少年夏令营等都能吸引观众的参与。在场馆、设施的利用上，博物馆可以将空闲展厅、礼堂出租，用作举行发布会、讲座、小型音乐会、研讨会、学术报告会、酒会等与博物馆氛围相协调的活动。例如，2011 年 5 月，联合国环境规划署在美国自然历史博物馆举行了"地球卫士奖"颁奖典礼。"地球卫士奖"旨在嘉奖致力于创造更美好、更清洁和更繁荣的绿色未来的领导者、思想家和行动家。这个奖项与博物馆都着眼于人类社会的未来发展，因此由博物馆来举办典礼非常适合，美国自然历史博物馆也通过这个活动为自己作了很好的形象宣传。

3. 针对不同的目标观众群，充分开发资源，吸引观众参与

不同的观众群体对博物馆的需求是迥异的，博物馆要善于分析各目标群体的需求。专业学者、博物馆爱好者、本地游客、外地旅客、外国游客、老年、中年、青少年、男性、女性等各类人群的需求各不相同，博物馆的纪念品、展览、活动需要针对相应的观众群体，

精心设计、制作，争取吸引更多受众的关注。美国芝加哥艺术博物馆教育部分为成人教育项目、教师项目、学生项目、家庭教育项目、阐释性媒体项目五个项目组。其中家庭教育项目、学生项目、成人教育项目按照年龄，将博物馆的受众分成了三类，分别为 3～12 岁的孩子、17 岁以下的学生、18 岁以上的成人（包括老人），为他们提供适合的教育活动。家庭教育项目负责 3～12 岁在家长或老师带领下活动的孩子，指导家长怎样给孩子讲解艺术品和怎样带孩子玩耍，组织孩子玩积木、拼版，进行互动游戏和各种手工操作活动。学生项目组负责 17 岁以下学生的教学，参考教学大纲，组织学生在展厅上课或搞课外活动，为有志于上艺术学校的学生进行指导，并编辑、印刷海报和参观手册送到当地的学校。成人教育项目负责 18 岁以上成人（包括老人）的教育，为在校的本科生、研究生提供可计算学分的选修课，并举办各种讲座，把讲座送到公司、医院、养老院。该馆通过对目标观众的分类，更好地满足了各个年龄层观众的需求。

4. 建立品牌，广泛宣传

出色的经营造就博物馆品牌，品牌的建立又为博物馆经营注入生机。博物馆要进行差别化经营，找到市场空缺，以优质的文化产品服务观众，加强内部管理，不断让品牌增值，提高自己的竞争力。如同品牌产品在市场营销中会占据更大的市场份额一样，博物馆的品牌也会让经营产生滚雪球一般的效应。武侯祠自 2006 年起开展的博物馆夜游活动——"武侯夜话"，已成为成都的文化品牌活动。2007 年，武侯祠在夜游活动中，相继推出了"武侯夜话"、"武侯夜韵"、"寻找小说书人"、"夜游寻宝"、"瞬间武侯——小小摄影家"暑期特别活动等系列活动。每一期"武侯夜话"都引起社会各界的热烈反响，不仅在成都市民中家喻户晓，就连许多外国游客、外地游客也纷纷称赞，认为"武侯夜话"为他们提供了一个了解中国文化和成都文化的窗口。"武侯夜话"已成为武侯祠的拳头产品，是博物馆运用营销理念、整合资源、发扬传统文化的成功典型。

宣传是博物馆经营中不可或缺的一环，它相当于市场营销中的市场推广。当然，博物馆宣传的目的不是为了销售商品，而是为了让公众了解博物馆，知道博物馆里有什么展览、活动和服务，吸引他们来博物馆学习、休闲、娱乐。电视、电台、报纸、杂志、户外媒体广告是宣传博物馆的有效的传统手段。近年来，博客、微博的兴起，也为博物馆宣传提供了很好的途径。向博物馆会员寄送商品目录，结合"国际博物馆日"、节假日举办免费活动等，都是适合博物馆的宣传方法。最近，故宫博物院开设了"来自故宫的礼物"故宫淘宝官方旗舰店，销售 T 恤、娃娃、包包、手机链、饰品、摆玩、文具、钥匙扣、书籍等纪念品，不仅增加了纪念品销售的渠道，也拓展了博物馆宣传的空间。

5. 延伸服务和信息反馈

观众在博物馆获得知识的积累、智慧的启迪、心灵的净化、鉴赏力的提升。博物馆要想办法让观众能够在参观结束后，将对博物馆的感受和记忆带回家。因此，要做好延伸服务，可以为观众提供精美的免费资料，让观众带回家留念，而出售具有博物馆特色的纪念品，也是常见的做法。博物馆纪念品可以为观众留下美好的参观回忆，帮助观众回想起博物馆的展览、藏品。例如，故宫博物院为"兰亭特展"推出了系列纪念品，包括曲水流觞双色围巾、兰亭序织棉钱包以及以冯承素摹兰亭卷为纹饰的笔记本、装饰画、水晶纸镇、织棉靠垫套、元宝手包等。观众在参观结束后，挑选一件既实用又有观赏性的纪念品带回家，一定会对这个展览回味无穷。

博物馆还要注重收集观众的反馈信息。观众的反馈很重要，它可以让博物馆了解观众对哪个展览、哪一件展品感兴趣，观众喜爱什么样的表现形式，博物馆的教育活动和宣传是否达到了预期效果，博物馆的经营行为是否得当等。收集反馈信息的方法有在博物馆内面谈、电话回访、意见簿、调查表、网站留言等。

博物馆在进行商业性经营活动时，要注意以下几点：一是既要重视市场的需求，也要坚持博物馆应有的内涵；二是博物馆商业性经营行为要服从于整体发展的利益；三是博物馆商业性经营行为要符合博物馆的身份，不能损害博物馆的形象；四是要有益于倡导正确的社会价值观。

现代博物馆需要不断地探索与实践，寻找最适合自己的经营方式，既能够吸引社会大众，提高博物馆的影响力，也能够顺应博物馆发展的趋势，实现服务社会的目标。

参考文献：

1. 曹兵武、李文昌：《博物馆观察》，学苑出版社，2005 年。
2. 林健：《从美国博物馆观众教育谈起》，《中国文物报》2008 年 3 月 7 日。

突出专题特色 服务社会民生

——关于江苏省博物馆管理与发展的思考

陈宁欣

（江苏省文物局 江苏南京 210005）

内容提要： 本文简要介绍了江苏省博物馆"十一五"发展成果，对比国外博物馆寻找差距，提出了加强博物馆的规划、加强博物馆的管理、突出博物馆的特色、加强博物馆服务提升以及增强博物馆的社会服务能力和水平等对策和举措，以增强博物馆对社会大众的吸引力，进一步发挥博物馆在公共文化服务体系建设中的作用，服务大众、服务民生，为建设文化江苏、构建和谐社会服务。

关键词： 博物馆 管理 发展 思考

近几年来，在各级政府和社会各界的关心支持下，全省博物馆事业取得了较快发展。至"十一五"末，全省各级、各类博物馆约300余家对社会开放，省、市、县三级博物馆体系已经建成，形成了以省级馆为龙头、市级馆为支撑、县级馆为亮点的发展格局；形成了以文物系统博物馆为主、行业与民办博物馆为辅，以综合性博物馆为主、专题性博物馆为辅的博物馆群。博物馆已成为全省公共文化服务体系建设的重要组成部分，在江苏"文化强省"建设和服务社会民生中发挥了重要作用。许多博物馆已成为当地文化标志性建筑，成为服务社会的重要的文化宣传窗口。

目前，江苏博物馆事业发展已走在全国前列。南京近代史博物馆、无锡民族工商业博物馆、南通珠算博物馆、盐城海盐博物馆、南通审计博物馆申请获批了"中国"冠名，全省冠名"中国"的博物馆数量在全国名列前茅。南京博物院被列为八家中央地方共建国家级博物馆之一。2008年以来，全省许多博物馆陆续对社会免费开放，观众接待量大幅提升。各博物馆采取了增强社会服务意识、增加展览服务活动、完善导览服务设施、加强宣传教育推广等多项举措。2009年，全年接待观众3000万人，创历年之最。2010年，全年接待观众4500余万人，再创历史新高。江苏省馆藏文物系列巡展活动、县级博物馆展示服务提升工程、博物馆信息化建设等工作在全国具有较大影响。博物馆已成为吸引社会大众的重要文化活动场所，极大地丰富了人民群众的精神文化生活。

"十二五"期间，江苏率先提出"县县有博物馆"建设目标，每个县都将建有一座介绍当地风土人情的综合性博物馆，并鼓励各地建设具有地方特色的专题性博物馆。江苏的博物馆群体建设必将更加充实完善，博物馆事业必将得到更快的发展，博物馆将为社会大众提供更为优质的服务，将发挥更大的作用。

与此同时，我们也看到，全省博物馆建设与国外发达国家相比还存在很大差距。首先，在数量上还较少。江苏人口约 7600 万，目前有 300 多家博物馆、纪念馆，平均约每 25 万人有 1 座博物馆，人均指标较低。看看国外，美国是世界上拥有博物馆数量最多的国家，每 1.9 万人有 1 座博物馆；德国每 2.2 万人有 1 座博物馆；意大利每 2.9 万人有 1 座博物馆；日本每 3.2 万人有 1 座博物馆；实施文化兴国战略的韩国也强于我们，每 13.8 万人有 1 座博物馆。其次，在类别上较为单一。我省博物馆主要是以历史类博物馆居多，专题性博物馆较少，民办博物馆更少。而国外的博物馆，可以说是品类繁多，五花八门，虽然也是历史类博物馆占主流，但是行业博物馆、专题博物馆、私人博物馆数量很大，各种收藏展示纷繁多样。最后，在管理服务上有待进一步提高。国外发达国家对于博物馆的管理，理念先进，管理有效，运行有序，服务质优。与其相比，我省博物馆的运行管理及业务活动开展有待进一步提升，需加强全省博物馆群的建设和指导，提升服务观众的硬件设施和软件能力，策划组织精品展览及活动，更好地为社会和观众服务。

针对当前我省博物馆发展存在的问题，对比国外发达国家博物馆工作寻找差距，笔者认为，只有加强博物馆的管理和指导，不断提升博物馆的硬件设施和服务能力，不断增加博物馆对社会大众的吸引力，才能进一步发挥博物馆在公共文化服务体系建设中的作用，更好地为大众服务、为社会服务，为建设文化江苏、构建和谐社会服务。

一　加强博物馆的规划，建设彰显特色的全省博物馆群

江苏的博物馆建设发展应顺应时代要求，调整结构，加强总体规划和布局，彰显江苏的文化特色和专题特色，逐步做到点点独有特色、点群形成专题、群群涵盖全面，从而推动全省博物馆事业的全面发展。博物馆总体发展框架仍是以国有博物馆为主，非国有博物馆为辅；以文化文物系统管理的博物馆为主，其他系统管理的行业博物馆、民办博物馆为辅；以历史类博物馆为主，专题性博物馆为辅，私人博物馆为补充。在构成比例上，目前文化文物系统管理的博物馆数量占到全省博物馆的一半以上，今后将逐步减少其所占比例，理想状态是不超过三分之一，大力推进行业博物馆和民办博物馆的建设发展，扩大非文物系统管理的行业博物馆和私人博物馆的比重。

省级层面建设反映全省历史文化发展脉络的综合馆，既要有物质文化的，也要有非物质文化的，并结合江苏特点和实际需要，建设一些专题博物馆；各省辖市和有条件的县（市）除了建立反映当地历史文化风情的历史类博物馆外，还应建立一批反映地域文化和地方特色的专题博物馆。同时，积极争取建立行业博物馆，鼓励和引导建立专题博物馆、纪念馆，大力支持民办博物馆的发展。随着国家和社会各界对非物质文化遗产保护的重视和关注，用于介绍濒临灭亡的非物质文化遗产的场馆建设近年来逐渐增多，数量上也将不断增加。

二　加强博物馆的管理，大力推进博物馆事业发展

文物行政主管部门是博物馆的行政管理和业务指导机关，依照《文物保护法》、《博物

馆管理办法》及有关法律法规，应加大依法管理博物馆的力度。

1. 加强博物馆的登记管理

符合申请设立博物馆条件并提交相关申请材料的，按规定审核登记；申请材料不完备的，告知申请单位补充完善申报材料；审核不同意的，给予申请单位书面理由。博物馆终止前，应提出终止申请及藏品处置方案，接受文物行政主管部门的指导。文物行政主管部门每年向公众公布一次博物馆登记名录，增强行政管理透明度，也有利于行政执法与社会监督。

2. 加强博物馆的业务管理和人员培训

首先是加强藏品管理，特别是珍贵文物的管理。这是博物馆所有业务工作的基础，因此尤为重要。文物主管部门按照国家有关规定，建立、健全管理制度，检查、监督各博物馆的藏品档案，在制度性定期检查的同时，增加不定期的抽查，确保藏品安全。其次是加强开展围绕藏品的其他业务工作。例如陈列展览、科学研究、宣传教育、社会服务等，工作内容针对性强，任务繁重。因此，各级文物行政主管部门应加强业务工作的管理，加大博物馆业务人员的培训力度，不断提高从业人员的专业水平和实践技能。再次是文物主管部门要加强业务指导，对工作中遇到的问题和困难要认真分析研究，及时解决工作难题。同时，加强对非文物系统的行业博物馆和民办博物馆的指导和管理，使他们的各项工作逐步实现规范化，充分发挥他们服务社会的重要作用。

3. 加强博物馆之间的交流合作

文物行政主管部门应随时掌握博物馆的发展动态，加强博物馆的馆际交流与合作，对部分博物馆进行优选组合，促进大馆与大馆之间的强强联合，发挥大馆带动小馆的帮带作用。同时，发挥每个博物馆的展览特色，并宣传推广小馆举办的精美馆藏文物展览，使全省博物馆群之间连成一线、连成一片，既发挥每个馆的独立作用，也发挥馆与馆间的群体作用，形成向观众宣传服务的群体优势。

4. 指导高校博物馆的发展

高校博物馆是全省博物馆群的重要组成部分，不仅拥有丰富的馆藏文物和标本，还拥有较强的科研学术力量。因此，省教育厅应加强对高校博物馆的管理，特别是要明确管理部门和解决运行经费问题，以解高校博物馆运营发展的后顾之忧。省文物局也应加强业务指导，按规范和要求指导高校博物馆开展各项业务工作，推动高校博物馆迈出校园，走向社会，为广大社会大众服务。

5. 扶持民办博物馆的发展

针对民办博物馆申请难的问题，可以通过不同的名称来区分民办馆的规模大小和办馆条件，对具备各项申报条件的审批为"博物馆"；对尚不完全具备申报条件，但有办馆要求和意义的审批为"收藏馆"。推广民办公助、公建民营等形式，在有条件的地区，建立政府对民办博物馆的资助机制。通过对民办博物馆的政策引导和行政管理，积极争取项目扶持补助资金，支持民办博物馆业务人员参加职称评定，逐步使民办博物馆在藏品管理、业务开展、对外开放等方面严谨规范，成为全省博物馆事业发展的重要组成部分。

三　突出博物馆的特色，展现鲜明地域文化

　　一方水土养一方人，在江苏这片土地上，不同地域也形成了不同的地方特色。随着社会历史的发展，各个朝代累积的文化现象得到延续和传承，显示出浓郁的地方特色和地域特征。博物馆就是要收藏、保护、研究、展示人类活动和自然环境的见证物，通过研究和展览，向社会公众开放，让观众了解文化延续发展的脉络，了解先人生活、奋斗的历史，使观众接收到文化信息并得到教育、享受和快乐。经过多年的历史发展和文化沉积，江苏各地逐步形成了特色显著的地域文化，如苏州、无锡、常州地区的吴文化遗存，南京、镇江一线的六朝文化遗存，徐州地区的汉文化遗存，扬州地区的唐宋文化遗存，南京地区的民国文化遗存等，分别代表了江苏不同历史文化发展时期的主体形象。苏州地区的水乡文化，淮安地区的一代伟人周恩来纪念地特色，连云港地区的岩画造像，徐州地区的汉画像石特色，淮安、扬州的淮扬菜文化，南通地区的张謇特色，盐城地区的制盐特色等，成为一道道亮丽的风景。苏州园林、南京云锦、无锡泥人、宜兴紫砂、扬州剪纸等，犹如一颗颗闪亮的明珠，镶嵌在江苏大地。运河沿线的大运河文化、苏南地区的吴语方言、黄海沿岸的渔民风俗等，打破了地域界限，形成了一簇簇话语。江苏的古桥、古井、古塔、古亭，花草树木、园林假山，各地的古物古迹，既展现了全省的共性，也显现了各地的差异。十里不同风，百里不同俗，社会历史的发展变迁形成了各地不同的风俗特色。博物馆建设应当突出特色，参观 10 个不同形式内容的博物馆和参观 10 个形式内容大致相同的博物馆，其结果和效果是大相径庭的。因此，各地博物馆建设与发展应突出地方特色，做好特色文化的研究和调查，举办形式多样的陈列展览进行展示宣传，发挥博物馆在当地文化建设中的重要作用。

四　加强博物馆的自身管理和服务提升，　增强博物馆的社会服务能力和水平

　　博物馆应注重并加强建设管理，包括硬件建设、软件建设、行政管理、社会服务等，这些是博物馆的立足之本，也是可持续发展的基础。

　　硬件建设十分重要。新建博物馆从选址、设计、建设，到最后验收交付使用，有着严格的程序和规范。但是，建筑设计人员和施工人员不一定熟悉博物馆的要求。因此，博物馆人员应结合自己的专业知识和特点，积极参与，对建筑设计，特别是对新建博物馆的内部使用功能提出意见和建议，这往往可以取得事半功倍的成效。现在，新建博物馆大都选址在城区中心或周边区域，交通便利，满足了人们参观出行的需要。建筑周边是市民广场，花园式的优美环境，是市民休闲放松、接收文化信息的好去处。建筑外观设计比较现代，体现了时代特征和城市特色，成为当地的标志性建筑，代表了城市的文化形象，成为城市的文化名片。对于那些利用各级文保单位的古建筑作为馆址的博物馆，应加强古建筑的保护，找准古建筑与现代博物馆相结合的切入点，既保护好古建筑，体现建筑特色，也办好博物馆，合理规划展厅展线和配套馆舍。对于那些 20 世纪 80~90 年代建设的博物馆，应

加强博物馆的改造扩建，按照现代博物馆的要求逐步完善场馆设施和条件；因为财力不足暂时不能进行改扩建的博物馆，应立足自身条件，强化展览服务，守好博物馆阵地。

软件建设更加重要。软件建设的涵盖面比较广，并不是单纯指博物馆的信息化建设。利用博物馆网络和一些研发软件进行博物馆的管理和服务，更多的是强调博物馆以人为本的服务理念和具体实践。博物馆内外部环境应优美舒适，干净整洁的环境让人感到清洁舒爽，能够使人真正放松心情，去细细品味、感受博物馆文化。博物馆的接待服务工作，应做到想观众之所想，尽可能考虑得周全完善。室内照明光线应充分考虑观众的视觉效果，按照展厅和公共服务区等不同的视觉要求，设置灯光亮度和色温，使人感到优雅舒适。设立残疾人无障碍通道可以减少残疾观众的参观不便，置备婴幼儿小推车可以大大减轻家长的负担，参观路线导引、洗手间的标识等应使观众一目了然。诸如此类，应细尽细。

通过以上举措，"十二五"期间，全省博物馆建设必将显现江苏特色和地方特色。通过蕴意丰富的建筑外观、舒适优美的环境氛围、丰富多彩的展览内容、形式多样的宣教活动、细致入微的接待服务等，博物馆将为社会大众提供一道道丰盛的精神文化大餐，成为人们接受文化熏陶和开展文化休闲的重要活动场所，在推动社会主义文化大发展大繁荣、建设全省公共文化服务体系中发挥更大、更为重要的作用！

博物馆细节管理问题探初

张 剑

（镇江博物馆 江苏镇江 212002）

内容提要： 在当代社会，对细节问题的控制和把握深刻地反映着一个组织的管理水平。博物馆的工作实际上也是由各种细节构成的。本文以对细节的认知为基础，分析了与陈列展览、宣传教育、藏品保管、物业管理、安全保卫等密切相关的细节问题，阐述了实现博物馆细节管理的思路和设想。

关键词： 博物馆 细节 管理

博物馆是一个为社会及其发展服务的、非营利的常设机构，向公众开放，为教育、研究、欣赏之目的征集、保护、研究、传播、展示人类及人类环境的有形遗产和无形遗产[1]，是一个国家、地区经济社会发展水平和文明程度的重要标志。管理和利用好现有的博物馆，是实现全面小康目标后必不可少的环节，博物馆的运营模式注定其工作具有很强的实践性，琐碎、繁杂而平淡，细节性极强。因此，把博物馆的各项事务、活动、各种规章制度、发展目标等细化成点点滴滴具体的、操作性强的、易检验的细小步骤，从自身工作的每一个环节、每一道流程着手，不断改进过程，形成处理事务的良性循环，就显得十分重要。本文试着从陈列展览、宣传教育、藏品保管、物业管理、安全保卫等方面，探讨博物馆的细节管理问题。

一 陈列展览的细节管理

陈列展览是一个博物馆最基本的、极其重要的业务工作，处于服务群众、服务社会的最前沿。博物馆应当举办与其性质和任务相适应，突出馆藏特色、行业特性和区域特点，具有较高学术和文化含量的展览。这就要求博物馆人在陈列展览内涵的广博深邃、形式的新颖别致、内容表现的文字华美、空间布局的多样变化、光线的明暗对比、色调的冷暖和谐及辅助展示手段的先进等方面作更多的努力，从而把事做细、做精，在周密的制度、流程和计划环节的组成上体现细节。

1. 展览人体工程学方面

人是展览的受众，在室内环境中，心理与行为总体上具有共性，具有以相同或类似的方式作出反应的特点，这正是陈列设计的基础。因此，陈列设计要依托人的领域性与人际距离、私密性与尽端趋向、依托的安全感、从众与趋光心理以及空间形状的心理感受等人体工程学成果，在创造展览室内环境时，注意空间与照明的导向、标志与文字的导引以及紧急情况时的心理与行为，对空间、照明、音响的安排予以高度重视，不仅要以使用功能、人体尺度等起始的设计为依据组织空间、确定尺度范围和形状，还应选取光照和色调等作为更为深刻的提示，使陈列形式设计符合人们的行为模式和心理特征，从而在设计中辩证地掌握合理的分寸，完成展览的塑造。

2. 展品说明牌方面

参观过不少博物馆，普遍感觉展品说明牌太过简单，观众难以从中得到更多的信息。说明牌上也很少对生僻字标注拼音。博物馆工作人员应在这个细节上多加努力，尝试着让那些静止的文化实物开口说话，"诉说"其产生的背景和时代的文化气象。其实这就是博物馆的文化解读功能——让人们通过展品，了解展品所发生时代的社会文化，了解每件展品自身的精彩。比如，列出它们在何时产生，出自何人之手？它们是否曾属于某个重要的历史人物？它们在历史上有何重要意义？即使资料不全，仅列出出土时的情况以及后人对它们的价值分析，也可以让人们对展品有所了解，从而引发参观者各种丰富的联想。

3. 展厅标识方面

博物馆的形象，还体现在文字用语中，这个小细节不容忽视。富有人情味、幽默感和文学色彩的警示用语总比诸如"禁止喧哗"、"禁止拍照"、"闲人免进"之类的语句要有意思得多。透过这些语言，观众读到的会是一个富有亲和力、开放、创新的博物馆，会是一个推崇人文精神的文化单位，会是一个把"以人为本"看得越来越重的社会。

二　宣传教育工作的细节管理

宣传教育是博物馆走向社会、走向群众的重要形式和目的。博物馆的重要服务细节广泛存在于各项宣传教育的服务行为之中，博物馆服务的每一个环节和每一个细节都要不遗余力、全方位地满足观众的需求，从细小处为观众着想，构造和谐的参观环境，满足博物馆服务大众的初衷。

1. 讲解服务管理方面

讲解作为博物馆的拳头产品，其基本的服务职能是以讲解服务的方式将陈列展品生动化、形象化，使观众更为直观地了解展品所要传达的信息。为规范讲解服务工作，不断提高服务质量，各博物馆也屡有创新。比如：创立公益服务品牌，实施讲解员挂牌服务制度；依据相关管理规定，在服务台显要位置标示讲解员基本情况，由观众自主选择讲解员进行服务；在通讲基本陈列内容的基础上，根据不同观众参观的兴趣点，提供有重点的、深入的特色服务；引入竞争机制，促使讲解员的知识水平和业务能力不断提高，为观众提供更为优质的服务；针对不同的参观群体，采取灵活多变的讲解方式，因人施讲；讲解人员在任何时候都要热情接待，统一着装，佩戴工作证，规范服务等。总之，讲解这个与人打交道最多的关节必须在细节方面严格要求，做到每个细节、每个操作流程都要规范细致。

2. 讲解员培训管理方面

讲解员通过口头讲解面对面与观众交流，是沟通博物馆与观众的桥梁和纽带，更是博物馆的名片和形象代言。讲解员在博物馆社会教育中发挥着重要的作用，其服务质量决定着公众获取知识的信息量和对博物馆的满意度。因此，对讲解员的培训管理是博物馆的基础工作。培训可以采用集中授课、分组讨论、观看教学片、自学、参观考察、交流汇报、讲解考核、开卷考试等形式进行，做到学有效果，学以致用。培训应重点突出讲解员政治素养、职业道德、礼仪礼节、讲解技巧及博物馆知识、考古发掘、文保技术等业务知识的学习，真正使讲解员做到精通陈列内容，熟悉历史资料，提高语言表达技巧和讲解艺术，讲解通俗易懂、旁征博引、引人入胜，以有效地与观众进行心灵的沟通与交流，达到宣传教育的目的。

3. 讲解比赛管理方面

基层单位长时间的重复讲解，使得讲解员多有机械讲解的懈怠。因此，设置讲解比赛或业务考核就十分必要。讲解员们通过查资料、写讲解稿、学发声、练形体，普遍提高了讲解专业水平。讲解员们通过讲解比赛展示各自独特的讲解风格，在相互对比中达到互相学习、互相吸收的作用，并能针对不同类型的观众，采取不同的讲解方式，使讲解内容有血有肉、生动感人。有的讲解员成为了本行业的骨干和知名的讲解明星，有的讲解员还经常应邀到各地示范讲学，起到了提高自己、带动一方、激励一片的推动作用。可以说，优秀讲解员是博物馆的一个品牌，如同电视台的名播、名主持一样闪光。因此，这个方面的细节不容忽视。

4. 讲解词的编写方面

讲解词是讲解员在陈列展览中用来讲解的文字依据，是连接展览、观众的桥梁，是博物馆对外宣传的工具，其编写在文博工作中起着举足轻重的作用。因此，需要讲解词编写者费心思、下工夫去琢磨。观众的兴趣、爱好、知识背景，观众的心理特点和行为特点，都需要研究。编写的讲解词要尽量吸引观众，提升观众的兴趣。但是在现实的讲解中，各类观众交叉的情况屡有出现，每个展览也不可能编写几十种讲解词，解决的办法是根据各类型观众的自身特征，有机地融合起来写，绝不机械地生搬硬套。在具体的写作中，则可以根据特定展览内容设定目标观众群，然后按主要观众人群特征编写几种不同类型观众的讲解词，再根据实际情况加以调整，灵活掌握，自由运用，从而达到强化教育的效果，激发观众的兴趣，增加博物馆的亲和力。

5. 其他细节管理方面

观众在博物馆参观，实际上是观众接受博物馆服务的过程。根据博物馆的发展情况及工作实际，及时更新网页内容，充实网上信息，发送宣传资料、上门联系、电话联系、网上联系、定期召开座谈会等方法，加强与学校、企事业、党政机关团体、部队、社区、新闻媒体的合作，实现双赢和互补等，都是博物馆工作中应当注意的细节。因此，要研究这些环节中可能存在的种种问题，重视对观众意见和建议的收集，注重举办座谈会、问卷调查、观众留言并安排专人收集整理，力争件件尽快落实，才能逐步提高博物馆的社会作用，提高工作效率。

三　藏品管理工作的细节管理

藏品管理工作是一项非常细致缜密的工作，最能体现细节决定成败的道理。文物是博物馆各项业务工作的基础，其登记、建档和备案工作更是博物馆各项基础工作的重中之重，应认真抓紧抓实，全面推进。比如：加快文物调查及数据库管理系统建设，逐步实现博物馆珍贵文物的数字化管理，全面提升馆藏文物保护管理的现代化水平；进一步完善博物馆藏品保存条件的达标建设，推进馆藏文物保存环境的达标，设立专用库房，全程负责展览过程中的文物拣选、集中、信息采集、修复、清洗、展托展具测量、包装、运输、上展、移交等系列工作，科学分类，细致分工，缜密安排，进行专业化管理；对藏品保管工作进行专业化分工，选择本科学历以上的专业化人员入岗帐目和藏品保护、保管岗位，深化文物保管研究工作，深化藏品的管理和保护；确定藏品标准化作业过程，把藏品工作过程分解成若干部分，选择最佳的操作方法和安全模式，确保藏品保管工作不失误等。藏品是博物馆的根本，只有从根本上抓起，努力提高藏品动态化和数字化管理水平，才能推动整个博物馆事业的大发展。

四　物业管理工作的细节管理

细节管理，在物业管理中更能体现其必要性和重要性。观众来博物馆参观看的不只是展览，还有设备设施，很多细枝末节的小事可能会影响观众的观感。如电器开关是否安装到位、维修窗口是否复位严密、洗手间的水龙头是否滴水不漏等，这些细节均体现着博物馆的管理水平。再如，许多博物馆引进了多媒体触摸屏等现代化的导览系统，但遗憾的是，在一些博物馆，这些系统成了摆设。观众本来想借其了解一下博物馆的情况，却发现不能使用，只好悻悻离去。陈列设计中，灯具的维修也是需要仔细考虑的问题。一个展览中有数量众多的灯具，它们的维修也就成了物业日常工作的重要内容。据观察，有不少灯具内置于展柜中，需要通过维修窗口进行维护。维修窗口的大小、位置是否合理，能不能发挥应有的功能？这些细节的确需要设计者多考虑一点，而不能简单地认为大概、差不多就行，如果对其没有明确的认识与精确的分析，我们就会在工作中付出代价。可见，在博物馆物业管理中，只有制定比较完善的岗位职责、工作条例和操作规程，在具体岗位、内容、环节、程序、责任人、职责范围、工作质量及标准上都有章可循，细化工作标准，责任到人，博物馆的日常维护工作才能完全到位。

五　安全保卫工作的细节管理

博物馆应加强对安全工作的领导，实行逐级安全岗位责任制，把安全保卫工作纳入全馆重要议事日程，做到有计划、有检查、有总结、有评比，经常对职工进行安全警示教育，克服麻痹思想，发动并依靠全馆职工做好安全保卫工作。具体到日常工作的细节，博物馆人需在以下方面多多努力：必须做好每日开、闭馆时的文物检查和清馆净场工作；认真填写安全检查和交接班记录；建立安全检查制度，组织定期安全检查和不定期巡查，并有详细的安全日志、巡查记录；制定《安全应急预案》和《突发事件应急预案》，并协同公安、消防部门每年至少组织一次安全保卫和消防演练，提高处置突发事件的能力；加强对库房、展厅、文物保管部门等要害部位的安全保卫工作；博物馆展厅工作人员、保卫人员、值班人员忠于职守，在展厅开放期间不得擅离岗位；安装报警、视频监控等安防设施，并设安全保卫中心控制室，加强对重点部位的全天候监控；博物馆中心控制室设置专职值班人员，负责值班监控、设备检查和维护；值班人员熟悉设备性能，可以熟练操作报警监控装置，遇到紧急情况能按要求妥善处置；博物馆工作人员熟悉各种消防设施性能，并能熟练使用，等等。

　　总之，细节管理是博物馆前进的动力。它体现在领导层的决策，中层的执行，员工的日常行为规范上；体现在执行中有流程，过程中有控制，结束后有总结上。但细节管理又是一个长期的行为，要想做好，并非朝夕之功，需要长期坚持、不断完善。细节服务的实施，也不是某一部门的事，而是各个部门共同的工作，博物馆的每个部门、每个员工都必须具有这样的意识。俗话说："木桶装水的多少，取决于它最短的木板。"博物馆社会效益的高低，靠的是全体员工的共同努力。作为博物馆，要整合好各个部门的资源，为细节的实施提供坚实的平台；作为员工，要通过勤奋的工作，为细节的实施作出应有的努力。这样，点滴细节必汇成滔滔江河，推动事业永远向前。

注释：

[1] 中国国家文物局、中国博物馆协会：《博物馆法规文件选编》，第 134 页，科学出版社，2010 年。

加强博物馆建设　促进城市文化旅游发展

——以常州博物馆为例

姚　律

（常州博物馆　江苏常州　213022）

内容提要： 随着我国改革开放和旅游业的飞速发展，具有丰富文化艺术含量和深厚历史积淀的博物馆，作为高品位的文化旅游景观，越来越受到国人的重视和喜爱。博物馆是一个城市历史与文化的载体，是重要的文化旅游资源。常州博物馆以新馆建设为契机，通过打造精品陈列、创建国家 AAAA 级旅游景区、创新办馆思路等多方面的努力，为促进城市文化旅游发展、提升城市旅游的文化品位、打造城市文化旅游的亮点进行了有益尝试。

关键词： 博物馆建设　城市文化旅游

随着我国改革开放和旅游业的飞速发展，具有丰富文化艺术含量和深厚历史积淀的博物馆，作为高品位的文化旅游景观，越来越受到国人的重视和喜爱。博物馆是一个城市历史与文化的载体，是重要的文化旅游资源。如何加强博物馆建设，促进城市文化旅游发展，丰富城市旅游的文化内涵，提升城市旅游的文化品位，打造城市文化旅游的亮点，是摆在广大文博工作者面前的重要课题。本文以常州博物馆为例，谈几点浅显看法，以期抛砖引玉。

常州博物馆创建于 1958 年，是一所集收藏、研究、陈列、宣教于一体的地方综合性博物馆，下设的常州少儿自然博物馆是目前江苏省内唯一一家少儿自然博物馆。馆藏文物近 3 万件，其中国家一级文物 51 件（国宝级文物 1 件）、二级文物 240 件、三级文物 3937 件。各类自然藏品 3560 种，近 6000 件。馆藏文物中的良渚文化时期的玉器、春秋战国时期的原始青瓷器、宋元时期的漆器与瓷器以及明清时期的书画等，都是常州博物馆颇具特色的馆藏文物精品。

常州博物馆新馆位于常州市新北区，地处市民广场西侧，和常州市规划馆两馆合一，总建筑面积 3.5 万平方米，总投资 2.5 亿元。其中博物馆建筑面积 2 万平方米，展区面积近 1 万平方米。2007 年 4 月 28 日，常州博物馆新馆正式对外开放。开馆四年多来，接待国内外游客 130 多万人次。常州博物馆已成为宣传展示常州城市形象的文化窗口，公众启迪智慧、陶冶情操、文化旅游休闲的理想场所。常州博物馆抓住新馆建设的良好契机，始终以建设一流博物馆为目标，以提升品质内涵为中心，以服务社会为己任，不断创新思路，创造业绩，努力把常州博物馆打造成为全市文化旅游精品。

一　打造一流精品陈列，着力突出地方特色

1. 一流的展示策划

常州博物馆新馆陈列布展特邀浙江大学文博学院严建强教授担纲总策划，双方反复商讨论证展示策划的内容、馆藏文物的重点和常州历史文化的特色，提出了"彰显个性，有效传达"的策划与设计原则，充分利用馆藏文物资源向常州人民及外地游客讲述一个符合历史真实同时又具有鲜明个性的古代常州发展史，使观众通过陈列，准确地理解常州历史文化的特点及发展脉络。新馆陈列展览的亮点就在于理念的超前和现代科技手段的运用，以最大限度地体现现代博物馆的功能。好的理念必须有效传达才能充分发挥博物馆的教育功能。常州博物馆新馆在陈列展览上，采用了多种现代化手段以求达到与观众的"无障碍交流"。如"常州历史文化陈列"，采用单线式线路，文物、图片、文字、音像等多层次信息组团布置，陈列中多处安排了场景复原、人物雕塑、动态模型、幻影合成、全息成像、小影院系统以及动漫视频、人机对话、声光电显示等现代科技手段，全面展示了常州古代的历史文化成就。观众一路走来可看到所有内容，主题简单明了，可学习、可欣赏，可深究、可浅览，满足了不同层次观众的需要。新馆陈列中还设置了许多互动性项目，如自然陈列中的"动物眼里看世界"、"我与老虎来赛跑"等多项与观众互动的项目，极大地增加了趣味性，加之视频和音响的渲染，让观众在趣味体验中获得知识，增乐不少。

2. 一流的展览精品

新馆展区面积近1万平方米，包括两个基本陈列、两个专题陈列、两个临时展厅。

（1）基本陈列

"龙腾中吴——常州历史文化陈列"以常州古代历史为脉络，把不同历史时期常州历史文化的重要成果串联起来，以常州文物精品为特色，彰显地方文化底蕴。陈列面积1500平方米，展品1288件。整个陈列分为五大版块：①圩墩寺墩——史前常州；②延陵季子——先秦时代的常州；③齐梁故里——秦汉六朝时期的常州；④中吴要辅——隋唐宋元时期的常州；⑤儒风蔚然——明清之际的常州。该陈列获得江苏省博物馆优秀陈列展览评选（2006~2007年）"陈列展览精品奖"。

"神奇的自然　美丽的家园——自然资源陈列"是常州博物馆在全省综合性博物馆中最先推出的特色陈列。陈列分为四大版块：①序·地球生命进化的故事；②纷繁多样的自然生物；③形形色色的动物世界；④秀丽多姿的故乡大地。陈列面积1000平方米，展出的动植物和化石标本共计421种645件。展览通过大量形象逼真、师法自然的场景，纷繁多样、形态多姿的展品展示，让观众如处在真实的大自然中。陈列中还有"动物眼里看世界"、"我与老虎来赛跑"、"虚拟蝴蝶谷"、"电子翻书"等多项与观众互动的项目，集知识性、趣味性、互动性于一体，极大地激发了广大观众了解和探索自然奥秘的热情，提高了他们热爱家乡、保护环境的意识。2009年10月，该陈列荣获第八届全国博物馆十大陈列展览精品评选"最佳创意奖"。

（2）专题陈列

"谢稚柳艺术陈列"，陈列面积500平方米。通过167件展品，分四部分展示常州籍著

名的艺术大师、古书画鉴定家谢稚柳先生的生平经历、艺术生涯和卓越成就。

"刘国钧先生捐献红木家具陈列",陈列面积 500 平方米,共展出红木家具 51 件。通过展陈我国著名爱国实业家刘国钧先生捐献的整套红木家具,再现了近现代江南地区民居中精致典雅的生活场景。

（3）临时展览

常州博物馆还经常举办题材各异、形式多样、切合时代、贴近观众的高品位临时展览,自新馆开馆以来已举办各类题材的临时展览 81 个,先后举办了"常州市纪念唐荆川诞辰五百周年书画展"、"金与玉——大明王朝贵族饰品展"、"中国 2010 年上海世博会图片展"、"世界精品蝴蝶展"、"纪念谢稚柳先生诞辰 100 周年书画精品特展"、"微笑彩俑——汉景帝的地下王国"陕西汉阳陵文物特展等大型临时展览。通过举办一系列符合时代要求、内容丰富、形式多样的临时展览,不断吸引观众、扩大影响力,充分发挥了博物馆的社会教育功能。

二　创建国家 AAAA 级旅游景区,提供高品质服务

1. 明确创建目标,完善配套管理

早在新馆建设之初,常州博物馆就确立了争创国家 AAAA 级旅游景区的目标定位。创建国家 AAAA 级旅游景区不仅对弘扬常州地域文化、促进城市文化旅游发展具有重要的战略意义,而且对常州博物馆事业的可持续发展也有着重大意义和拉动作用。常州博物馆根据国家 AAAA 级旅游景区的有关标准,明确创建目标,完善配套管理。首先是完善各项制度。按国家 AAAA 级旅游景区标准,建立健全导游、安全、服务、培训、投诉等各项制度,用制度管人管事,加强业务培训,提高队伍素质。其次是强化环境建设。实施了空气、噪音检测,景区环境符合国家环保标准。第三是构建现代化平台。常州博物馆建成了办公自动化、业务管理和网站建设三大系统 11 个软件项目,构建了软硬件一流的博物馆计算机中心,申请了常州博物馆英文域名,建立了专业的常州博物馆网站。第四是各类标识、标牌清晰。设计制作了各类标志牌、指示牌,公共信息图形符号图形规范,视觉效果清晰、精美。第五是完善辅助服务设施。展区语音导览器、公共休息设施、卖品部、游客中心、医务室、残疾轮椅等服务设施设备一应俱全,能满足各种游客的需求,为特殊人群提供各种服务项目。

2. 提供优质服务,满足公众需求

常州博物馆不仅拥有一流的现代化设施,打造一流的精品展览,还注重加强景区规范管理,向游客提供一流的景区服务,不断满足公众需求。

（1）生动优质的导游讲解服务

博物馆建立了讲解员考核管理办法,从各个方面加强对讲解员学习、业务、讲解、服务的考核,不断提升导游讲解服务水平。讲解员用标致靓丽的形象吸引人,用热情规范的服务接待人,用生动形象的讲解感染人,导游讲解受到高度赞扬。

（2）安全可靠的景区安全保障

博物馆景区有一套完整的安全保护机构与人员,有健全的安保制度,并建有高峰期、

特殊情况的应急预案；配备20名专职安全巡查人员，实行定岗定时巡查；安全设备设施齐全，安全警示标志标识齐全，醒目规范；重视安全宣传教育，医疗服务、救护服务体系健全。以上举措确保了景区秩序井然、安全可靠。

（3）舒适高雅的景区休闲环境

景区有专业的物业管理队伍，有完备的卫生洁具和环卫设施设备。卫生保洁做到定人员、定岗位、定标准、有检查、有记录、有奖惩，建立了完善的监管督查机制。景区文化氛围浓重。展厅序厅的《六龙浮雕》、《延陵赋》与共享大厅的大型壁画《中吴风采》遥相辉映，将游客带入常州历史长河的意境和缤彩纷呈的诗意画卷。错落有致的盆景花卉，休闲舒适的软座皮椅，彰显出博物馆高雅的景区特色和旅游文化品位，给广大游客提供了整洁、舒适、高雅的休闲景区环境。

2009年2月，常州博物馆荣获"国家AAAA级旅游景区"称号，成为常州市第8家国家AAAA级旅游景区，也是江苏省继南通博物苑、南京市博物馆、镇江博物馆之后的国家AAAA级旅游景区博物馆。

三　创新办馆思路，推进事业发展

目标决定方向，思路决定出路。常州博物馆始终围绕"一流的设施、一流的展览、一流的管理、一流的服务"的办馆宗旨，不断创新管理模式、展示方式，经过大胆尝试，已经取得了一定的成效。事实证明，创新是常州博物馆科学发展的有效途径，是实现事业长足发展的有力保障。

1. 创新管理模式

常州博物馆隶属于常州市文化广电新闻出版局，为市财政全额拨款的副处级事业单位，下设办公室、保卫部、信息部、保管部、考古部、陈列部、开放部、自然部。博物馆核定事业编制38名，政府购买劳务岗位人员20名。保安、保洁、绿化、设备设施维护管理都实行社会化服务，经费由市政府市级机关事务管理局统一管理，市财政按实拨款，这种管理方式开创了全国地市级博物馆物业管理模式的先河。这项管理模式的创新，彻底解决了博物馆新馆繁杂的物业管理后顾之忧，使博物馆工作人员从后勤保障服务中解脱出来，交由专业人员完成，让更多专业技术人员投入业务工作成为可能。

2. 创新展示方式

如何为公众提供优质的服务始终是常博人思考的问题。只有在完善功能上下苦功、改进服务上花气力、吸引观众上出新招，才能使更多的观众走进博物馆，热爱博物馆。为此，2009年7月，常州博物馆依托资源优势，创新办展形式，在暑期推出"世界精品蝴蝶展"的同时，探索性地首次举办了每期两天、为数五期的"2009常州市少儿暑期趣味科普夏令营"，参加人数有150余人。由于内容新颖、准备充分、宣传到位，活动深受青少年学生及家长的欢迎，获得了较高的社会赞誉。2010年，博物馆又推出了"天高任鸟飞——世界珍奇鸟类展暨2010暑期鸟类科普夏令营"，同样受到孩子们的热捧。2011年暑期，举办了"小贝壳　大世界——中外珍奇海贝展"和"2011常州博物馆科普夏令营"。通过连续三年举办暑期自然科普临展和夏令营主题活动，常博已经形成了一定的影响力和品牌效应，临近暑期就有学生和家长来电询问活动情况。系列活动的开展为博物馆今后更好地服务公众，特别是青少年，积累了宝贵的经验。同时，博物馆还将"世界精品蝴蝶展"成功推介到镇江、苏州吴江、上海青浦和安徽徽州等地博物馆进行巡展，每到之处，观众都踊跃参加，现场气氛热烈。这也是常州博物馆创新办展方式的有益尝试，不仅提高了常州博物馆的知名度，而且为更广泛的群体提供了优质的文化服务。

常州博物馆在巩固阵地教育外，还设有"文博之友"、"博物馆志愿者"等群众组织，开展学术讲座，定期开展形式多样的活动。在大学生中招募了博物馆志愿者，对他们进行专业培训，为观众提供志愿服务。结合"国际博物馆日"，开展走进基层、走进社区、走进高校的文化普及活动，尽可能满足群众的多方面需求。邀请贫困山区的儿童参观陈列展览，组织博物馆专家走进校园，就环境保护、生命科学等内容做专题讲座。通过多角度、多层次、多形式地开展爱国主义和科普教育，进一步发挥博物馆的社会教育功能。

常州博物馆作为独具魅力的城市文化景点和公益性服务设施，在全市的文化旅游建设工作中，找准了自己的位置，确定了工作目标和方向，成为全市文化行业中的佼佼者。常博采取的一系列举措既推动了全市的文化旅游建设，也很好地促进了本馆各项业务工作的提升。

从我国目前的情况来看，博物馆主要集中在城市，博物馆的发展与城市的发展息息相关，尤其是城市旅游业的发展会直接推动博物馆事业的发展。博物馆作为城市标志性的文化设施，应该在城市发展建设中找准自己的位置与方向，为城市的发展助一臂之力，特别是在时下流行的城市文化旅游建设中应主动承担重要角色，把博物馆打造成为极具吸引力的旅游目的地，这也必将为博物馆自身发展带来勃勃生机。

步向室外天地宽

——南通博物苑室外陈列研究

任苏文　钱　红

（南通博物苑　江苏南通　226001）

内容提要：室外陈列作为博物馆对外展览的一种形式，在如今博物馆发展多元化的形势下，很有拓展潜力。本文从南通博物苑百年来室外陈列的实践入手，列举国内其他博物馆有关室外陈列的成功范例，努力探索博物馆室外陈列的发展方向、技术手段与展示效果，并归纳总结了博物馆室外陈列的经验，希望对国内博物馆室外陈列的发展起到一定的促进作用。

关键词：南通博物苑　室外陈列　回顾　探索　研究

陈列是博物馆实现其社会功能的主要形式，是博物馆特有的语言。1991年，国际博物馆协会博物馆学委员会将陈列语言定义为："博物馆工作人员与博物馆观众之间进行交流的方法和途径。"这种语言是博物馆传递信息的最富有特色的媒介。博物馆通过内容丰富、形式多样的陈列来服务观众，与观众进行沟通和交流。

博物馆陈列是在一定空间内，以文物标本为基础，配合适当辅助展品，按照一定的主题、序列和艺术形式组合成的，进行直观教育、传播文化科学信息和提供审美欣赏的展品群体。博物馆陈列的空间，习惯上多着眼于室内，这是由有利于大多数展品的展示、保管决定的。但事实上陈列空间并不仅仅局限于室内。南通博物苑最初的陈列布局，便设置了一定规模的室外陈列。在科学技术高度发展、陈列手段多样化的今天，我们有必要突破通常的室内陈列思维，拓展一片室外陈列的崭新天地，以使我们的博物馆工作更加丰富多彩、生动活泼，更进一步促进博物馆与观众间的和谐氛围。

南通博物苑在这方面具有得天独厚的历史渊源、室外环境、资源条件和初步的实践。本文拟从南通博物苑百年来室外陈列的实践入手，努力探索博物馆室外陈列的发展方向、技术手段与展示效果，以总结出一些博物馆室外陈列的经验，权当抛砖引玉，期待与博物馆同仁就室外陈列作一交流。

一　南通博物苑室外陈列回顾

一百年前，作为中国第一家公共博物馆，南通博物苑建苑之初，创始人张謇先生因地制宜，利用其得天独厚的环境条件，自然和历史并举、室内与室外共存，除设有历史、美

图一　建苑之初南馆、中馆周边的室外陈列

术、天产、教育四部室内陈列外，还兼有部分室外陈列（图一）。据资料记载，当时的室外陈列有南馆外的大铁佛及一些较大型的石刻，而园中的花圃、药坛内种植的各类花草、药材以及饲养的一些小型动物，更是成为了天产部陈列的室外延伸。1915年出版的《南通地方自治十九年之成绩》曾作了如下的记述："（宣统）三年七月，就南馆外四周分历史、美术两类，增馆外陈列。于是梁唐宋元明清各物品或购或乞均次第列苑。"而稍后出版的《二十年来之南通》一书则记载得更为详细："古物类似佛像为多，释迦而泥塑者明物也，罗汉而铁质者梁武帝时所铸也。泥像四而铁像七，石像五而铜像六，皆环列于南馆之外，若众星拱之者也。铁炮、铜鼎、铁石铜盐桶，铜盐锅亦有数十种，皆陈露于南馆及中馆之周围，俱唐宋明古物。"足见当年南通博物苑室外陈列之盛。至于当年室外所陈列的自然方面的品种，更是数不胜数。且不说园林之中种植的各种植物，都插以标牌，加以文字说明，仅国秀坛中的翠竹、美石，就洋洋大观，足以让观众细细观览。回想当年，每有观众来到，一入园即可从身边众多的室外陈列感受到浓厚的学术氛围，犹如置身知识的海洋，再从室外引至室内，移步换景，渐入佳境，在轻松愉快的游览中得到教化。可见，在我国博物馆事业创始之初，室外陈列虽然受制于展厅的局限，但却也初具规模，成为重要的陈列形式之一。

二　国内博物馆室外陈列见闻

一百多年来，中国的博物馆事业从无到有，发生了翻天覆地的变化。博物馆展览的陈列手段也随着时代的变迁、科技的进步，有了极大的发展。然而，目前博物馆的陈列工作，主要还是侧重于室内的展陈手段而展开，对于博物馆室外陈列的研究和实践尚没有充分开展。这主要是由于大部分博物馆不具备大面积的室外空间，因而就把陈列的重点集中于室内。

随着时代的发展，人们越来越注重与自然的和谐并存。绿色环保，低碳生活，成为人们追求的目标。自20世纪六七十年代开始，欧、美、日等先进国家和地区纷纷掀起兴建户外博物馆的热潮，并很快得到普及。各类民俗博物馆、生态博物馆、生活历史博物馆等户外博物馆的大量涌现，突破了传统博物馆学的主题范围，博物馆陈列形式亦开始呈现广泛多样性。我国近年来新设计、建成的博物馆，室外部分面积的增大成为一种趋势，博物馆不仅仅只是人们以往印象中的一座座博物楼。因此，合理利用室外空间，努力探讨博物馆室外陈列就成为一个"古老"的新课题。在这方面，一些博物馆作了许多有益的尝试。

建立于1985年的南通纺织博物馆，是一座以"馆园结合"空间布局为特色的具有中国古典园林建筑风格的自然类专业博物馆。它沿袭了南通博物苑的展陈格局，以主馆展厅陈列与辅馆露天复原陈列有机结合为办馆模式，除了一定面积的展厅用于室内陈列外，还设计了很大面积的室外陈列区。在这个区域内，各个时期的织户农舍错落有致，其间由小块的棉田加以衬托，间或缀以农用的水车，构成一幅典型的江海田园风光，突显了南通"植棉之乡"、"纺织之乡"的区位特色。

南通给水技术博物馆依托现代化的狼山水厂，结合给水专业的特点，曾经将各种材质、各种规格的给水管材设置成露天"管林"，展示了给水技术的不断进步。他们还将城市建设旧城改造中收集的多种古旧井栏结合园景陈列，让人们感受到给水与人类生活密切关联的悠久历史。而与博物馆连为一体的狼山水厂，其生产流程，则生动演示了当代先进的给水技术。

大型兵器是室外陈列的主角，一些国防教育馆都少不了它。南通海安的七战七捷纪念馆和徐州淮海战役纪念馆里的国防教育馆都有大型兵器陈列（图二）。这些由飞机、大炮、坦克组成的钢铁军阵，展现的是我人民解放军威武之师的雄风，成为少年儿童最喜爱参观的地方。

图二　七战七捷纪念馆的大型兵器陈列

山东曲阜孔庙露天陈列的碑刻，充分体现了历史的厚重，游人至此，无不对孔子这位两千多年前伟大的思想家、教育家肃然起敬。四川成都都江堰则将历年标示深挖河床泥沙深度的标尺——"卧铁"展示陈列，体现了我国古代劳动人民利用自然、改造自然的聪明才智和宏大气魄。而四川的青川东河口地震遗址公园，将地震中"飞来"的一块巨石陈列在遗址中央。巨石上刻有胡锦涛主席的口号："任何困难都难不倒英雄的中国人民！"这一口号鼓舞着人们与一切艰难困苦作英勇抗争。

国内博物馆室外陈列的成功范例不胜枚举，限于条件，这里仅列举了其中的一小部分。

这些陈列内容丰富、形式多样，适宜于营造特定的环境气氛，有利于观众和展品的互动，具有广阔的发展前景。

三　南通博物苑室外陈列探索

历经百年的南通博物苑，几经风雨，几度沧桑。新中国建立之初，已是满目疮痍，几乎成了一处废园，室内室外已经无陈列可言。新生的人民政权发动群众，着力恢复了博物苑。虽然过去的藏品几乎损失殆尽，但是建苑之初的馆舍基本还保持了原有的格局。经过几代博物苑人的不懈努力，不断恢复和发展中的南通博物苑在推出一个个陈列展览的同时，也附设了一部分室外陈列。主要是围绕南馆、中馆周边，摆放一些新征集到的大型石刻，如石雕像、建筑柱础等；恢复了部分张謇时期的古像亭用以陈列大型青铜玉帝、妈祖像；当年两江总督端方捐赠的一方意大利古碑仍安放于南馆门前；中馆门前两侧置有南通籍明代蓟辽总督顾养谦墓出土的石刻；另外还将文物库房周边原先零乱放置的一些石刻加以整理，重新陈列。这些文物，除了一部分是有意陈列外，有些只是因为体积较大且不便室内收存而作为露天摆放的，严格地讲还不能算作陈列。

世纪之交的 1999 年，分离近半个世纪的园林部分回归博物苑，南通博物苑终于恢复为建苑之初的一个整体。为迎接百年苑庆，在各级领导的关心和社会各界的支持下，南通博物苑新建了展馆，整治了园林，有了更为广阔的发展空间，也为室外陈列创造了有利条件。近年来，我们除适当调整保留原有的部分室外陈列外，还结合藏品对拓展苑内的室外陈列作了一些初步的尝试，获得了比较满意的效果。

首先是将近年征集的一台经布机陈列于濠南别业南侧草坪（图三）。这是一台木制的纺织机器，过去南通民间使用较为普遍，但现在已经几乎绝迹。因为机体庞大，不适宜在现有展厅陈列，于是我们选择了苑内一处恰当的位置，用作室外陈列。为使机体得到保护，我们专门为这台机器搭建了遮阳挡雨的木棚，由于采用了民间棚屋的形式设计，使得两者之间风格比较协调，颇具民俗风情。往来的观众对此十分感兴趣，纷纷驻足观赏并在此摄影留念。

图三　经布机

其次是将馆藏的八门古代铁炮陈列于西馆东门外，沿园路西侧排列并标以说明牌（图四）。这八门古炮因体积大、分量重，曾长期摆放在文物库房一侧较为偏僻之处，得不到人们的关注。自从重新陈列之后，置于苑内主要园路旁边，引起了人们的极大兴趣。尤其是青少年观众，到此总是流连忘返，仔细端详，认真阅读说明牌，并向老师、家长提出一些问题。如今这两处室外陈列已经成为博物苑的室外观赏热点，既发挥了文物藏品的作用，又宣传了历史和科学知识，很好地发挥了观赏效应。

图四　古代铁炮

综上所述，我们对博物馆的室外陈列，有了如下一些初步认识：

首先，室外陈列的文物，应该具有较大的体量和一定的观赏性，且不易为自然环境所损坏。如金属器物、石刻等。以经得起观众的触摸为好，这样便于观众与展品之间的互动。如果不宜触摸，则应该设置相应的安全护栏和醒目的警示标志。

其次，要为室外的文物选择合适的陈列环境。室外陈列不是简单的摆放，不仅要考虑到它的安全，还要考虑到展览的效果，要有利于观众观赏。我苑铁炮的陈列，沿园路一字排开，观众往来于展厅之间，便可沿途观赏，无须多走弯路。原先我们考虑将铁炮与园内的绿化融为一体，但在实践中我们发现，热情的观众往往喜欢走近铁炮零距离接触，这样既踏坏了周边的绿化植物，又对观赏造成了不便。于是我们在铁炮周围空出一片地面，铺设了草坪砖，这样既方便了观众就近观赏，又美化了周边环境。

再次，室外陈列的文物应该放置稳固，排除一切不安全因素。以我苑陈列的铁炮为例，原以为铁炮自身很重，一般人很难搬动，只要放置于炮架上就行。但少数力气比较大的观众在观赏之余却喜欢搬动铁炮，常常使铁炮移离炮位，这对观众人身和文物都不安全。后来我们采取了相应的固定措施，杜绝了这一现象。

第四，室外陈列的文物要有相应的说明牌。室外陈列常常是零散位于露天，多数不像室内的陈列那样有系统性。因此对每一件文物，都应该有较为详细的文字说明，以使观众对展品有所了解。说明文字的撰写要注意科学性、通俗性，言简意赅，一目了然，最好还要带有启发性、趣味性，以激发起观众的兴趣。仍以铁炮为例，我们在说明牌上简单介绍了有关铁炮的知识后，又提议观众分辨一下这八门铁炮哪些是国产的，哪些是舶来品，一下子提起了观众的兴趣，使之流连于铁炮之间乐此不疲，并可引发更深层次的思索。

第五，室外陈列的文物所处的环境较之室内要相对复杂。雨雪风霜的侵蚀，观众人为的触动，都可能对文物造成一定的损害。因此布展后必须落实专人负责，建立相应的保护和管理制度，坚持定期和不定期巡查，适时对所陈列的文物进行保养，发现不安全因素要立即排除。同时建立档案备查，确保文物安全。

四　南通博物苑室外陈列前瞻

南通博物苑大量的藏品之中，包括相当一部分的碑刻、石刻建筑构件、盘铁、铁钱石结块以及一些较大型的民俗品物，由于受展厅面积所限，以致长期置于库房或零散放置于室外。如果将它们适当地在室外陈列，既解决了保管的环境问题，减轻库房管理的压力，又能充分发挥现有藏品的作用，充实陈列展示的内容，提高博物苑园区的文化品位，全面体现国家文物局审定的《南通博物苑保护利用规划》中所作的南通博物苑是"全国重点文物保护单位，地方综合性博物馆，集文化、旅游、娱乐于一体的科普公园"的定位，是一件一举多得的好事。

南通博物苑园馆结合的空间布局，多年室外陈列的传统优势，为进一步拓展室外陈列提供了良好的前提条件。现就南通博物苑室外陈列的前景作一个粗略的描绘。

我苑藏有一批极具地方史料价值的碑刻作品，但长期搁置于库房，既占用了馆藏面积，也未能充分发挥研究、展示的作用。早在 1998 年的《南通博物苑保护利用规划》中，对设置碑廊就有动议。现今全苑面积有了较大的扩充，结合全苑的整体布局，在适当位置设立碑廊，对于改善馆藏条件和陈列内容，提升博物苑的人文气息和历史厚重感，以及增加文物景观，都将十分有利。

将南馆北侧基台的一批柱础改陈至中馆北侧有序排放，南馆周边所陈列石刻及柱础重新加以整理，在南馆北侧基台原摆放柱础位置分别陈列铁钱石、盐铁等，均标注说明文字，增加陈列物品的可看性。

对已经就位的古代铁炮的陈列形式进行局部改进和提升。按照原来的构想，八门铁炮将安置于仿古的炮座之上，但囿于当时的条件，只制作了简易的水泥座，不能完全逼真地展现实际的情景。我们建议在适当的位置，完全仿古制作一座炮台，选择其中一门炮安置于其上，再现古炮使用的真实场景，便于观众更好地互动，体验古代铁炮的使用方法。如果再辅以一定的文字介绍，联系我国近代史上抗御外来侵略的英雄事迹，如虎门炮台关天培抗英、吴淞口炮台陈化成殉国等，则将是一处极佳的爱国主义教育景点。

我苑近年征集的民俗品物中有一件大型的沿海滩涂牛车，由于体量较大，无法作室内陈列。如果配以我市沿海地区特有的"海子牛"雕塑，并结合苑景把它在室外陈列出来，可突显江海文化特色，成为一处很好的观赏景点。首选的地点，可考虑放在新展馆一、二厅过渡间北侧室外，通过展厅的落地玻璃窗可做到室内室外双向观赏，使室内室外景观相互呼应、相互交融（图五）。

目前，在南通市区还没有大型兵器的陈列展览。南通博物苑是国防教育基地，应利用

图五　"海子牛"牛车室外陈列虚拟场景

有利条件向部队征集退役兵器，在苑南部非重点保护区域增辟国防（兵器）园，这对全民尤其是少年儿童进行国防教育会收到很大成效；同时，此举可填补苑南部室外陈列空乏之不足，大大提升园内人气，并可围绕这些陈列开展多项有意义的活动。

此外，参照历史原貌，在部分园路上搭建棚架，种植相关藤蔓植物，立体绿化，美化景观。同时，恢复饲养一些小型动物，增加与观众互动的内容，对于普及自然科学知识、提升游园乐趣将起到很好的作用。新近，我们将一具原来在市区路边用以宣传2010年上海世博会的吉祥物——"海宝"的大型玻璃钢塑像"移植"到博物苑内一处较为空旷的草坪上。虽然时过境迁，上海世博会已经离我们远去，将这件塑像用于城市的宣传已经不再合适，但作为我国2010年的一件重大事件的标志物用作我苑的室外陈列，还是有它特殊的意义。随着时间的推移，此类物件的社会存量将会越来越少。这也给了我们一个启示，我们的藏品征集和陈列工作，不仅要关注过去的历史遗存，还要放眼于当代的重要物件。新时期博物馆征集和陈列的路子将会越走越宽广。

陈列是博物馆工作永恒的主题。搞好陈列，服务大众，是博物馆人应尽的社会责任。室外陈列形式多样，内涵丰富，作为博物馆对外展览的一种形式和手段，与室内陈列相辅相成。特别是在如今博物馆发展多元化的形势下，室外陈列是一种很有发展潜力的展示手段，应该得到我们的重视。我们应当根据藏品的性质，结合本馆实际，有意拓展一些室外陈列。这将有利于促进人与自然、人与环境的和谐，更好地发挥博物馆陈列传播知识、启迪智慧和培养创造能力的功用，使之更加符合中央提出的博物馆工作"贴近实际、贴近生活、贴近群众"的要求。让我们努力探索新形势下博物馆陈列的新思路，将室外陈列这项工作推陈出新，做得更好。

浅谈中小型博物馆的临时展览

——以常州博物馆为例

李 威

（常州博物馆　江苏常州　213022）

内容提要： 临时展览是博物馆陈列展览中重要的组成部分，与基本陈列相比有着自身的优势。特别是对于中小型博物馆来说，其价值尤其明显。为了更好地实现社会效益，中小型博物馆应当重视临时展览，并在如何合理开展临时展览的问题上进行积极的研究与探索。本文以常州博物馆新馆落成开放后，在开展临时展览工作上所作的一些思考与尝试为例，旨在突显合理开展临时展览对于中小型博物馆的价值与意义。

关键词： 中小型博物馆　临时展览　常州博物馆

陈列展览是博物馆最基本的职能，也是体现博物馆宗旨的重要手段。我国博物馆的陈列展览一般分为基本陈列和临时展览两种，又有专家从基本陈列中分出常设陈列加以区分。孔子云："智者乐水，仁者乐山。智者动，仁者静。"如果把博物馆的基本陈列比作山，那么临时展览就是水。基本陈列具有知识量、信息量大，文化内涵丰富的特点，其影响力持久而广泛，是一个博物馆功能定位的集中体现。而临时展览则更具有灵活性，是博物馆满足公众不同需求及回应社会需要的有效途径，是吸引观众一再来博物馆参观的重要因素，是一个博物馆是否具有活力的标志。然而，从以往的全国博物馆十大陈列展览精品评选结果来看，基本陈列和常设陈列的获奖数目占据了压倒性的优势，而临时展览的获奖数却很少。这也从一个侧面反映出我国博物馆在临时展览上所做的工作还有待提升。

常州博物馆在新馆落成之后，在临时展览工作上作了一些思考和探索，下面就以常州博物馆为例，对中小型博物馆开展临时陈列的一些问题稍作陈述，以求教于各位专家同行。

一　中小型博物馆应当充分重视临时展览的价值

在 1974 年哥本哈根召开的第 10 届国际博协大会上，服务社会被铸入了博物馆定义。"新章程实施后，'为社会和社会发展服务'就成了国际博物馆界发展的新的战略方向。博物馆融入社会、服务社会的思想和实践日益强化起来"[1]。今天，全国上下都在为全面建设小康社会的目标而奋斗，中国的社会正在不断进步，公众的文化需求也变得更加多样化。在这样的氛围下，满足公众多样的文化需求，就成为了博物馆实现服务社会宗旨的一个课题。在工作中我们发现，比起展览周期长久的基本陈列，临时展览在满足公众多样的文化需求方面更具价值。通过选择不同的展览内容，临时展览能够吸引不同文化层次、不同爱好的观众，而且更具针对性。

特别是对于中小型博物馆来说，临时展览的社会价值更加突显。以常州博物馆为例，我馆成立于 1958 年，是一座地方综合性博物馆，规模上属于中小型博物馆范畴。一方面，新馆开放后，虽设有基本陈列两个，常设陈列两个，但是在展览规模和展品质量上与大型博物馆的展览还存在一定差距。许多地方的中小型博物馆在新馆建成后观众很多，但是随着时间推移，观众人数每况愈下，不得不承认这与展览规模和展品质量存在着一定的联系。另一方面，常州并不是一座旅游业高度发达的城市，我们的观众群体是以本地居民为主的。2010 年我馆的观众问卷调查显示，本地居民占全部受访观众的 74.2%[2]。相信许多中小型博物馆的观众结构也是这样。那么，如何吸引本地观众多次进入博物馆参观，就成了我们工作的一个重点。在博物馆高度发达的美国，"举办特展（临时展览）是博物馆吸引观众一再来博物馆参观的有效途径，据调查，克利夫兰艺术博物馆 34% 的参观者是专门为特展而来的"[3]。这些经验对于我们国内博物馆来说也同样有借鉴意义。因此，对于非旅游城市的中小型博物馆来说，大力开展各种不同主题和内容的临时展览，吸引市民多次来博物馆参观，无疑就成了我们中小型博物馆保持自身活力，实现服务社会功能的一个有效方法。

在充分认识到临时展览价值的基础上，常州博物馆在 2007 年新馆落成开放后，就加强了临时展览的工作力度。新馆开放以来，我们的临时展厅基本保证了持续展出，且展览常变常新。随着临时展览工作的开展，我们收到了一定的成效。2010 年的观众问卷调查显示，接受调查的观众中来馆参观 5 次以上的占了 23.3%，其中临时展览功不可没。

二　中小型博物馆应当合理开展临时展览

开展丰富多彩的临时展览，对于绝大部分博物馆来说，都是有动力的，但是实现起来却存在着一些制约因素。特别是中小型博物馆，自身藏品数量不多且难成系列，每年可用于临时展览的经费紧张，临时展览来源不足。这对于合理开展临时展览工作来说可谓是困难重重。常州博物馆同样面临这些问题。但是，我们通过一些切实可行的工作试图缓解这些掣肘。其一，我们深挖馆藏亮点，自筹展览；其二，合理开展交换展览，引进少量高质量展览；其三，重视引进社会团体和个人办展；其四，尝试走出博物馆，让临时展览参与社区文化建设。自新馆开放至今，常州博物馆共举办各类临时展览 74 个，平均每年达 15 个以上。其中，本馆自筹展览 13 个，交换及引进展览 9 个，社会团体及个人展览 52 个。

常州博物馆现有馆藏文物及标本 2 万余件。同许多中小型博物馆一样，除去部分对于保管条件要求苛刻的文物和新入藏的文物标本外，许多精品已经在基本陈列和常设陈列中展出。这无疑给自筹临时展览带来了一定的难度。然而对于广大观众来说，临时展览的文物价值和艺术水准固然是越高越好，但是知识性、趣味性则更加重要。我们常州博物馆的观众群体中，普通大众占 64.6%，业余爱好者占 30.8%，专业人士只占 1.9%。而以学术研究为目的来博物馆的观众仅占 2.7%，大部分观众是为了增长见识、探寻文化和休闲娱乐[4]。把临时展览的文物档次、学术价值拔高，一方面中小型博物馆的馆藏条件不允许；另一方面，对于绝大部分观众来说，也不见得就能了解到更多知识。所以，我们认为临时展览并不在于档次高，只要具有观赏性和知识性，群众喜闻乐见，能够从中学到知识，就是可行的。以这种办展思路为基础，自 2007 年以来，常州博物馆通过对馆藏文物价值的挖掘以及合理的主题选择，共自筹了 13 个临时展览。而这种办展理念也得到了一些同行的认可，我们自筹的 3 个临时展览曾先后赴省内外多家博物馆进行巡展，收到了可观的社会效益，增强了常州博物馆的社会影响力。

从其他地方租借高质量的展览，对于中小型博物馆来说，也具有相当大的难度。主要的难题还是在经费上面，无论是展览的租借费用，还是文物的安全运输费用，对于中小型博物馆来说，都是一笔不小的开支。常州博物馆在租借展览上，贯彻少而精的原则，尤其注重开展与兄弟博物馆的交换展览。每年我们举办的大型临时展览数量不多，但是却保证了质量和足够的宣传力度。同时，我们用自筹展览去与兄弟博物馆的临时展览进行交换，省下了展览的租借费用。这在保证展览质量的基础上，缓解了经费不足的现状。

社会团体及个人办展是中小型博物馆迫切需要重视的。欧洲有一种说法：18 世纪，教堂是社会文化中心；21 世纪，博物馆将成为社会文化中心。随着博物馆服务社会意识的加强，博物馆作为单纯的官方宣传阵地的角色，已经开始逐步淡化，而作为人们日常文化活动的场所，其定位更类似于城市广场和市民文化休闲的活动中心。作为这样的一个处所，博物馆有理由给予社会团体和个人展示和交流自己文化作品的机会。"博物馆面临的挑战是：摆脱过去博物馆做事的方式，积极参与社会并允许社会积极参与，博物馆不应仅是一个社会收集记忆的地方"。博物馆应该"尊重人们讲述自己文化历程的故事的权利"[5]。而为社会团体和个人办展大开方便之门不失为博物馆"积极参与社会并允许社会积极参与"的方式。常州博物馆自 2007 年新馆落成后，共举办了 52 个以社会团体和个人为主角的临时展览，占全部临时展览的 70%。这些展览每次都能吸引许多市民前来参观，为博物馆的展厅带来了生机与活力。作为地方文化殿堂，许多团体和个人都以进入博物馆展出自己作品为荣。对于他们的办展热情，我们也抱以充分的宽容。只要是具有一定审美价值和教育意义的展览，在时间和空间允许的范围内，我们就给予充分支持。在展览主办方经济条件允许的情况下，我们仅适当收取极少的展览制作、场地租用和宣传费用，对于一些公益性展览我们免收一切费用。这在很大程度上对于社会团体和个人办展也是一种鼓励和支持。社会团体和个人办展对于博物馆和展览主办方来说是一种双赢的关系，一方面我们博物馆实现了更多的社会效益，另一方面也给主办方和当地文化事业的发展提供了优质的宣传平台。因此，对于地方中小型博物馆来说，社会团体和个人办展的确值得我们大力倡导。

现代博物馆积极参与社会已成为国际博物馆界的趋势。中小型博物馆运用临时展览积极参与社会活动不失为一个有效的方式。以常州博物馆为例，我们尝试利用临时展览积极参与社区文化建设。2011 年，我们自筹的科普临时展览在暑假期间，走入常州薛家镇镇南社区，以社区服务站为平台，面向假期的中小学生普及自然知识。这次尝试为常州博物馆走进社区参与社区建设开辟了可行的道路。

三　中小型博物馆应当加大力度做好展览的宣传工作

临时展览的一个重要特征就是其展期较短，如何在较短的展期内吸引最多的观众群体来参观，无疑是一个临时展览能否成功的关键。值得一提的是，在免费开放的环境下，展览并不能给博物馆带来经济收入。因此，是否能将有限的资金投入到展览宣传中去，认真做好每一个临时展览的宣传工作，就成为一个博物馆是否有意愿实现自身社会价值的态度问题。

展览宣传的手段十分值得我们中小型博物馆去研究和探索。首先，传统的宣传方式中，新闻媒体的地位非常重要。而我国的地市级博物馆在这方面还是有着自己的优势的。在政府文化体制改革后，现在全国许多地区的文化广播电视和新闻出版单位都由当地文广新局统一管理。作为文广新局的下属单位，博物馆与同系统内的广播电视和新闻单位能够建立更好的合作关系。我们常州博物馆在许多年度大展中，邀请常州电视台作了全程的跟踪报道，从展品运抵拆装，到布展过程，到开幕式，作了高密度的宣传，并在《常州日报》、《常州晚报》上作专栏介绍，收到了很好的效果。

其次，运用"直接营销"的方式。"直接营销是针对特定的群体、甚至特定的个体所进行的推广活动。当广告和公共关系目标过于广泛到不能控制时，直接营销可针对可控的和特定的目标人群开展"[6]。在这方面，我们常州博物馆与常州市的许多政府部门、社会团体和民间组织建立了长期而稳定的关系，如常州市教育局、常州市书法家协会、常州市收藏协会和老年大学等。一旦有临时展览举办，我们就能够通过这些政府部门和社会团体与特定的群体建立联系，发布展览信息。这为我们的临时展览吸引了很多具有针对性的观众群体。

另外，在宣传上更要勇于探索新的方式。在这个信息爆炸的时代，许多企业都在为如何更加有效地宣传自己的产品而绞尽脑汁。博物馆也不能置身世外，在宣传方式上应该学习企业的一些做法。以常州博物馆2011年度的重点展览"微笑彩俑——汉景帝的地下王国"陕西汉阳陵文物特展为例，我们在加大上面两种宣传方式的基础上，还采用了许多社会化的宣传方式来扩大展览的影响。通过手机网络运营商，向随机的5000个常州区号的手机用户发送了展览信息；在常州市公交系统中最繁忙的BRT（快速公交系统）线路的车载电视上播放展览简介；派员深入人口密集的社区进行现场宣传。汉阳陵文物特展在常州博物馆展出期间，许多市民为参观这个展览而走进博物馆，可见勇于探索其他的宣传方式对于博物馆来说是有价值、有意义的。

四 中小型博物馆应当注重临时展览内涵的深化与扩展

回过头来，重新关注临时展览的特性，我们不难发现，临时展览在知识量、信息量以及广泛而持久的影响力方面都无法与基本陈列相比。如果在临时展览的工作中只是单纯的一展了之，那么临时展览就会变成过眼云烟，很难给人留下深刻印象。

在很多中小型博物馆的临时展厅，除了展品和少数展览说明牌之外，我们很难从其他方面获得与展览相关的信息。这样的情况严重地影响了临时展览内涵的诠释，甚至让许多为了参观临时展览而来的观众感觉被冷落、被忽略，在展厅一圈走下来往往懵懵懂懂、不知所谓。

因此，对待临时展览我们不可疏忽大意，应当注重临时展览内涵的深化与扩展。首先，制作展览时每件展品都要有独立的展品说明牌，在此基础上还应配合展板介绍展品的背景或相关知识等信息。其次，还应研究展览内容，认真撰写讲解词，使对临时展览感兴趣的观众能够得到详尽周到的讲解服务。常州博物馆在每个临时展览中都制作专门的展品说明牌和图文展板，而且对临时展览的讲解服务也有着严格的要求和完善的考核制度。临时展览一直都被纳入讲解服务的范围之内，有时对讲解员的考核重点就放在临时展厅的讲解上。

除了上面的这些基础工作外，中小型博物馆还应积极开展与临时展览相关的互动活动。观众的参与能够有效地提升展览的亲和力和说服力。在这方面常州博物馆也作了一些尝试。例如，我们在引进展览的同时，聘请专家面向广大观众就展览主题作专题报告；针对学术价值较高的展览，召开学术研讨会；配合自然科普展览，举办科普夏令营，让中小学生动手参与自然标本的制作；在书法展览期间，专门辟出一块空间支持书法家以课堂的形式宣传书法艺术，为书法爱好者提供咨询与指导。这些举措在扩大展览影响力的同时，还拉近了展览与观众的距离。最后，我们还在尝试为大型临时展览印制正式出版物，为小型临时展览制作宣传图册等，以此来增加临时展览的附加值。

对于中小型博物馆来说，临时展览不应是工作中的软肋，而应该是着力强化的拳头。为了实现这个意愿，还需要博物馆人去研究和探索，而在这之前临时展览最迫切的需求还是得到中小型博物馆的充分重视。

注释：

[1] 苏东海：《当代博物馆发展中的几个问题》，《全球化下的中国博物馆》，第17页，文物出版社，2002年。

[2] 路亚北、李芸：《常州博物馆观众满意度调查分析》，《区域特色与中小型博物馆》，第66页，文物出版社，2011年。

[3] 段勇：《当代美国博物馆》，第87页，科学出版社，2003年。

[4] 路亚北、李芸：《常州博物馆观众满意度调查分析》，《区域特色与中小型博物馆》，第66~67页，文物出版社，2011年。

[5] 阿历桑德拉·康明斯：《21世纪博物馆的核心价值与新责任》，《21世纪博物馆核心价值与社会责任》，第4页，科学出版社，2010年。

[6] 帕尔·莫克：《市场营销》，《经营博物馆》，第251页，译林出版社，2006年。

从符号学角度看博物馆展陈设计

盛　敏

（南京市博物馆　江苏南京　210004）

内容提要： 符号学是一门研究意义的产生、传达和释义的过程的学科，它作为一种新的方法论逐步进入其他学科领域。对于博物馆展陈设计来讲，研究符号与展陈物之间的关系，以及视觉符号本身的抽象程度对信息传达、意义表述的影响，不仅可以提高信息传达的效率和准确性，同时也能丰富视觉传达设计的语言，更可以为满足现代人的审美要求提供帮助。

关键词： 符号学　博物馆　展陈　设计

符号学认为，人类所创造的一切文化领域都有其自己的符号系统。符号学的概念最早是由瑞士语言学家索绪尔（Sauaaure）、美国哲学家皮尔士（Pierce）提出的。作为一项科学研究，其理论成果已经渗透到其他诸多学科之中。应用符号学的方法分析和研究博物馆展陈设计，无论是对于推动博物馆展陈设计还是确立对博物馆展陈的评价，都有着重要的认识论和方法论意义。作为人类文化信息载体的博物馆，即使在信息技术高度发达的今天，也仍以其独特的魅力在人类社会生活中担任不可或缺的角色。在这个博物馆的世纪，博物馆展陈也不再是文物的简单堆砌，不再是"缺乏生机的古董摊"，而是与城市的公共建筑、旅游景点、历史文化等相结合的综合性艺术陈列，是一种持续变化中的艺术，或者说是一种艺术的状态。对于国家或是城市而言，博物馆展陈也是一种艺术运动，它包含多种学科的研究内容，其中符号学在博物馆展陈中的运用研究具有重要意义。

一　符号及符号学

在日常生活中，常常会听到或看到"符号"这个词。一般的概念里往往都是为了方便起见用一个简单的代号来代替另一个复杂的对象或概念而已。如在生活中常用红"＋"代表"医院"，在数学里这样的符号则表示"加"。

何谓符号？不同的人站在不同的角度和领域有着不同的认识。皮尔士认为，"符号或表现体是某种对某人来说在某一方面或以某种能力代表某一事物的东西"，它是"确定另一事物去特指一个它所特指的对象的任何东西"[1]。罗兰·巴尔特在其《符号学原理》一书中认为，自有社会以来，对实物的任何使用都会变为这种使用的符号。例如，雨衣的功能是让我们防雨，但是这一功能又同表示一定天气的符号结为一体。马里坦于1957年说："没有什么问题像与记号有关的问题那样对人与文明的关系如此复杂和如此基本的了。记号与人类知识和生活的整个领域相关，它是人类世界的一个普遍工具，正像物理自然世界中的运动一样。"[2]符号是一种意义的指代，是某种概念或意向的载体。单纯的以物示物，不能称其为符号，只有当以某种东西"代表"其他事物时，它才成为"符号"。归纳起来，符号首先表现为一种有机体能够感受到的非实在刺激或刺激物，如点、线、面、体等形态要素。强调"非实在"，则是为了将符号与那些实在的刺激区别开来。其次，符号表现为两个事物之间的代表或者媒介。最后，符号总是和某种意义联系起来。没有无意义的符号，也没有不寓于符号的意义。

那么什么是符号学呢？当然，符号学可不是研究这种散见在各处的记号代码的学问，而是研究系统化符号的学问。所以，首先得给符号学的符号一些必要的规定。简单地说，它是系统化地被人类利用来传达的或类似于传达的意指作用的符号。比如说语言就是这样的符号，人们可以利用语言来构成一个完整的传达系统，并且众多的文化现象往往与语言有类似作用，似乎还可以将他们视为一种特殊形式的语言。所以说符号学是研究人类一切文化现象中的符号的理论。

通过上面的分析，我们找到了符号学的方法论基础，而要在博物馆展陈设计中具体应用，我们还需采用具体的方法和步骤。

二　符号学理论与博物馆展陈设计的关系

索绪尔把符号划分为"能指"与"所指"两个组成部分，即符号的二元构成。"能指"是指符号的物质层面，是一种媒介物；"所指"是指符号所承载的意义；"能指"与"所指"之间的关系构成了符号的意义。

在实际应用中，"能指"的实体必须是物质的，它们所包含的意义不可能脱离其物质性而存在。所以说，在博物馆展陈设计中"能指"就是指展览中所有的构成要素，它们可以是展出的文物、文字说明，可以是展柜的造型、材料，也可以是展厅的照明、色彩以及多媒体影像，甚至还可能是人本身（展厅的工作或服务人员）。"所指"则是指这些构成要素为了实现特定的展示目的而进行的展示信息的传达。因此，博物馆展陈设计的符号化过程其实就是一个由展示符号的"能指"向"所指"的转换过程，这是一个为展陈符号赋予意义或指涉对象的过程。

符号学运用在博物馆展陈设计中应具有两方面的追求：一方面，符号必须是一目了然的，也就是说，必须让观众顺利地从能指走向所指；另一方面，符号必须是充满感性意味的，也就是说，从能指到所指的信息不能是单一的或过于快速。博物馆的展陈设计实际上是在寻找与历史能够产生同构的形式符号，力求以符号化的形式表现最丰富的内容，通过高度精练的语言和易于理解的形式秩序向参观者传达预想的意义。

博物馆展陈设计是一门综合性艺术设计，它展示的主体为文物。在既定的时间和空间范围内，运用艺术设计语言，通过对空间与平面的精心设计，使所属空间产生独特的空间氛围，体现出解读历史遗存、宣传历史文化的意图，使观众置身于其中，达到展览与观众完美沟通的目的。就博物馆展陈所涉及的内容而言，主要有文物的陈列、文物说明、展览主题的策划、展示道具的设计、灯光的搭配等。

1. 博物馆展陈中符号的构成要素

从符号学的理论分析，博物馆展陈设计符号系统的构建是由各种形态的符号以一定的结构和形式组合起来的，每一个要素都必以系统的方式存在才有意义。

"人"作为最基本的要素，主要指博物馆展陈设计中的人因要素。参观者是博物馆展陈设计的诉求对象和目标人群，是展陈设计符号之所以产生、存在和发展的基础。参观者的构成因素较为复杂，他们有不同的年龄、性别、职业、观赏心理、文化素质、行为习惯等。如果从符号学的观点来讲，则是这些参观者各自拥有不同的符号储备系统，对符号的解读能力也存在着质与量的差异。参观者对展示符号的解读能力从某种意义上决定了符号传播的效果，可以说展览本身就是通过符号针对参观者展开的一种传播行为，有针对性地使用相应的符号系统去表现并实现其展示目的。

"物"是核心要素，它们是展陈中承担各种信息传达的物质载体，决定着整个展陈的意义。就博物馆而言，从微观上看，"物"是展柜中的文物，是传播信息的载体；从宏观上讲，"物"是展陈所涉及的一切物体，包括展厅以外的物体、整个布展中所要出现的物体以及展陈中看不见但又实际存在的物体。此外，承载展品的设备，如展墙、展架、展柜、展板等，所有这些都是用来实现信息传达的物质载体，本质上都是各类符号或符号系统，它们的造型、色彩和体量等表征对展陈空间的"性格"与"表情"都具有明确的指涉对象或意义。为了实现特定的展示目的，必须通过采用不同的手段、方法以及观者对符号的理解和认识，为具体的展品赋予深刻的内涵，使其成为"有所指"的指涉物，这样，展柜中那些不会说话的"物"才能吸引观众，诱发兴趣。

此外，"场"也是非常重要的因素。"场"指的是展陈空间，一般可分为"实场"和"虚场"。实场是指由展示场地、道具、观众、媒体装置、展品等规定的空间，其符号意义规定展示空间和氛围的合理和宜人性。虚场则是指由展览的主题、文化品位、风格、情调、气氛等构成的虚拟空间，其符号意义一般只有通过观众的感受才能认知空间。虚场和实场是相辅相成的，营造出一个能够实现现场交流、信息传达的空间场地，用这种形式影响观众的行为。

2. 三种类型符号与展陈的关系

皮尔士从普遍的意义出发，把符号划分为三种不同类型，同时也是符号的三个层次。

（1）图像符号

图像符号是通过模拟对象或与对象的相似而构成的。如展板上的人物肖像，就是某人的图像符号。人们对它具有直觉的感知，通过形象的相似就可以辨认出来。

（2）指示符号

指示符号与所指涉的对象之间具有因果或是时空上的关联。如展厅的导览和指示牌就是一种指示符号（图一、二）。

（3）象征符号

象征符号与所指涉的对象间无必然或是内在的联系，它是约定俗成的结果。它所指涉的对象以及有关意义的获得，是由长时间多个人的感受所产生的联想集合而来，即社会习俗。比如龙象征着皇权，代表至高无上的权力；莲花象征高贵、纯洁、不与世俗同流合污；麒麟具有统一与太平的象征意义。

图一　展厅导览　　　　　　　　　　　图二　展厅指示牌

　　上述三者，既是符号的三种类型，并存而不可相互取代，又是符号逐次深化的三个层次。一个由图像符号至指示符号再至象征符号，程度不断深化，信息含量更加广泛的过程。

　　所以，从符号学角度来看，任何展陈设计的过程都可以被看作是一个系统的符号组合过程，包含了图像的框架系统、指示的方向系统、象征符号的贮备系统等。展陈设计中图像符号的"图像性"所涉及的内容，在物质上必须依赖于各种构成要素，依赖于作为展览主题的结构或形式。同样，对于指示符号，其"指示性"的程度由展览主题的标识范围给出，这种标识是通过一种联系，即一种因果关系与符号联系在一起的。而一个符号的"象征性"关系则与此不同，它会随着展陈主题概念的抽象程度的不同而获得符号象征意义上相应的变化。由此可知，展陈设计中的"图像性"具有一致性或重叠性的特征，其"指示性"具有相关性或接触性的特征，而其"象征性"则赋予一种自由的、独立的或分离的意义，具有约定俗成的特征。

三　符号学在展陈设计中的应用

　　从展陈设计角度来看，展陈的符号系统中的造型要素，都属于技术信息层面，即展示信息的物质形式层面。符号学家认为，"能指"和"所指"表达了物质和精神两个方面，而符号之"能指"的一个基本特征是物质性。从构成元素来看，博物馆的艺术展示空间就是物质化的空间，其物质性可以概括为以下几个方面。

　　1. 色彩符号

　　颜色本身不能单独成为符号形体，颜色需要依附其他物质才能显现出来，如红色的纸、黑色的花岗岩、银色的铝箔等。展陈空间中，色彩是最活跃的元素，具有强大的实用功能，它作为符号的应用是以其对空间感的调节、对展示物功能的展现和展示效果的美化为目的的。

2. 灯光符号

也可归为照明色彩符号，由色光及照明器材共同构成。灯光作为一种符号，是调节空间气氛、生成特定的空间环境、创造生命活力的重要媒介。由于在相同的展示对象上使用不同的照明方式，会给观者带来几乎完全不同的视觉感受和信息，所以具有不同色彩表现的照明符号也拥有了不同的表现能力，尤其是在以信息传达为目的的展示设计中，光环境（或照明）的变化对其展示效果有着重大影响。

3. 展品、道具、文字、图片等符号

传播信息需要的展品、道具以及以各种介质制作的文字、图片说明等，它们是信息发布者传播信息的主要物质载体。

4. 材料符号

材料的物理性质不同，其纹理和质感迥异，给人的生理和心理感受也截然不同。材料表面色泽纹理自然，常给人朴实清新之感，纹理粗糙则显粗犷而厚重。出现在展厅的展示物若想以实体的形态呈现在观者面前，就必须使用各种材料来进行造型。这些材料在展陈设计的应用中，除了其自身物理的特性之外，还应强调其材料的质感，即材质感。可以说，设计师对展示物造型的创意、构想，都必须经由材料和材质感的附着才能成为观者眼里的可感知物。

5. 其他符号

调节温度的暖通设备等，它对人的身体产生刺激并成为温觉符号。

以上几个方面在博物馆展陈设计应用中都发挥着不可低估的作用。由此，我们可以看出，博物馆展陈中所涉及的材料、形态、色彩、图片、文字、展品、道具、设施等多种符号具有某种传达性，或者说其中承载有某种信息，这就构成了符号的一般特征。正如卡西尔所说："符号化的思维和符号化的行为是人类活动的最典型特征，而人所创造的一切文化也都是不同的符号形式而已。"例如南京大屠杀纪念馆的设计，展厅中生锈的钢板和残垣断壁构成凌乱的线条形体组合，如同被刀划开、被炮炸开的累累伤痕，让人触目惊心。通过石材肌理、墙体文字等造型语言塑造展厅的整体氛围，"300000"这一符号不断重复，不断强化，象征着南京人民对当年的侵略者无声的血泪控诉，给人以震撼之感。当参观者在封闭、压抑、冰冷的展厅空间中行走时，会强烈地感受到这里描绘出的一段不应该被忘却的历史真相，唤起人们对历史的深思，对战争的厌恶，对和平的向往。

例如南京市博物馆的"玉堂佳器——馆藏精品展"，展厅内部采用典型的江南多进穿堂式格局，将文物精品分别安排在相对独立的空间，整个展厅采用暖色调材料，工细精美的木质展柜、红木雕刻的花式积木，展品的说明牌也采用木质挂屏形式，木质细腻的纹理和质感处处给人以温暖、朴实、清新之感。展厅随处可见的中国传统几何图案具有明显的"指示性"。如用各种直线、曲线以及圆形、三角形、方形、菱形、梯形等，构成规则或者不规则的几何纹样作装饰。或单独使用，或多种几何形式组合使用，比如外方内圆、大面积的冰裂纹等。这些抽象的几何符号，规律性强，因而富于节奏韵律。此外，幽深的青砖小巷、玲珑的花格门窗、烛火般的灯光，不断地向观者传递中国传统文化的信息，使得人们在展厅内游走，就像是回到了明清时代江南大户人家的厅堂（图三～五）。

图三　文物展示在做工精美的木质独立展柜中

图四　展厅内具有江南特色的圆形拱门

图五　展厅内江南典型的长廊

四　结　语

符号学作为一门跨学科的综合科学，其博大精深的原理与方法论在各个学科领域中的研究与应用是相当普遍与深入的。在博物馆展陈设计中，通过对这些符号系统的灵活运用，使设计师的创意、构想得以实施从而实现其展陈的目的。采用适合的表现手法使得展览主题实现其信息的有效传播。可以说，这些正是符号学在博物馆展陈设计中得以充分应用的表现。

注释：

[1]（英）特伦斯·霍克斯著、瞿铁鹏译：《结构主义和符号学》，上海译文出版社，1997年。
[2] 李幼蒸：《理论符号学导论》，中国人民大学出版社，2007年。

参考文献：

1. 李幼蒸：《理论符号学导论》，中国人民大学出版社，2007年。

2. 徐恒醇：《设计符号学》，清华大学出版社，2008年。

3. 苟志效、陈创生：《从符号的观点看——一种关于社会文化现象的符号学阐释》，广东人民出版社，2003年。

4. 尹定邦：《图形与意义》，湖南科学技术出版社，2003年。

5. 李伯聪：《高科技时代的符号世界》，天津科学技术出版社，2001年。

6.（英）特伦斯·霍克斯著、瞿铁鹏译：《结构主义和符号学》，上海译文出版社，1997年。

7. （法）罗兰·巴尔特著、李幼蒸译：《符号学原理》，中国人民大学出版社，2008 年。

8. （美）鲁道夫·阿恩海姆著、滕守尧译：《视觉思维——审美直觉心理学》，四川人民出版社，1998 年。

9. 张宪荣：《设计符号学》，化学工业出版杜，2004 年。

10. 黄世辉、吴瑞枫：《展示设计》，三民书局，2000 年。

11. （德）马克斯·本泽、伊丽莎白·瓦尔特著，徐恒醇编译：《广义符号学及其在设计中的应用》，中国社会科学出版社，1992 年。

12. 郭庆光：《传播学教程》，中国人民大学出版社，2006 年。

13. 钟山风：《传播方法的演绎——当代展示设计理论与研究》，湖南美术出版社，2003 年。

14. 胡飞：《艺术设计符号基础》，清华大学出版社，2008 年。

15. 罗越等：《展示观念与设计》，天津科学技术出版社，2004 年。

遗址类博物馆举办展览应注意五个关系

陈宁骏

（南京中国近代史遗址博物馆　江苏南京　210018）

内容提要：本文以南京中国近代史遗址博物馆（总统府）为例，探讨遗址类博物馆举办展览应注意的历史主题与展线布局、展览内容与表现形式、布展施工与文物保护、展览效果与安全维护、展览内容与讲解提纲等五个方面的关系问题。希望遗址类博物馆能发挥特色，办好陈列展览，更好地为社会服务，为大众服务。

关键词：博物馆　遗址　办展　思考

当前，以各级文物保护单位为馆址的遗址类博物馆在全国为数不少，其独有的历史文化遗存本身就是极具吸引力的旅游资源，再冠以博物馆名称和性质开展宣传教育及文化休闲活动，吸引着众多游客走进博物馆。然而，虽然利用遗址办博物馆在复原式陈列方面极具优势，但是如果要办好陈列展览，在文物建筑保护和陈列形式设计等方面都还受到很大限制和制约，存在不少遗址类博物馆特有的难题。如何处理好这些难题，打通这些节点，达到最佳陈展效果，从而更好地服务于社会大众，已成为许多遗址类博物馆陈列研究人员必须面对的问题。现以南京中国近代史遗址博物馆（总统府）为例进行一些探讨。

一　历史主题与展线布局

南京中国近代史遗址博物馆位于南京市长江路292号大院，2000年扩建时将长江路290号、288号及东箭道19号等一起并入，展区面积由原4万多平方米增至近9万平方米。博物馆馆址所在地在1700多年前是六朝宫城区域，在明代是王府官宦大户人家居住地，在清代是两江总督署及太平天国天王府。民国时期，孙中山的临时大总统府选址在此，后经军阀督署更替，民国时期的国民政府、总统府在此选址办公。说到"总统府"，在南京可说是路人皆知，其深厚的历史底蕴使我馆在国内外均有较大影响。因为博物馆定名为"中国近代"，所以太平天国、晚清及民国的历史内容成为展陈重点，六朝和明代的历史内容在展陈内容中较为简约，仅寥寥几笔简述一二。

由于近代每个历史时期在博物馆内都留下极为重要的历史遗存，并且层层叠加，因此博物馆展陈的历史主题十分明确。在布展时，我们应充分考虑遗址的现存状况，斟酌每个展览的具体选址，本着尽量以原址布展的原则，争取做到每个展览都能反映出自己的历史面貌和组织结构特点。历史重叠部分本着以民国为主的原则，保持民国风貌的主体定位。例如中轴线大堂，既是太平天国天王府荣光大殿遗址，又是清两江总督署大堂，还是孙中山宣布开创民国、就职临时大总统的地点，是博物馆游览的重点和亮点。目前，大堂高挂"天下为公"堂匾，以民国时期场景展现。

综观全馆展区布局，目前是三条平行纵线，各有侧重地表现一些历史主题：东线以晚清与民国的历史介绍为主，有陶林二公祠、清两江总督署文物史料陈列、洪秀全与天朝宫殿文物史料陈列及民国行政院原址的行政院展览等；中线是整个博物馆的中轴线，以复原式陈列展览为主，有内、外宾会客室及礼堂、子超楼等场景复原再现，并有总统府文物史料陈列、临时展厅等；西线主要是以孙中山临时大总统办公室场景复原和西花园园林风景为主，不系舟、博爱湖、桐音馆、鸳鸯亭、忘飞阁等景色怡人，孙中山史料展览以珍贵的历史图片展现了当时的腥风岁月。

接待观众游客时，遗址型博物馆的各个展览点的分布应充分考虑游览路线是否流畅。由于遗址型博物馆建筑及文物的不可移动性，游览线路往往会断断续续，难以形成环线，造成游客的拥堵。总统府门楼、大堂、二堂、八字厅、麒麟门、政务局楼、子超楼、西花园门口、不系舟等景点是游客感兴趣的重点，经常会出现堵塞现象，而东线的众多景点、博爱湖等区域的游客却不多。每到旺季，这种现象更为明显，有的景点"密不容针"，很容易造成纠纷事故；有的地方却"宽能走马"，成为"闲区"，从而有可能造成旅游资源、展览经费投入的浪费。展区分布固然受客观因素和建筑制约，相对固定，但采用一些适当的表现形式，可以在一定程度上缓解拥挤现象，起到疏导游客的作用。在容易拥堵的地段，简单的场景复原、扩大展示视角，可以减少游客逗留的时间；在热点展点间保持一定距离，可以加快游客的流动速度；将一些展示内容转移至"闲区"，并增设引导牌吸引游客前去参观，分流游客。这些做法均取得了良好的效果。

中轴线是观众参观的密集区域，在保证参观景点展示效果的前提下，展览应尽量简洁明了，便于观众流动，缓解拥堵。蒋介石办公室位于中轴线子超楼二楼，是游客最感兴趣的参观地点，门前设置遮挡使观众只能在门外驻足参观，许多观众觉得没能进入蒋介石办公室，参观不够尽兴。许多观众还特别喜欢透过狭小的门廊拍照留念，极易造成人流拥堵。因此，我们在子超楼一楼相同方位的房间，专门复制了蒋介石办公室场景，一定程度上解决了这个难题。游客能够进入这个"复制"的总统办公室，在蒋介石座位上过过总统瘾，大大地分流了二楼的游客。

二　展览内容与表现形式

许多现代博物馆都是在新建的展厅布展，展厅可以按最好的展示效果建造，就像在一张白纸上绘画，尽情抒展，游刃有余。遗址类博物馆一般都是在遗存建筑中布展，有"螺蛳壳里做道场"之感，束手束脚，许多展览内容因为场地限制而不能最好展现。为了与现代展览接轨，许多原汁原味的老建筑被封闭改装成现代展厅，但因建筑的文物性质，古建筑不改变原状的文物保护原则，展厅通风、采光等问题较难解决，有的展览开展多年后，装修气味都难以散去。这种一味地封闭遗存房屋、"扬短避长"的做法不可取。

遗址型博物馆最大的优势就是遗址，布展中应体现这种优势。遗址型博物馆一般表现的都是与所在地域密切相关的历史主题，遗址建筑的一砖一瓦、一门一窗保留至今实属不易，有些部件虽是复原或仿制，但由于原址的唯一性，其参观价值仍不可忽视。遗址的外观一般会受到重视，而内部的维护往往被忽视。遗址型博物馆的许多展示内容都是在原址遗存房屋内布展，展览内容应首先考虑所在建筑的展现价值。展陈的最高境界是将展览内容与所在布展空间有机结合，并达到理想的展示效果。做到这点虽然困难，但现代展陈手法与古建房屋展厅有机结合，展陈内容的详略得当与对应展览空间的大小相协调，是遗址类博物馆展陈的发展趋势。

每一个展览或者某一个展厅，能够给观众留下深刻印象的亮点有一二足以。最大限度地利用场景复原，较好地利用原址建筑深化重点历史主题，选择有代表性的内容作为展陈亮点，是遗址类博物馆陈列展览的重中之重。展览是历史文化精华的浓缩，而绝非连环画般的历史流水再现，不能一味追求内容完整，在展览内容上应有所侧重。目前，博物馆内有大大小小展览十余个，展览内容多以历史图片为主，配以文字、实物进行展览展示。但是由于每个展览的展览内容时有交叉，所以有些照片被许多展厅使用，穿插于各个展览中。例如"孙中山建立民国"内容在"晚清与民国"、"总统府史料陈列"、"行政院及五院"、"孙中山史料展"等展览中都有介绍，有的图片、展品重复陈列，应作适当取舍，避免重复。

三　布展施工与文物保护

布展施工是将展览意图转化为现实的过程，展示效果是布展方及施工单位最为关注的焦点，因而容易忽略布展中对建筑文物古迹的损害。因此，文物保护问题十分重要。

博物馆原有建筑一般用于居住或办公，改为展览用房之后，负重承载和流线走势成为布展中的重要问题。增加支撑以满足负载量往往有限，应对开展后的观众人潮往往不堪重负，建筑寿命减短加速。增加楼梯和新开门廊，是便于游客参观、保证线路流畅的有效手段，但这又牵扯到改变建筑内部结构的问题。

任何展览时间再长，都是"临时"的，总有撤展的一天，而历史建筑却是需要长时间保护的。布展中的电路布线，现在均流行暗管，在墙体、地面走线；看板的固定也是在墙体上打洞固定；为了美观持久，一些耐磨耐耗涂料直接刷在墙体、天花上；吊顶或固定支架时，会破坏原有建筑天花及边脚线花纹等。总之，布展施工对文物建筑的损害不容忽视。

空调的配置是布展中的难点。我馆行政院北楼外墙厚达 1 米，空调外机布管线时需打通外墙。吸顶空调安装不当，会造成房屋漏雨。其实空调一年中只间断使用四到五个月，大部分时间都处在闲置状态。如果将文物建筑的门窗不封闭，通风得以保证，那么可以考虑是否有装空调的必要。

展览一般是五至十年就要更新或重新布展，展览拆除又将对文物建筑造成一次损害。前次展览遗留的空洞，填填补补之后，又要打出新的凹槽、新的洞穴，造成新的损坏，长此以往，展览对建筑所造成的损害积少成多，对建筑保护危害极大。

因此，遗址类博物馆在陈列布展时应做好文物保护工作，充分考虑文物建筑的方方面面，尽量不损坏每一个建筑细节，不改变内部结构，减轻负重；布展应注重简洁轻巧，空间尽量开放，减少空调的安装，减少对文物的破坏。

四　展览效果与安全维护

布展部门往往只考虑展示效果，而忽视开展后的安全、清洁及自然损耗等维护问题。布展结束后，展览往往由布展部门交给另一个部门维护并对观众开放。这就需要两个部门之间要做到相互兼顾和展览衔接。展览维护服务部门人员有限，经常是一个人要负责一两个展览的数个展示空间，难以达到高标准的维护展览要求。因此，如果布展中不充分考虑开展后的安全维护问题，那么在今后的对外开放中就会发生这样或那样的问题。例如行政院北楼办公室、两江总督署大堂、孙中山办公室、天王书房等场景复原时，一些如毛笔、砚台、笔筒等小展品经常失失，经查原来是一些游客"顺手牵羊"所致。因为展厅看馆人员有限，不可能每时每刻在每一个房间监管查看，依靠监控设施又存在监控盲点，不可能"面面俱到"。最后，原先指望出彩的那些小展品只好"藏于深闺"、"束之高阁"，无法与广大游客见面，这不能不说是件憾事。因此，如果布展时就充分考虑开展后看馆人员的可操作性，最好能使看馆人员在某一点就可以总览全局，就不会"顾此失彼"，还能达到展览的预期效果。

布展中还有些细微之处，也需与维护服务部门协调好。太平天国展区中复原的天王宝座，精雕细刻，造型生动，力求再现当年的辉煌。对外开放一年后，龙椅上高高翘起的龙须所剩无几，一是游客会偷偷越过护栏，爬上龙椅抢拍照片，压断龙须；二是看馆人员经常调动，新手不慎，保洁擦拭时失手碰断。看来，有些复原展品不能只追求精致，更要注意的是不能太"脆弱"，一些要求颇高的展品还应配有专人看护。还有些展品太容易"衰老"，例如一些复原场景内贴金箔的地方，因为游客伸手触摸而致金粉渐失，露出底色，极大地缩短了维护周期。

再好的展览，都是为了让观众参观游览。如果布展时某些细节没有做到位，对外开放后展出效果就只能是"昙花一现"，也难以将理想效果长时间持续呈现。因此，处理好展览效果和安全维护的关系十分重要。

五　展览内容与讲解提纲

由于展览空间、方式等因素的限制，许多展览不可能将所有内容全部展现。观众在参观时会有种"意犹未尽"的感觉，这就需要讲解员的引导和补充了。讲解能使展览内容生动形象，使观众在参观时印象深刻，从而达到办展的目的和效果。因此，讲解的作用不可小视。

展览讲解一般分为一般讲解和专业讲解两个层次。一般讲解主要是面对广大普通观众，解说应做到通俗易懂、生动有趣，通常由普通讲解人员承担。易中天、于丹等人在《百家讲坛》的成功就在于此。一般讲解一定要让"深邃高雅"的历史为百姓所喜爱，并与现实生活相联系，使人们不会感到枯燥无味和产生距离感。专业讲解主要是为了满足高层次观众、业务研究人员的参观需要。由于专业性较强，普通的讲解人员难以胜任，应由从事研究工作的高级业务人员承担。

　　展览讲解主要可分为两类，一类是博物馆工作人员的专业讲解，一类是旅游团队地陪导游的游览讲解。博物馆讲解员的来源一般是旅游学校或向社会招聘的年轻人，以女性居多，形象较好，经过博物馆专业培训后上岗担任讲解员工作，为观众服务。这一人群一般为时尚一族，往往是因为工作单位工资福利较好而应聘走上讲解岗位，很少是因为自身对历史感兴趣而从事讲解工作。博物馆在招聘讲解员时，往往也只注重外表形象和普通话水平，而忽视其知识面是否广博和对历史的喜好程度。但是展览内容只是浩瀚历史中的很小部分，成功的讲解需要讲解员长期不断地积累知识，千篇一律的讲解词不能满足不同观众的需求。因此，讲解员应在主纲不变的前提下，"因人施讲"，解说内容也因讲解人员不同而各具特色。讲解员只有不断提高自身的修养和素质，不断拓宽知识面，对讲解内容进行深入研究与探索，讲解水平和能力才会不断提升，讲解内容才会引人入胜，而不会空洞乏味。旅游团队的导游虽然不属于博物馆管理，有时的解说"误导"行为也绝非故意，但其不良后果的承担者却是博物馆。博物馆应提供良好的渠道使他们能够正确地讲解，比如经常与旅行社沟通，发放讲解资料，甚至可以参与导游的讲解考核。

　　与此同时，为了更好地达到展出效果，讲解人员与研究人员应当及时沟通互动。研究人员应向讲解人员及时发布最新研究成果与信息，讲解人员也应将工作中遇到的实际问题和游客感兴趣的话题反馈给研究人员，以使展览研究的选题更加实际，更加贴合群众需求。两者的互动必将推进工作开展，促进事业发展。

　　综上所述，遗址类博物馆举办展览，从选题、布展、对外开放，到解说及观众满意度，是一个复杂的系统工程。在此过程中，任何一个环节的疏忽，都会影响到最终效果，文物保护、展览效果的可持续性及游客的接受程度等都会大打折扣。为了办好遗址类博物馆，为了结合遗址建筑办好陈列展览，许多博物馆展览研究人员都在进行思考和探索，也取得了很多好的经验。希望我们大家共同努力，办好遗址类博物馆，更好地为社会服务，为大众服务。

室外大型青铜器保护技术的探讨与实践

范陶峰　万　俐　徐　飞　杨隽永　朱一帆

（南京博物院　江苏南京　210016）

内容提要： 室外大型青铜器受大气环境的影响较大，表面发生腐蚀的现象较为普遍。本文在对紫金山天文台简仪、浑仪以及孙中山铜像进行病害调查、锈蚀物检测的基础上，进行了腐蚀原因解析，并针对不同的锈蚀物，进行不同的保护技术的探讨与实践。

关键词： 室外　青铜器　保护技术

一　前　言

青铜器是铜锡合金，有较强的硬度，不像甲骨、瓦当、陶瓷及书画碑帖等易于破碎，并且具有优良的耐腐蚀性能。世界各地的馆藏青铜器数量巨大，品种也极其丰富，不仅有食器、酒器、水器、兵器，还有车马器、农具及工具等器物。众多的青铜器皿，造型生动、多彩多姿，令人目不暇接。除了这类馆藏青铜器外，由于青铜具有优良的耐腐蚀性能，而被铸造成为大型的室外青铜器。譬如德国奥格斯堡（Augsburg）的教堂大门、布伦瑞克（Braunschweig）的狮子，南京紫金山天文台的简仪、浑仪，以及当年日本友人梅屋庄吉出资铸造并赠送我国的四尊孙中山铜像等。

长时间置于室外的青铜器，表面会出现一层绿色的锈层。而当青铜器受到空气污染和酸雨腐蚀后，在青铜器表面出现的各种有害的锈蚀物及尘垢，不但影响其外观，也会导致各种病变发生，譬如溶蚀、断裂。如何防止其发生进一步的损伤，是目前值得研究和探讨的问题。本文就南京紫金山天文台的简仪、浑仪以及孙中山纪念馆广场的孙中山铜像的保护技术进行探讨。

二　病害调查

青铜文物发生病变的状况较为普遍，本文就紫金山天文台明代简仪、浑仪以及孙中山纪念馆广场的孙中山铜像出现的病害状况进行调查，调查结果如下。

1. 简仪的病害状况

（1）简仪赤道仪高应力区的 X 形支承交叉区出现裂缝，缝隙宽度已达 1 毫米，缝隙总长度为 195 毫米（图一）。X 形支承云柱已朝南向下凸出。

（2）赤道仪因几个环变形和锈蚀被卡，已不能转动。

（3）简仪的龙柱、云柱上多处呈现具蚀坑的棕黄色锈。

（4）简仪 A 形架横梁呈现具蚀坑的棕黄色锈。

（5）简仪 X 形架横梁端呈现具蚀坑的棕黄色锈。

（6）简仪的方墩、趺座等有不同程度的锈蚀。

图一　简仪中赤道仪 X 形支架交叉区裂缝

2. 浑仪的病害状况

（1）浑仪通体锈蚀情况远较简仪严重，龙身的表面及环上有黑色点状物沉积，尤其在龙身上多处呈现具蚀坑的棕黄色锈蚀物。

（2）浑仪因三辰仪的环变形及轴栓锈蚀，已不能转动。

（3）坤山旁龙柱承托阴纬环的龙臂上出现直径 4.5、深 3 毫米的孔洞。

（4）龙身上多处呈现具蚀坑的棕黄色锈蚀物。

（5）方墩上呈现粉状锈、淡绿色锈蚀物（图二）。

图二　天文台浑仪病害调查

3. 孙中山铜像的表面病害状况

铜像头部及身体多处出现了厚厚的白色、绿色、黄色锈蚀物，在雨水的冲蚀下，形成多处流挂的痕迹。

（1）头顶部覆盖了白色、黄色锈蚀物。

（2）衣服正面全部锈蚀（图三）。

（3）脸部出现多处流挂痕迹（图四）。

（4）肘部铆钉锈蚀物流出。

图三　铜像衣服正面

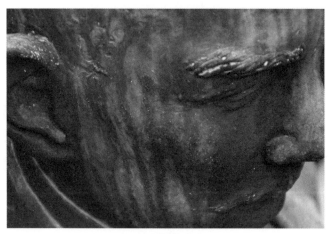

图四　铜像脸部

三　检测分析

由 X 射线衍射分析结果可知，简仪和浑仪均有粉状锈存在。文物界常把粉状锈对青铜器的危害比作为人类患有癌症的病变，所以说两仪均已患有"青铜病"。粉状锈的矿物成分为碱式氯化铜，即副绿铜矿（Paratacamite，$Cu_2(OH)_3Cl$）。铜绿中含有碱式硫酸铜（水胆矾，Antlerite，$4CuO \cdot SO_3 \cdot 3H_2O$）、碱式碳酸铜（孔雀石，Malachite，$CuCO_3 \cdot Cu(OH)_2$）。通过 XRF 现场检测，可以得知孙中山铜像表面的锈蚀物主要为碱式碳酸铜（孔雀石，Malachite，$CuCO_3 \cdot Cu(OH)_2$）、碱式碳酸铅（$2PbCO_3 \cdot Pb(OH)_2$）及硫酸铜（$CuSO_4 \cdot 5H_2O$）等。

四．室外青铜器的腐蚀病害原因

1. 青铜在大气环境中的腐蚀过程

（1）简仪、浑仪的表面腐蚀

简仪、浑仪的基体金属材质为高铅锡青铜（熔模铸造件）和高铅锌黄铜（非熔模铸造件）的青铜，以及龙、云柱内的铁骨芯材料。简仪、浑仪都露天陈列于紫金山天文台上，按其所处环境，可以说是工业大气环境下的腐蚀；按其腐蚀机理说是属青铜、铁发生化学腐蚀和电化学腐蚀。铜在大气环境中氧化，生成棕红色的氧化亚铜（Cu_2O）和黑褐色的氧化铜（CuO）；当大气中有硫的氧化物污染时，可使铜及铜氧化物继续氧化，生成硫化亚铜（Cu_2S）；硫化亚铜（Cu_2S）是不稳定过渡成分，很快就被氧化生成黑色的硫化铜（CuS）或蓝绿色的碱式硫酸铜（$CuSO_4 \cdot 3Cu(OH)_2$）。其腐蚀产物的发展变化可用下述反应表达。·

铜在大气中首先生成氧化亚铜（棕红色），氧化亚铜是具有保护作用的。从氧化亚铜的生成焓（$\Delta G_{Cu_2O} = -146.36kJ/mol$）和氧化铜的生成焓（$\Delta G_{CuO} = -127.19kJ/mol$）来看，生成氧化亚铜的可能性较大，其反应为：

$$4Cu + O_2 \rightarrow 2Cu_2O \qquad ①$$
$$2Cu + O_2 \rightarrow 2CuO \qquad ②$$

在一定条件下，与大气中含有的氧化剂 O_2、O_3、H_2O_2 继续氧化生成黑褐色的 CuO，其反应为：

$$2Cu_2O + O_2 \rightarrow 4 CuO \qquad ③$$

如果在铜表面上有水膜和硫化物（SO_2、H_2S）存在时，铜与 SO_2 的反应为：

$$6Cu + SO_2 \rightarrow 2Cu_2O + Cu_2S \qquad ④$$
$$3CuO + SO_2 \rightarrow CuSO_4 + Cu_2O \qquad ⑤$$
$$CuSO_4 + 3CuO + 3H_2O \rightarrow CuSO_4 \cdot 3Cu(OH)_2 \qquad ⑥$$

如果周围环境中含有氯离子时，则与铜反应生成碱式氯化铜，其反应为：

$$4Cu^{2+} + 2Cl^- + 6H_2O \rightarrow CuCl_2 \cdot 3Cu(OH)_2 + 6H^+ \qquad ⑦$$

如果大气中含有 CO_2 时，则与铜反应生成孔雀石（$Cu_2(OH)_2CO_3$，干燥条件下生成）和蓝铜矿（$Cu_3(OH)_2(CO_3)_2$，潮湿环境下生成），其反应为：

$$4Cu_2O + 2O_2 + 3H_2O + 5CO_2 \rightarrow Cu_2(OH)_2CO_3 + 2Cu_3(OH)_2(CO_3)_2 \qquad ⑧$$

（2）孙中山铜像的表面腐蚀

孙中山铜像表面除了发生上述的腐蚀过程外，还发生了另一种反应。经过 XRF 分析，铜像表面的黑色物质为 CuS，说明当年铜像铸造后经过了硫化处理而变成黑色，以达到严肃、稳重之感。CuS 在空气中经长时间氧化及酸性气体的腐蚀，最终生成了 $Cu_2(OH)_2CO_3$ 及 $CuSO_4 \cdot 3Cu(OH)_2$。

$$2Cu(OH)_2 + CO_2 \rightarrow Cu_2(OH)_2CO_3 + H_2O \qquad ⑨$$

$$8CuS + 13O_2 + 6H_2O \rightarrow 2\left[CuSO_4 \cdot 3Cu(OH)_2\right] + 6SO_2 \qquad ⑩$$

2. 青铜在大气中腐蚀的影响因素

（1）气候因素

气候因素包括大气相对湿度、表面润湿时间、日照时间、气温、降雨、风向与风速、降尘等，其中以大气的相对湿度最为重要。

气候因素通过对铜表面上水膜的形成、保持和对反应速度的影响而影响着铜的大气腐蚀，因此必须综合考虑气候因素的作用。随着日照时间增加，液膜存在时间减少，致使腐蚀减轻。大气的相对湿度大于铜的临界相对湿度时，温度越高，腐蚀越重。风速越大，液膜保持越难。降雨具有两重性：降雨越多，液膜存在时间越长，同时降雨破坏腐蚀产物的保护性，腐蚀越重；但降雨对腐蚀产物冲刷越严重，液膜的腐蚀性越小，则腐蚀越轻。降尘越多，腐蚀越重。

（2）大气中的腐蚀性因素

对于青铜而言，硫的氧化物的作用最为重要。在大气中，SO_4^{2-} 在含量很低的情况下，就可和铜反应生成 $CuSO_4 \cdot 3Cu(OH)_2$，而 Cl^- 则只有在较高含量时，才可和铜反应生成 $CuCl_2 \cdot 3Cu(OH)_2$，其反应为：

$$4Cu^{2+} + 2Cl^- + 6H_2O \rightarrow CuCl_2 \cdot 3Cu(OH)_2 + 6H^+ \qquad ⑪$$

此外，Cl^- 还可与 $CuSO_4 \cdot 3Cu(OH)_2$ 反应生成 $CuCl_2 \cdot 3Cu(OH)_2$，其反应为：

$$CuSO_4 \cdot 3Cu(OH)_2 + 2Cl^- \rightarrow CuCl_2 \cdot 3Cu(OH)_2 + SO_4^{2-} \qquad ⑫$$

从式⑫看出，当 Cl^- 和 SO_4^{2-} 同时存在时，只有 Cl^- 的浓度远大于 SO_4^{2-} 的浓度时，$CuCl_2 \cdot 3Cu(OH)_2$ 为稳定的腐蚀产物。

（3）使用条件对青铜腐蚀的影响

青铜的大气腐蚀除受气候因素和大气中的腐蚀性因素等环境因素影响外，还受其使用条件的影响，如遮挡、缝隙、接触和应力等。

金属在有遮挡的室外大气环境中的腐蚀，一般要比无遮挡的情况下严重。其原因在于遮挡减轻了雨水对表面的冲刷并减少阳光的照耀，使腐蚀产物得以较好的沉积并使液膜存在时间延长，即增加了电化学腐蚀时间使腐蚀加重。

同类青铜相接触形成缝隙，造成缝隙腐蚀而使腐蚀加重；由于缝隙存在，使污染物（如灰尘）保留并使表面湿润时间增加，即增加了电化学腐蚀时间使腐蚀加重。青铜与铁在液膜中相接触时，由于铁的电位比铜的电位负，使铁加速腐蚀；由于铁的腐蚀产物的形成而发生体积膨胀产生应力，从而导致青铜的损坏和青铜表面变色。

（4）构件材质的影响

浑仪和简仪的八条龙柱、鳌云柱、A 形兽纹柱及 X 形云纹柱内均有铁骨支撑，其目的是对造型及制范作支撑，也对铜龙柱等起到增加强度的作用。孙中山铜像也采用铁钉铆接。铜与铁的组合结构会导致异金属相接触的电偶腐蚀。电偶腐蚀中阳极相铁发生腐蚀，尤其是铁被铜包在里面，一旦外层有孔洞时，由于阴极相铜的表面远远大于阳极相铁的表面，就在电偶腐蚀中形成小阳极与大阴极的腐蚀，这就会大大加速铁的腐蚀。因所形成铁的腐蚀产物膨胀，导致外层铜的破裂而形成裂缝。

由上可知，简仪、浑仪、孙中山铜像的腐蚀过程和腐蚀原因可概括为大气腐蚀和铜与铁相接触形成异金属的电偶腐蚀。

五　保护技术

1. 简仪、浑仪的保护

（1）简仪、浑仪的保护目标

其一，对患有"青铜病"的简仪和浑仪进行氯离子置换去除粉状锈，以清洗液中的氯离子浓度恒定为止。表面呈现"西瓜皮绿色"皮壳，缓蚀剂的保护和表面封护保护周期为1～2年。

其二，对现有的位移和变形构件进行校正、纠偏，以达到原有不可转动的所有仪器构件均能自由旋转转动。

其三，构件的裂缝必须按规范进行焊接修复；对原有用树脂修补的部件改为用青铜补配；对构件上的孔洞必须封堵严密；垫片材质必须采用青铜。

（2）简仪、浑仪的腐蚀控制路线

对简仪、浑仪实施腐蚀控制保护修复的技术路线，基于粉状锈的去除原理，必须要对室外大型青铜文物的粉状锈的去除方法和表面封护复合剂进行实验研究。

对简仪、浑仪实施的腐蚀控制技术路线为：实验室研究和现场试验相结合，在材料应用性能达到要求后，最终在文物本体上进行应用。

（3）简仪、浑仪的保护材料选择

风吹气源选择：风吹除尘宜采用氮气吹扫，以避免压缩空气的油、水等污染，并避免文物表面发生氧化，以达到洁净目的。

脱盐清洗用水：脱盐清洗用水采用去离子水，以清洗表面可溶性盐类物质。因为自来水中含有的 Cl^- 会与青铜反应生成有害锈，所以不能用自来水。

粉状锈的化学清洗剂：AMT（2 - 氨基 - 5 - 疏基 - 1，3，4 - 噻二唑的缩写）复合物（ACN1）能方便快捷有效地置换氯离子、去除粉状锈，且将传统的去除粉状锈、置换氯离子、缓蚀封护的青铜文物保护三步工艺简化为一步法。所以，去除粉状锈的化学清洗剂为AMT 复合物 ACN1。

化学漂洗：本次对简仪、浑仪的化学清洗采用由南京博物院和南京工业大学配制的、获国家科技进步奖（三等）的 ACN2 清洗剂（含有缓蚀剂 AMT 的柠檬酸），其缓蚀率为97%。

缓蚀剂选用：BTA（苯并三氮唑）和 AMT 都是铜的优良缓蚀剂，它们均与铜形成一价铜的螯合物膜，从而起到缓蚀保护作用。BTA 有毒性，疑是致癌物质。AMT 是农医药的中间体，由 DIN 数据表 814266 没有提供有关 AMT 毒性的信息，排除它使用时会产生生态环境问题的可能性。对于室外青铜文物缓蚀剂的选用需要进行实验室实验研究和现场局部实验予以选择并确定。

作旧材料：所选材料为附着力强、调色方便、无光泽、耐老化、长期使用不易褪色发黄的高分子树脂材料和与铜器色相协调的无机颜料。或者采用化学转化法形成均匀的人工铜绿，但人工铜绿的保护性较自然形成的铜绿要差。

表面封护剂：有机氟材料 CS 系列封护剂。它具有优异的防水性，且抗氧、耐酸、耐碱、耐紫外线，氧透过性极低；表面活化能低，难被有机液体和水润湿，防尘性能良好；几乎无光泽，可逆性好；耐老化，使用有效期长。其耐硫化物性能优于 B－72 和氟碳树脂。石蜡的保护能力是在于导致大气中的气体、颗粒和湿气的吸附速率减小，也减小了渣沉降和湿气吸附作用期间的腐蚀产物冲走的速率，同时也导致颜色变化慢下来。微晶石蜡分子组成虽含有一些直链分子，但大部分为支链分子，而且比通常石蜡多很多的环状化合物。因此比通常石蜡分子量高、黏度大、熔点高，溶于非极性溶剂，且有较好的稳定性，故作为橡胶防老化剂。在瑞典和英国，微晶石蜡已经用于室外青铜人像的保护。本次保护拟采用微晶石蜡与氟橡胶复合应用的方法。

机械去锈法：机械除锈方法很多，为保护简仪、浑仪的基体，欲采用"微喷丸处理法"，即采用微玻璃珠的微压压缩空气轻轻地除去青铜上的锈蚀物。

2. 孙中山铜像的保护

（1）保护目标

通过检测，孙中山铜像表面没有粉状锈等有害锈存在，表面的白色锈蚀物主要为碱式碳酸铜和碱式碳酸铅，这些锈蚀物及尘垢有碍于观瞻（图五）。因此，对孙中山铜像的处理主要是通过对锈蚀物进行还原的方法，将表面的白色物质转变为黑色物质，以达到表面颜色一致（图六）。

（2）保护材料及方法

对白色锈蚀物的还原，主要采用硫化物水溶液及固定剂进行表面喷洒，通过一段时间的反应后，及时将表面的杂质清洗除去；对铁锈进行清洗后，利用铜胶对锈蚀产生的孔洞进行填补，防止铁锈再次随雨水流出。

（3）封护材料的应用

铜像表面封护完毕后，对铜像整体进行石蜡封护。

3. 后期保存的建议

对于已保护后的室外大型青铜器必须进行定期维护保养。此外，还应避免发生机械碰损。如发现有新的腐蚀和其他损伤现象，应立即采取处理措施。

六　结　论

紫金山天文台简仪、浑仪的保护目前只做了实验与方案，对其现场保护还没有进行。而孙中山铜像的保护已经完成，一年来，保持效果良好。通过对这些室外青铜器保护技术的探讨与实践，笔者认为，室外青铜器由于长时间置于露天环境，空气污染、雨水对其腐蚀的发生影响较大，保护措施应该尽早进行。对室外青铜器进行保护的方法有：将室外大型青铜器置于室内或者在青铜器上进行遮盖，可以有效降低大气环境对青铜器的腐蚀速度；采取有效措施对青铜器表面进行防腐或者缓蚀处理，防止腐蚀进一步发生；最大程度避免

图五　锈蚀物复原前的铜像

图六　锈蚀物复原后的铜像

电偶腐蚀的发生，防止铁锈等污染物严重污染青铜器。

由于铸造室外青铜器的组分不同，其出现的锈蚀产物及表现的病害状况也是不同的，因此对其进行保护的方法也不尽相同。对于青铜器上出现的粉状锈等有害锈，必须尽早尽快去除，否则会不断腐蚀青铜器内部而导致整个器物的损坏；对于影响观瞻的锈蚀物，采用化学还原的方法恢复其外观，做到防腐与美观两不误。

关于博物馆应用馆藏文物资源开发衍生文化产品的思考

孙玉军　张春宇

（淮安市博物馆　江苏淮安　223001）

内容提要： 本文简述博物馆应用文物资源研发文化产品的几个主要原则，即地方文化独特性与文化共性相结合的原则、模拟复制与创造性相结合的原则、实用性与鉴赏性相结合的原则，希望对博物馆文化产品研发的理论创新与实践带来一些启发。

关键词： 文化产品　地方文化独特性　创造性　实用性与鉴赏性

文化是一个民族创造力的重要源泉，是一个国家软实力的重要体现，也是综合国力竞争的重要因素。在当代社会，增强中国国家文化软实力和中华文化国际影响力的要求显得更加紧迫。博物馆作为全国各地重要的文化窗口和艺术殿堂，展示着中华文明的源远流长与博大精深，承载着炎黄子孙的历史文脉与辉煌业绩，弘扬着城市文化的民族精神与人文风采。博物馆既具有得天独厚的人文资源，又担负着沟通南北和融会东西的文化使命。2007 年 8 月，国际博物馆协会第 21 届全体大会通过的《国际博物馆协会章程》中也规定："博物馆是一个为社会及其发展服务的，非营利的永久性机构，并向大众开放。它为研究、教育、欣赏之目的征集、保护、研究、传播并展出人类及人类环境的物证。"

近年来，进行馆舍改扩建后的国内部分博物馆，一方面在考古与文物征集、展览服务与文化教育、文物保护与研究等方面获得了长足发展；另一方面，博物馆规模扩大和各项工作的深入，使政府对博物馆投入的不足和藏品学术研究、文物保护与修复、考古与文物征集及陈列展览等工作需要大量资金的矛盾显得更加突出。

在现代社会，博物馆兼有文化推广和商业开发的理念在世界范围内被遵奉，欧美各博物馆争相积极寻求文化产品多渠道的开发。为顺应国内文化创意产业和博物馆事业的发展趋势，2010 年 2 月 3 日，国家文物局在北京召开了"全国博物馆文化产品开发工作座谈会"，集中讨论了目前中国博物馆文化产品研发的诸多问题。在政府拨付博物馆所需正常运转经费的前提下，博物馆大力发展文化产业，不仅可以提升博物馆典藏、研究、展览、教育等公共文化服务功能，还能够适度缓解博物馆发展中资金不足的窘境，促进博物馆经济效益和社会效益的最大化。那么，博物馆如何应用文物资源开发文化产品呢？

本文将从地方文化独特性与文化共性相结合的原则、模拟复制与创造性相结合的原则、实用性与鉴赏性相结合的原则及其具体实例等方面，对博物馆应用文物资源开发文化产品的主要原则进行研究，希望对博物馆文化产品开发的理论创新与实践带来一些启发。

一 地方文化独特性与文化共性相结合的原则

博物馆是征集、保护、收藏、展示文化遗产的公共机构，承担着重要的文物研究的学术功能。而建立在文物研究基础上，应用文物资源开发文化产品的首要环节则是选定原型文物。在这个环节上，必须遵循地方文化独特性与文化共性相结合的原则。我们所理解的文物，是凝聚在特定时期、特定文化氛围中文明的固定形态。每一座博物馆都有镇馆之宝和优势藏品，其中凝结着深厚的地方文化传统与精髓，通过将地方文化与同时期其他地域文化进行对比的方法，确定每个博物馆开发文化产品的原型文物，应该是博物馆文化产品开发成功的关键。

博物馆所开发的文化产品，除了反映原型文物所蕴含的文化共性特征以外，更重要的是要能够体现文物所表征的地方文化特色。以江苏省淮安市博物馆为例，该馆收藏的淮阴高庄战国墓出土器物兼具战国时期楚、越文化特征。目前，对淮阴高庄战国墓的研究结论是：该墓是战国早、中期越国属下淮夷人的墓葬，其中出土的大量器物有的属于越式器物，如铜罍、铜鉴、原始瓷匜、原始瓷双卣熏炉等；有的则属于楚式器物，如铜甗、铜吊炉、小铜虎等。该墓还出土许多刻纹铜器，其上刻有丰富的动物和神人怪兽图像，如龙、九尾狐、乘黄等；还刻有各类场景图，如车马出行图、攻战图等。这些图像都颇具动感和张力之美，成为研究战国时期绘画的宝贵实物资料，体现了古代淮安南北文化交融的特点。这些图像可在拟研发的文化产品的设计图案上应用。此外，淮阴高庄战国墓出土的青铜车舆饰件上的纹饰，尤其是较首的纹饰，也可在开发的文化产品中广泛应用。淮阴高庄战国墓出土器物体现了战国时期淮安地区先民丰富多彩的文化生活和精神世界，充分表明古代淮安文化风貌是在中原文化和江南文化交融中形成的。依托淮阴高庄战国墓出土器物开发的文化产品，更可以体现出早在春秋、战国时期苏南与苏北地区间密切的经济、文化交流，彰显淮安的悠久历史和灿烂的地方文化。

博物馆文化产品开发中原型文物的选择，应遵循地方文化独特性和文化共性相结合的原则，深入挖掘地方文化资源，恰当体现地方文化特色，创造更多为民众所喜爱的文化产品。这不仅是在实践"以人为本"的理念，也是在民众精神产品消费中顺利实现其文化价值和经济价值，推动博物馆事业和地方文化、地方经济的共同发展。

二 模拟复制与创造性相结合的原则

博物馆应用文物资源开发文化产品，通过对博物馆馆藏文物和地方文化资源现状的研究，精心选择拟开发文化产品的原型文物之后，如何挖掘文物可借利用的文化符号，并把博物馆文化资源转化成精美的文化产品呢？从总体上看，应以模拟复制和创造性相结合的原则指导文化产品的开发。

文物的模拟复制，需要尊重文物的外在形态特点和工艺特征，以及其中蕴含的历史信息、文化信息。开发的文化产品只有忠实于文物原貌，才能准确传达和体现出文物丰富的文化内涵和历史、艺术、科学价值。博物馆文化产品开发，要在模拟复制文物的同时，兼顾创造性的开发原则。创造性原则是指在文化产品研发中对原型文物上的文化符号、纹饰、图案进行重组，以新的创意，创造性地设计出蕴含文物文化内涵的独特的文化产品。

以江苏省淮安市博物馆为例，到 2011 年 12 月，馆藏文物达一万余件，其中一级文物 140 件，二级文物 110 件，三级文物 899 件。以淮阴高庄战国墓出土的青铜器、淮安运河村战国墓出土的木雕鼓车、徐伯璞先生捐赠的 110 幅近现代名家书画作品和明清书画为馆藏特色，具有较高的历史、艺术和科学价值。目前，淮安市博物馆已经开发的文化产品有西汉青铜卧鹿、西汉金兽、清代铜獬豸、汉代铜绵羊灯、淮安历史名人艺术印章、"淮风千古"琉璃笔筒、"古楚风韵"插屏等，这些文化产品目前主要作为政府、机关的礼品用于对外交流，其文化产品开发的空间仍非常广阔。其中，以淮安市博物馆藏三级文物清代铜獬豸为原型，模拟复制的清代铜獬豸为坐姿，分头身两部分铸造，头部可转动，额头上有一独角，双目凸起，明亮有神，口微张，背部装饰有三角形的鬃毛，在足、腹部还饰有火焰状鬃毛，形体硕大，凶猛威武，铸造工艺精良，深受民众喜爱。据《后汉书·舆服志下》记载："獬豸，神羊，能辨别曲直，楚王尝获之，故以为冠。"獬豸是中国古代传说中的上古神兽，体形大者如牛，小者如羊，类似麒麟，全身长着浓密黝黑的毛，双目明亮有神，额上通常长一角，俗称独角兽。在传说中，獬豸懂人言、知人性，能辨是非曲直，能识善恶忠奸，当人们发生冲突或纠纷的时候，独角兽能用角指向无理的一方，甚至会将奸邪或犯法者用角抵死，令人不寒而栗。模拟复制作为执法公正化身的獬豸这一文化产品，可以满足民众追求正义和司法公正的心理需要。再如，选定淮安市博物馆藏徐悲鸿的《立马图》等近现代名家作品，采用至今已有 1500 多年历史、被公认为"东方瑰宝"的非物质文化遗产云锦织造工艺，开发了精美的云锦名家系列国画作品，创意独特，工艺精湛，质量精良，深受好评。

在丰富的文物资源中选定原型文物后，可根据模拟复制和创造性相结合的原则，拓展开发文化产品的总体思路，进行多类别系列文化产品的开发。可以举办针对专业设计人员的博物馆文化产品设计大奖赛，从产品设计思路、设计图案的创新性和消费者满意度等方面进行评选，选出最佳创意和设计方案，然后再进行高品质文化产品的生产。以淮安市博物馆收藏的汉代铜绵羊灯为例，还可以开发为灯具的底座、小的挂件、钥匙扣等实用类文化产品。

淮安运河村战国墓，是建国以来淮安市博物馆组织发掘的规模最大、最为奇特的战国贵族墓，为研究战国历史和淮安地域文明提供了重要资料。该墓出土的一辆精美的木雕鼓车，被定为国家一级文物，是淮安市博物馆镇馆之宝。该车共有各类车舆构件、装饰件 77 件，包括满饰蟠螭纹的木雕板、骨质饰件、青铜饰件和漆绘饰件、建鼓等，集中体现了我国古代车制的多种工艺和装饰艺术，是目前国内考古发掘中罕见的战国时期的精美车舆。可以木雕鼓车为原型研发相关产品，如制作不同比例的木雕鼓车模型的可装卸配件，观众购买后可根据图片拼装、赏玩鼓车模型，加深其对战国车制和木雕工艺的认识；还可以将鼓车木雕板上的纹饰进行重新设计后，应用到装饰摆件、文具、包袋等实用文化产品研发中。博物馆文化产品开发如果遵循模拟复制和创造性相结合的总体原则，将会创造出更多高品质的独特而又有创意的文化产品。

三　实用性与鉴赏性相结合的原则

博物馆文化产品的开发，还应该遵循实用性与鉴赏性相结合的具体设计原则。在精心选出可以进行文化产品开发的原型文物后，可依据实用性与鉴赏性相结合的原则，进行文化产品具体设计思路、设计灵感、设计方案等方面的论证与实施，开发各类实用又美观的文化产品。

博物馆文化产品开发可以涵盖各类高、中、低档负载独特文物信息和文化内涵的实用商品，如笔、笔袋等文化用品，钥匙扣、手机挂件等时尚饰品，T恤、丝巾等系列服饰，茶具、餐具等系列家居产品等。博物馆文化产品开发的具体设计环节，应与工艺美术设计、工业设计等相结合，开发出更多现实生活中可以使用的产品。

博物馆文化产品开发可以有两种思路：一是直接复制文物或直接在茶具和餐具等文化产品上应用相关文物全部或局部图片；二是可以对文物画面、纹饰符号等进行再设计和组合，开发蕴含文物独特文化符号的系列实用产品。例如淮安市博物馆收藏有众多清代书画作品，可以通过对馆藏清代书画作品内容、图案进行再设计，截取作品的部分画面，或将这些画面重叠和重组，在丝巾、桌旗等产品的设计图案中广泛运用，研发更加丰富的文化产品。此外，还可以进行系列馆藏书画作品的瓷板画、装饰图屏、系列书签等产品的设计和限量生产。

不论是复制文物，还是运用文物资源中的文化符号重新开发各类文化产品，除了考虑优质选材、精细加工等制作层面的要求及研发产品的独特性、实用性以外，还必须兼顾艺术审美的要求，重视文化产品蕴含的审美情趣，使产品具有鉴赏性。也就是说，在文化产品中，实用性与鉴赏性二者应当有机统一。因此，在开发博物馆文化产品时，在材料的选择、外部造型、色彩装饰等方面，应围绕实用要求设计并兼顾艺术美原则。

随着社会发展和科技进步，人们对物质生活与精神生活提出了愈来愈高的要求，不仅希望日常生活用品坚固实用，而且希望产品精致美观，甚至把美观放到越来越重要的地位上。因此，博物馆文化产品开发，要努力将技术与艺术、实用性与鉴赏性统一起来，使这些产品更加实用、经济、美观。此外，博物馆开发的文化产品，也要在满足人们的物质需要的同时，满足民众追求正义、镇宅辟邪和吉祥平安等层面的心理需要。

当然，以上简述的博物馆应用文物资源开发文化产品的主要原则是互相融合、相辅相成的。遵循以上原则研发的博物馆文化产品，可促进博物馆"以人为本"服务理念的实施，也就是把博物馆工作和关怀的重点放在民众的文化需求上。大多数民众需要什么，博物馆就奉献什么，这也是博物馆文化产品开发的最终目标。

博物馆文化产业的开发经营并非普通的商业活动，而是博物馆社会教育和文化服务功能的拓展与延伸，是体现人文情怀的文化活动，可以让更多的观众把"博物馆文化带回家"。民众在消费高品质博物馆文化产品时，无形之中可以提升其文化、艺术素养，也增强了博物馆在民众文化生活中的影响力，使博物馆能更好地履行弘扬民族优秀文化传统的使命。有理由相信，通过运用地方文化独特性与文化共性相结合的原则、模拟复制与创造性相结合的原则、实用性与鉴赏性相结合的原则，博物馆将更有效地利用丰富的文物资源，创造出更多美观、实用、经济且具有丰富文化内涵的文化产品，增强博物馆服务社会的功能和独特的文化魅力，实现"文化强国"。

参考文献：

1. 王宏钧：《中国博物馆学基础》，上海古籍出版社，2001 年。

2. 胡惠林：《文化产业发展的中国道路》，上海人民出版社，2004 年。

3. 刘惠媛：《博物馆的美学经济》，生活·读书·新知三联书店，2008 年。

4. 冯黎明：《20 世纪欧美发达国家文化》，高等教育出版社，2004 年。

摸清家底 夯实基础
对新时期馆藏文物保护的思考
——以南通博物苑文物盘库工作为例

钱 红

（南通博物苑 江苏南通 226001）

内容提要： 在经济高速发展的条件下，博物馆对文物藏品的管理更应适应形势，尊重科学。文物盘库能为更科学、更合理地保管、保护藏品提供更切实的依据。藏品盘库是搞清家底、夯实基础的好机会，只有在此基础上，我们才能更充分地挖掘藏品的内在价值，以便更完美地实现博物馆实物收藏、科学研究、社会教育的三大功能。

关键词： 文物 藏品 盘库

文物是人类和人类环境的实物见证，是人类文化的遗存物，是具有历史价值、科学价值和艺术价值的珍贵遗产。它能从不同的领域和侧面真实地反映事物的本来面貌，是人们认识人类社会和自然界的原始实物资料。文物藏品是建立博物馆的必要条件，是开展陈列宣传、科学研究等各项业务的物质基础。博物馆的各项业务工作都与藏品有着密切的关系，博物馆离开了藏品，就无法正常地进行业务工作，业务活动也将成为无本之木、无源之水。在现有经济高速发展的条件下，博物馆对文物藏品的管理更应适应形势的需要，在管理方面更要尊重科学。文物盘点工作能为文物藏品的保管、保护提供更切实、更科学的依据。

南通博物苑现有藏品5万余件。目前使用的文物库房建成已15年，期间在2005年底新馆建立之时增设了地下库房，并于2008年开始启用。虽然我苑文物数量不是很多，但种类繁多，从质地和类别上分有20余种。从保存地点上分，有的在地上库房，有的存放在地下库房，还有的则分散在公园内作原址陈列，情况比较繁杂。同时，在博物馆常年开展的各项业务工作中，藏品时常会被提取利用，长期如此，很容易出现藏品管理上的混乱。因此，对文物藏品进行定期的全面清点与核对，不仅能杜绝管理上的漏洞，更能摸清文物家底，全面了解现有馆藏文物情况，为博物馆开展各项业务工作提供准确、可靠的藏品数据和信息。

为加强对我苑馆藏文物的科学管理，2009年底苑领导就开始酝酿文物盘点事宜，2010年初即制定了工作方案，准备用3年时间对我苑5万件历史文物进行逐件核对。这项工作在南通博物苑历史上是史无前例的，为确保此项工作的顺利进行，组成了以苑领导带班、苑专业技术骨干和保管部门为主、保卫人员配合的工作形式，全苑多部门联动，分工负责，并制定了详细的工作职责和细化方案。

博物馆藏品的保护和管理是博物馆开展业务活动的物质基础，是其存在的根本。藏品盘库是博物馆文物管理中的关键环节，是开展藏品科学化管理的基础工作。在整个文物盘点过程中，我们始终以五个结合为原则，即文物盘库工作与改善文物保管条件相结合；文物盘库工作与完善管理制度相结合；文物盘库工作与提升馆藏文物等级相结合；文物盘库工作与学习相结合；文物盘库与文物移库、文物移交相结合。

一　文物盘点工作的重要意义

经过这两年的工作实践，我们深深体会到文物盘点工作的重要和好处。

1. 通过盘点，发现并更正了原藏品登记中的一些记录错误

有些藏品在原来的登记过程中因时间紧或者手写笔误等诸多原因，可能产生一些错误，而当时又没能及时发现。通过这次盘点，逐件核对文物的详细记录，修改更正了原来记录中的错误。例如，书画中有少数藏品质地登记为纸质，经大家再鉴定识别，质地实为绢或绫；也有质地登记为绫的，而实际质地却为纸质的。这些都得到了更正。也有个别将作者姓名写错的，如一件作品的作者登记为"王溶"，核对文物时发现作者实际名为"王瑢"，经各位专家仔细查看印章和款识后，我们进行了修正。

2. 通过盘点，能更为清楚明确地认识到文物的保存现状

在盘库工作中，我们对藏品中价值较高又需要修复、装裱保护的文物都进行了详细记录，并根据情况分待裱、需裱、急需装裱等多种情况，为今后文物保护工作做好前期准备，起到参考作用。同时，根据收藏印章或画面上的记录等对部分捐赠者的捐赠文物情况、地方收藏家收藏的作品情况作了记录，为今后的研究工作提供方便。我们还对部分文物的完残状况进行了补充。例如陶器类文物，由于以前的客观原因，大部分没有记录完损情况，本着实事求是的原则，我们补做了这项工作，并做到规范用词、记录准确客观。另外，我们还对库房外、展厅外公园内陈列的藏品进行核对，对原号码不清晰的，重新写清了文物号。

藏品完残状况的补录，使保管人员清楚了解藏品的完损状态以及发生的风化、生锈、霉变现象，为装裱、修复等保护工作提供了依据，并可以及时采取相应措施，对文物进行有效保护。经过此次清点核对后，我们重新规范了分类帐上的各栏目记录，使文物档案逐步建立，藏品存放方位重新排定，库房安全制度进一步得到完善和落实。

3. 通过盘点，进一步规范文物库房的管理，对文物实行有效保护

通过盘库，对库房内残旧的、不达标的、不能很好利用空间的文物保管橱或柜进行了清理，购置了专用文物保管橱，并为苑藏珍贵文物购置了布套、囊盒加以保护。对现有的文物保管制度在实际的执行过程中存在的漏洞进行了完善和补充。在盘库工作中，我们还对部分文物库房进行了调整，对库房内的文物进行了搬迁，个别库房因保管员的更换，还办理了文物移交等手续。例如，在书画、史料等类文物的盘库工作中，不仅有盘点，还有文物移交、文物接收等工作。瓷器类文物盘库工作也不只是要盘点，还要将瓷器库中的文物搬迁至地下文物库房，以改善瓷器的保管条件。

文物常年存放在库房中,只有少数文物因陈列展览需要提用。通过盘点我们发现,很多文物虽然放在抽屉中,但由于抽屉不够密封,会受到灰尘的伤害。所以在盘点后,我们对部分文物用皮纸进行防尘包装,为部分文物更换了保管袋等,并及时放置了防霉防虫剂,切实地做好文物保护工作。

4. 通过盘点,锻炼了队伍,培养了新手,进一步提高了文物管理人员的业务素质

清点、核对的各个环节都直接接触到文物,这就要求所有工作人员都必须熟悉和遵守有关制度和法则,确保文物安全。因此,这项工作也是对文物管理工作的一次大检验。在现场工作的同时,通过对藏品的规范定名、统一计量方法、补录完残状况、规范拿放文物的手势、准确统计数据等做法,使队伍的专业知识水平再次得到锻炼和提高,也使新手得到一次难得的学习培训机会。同时,馆藏文物大都是束之高阁、不见庐山真面目的,文物盘点让我们近距离地接触了文物,进一步了解了馆藏品,对于全体参加工作的同志来说是一个难得的学习机会,互相之间的交流和专家对藏品的介绍更增长了大家的知识。

二　以文物盘点促进文物保护

文物藏品极易受到自然和人为的损害,且不可再生,所以文物藏品保护意义十分重大,也是文物管理中的一项重要工作。随着科学技术水平的提高,越来越多的文物保护问题可以利用现代科学技术和传统工艺来解决。新时期,我们要积极开展馆藏文物的保护研究工作,针对不同类别的文物展开技术性保护工作,以不断的实践促进技术的提高。文物工作者只有充分利用科学的方法,才能做好藏品的保护工作。通过这次对文物的盘点清理工作,我深深感到中小型综合性博物馆在文物保护工作中要努力做到以下三点。

1. 发挥人才作用,注重文物保护技术人员的培养

此次文物盘库工作中,我深深体会到文物保护工作中专业技术人员的重要,同时也感到技术人员力量的薄弱。提高专业技术水平,关键在人,因为技术和设备都需要人这个主体来进行使用和操作。博物馆的发展离不开专业技术人才,我们要尽可能地创造条件,留住那些热爱博物馆工作、致力于博物馆事业的专业人员;要为文物保护专业人才的成长提供一个良好的环境,积极组织现有岗位人员参加各项专业技能的培训,加强岗位的继续教育等。

我苑有大量的纸质文物需要保护,书画、史料等藏品中有大量需要修复和装裱,这就要求我们对专业技术人员的配置要加大力度。在注重培养后备专业技术人员的同时,还要加大投入,改造、完善文物修复室的建设,配置较为先进的工作设备和工具,推动文物保护工作的进一步开展并高质量完成。

2. 密切博物馆之间的合作,做好文物的科学保护工作

在这次文物盘点中,我们发现不同种类的文物保护需要不同的专业人才,多种类型的文物保护存在问题。如在金属类文物的盘点过程中,我们发现青铜器、铁器文物的保护存在问题,有些青铜器和铁器需要除锈、防锈等。由于我们是中小型馆,没有这方面的文物保护专业技术人员,保管员也不敢擅自对文物进行清理,以致器物在展出时就比较难看。同时,这样长期地让其锈蚀而不作处理可能对文物保护也不利。又如我苑收藏的好几件座

钟，都有些破损，但大大小小的零件是全的，可就是没有人会修理。对于藏品中存在的类似问题，我们在文物盘点时都进行了记录，以便以后有专项经费和技术力量时进行维修、保护。

作为一个中小型博物馆，在藏品保护方面遇到这种或那种问题是正常的，馆内不可能配备所有专业技术人才。文物保护技术是一个区域化、国际化的技术，中小型博物馆需要省级大型博物馆或者兄弟博物馆的技术力量来支持和帮助，同时也可以借鉴国内外同行的技术，聘用一些专家、学者担任顾问，走出去学，请进来学，借他人之学，为我所用。

3. 实行科学管理，开拓管理模式

当今，每个博物馆的保管工作都已做到了制度健全、帐目清楚、鉴定确切、编目详明、保管妥善、查用方便。但要实现藏品的科学化管理，还必须要加强藏品科学管理理论和方法的研究。我们要在现有的工作中，勇于开拓创新，要充分发挥藏品管理信息化系统的作用，利用电脑中的藏品数据库系统，科学地管理藏品。尤其要以全国馆藏文物的普查为契机，来摸清自己的"家底"，利用馆藏文物信息管理系统来建立健全馆藏文物台帐。同时，还可以积极借鉴现代化的管理经验。例如，运用 ISO9001 质量管理体系标准将藏品保护管理作为一种"产品"进行严格监控，并逐渐形成文件化、程序化、标准化的管理体系。

博物馆藏品具有厚重的历史价值、艺术价值和科学价值，藏品的保护和管理是一切博物馆开展业务活动的物质基础。藏品盘库，是搞清家底、夯实基础的好机会，只有做到了帐物相符、不留死角、不挂空帐，才能从根本上保证文物的准确到位，防止外流。在此基础上，充分挖掘藏品内在价值，以便展出，公之于众，为国民提供学习、教育、欣赏的机会，完成博物馆实物收藏、科学研究、社会教育的三大功能。藏品的数量和质量决定博物馆的地位，如果不加强对博物馆藏品的保护管理，我想我们损失的不仅仅是文物，更多的是缺失了社会责任。

清代书联的修复与思考

——谈西方现代修复原则在中国纸质文物保护中的应用

李 玮

（南京太平天国历史博物馆 江苏南京 210001）

内容提要： 纸质文物是人类极其宝贵的文化遗产。中国传统纸张保护技术对于完整地表现纸质文物的内容和思想、延长纸质文物的使用寿命有着十分重要的作用。西方现代修复原则更加注重从理性的角度去看待文物本身，避免更多的人为因素对文物的干扰，强调修复过程的客观性、原真性、可逆性。笔者试以清代书联的修复为实例，探讨西方修复原则在中国纸质文物保护中的应用及其对中国传统纸张保护方法、手段、理念的影响。

关键词： 纸质文物 现代修复原则 传统修复技术 保护理念

一 引 言

纸质文物承担着"社会记忆的重任"，它汇集了中华民族的精髓，是人类极其宝贵的文化遗产。同时，纸质文物又十分脆弱，随着岁月的流逝，它们历尽沧桑。由于自身老化，并遭受温湿度、光辐射、有害气体、鼠咬虫噬以及人为破坏等因素的影响，很多珍贵的纸质文物都处于损毁的边缘。因此，研究纸张损毁原因和修复方法，延长其使用寿命，做好纸质文物的保护工作，便成为文物保护工作者的一项历史使命。

中国传统纸张修复技术先后历经两晋南北朝的初创、隋唐五代的发展、两宋时期的飞跃、明清时期的完善等阶段，目前已形成较为完备的修复手段与保护样式。它对于完整地表现纸质文物的内容和思想、延长纸质文物的使用寿命有着十分重要的作用。西方现代保护理念则更加注重利用现代科学方法和技术手段研究、保护纸质文物。其作为一门新兴并富有活力的学科，越来越多地受到人们的关注。笔者在参加"中国文化遗产研究院纸张保护培训班"学习期间，尝试运用西方现代修复原则对一件清代书联进行了修复与保护。

二 清代书联的修复原则

我们在设计制订书联修复方案时，借鉴和引入了西方现代保护理念。西方现代保护理念认为文物修复过程是一个高度专业性的工作，其目的旨在保存和展示文物的文献、历史与艺术价值。因此，他们更加注重从理性的角度去看待文物本身，避免更多的人为因素对文物的干扰，强调修复过程的客观性、原真性、可逆性。为此，我们确立了书联的三大修复原则。

1. 安全性原则

保证文物的安全是第一位的大事。这其中包括有安全的修复工作环境、安全的修复措施、安全的修复材料等几方面内容。首先，文物修复室的安防要求应和文物库房的安防要求基本相同，即应安装红外、微波、烟感等用于防火、防盗的安防设备，保证修复环境的安全。其次，在修复过程中采用的修复技术或修复方法对文物来说是绝对安全的。避免修复工作的开始即是文物遭到破坏的开始的情况发生。譬如修复保护中的化学药物清洗技术，采用这样的修复措施的出发点虽然是好的，但从修复的结果来看，它明显改变了纸张性能，使文物本体发生了不可逆的损失，这样的修复对文物来说只是保护性的破坏。再次，选用的修复材料对文物来说应是安全无害的，不应含有对文物不利或有害的成分。

2. 真实性原则

真实性原则就是保护文物的真实性，就是切实保护文物的所有原始信息的真实性。这主要包括文物内容的真实和文物形态的真实两方面内容。"整旧如旧"实际就是保持文物信息的真实性。文物内容是文物的主要信息。纸质文物的内容信息是通过文字、图像表述的。因此，在修复工作中注意保留文字信息的完整，就是在维护文物内容的真实性。多数纸质文物的文字、图像有残缺的现象。处于破损边缘的文字、图像受到的伤害一般较其他部位要多。在修复时稍有不慎，就有可能导致这些受到损伤的文字、图像部分或整体缺失。保证文物原有的文字、图像数量，是文物修复工作的重点之一。

文物形态的真实主要是指在修复过程中要注意文字、图像的真实，注意保持笔画、图形的原貌。文物原始的装裱形式一定要按照修复前的面貌保留。在修复过程中，文物用纸的规格数据不能改变；修复完成后，文物用纸的规格也不能有改变。这些特征对文物的研究来说，都非常重要，一定要完整地保留下来，不能因修复而受到损害。

3. 最少干预原则

最少干预是指对文物历史信息的最少干预，即对文物的修复始终要控制在最小范围。这是指导具体修复工作的非常重要的原则，无论是抢救性修复、保护性修复，还是预防性修复。根据实际需要，修复的面积要尽可能的小，添加的修复材料要尽可能的少。修复档案的登记要规范登记项目、记录语言、记录形式等方面的内容。其中包括文物著录数据、外观描述有关数据、附件情况，破损位置、破损原因、破损程度的有关数据以及修复要求、修复方案、修复过程等登记规范。

三 清代书联的修复程序

在遵循以上几大原则的基础上，我们制订出书联的修复要求与修复目标。在保护、修复的过程中，要严格遵循《中华人民共和国文物保护法》和《馆藏文物管理条例》的有关规定，对文物进行有效的清洗、除霉、揭裱修复。书联的修复、保护程序也有别于传统的书画修复工序，主要分为两部分，一是前期调查记录工作，这也是整个修复、保护工作的重要组成部分；二是具体的修复保护工作。

1. 修复工作前的调查

（1）文物保存现状调查

在对任何一件文物进行修复保护之前，首先是对该件文物的历史信息（形状、规格、内容、年代等）、纸张材质、保存现状（污渍、霉斑、褪色、虫蛀等病害）作全面详细的调查。同时要填写《纸质文物修复资料卡》。在资料卡上，完整地填写书联所有相关信息。

《清左宗棠七言书联》为纸本墨书，夹宣用纸，画心纵169厘米，横约43厘米。上联为"期不负圣人之学"；下联为"斋赏以天下为忧"。书体为篆书。并有两方钤印，一方为白文"大学士章"；一方为朱文"青宫太保恪靖侯印"。书联采用的是传统挂轴式，一色式（反镶）绢裱装裱工艺。画心整体泛黄成旧色，画心大部分有水渍、污渍、折痕、虫蛀、蝇粪和细微破洞残缺等多种病害。究其原因主要为两方面，即自然损坏和人为破坏。

自然损坏是指由于受自然界外部环境和书画本身纤维结构等因素影响而发生的老化现象。此件书联为夹宣纸本，重墨书写，整幅作品是由纸与墨构成。从微观角度讲，是由纤维、蛋白质等有机物构成，这些有机物质含有大量的碳源和氮源，这正是细菌和霉菌的丰富养料。首先，细菌和霉菌通过分解有机物中的碳源和氮源得以存活，并在此作用下把纤维素分解为水解纤维素，把蛋白质分解为肽，最后分解为氨基酸。这样就使书画的质地发生明显的改变，最终导致其强度降低。其次，由于书联长期悬挂，受到长时间自然光的照射和温湿度的影响，自然光所具有的能量可使纤维素中的 C－C 键断裂，同时在活泼氧和温湿度变化频繁的作用下，纤维素会发生水解、氧化、氧化降解、光解和光氧化作用，使纸张耐久性迅速下降、画面老化、颜色变黄。再次，大气中的 NO_2、SO_2 等酸性气体的侵蚀以及灰尘的摩擦、昆虫的咬噬等也加剧了书联的损坏。

人为破坏是指人们在鉴赏、保管、收藏和流传过程中，因使用方法不当，不自觉地损伤了文物，从而加速了文物质地的老化。一是由于存放位置不当，造成书画受潮、受热或受压现象发生；二是人们在卷画时卷得过紧或用手压按力量过大等都会对书画造成损伤。在完成资料卡的记录工作后，接下来就要拍照记录，对书联损害严重部位还要进行细部拍摄，书联背部也要进行拍照记录。

（2）绘制文物病害分析图

为了更详细地记录文物原始病害情况，便于对其进行处理前后的对比，修复前要绘制书联病害分析图。方法：取一略大于书联尺寸的透明聚酯薄片覆盖其上，用黑笔勾描出书联的外轮廓，然后再依照《纸张病害标示图例》，用记号笔在透明聚酯薄片上标画出书联的各种病害分布范围和种类，并将绘制好的病害分析图输入计算机，运用 Photoshop 等图像处理软件进行模拟病害处理。当怀疑有微生物滋生时，还需要对其进行化验分析。

（3）检测文物纸张种类、纤维结构和性能

使用纸张纤维分析仪和计算机对书联用纸和纤维结构、性能进行分析检测。通过检测发现，书联纸张纤维种类主要是树皮（檀皮）、禾草两类，其中檀皮含量为77.23%。檀皮含量高、细密、均匀。测定书联的纸张性能数据，为我们选配修复用纸提供了科学依据。

（4）纸张墨迹和颜色稳定性测试

由于文物在清洗除尘过程中会用到水溶液或其他有机溶剂，因此在修复前必须对书联上的墨迹和颜色在溶剂中的稳定性进行测试，以便选择安全合适的清洗方法。根据书联测试结果，我们选择水溶液作为最佳清洗剂。

2. 修复保护工作

（1）表面清洁工作

文物在长期的保存过程中，表面会沉积很多灰尘。因此，在文物清洗之前，必须先对其表面进行清洁。清洁工作中，我们只使用手术刀和镊子轻轻剔除书联表面上残留的草刺、蝇粪、虫屎等霉迹污渍和破洞、画心折裂处的黑口（主要是以便全色）；再用小羊毛刷轻轻扫除表面灰尘。采用物理方法清尘，而不采取使用高锰酸钾溶液和草酸溶液等化学药剂处理霉菌污渍的办法，就在于这样更有利于纸质文物的保护。

（2）文物的清洗

清洗的目的主要是去除画心上沾有的水迹、霉斑、污渍。对于装裱的古旧书画一般所采用的大都是浸泡法。因为水能溶解许多物，是最重要的溶剂。它不仅能软化旧糨糊，而且能去除因字画年代久远而滞留在画面上的水渍污迹。但是，这样的做法也有不利的一面。它要将整幅画件放在水中浸泡，会使纸张的纤维结构变得脆弱，如浸泡时间过长，还会造成纸张的糟朽和墨色的脱落与洇化。为此，我们改用淋洗法，只有这种方法才能保证文物本体的安全。水的温度在清洗过程中起着非常重要的作用。通常情况下，修复者更喜欢用热水（80℃以上）来清洗书画。热水的最大作用是让纸与纸之间、纸与绢之间的老糨糊迅速软化，便于画心托纸的揭除，同时去污力也较强。但对于具有较高价值的纸质文物来说，这样处理就不够理想了，它可能会使文物受到损伤，也违背了最小干预的原则。所以我们在对画面进行清洗的过程中，是严格控制水温和清洗次数的。同时，为保证清洗后书联的色彩保持一致，故采用上下联两幅清洗次数相同的方法予以解决。

（3）文物揭褙与加固

清洗画心后，接下来就是揭取褙纸了。揭褙是书画修复中极为关键的一道工序。揭褙就是指去掉画心后面的旧褙纸和托心纸，其中以托心纸对书画的影响最大，因其直接关系到书画的命运，故又称"命纸"。明代周嘉胄所著《装潢志》认为，"书画性命，全关于揭"。"纸有易揭者，有纸质薄、糊厚难揭者，糊有白芨者尤难。须仗良工苦心，施迎刃之能，逐渐耐烦，致力于毫芒微渺间，有临渊履冰之危。一旦奏功，便胜泅水之捷"。这些论述足以说明在修复过程中揭褙的艰难和重要。既要揭得干干净净，又不能使画心受到丝毫损伤，这不仅需要丰富的工作经验，还需要具备相应的专业知识和技术水平。书联的揭褙工作，我们先从加固画心开始，使用化纤纸刷覆在画心正面，起到固定画心位置、防止画面变形的作用。在揭取画心时，先以揭除表面的两层覆褙纸开始，同时注意水分是否完全润湿画心，并用喷淋的方法调节水分，而不采取直接对画件浸湿闷润的方法。这种方法既便于覆褙纸与画心的分离，又不会因水量过大、闷润时间过久而造成画心受损。进行这项工序时，始终要做到耐心细致，不可操之过急。

褙纸和命纸被揭去后，要重新对画心托一层新的命纸进行加固。托命纸时，我们选取纸张性能与原作相同、底色相近但略浅的染色宣纸，并将其裁成略大于原作品的长方形，在其上轻轻用排笔刷上少许清水，使染色宣纸均匀受潮。接着就是要使用糨糊了，糨糊是装裱过程中必不可少的黏合剂。糨糊的应用，集中在托心、托料、覆褙以及镶画的工序中。

工序的不同，使用糨糊的厚薄也不尽相同。合理地调制糨糊，对于托画心这道工序的完成是非常重要的。古人有"良工用糊如水"之说。关键是要用稀糨糊重刷，暗取巧劲。

（4）文物修补与全色

我们从书联的破损状况和文物安全性出发，采用整隐补法进行修补工作。在修补工作中，使用拷贝台作为隐补的辅助设备。将托裱后的画心背面向上置于玻璃台上，台下置光源，使画心上的破损处在光源的照射下清晰地呈现在托纸上。然后取比破损部位面积略大的刷有糨糊的宣纸，在托纸上按破损部位的轮廓进行粘贴，多余部分用刀轻轻刮去。古旧书画，一般都会出现卷折、断裂的问题，修复中需要在画心背面垫条，所以在修复古旧书画时，这道工序不可缺少。

画心加固后，通常要对其进行画面的修补，这样的修补常称为"全色"。所谓"全色"，是指在有据可依的情况下，将画面上缺失部位的托纸按原作的底色或缺失部位周围的色彩进行统一和谐调，使作品在修复后看上去是完整的。全色使用的工具主要是毛笔，颜料则是一般的中国画颜料。全色这道工序是传统修复中非常重要的一个环节，在整个修复工序中起到画龙点睛的作用。全色也是一项非常细致的工作，不仅要求工作人员有纯熟的技巧，还要求对色彩具有敏锐的观察力、判断力和分析能力。

对于这件书联来说，全色的主要难度是在颜色"旧气"的把握上，即如何做到"整旧如旧"，特别是对于"整旧如旧"的"旧"字的理解，如何算是"旧"？"旧"到何种程度？目前业内对此还没有一个统一的定论。这也为我们的全色工作带来了一定的困难。为此，我们以文物保护的真实性原则与最小干预原则为指导，对其进行全色。只要求做到对残缺部位全色，使之与旧画整体色调一致、浑然一体，不会对画面的欣赏起到太大的干扰；并不要求达到修复后的部位与周围的部分在上、下、左、右四个方向上看去色调一致，不易分辨，俗称"四面光"的效果。

（5）文物装裱保护

书联全色完成后，其修复工序基本结束。接着就转入装裱保护工序。这些工序环节对于书画的保护和展现书画的艺术性都是非常重要的。实践证明，古旧书画经过适当地装潢，不但使其艺术价值得到凸现，而且对画心也会起到一定的保护作用。书联装裱保护工序主要有镶活（包括镶边、镶天地头、打通天眼、转边等）、覆活（包括翻包首、贴废肩、上覆褙纸、贴搭杆等）、砑活（包括涂蜡、砑磨等）、配装天地杆、穿绳、封籤、结带等。虽然这些工序步骤同传统书画装裱的程序是一致的，但在进行装裱保护过程中，我们更加突出了对文物的保护作用，着重解决以下三个方面的问题。

一是严格把握气候对纸料、绢料造成的伸缩性。气候是个非常敏感的问题。装裱所用纸张与绫绢，都是有机纤维制品，具有很大的吸湿性，随着湿度不同，它们的收缩程度也不同。所以一般字画的装裱最佳时机应选在春天温和及秋季凉爽之时，此时天高气爽，干湿度相对稳定，裱件上墙能干透，下墙也不会造成绷裂。为此，我们通过安装现代化的温控装置来恒定裱件的干湿。

二是合理使用宣纸和糨糊。在覆褙时，两层覆褙纸的横竖帘纹要交叉错开，保证宣纸的黏结力和牢固度更大；覆褙纸接缝要越细越好，以保证裱件的平整，所以古人有"接缝似线"之说。覆褙时使用糨糊切不可稠，并采用"干覆褙"的方式，以保证画心的安全。

三是为了使裱件的画心与镶料的伸缩程度一致，裱件平展。镶活时镶料与画心松紧要保持一致，不可拉得太紧或太松；镶料和画心要同时上墙和下墙，镶料横竖丝要尽量统一。不能强拉硬凑。砑画时要用力均匀，砑全、砑到，使接口、镶缝、卷边处与画幅平软如一，并要求磨好一遍后将画幅掉头再磨一遍，以达到裱件的两边受力均匀，松紧一致。

四　西方现代保护理念对中国传统修复的影响

书联的装裱保护工作在完成若干工序并着重解决上述问题后即告完成，也就可以重现历史的本来面目，恢复原有的艺术魅力。但在修复保护过程中所贯穿的西方现代修复原则和一些现代科技手段的应用，还有很多值得我们细细思考与探索的地方。

在传统纸张修复过程中和修复完成后，能够破坏文物的因素还是很多的。修复室内的温湿度、光线、有害气体、灰尘、害虫、霉菌等诸多因素都会对纸张造成伤害。而运用现代科学技术方法不但可以预防这些破坏因素的产生，还能对纸张起到更为可靠的保护作用。

首先，保护修复人员在揭裱修复古书画时，要在思想上重视对纸张的保护意识，加强对纸质文物病害原因的研究。例如，在修复工作室安装现代化的温控装置，进行自动恒温、恒湿和空气调节等。防止书画文物因温湿度不适而出现绷裂现象；充分认识明矾的使用给古书画带来的危害，在修复中尽量减少或杜绝使用明矾。

其次，重视在揭裱修复过程中正确应用文物保护科学技术。古旧书画往往破旧不堪，残缺的地方有时很大，还有的只剩下字的某一点笔画。这就为书画的修复增加了难度。面对这种情况，我们就可以通过扫描仪将古旧书画扫描到电脑里，然后将破损的地方用电脑虚拟修复，并作出若干修复方案。虚拟修复结束后，可将所作虚拟方案发布到互联网上或打印出来以便让更多的专家进行方案审定。这样，不仅为修复方案的合理性提供了权威性的保障，而且修复的预期效果可以提前展现在我们面前。

最后，重视修复工作完成后纸质文物保存方式的研究。纸质文物经装裱修复后更应妥善保存，存放的地方要考虑防潮、防蛀、防鼠、防霉烂、防污损等。存放时要平放，切勿竖置，更不要在书画上面放置重物。如果有条件，可配制匣盒，并在盒内放些防虫药物和吸潮剂。

综上所述，笔者认为文物修复是对已损文物进行技术处理，使其病害消除、劣化现象受到控制、毁损部分得以恢复的工艺过程。不论其采用的是传统技术还是现代技术，都是文物修复技术。而将现代西方修复理念融入到中国传统的纸张修复中，使传统修复保护工作更具有科学性，其意义是十分重大的。

参考文献：

1. （唐）张彦远：《论装背褾轴》，《历代名画记》，人民美术出版社，1963 年。

2. （明）周嘉胄：《装潢志》，人民美术出版社，1962 年。

3. 中央档案馆：《档案文件的修裱技术》，1965 年。

4. 杨正旗：《中国书画装裱大全》，山东美术出版社，1997 年。

5. 冯增木：《中国书画装裱》，山东美术出版社，2008 年。

6. 朱赛虹：《古籍修复技艺》，文物出版社，2001 年。

7. （意）恺撒·布兰迪：《文物修复理论》（中译本），2006 年。

8. （意）马里奥·米凯利、詹长法：《文物保护与修复的问题》（卷一），科学出版社，2005 年。

9. 郭宏：《文物保存环境概论》，科学出版社，2001 年。

10. 王成兴、尹慧道：《文物保护技术》，安徽大学出版社，2005 年。

试论馆藏青铜器的修复、保护及利用

——以镇江博物馆吴国青铜器修复为例

吴　芳

（镇江博物馆　江苏镇江　212002）

内容提要： 吴国青铜器是镇江博物馆的优势和特色藏品。长期以来，由于受修复水平、保护条件、保存环境等限制，这批青铜器一直未能得到较好的修复及保护，从而不同程度地存在着锈蚀、残破等缺憾。对残损青铜器的修复以及修复后的青铜器如何保护及利用是我们的一项重要工作。

关键词： 吴国青铜器　修复　保护　利用

中国古代青铜器经历了漫长的历史进程，由于受到自身材质、墓葬环境和出土后各种人为因素的影响，损毁严重。如何利用有限的资金修复保护好文物，使其更好地发挥作用，是博物馆文物保护的一项重要工作，同时也是博物馆科研工作的一大课题。本文拟就镇江博物馆馆藏吴国青铜器修复、保护和利用的实践谈点看法。

一　馆藏吴国青铜器现状

镇江是吴文化的重要发源地和西周时期吴国的政治、经济、文化中心。吴国青铜器是镇江博物馆的优势和特色藏品，迄今出土的吴国青铜器有近八成藏于我馆，主要有礼器、乐器、兵器、车马器以及农耕生产工具等。其中有不少是国内孤品，如西周时期的凤纹尊、鸳鸯形尊、飞鸟双耳壶等。这些文物充分体现了吴国青铜文化的基本内涵和高超的青铜冶铸技术。以剑、戈、矛为代表的青铜兵器，更是质精物美，为人所艳称。

青铜文物的腐蚀取决于两个因素，即文物自身材料的特性和文物所处的环境。考古出土的青铜文物能否保存下来，在某种程度上取决于它的抗腐蚀性及所处的环境。环境中有能影响青铜文物腐蚀的因素，如温度、湿度、有机体、光等。腐蚀的产生往往是各种环境因素并存时产生的协同效应。再加上墓葬塌陷、挤压、碰撞以及出土后各种人为因素的影响，往往使青铜器支离破碎或发生变形。长期以来，由于受修复水平、保护条件、保存环境等限制，这批青铜器一直未能得到较好的修复、保护，从而不同程度地存在着锈蚀、残破等缺憾，这在影响其自身价值的同时，也或多或少地影响了博物馆的陈列、科研等工作。馆藏吴国青铜器存在的问题主要有：粉状锈严重，且有渗透、漫延和"传染"的趋势；出土时残破或残缺的文物，初始修复时存在欠规范或过于粗糙、局部覆盖花纹或纹饰翻范有误等问题；有些重要文物局部缺损；残破或残缺不甚严重的文物需要清洗、去污、去锈、修复等。

二 青铜器修复和保护的实践

藏品的修复工作必须以保护藏品为前提，任何违反藏品修复原则的行为，对藏品的修复不但不能起到保护作用，而且还会导致藏品的损坏。文物藏品保护与修复工作大体包括两个方面的内容。首先是控制文物保存环境，把文物存放在较适宜的环境中。其次是修复，当文物出现损毁时应按照科学的方法及时修复。科学的保养与修复工作是文物保护与修复中相辅相成的两个方面，没有前者，后者则是徒劳的。当文物经过修复后仍存放在环境恶劣的地方，文物还会继续发生变化。所以，文物的保护是环境第一，修复第二。

能否对吴国青铜器文物进行科学保护以实现永续利用，成为我们不可回避的课题。2007～2009 年由镇江博物馆与南京博物院共同申报的"吴国青铜器粉状锈治理与修复保护技术应用研究"是获江苏省科技厅批准立项的科技项目，将最新科技成果首次应用于吴国青铜器的修复保护，以达到有效治理和预防粉状锈再生的双重效果，恢复青铜器良好品相。

文物修复的过程本身也是文物再研究的过程，是一项综合了多种学科和实用技能的研究性工作。由于每件文物的病害、损害程度不同，采取的措施、方法也不同，所以文物修复工作要根据每件文物的具体情况制订不同的方案。为了有效地修复、保护这批青铜器，使之为展陈、科研发挥更大的作用，我们在对馆藏青铜器进行初步检查后，针对不同的情况提出了不同的修复方案：粉状锈急需去除，并采取一定措施防止其渗透、漫延和"传染"；严重锈蚀、残破或残缺、有一定展陈和科研价值的文物需要修复，初始修复欠规范的文物重新修复，重要文物局部复制；对部分残破或残缺不甚严重的文物的清洗、去污、去锈、修复等提出指导性意见。

粉状锈的生成与青铜器的成分有一定的关联。青铜锈具有层状结构，紧贴着青铜基体有一层红色的氧化亚铜，这种氧化亚铜特别容易和空气中的水、氧气发生反应形成粉状锈。粉状锈如同人体恶性肿瘤一样，具有极强的危害及传染性，会迅速扩散至青铜器内部，将整个青铜器慢慢腐蚀成粉末。同时，粉状锈还会通过飞沫传播，使整个库房里的青铜器都受到"感染"。因此，青铜器的粉状锈被文保专家称为青铜器的"癌症"。此次保护对馆藏的吴国青铜器分批进行了修复、清洗，并对粉状锈进行了治理。该项目首次采用 AMT 新材料和 ACN1 新试剂，运用无铅焊接等新方法，对残破、变形青铜器进行了成功修复，对粉状锈进行了彻底治理，对脆弱青铜器作了加固和封护，使青铜器整体品相有了较大改观。应用此项目修复的馆藏 211 件吴国青铜器，养护后在青铜器器表形成无色无光的保护膜，有效地控制了粉状锈再生。

使用新材料保护原材料，绝非取而代之，因而要考虑其可逆性，保留文物的各种信息，不能只考虑到它的外观价值而损失其研究价值。国宝级文物凤纹尊，有巨大的价值和不可再生的基本属性。本着"保护为主，抢救第一"的方针，根据《中华人民共和国文物保护法》，在保护凤纹尊时采取稳妥、有效的保护思路，以达到最小干预的效果。对于凤纹尊缺损部分的修复采取以下基本修复原则：不改变文物原貌，保持历史真实性和展示艺术美感相结合的原则；最少干预原则；可逆性、可再处理原则；安全有效性原则；补全的可辨识性及协调性原则。由于水分对青铜器有许多潜在的危害，因此凤纹尊的修复没有采取整体浸泡在含缓蚀剂的水溶液中去除有害锈蚀的方法，而是采取了局部机械去除和 BTA - H_2O_2 溶液局部擦涂的方法，尽量减少水分与无害锈接触的机会。对于内层的有害锈，在不破坏纹饰和皮壳的前提下，采取机械方法去除，否则，采取有机氟树脂局部封护。最后用氟橡胶封护罩面以防水、防尘，并且可在一定程度上阻止氧气，减少电化学腐蚀反应的几率。

2010 年 8 月 8 日，江苏省科技厅组织专家对镇江博物馆承担的省科技支撑计划项目"吴国青铜器的粉状锈治理与修复保护技术应用研究"进行验收。专家一致认为，镇江博物馆青铜器的粉状锈治理与修复技术达到了国内先进水平。

三　青铜器修复与保护的思考

1. 营造良好的文物保存环境

文物修复和文物保护是两个紧密关联的内涵不同的名词。文物保护工作首先是控制环境，把文物放在较适宜的环境中；其次是修复。科学的保养与修复工作是相辅相成的，没有前者，后者则是徒劳的。修复了的藏品放在恶劣的环境中，仍然会继续损坏。

文物损坏的因素及过程相当复杂，往往不是单一原因所造成的，而是多种因素相互影响、相互作用的结果。除文物藏品本身物质结构的不稳定性以外，还受着客观环境的影响。如温湿度、光线、空气中的有害气体和灰尘、虫、霉、鼠害，以及管理和修复方法不妥等自然和人为因素，都会造成文物损坏。就青铜器而言，温湿度变化对此影响更为重要。青铜器在墓葬里的时候，虽受地下水的影响，但环境变化不大，它已与周围的环境基本达到平衡，产生适应。因此，虽有继续变化，但变化是缓慢的。经修复处理后的青铜器如未能及时地采取有效的防护措施，让其在大自然的环境里随着气候的一冷一热、一潮一干的反复变化，必然又会诱使青铜器内部不稳定的因素加速变化。为此，我馆从 2007 年起对库房进行改造。库房采用恒温恒湿自动调控系统，库房内设置温湿度检测仪表，对藏品保存环境实行有效监控。修复后的青铜器及时放置在恒温恒湿的环境中，将文物库房的相对温湿度控制在有效的范围内，极大地保证了修复后的青铜器的安全。由于粉状锈会通过飞沫传播，为避免库房里的青铜器交叉"感染"，给所有修复青铜器制作相对"封闭式"囊盒，使每件文物又有了第二个个体环境，阻止外界潮湿空气和有害物的侵蚀，使文物保存在相对稳定的温湿度环境中，以此减轻外界环境的影响。为有效地保护青铜器，今后将严格文物、管理人员出入库制度，严禁外界因素影响内部环境。加强库房的科学化管理，控制温湿度。增加展厅的恒温恒湿系统，对陈展青铜器进行有效管理。完善管理制度，库管人员定时检查、监测变化数值，做好记录，并随季节的不同调节温湿度控制设备。

2. 在保护中有效利用

文物保护的过程要贯穿于文物的陈展、入库以及运输等各种存放状态中。文物如何在保护中得到有效的利用，使文物既发挥其应有的作用，又不致文物甚至修复的文物再次被破坏，这也是不得不引起重视的问题。镇江博物馆以吴国青铜器修复文物作为基础，以"勾吴古韵——镇江博物馆吴国青铜器精品展"作为对外交流的平台，于 2010 年在杭州南宋官窑博物馆举办了交流展览。两年来已与南宋官窑博物馆、常州博物馆、无锡博物院、淮安博物馆、江宁博物馆和吴江博物馆等多家单位联合举办展览，使观众在商周礼乐间回眸青铜时代的匠心与古韵，重温中华物质文化的华彩乐章，同时也提升了镇江博物馆的知名度，使镇江博物馆馆藏吴国青铜器走向全省，走出江苏。

为了使青铜器在流动展览过程中不再因人为因素被破坏，我们严格文物出入库制度，对所有展出文物每次进出库进行全面检查，详细核对陈展清册，对破损修复情况详细记录，对装运文物的包装箱、捆扎绳、包装纸等器材严格检查。加强展厅的科学化管理，每次外出展览双方均就陈展内容、场所进行多次商榷，并对每一处陈展馆尽量做到实地考察，要求安保、陈展环境达到青铜器展出的标准。所有青铜器在运输过程中必须封闭式运输，独立囊盒、集装箱包装，平铺置放。布展时我们的专业保管人员全程负责，以确保万无一失。即使如此仍不可避免地出现一些意外情况，如一些新建馆由于工期短、时间紧，展厅的内部环境没能达到青铜器陈展的要求，对文物难免会造成一定程度上的损伤。运输过程中虽然考虑到方方面面，但长途运输也难免会有意外情况发生。这都为修复的青铜器再次损坏埋下了隐患。

3. 文物保护修复人才的培养

博物馆藏品应经常进行检查，发现文物损坏时应及时修复。这就要求从事文物保护与修复的工作人员，都应经过专门培训，掌握保护与修复文物的基本知识和技能。因而，培养造就一批文物修复保护工作者在博物馆文物保护工作中占有十分重要的位置，是对文物全面负责、确保文物长期保存必备的措施，也是避免文物这样的国有资产流失的强有力措施。

从文物修复保护角度来讲，一方面是文物保护修复资金严重不足，另一方面是文物保护修复人才短缺。因而，培养造就文物保护人才是博物馆面临的一项紧迫任务，也是保护文物的重要措施。镇江博物馆在与南京博物院合作的"吴国青铜器粉状锈治理与修复保护技术应用研究"课题中，把培养修复人才作为一项重要工作来做，在修复期间派专业人员全程学习，初步掌握了青铜修复的理论。但由于青铜器修复保护人员没有考虑如何进一步加强学习，以更新知识更好地熟悉业务、精通业务并提高解决问题的本领，也没有将其作为专项工作来做，所以没有后续发展。而青铜器保管人员由于种种原因又没能参加这次专业修复学习，这就使得藏品保管人员在日常工作中不能做到随损随修。今后的工作只能是：在实际工作中边学边干，提高技能水平；采取送出去培养的方式，让他们不断提高理论水平和技能，鼓励他们在技艺上多交流，提高文物修复保护技术；提高修复人员的待遇和地位，在各方面关心他们，使他们热衷于文物保护修复事业；鼓励督促文物保护修复专业人员努力工作和积极开展文物保护修复科研工作，多出成绩。

文物是不可再生性资源，做好文物的修复和保护工作，不仅是保护国家宝贵文化资源的需要，也是我们每一个文物工作者的重要责任。在实际工作中，我们必须正确处理修复和保护工作的关系，采取切实有效的措施，控制环境和不必要的人为因素对文物藏品造成的危害，努力把祖宗遗留下来给我们的历史文化遗产，完整地传给子孙后代。《国家文物保护科学和技术发展"十二五"规划（2011～2015年）》提出，尽快建立一个完善的技术体系，加强文物价值的认知，保证文物保护的真实性、科学性。包括文物保存、保护、修复以及相关的环境监测控制和治理，并逐渐建立和完善相关的规范、标准，以保证文物科技事业在科学化的道路上健康发展。该《规划》的提出，为文物保护科技事业的发展翻开了新的一页。

浅谈新形势下博物馆藏品保管与文物保护

邱晓勇

（南京市博物馆　江苏南京　210004）

内容提要： 馆藏文物是博物馆存在的基础，是博物馆可持续发展的重要保证，是具有历史、艺术、科学价值，反映一个国家或地区社会历史进程的实物见证。馆藏文物也是博物馆陈列、宣传、研究的依据。博物馆必须具备一定数量和质量的藏品。这些藏品是具有典型性和重要性的，负载着关于人类活动和自然变迁的各种信息，是对某种事物的实物见证。做好藏品的保管与保护工作是博物馆的首要任务。

关键词： 博物馆　藏品　保管　保护

随着经济的发展，江苏省大部分县市已经完全有能力对所辖博物馆馆藏文物保管与保护的硬件设施加以提升和改善。因此，各博物馆应结合本地经济文化发展的实际，从软硬件基础着手，改善馆藏文物保存环境，逐渐改进藏品保管工作。

南京市博物馆长年肩负着对南京地区古墓葬、古遗址进行抢救性考古发掘的重任。南京市博物馆自 1978 年正式建馆以来，馆藏文物不断累积，现有馆藏文物达 10 万余件。随着国家对文化事业，尤其是对文博单位软硬件设备的投入逐年增加，更好地结合当前的有利条件，做好博物馆藏品保管与文物保护工作，已成为博物馆藏品保管研究人员的首要任务。

一　建立科学合理的博物馆藏品管理制度

1. 健全规章制度，实行科学管理

《博物馆藏品管理办法》明确规定，保管工作要做到制度健全、帐目清楚、鉴定确切、编目详明、保管妥善、查用方便。要实现藏品的科学化管理，就必须要加强对藏品的科学管理理论和方法的研究。首先，加强并完善文物保管的基础工作，在实践中寻求文物保管的方法。藏品管理的主要任务是接收、鉴定、登帐、分类、编目、定级、建档、入库、排架、提用、注销和统计。每一个藏品管理者都要严格按照这些规定进行藏品的管理。藏品管理的目的：一是保护藏品的安全，防止丢失、损坏；二是方便研究、利用，使藏品的内涵价值转化为社会价值。一个博物馆的藏品少者几千件，多者几十万件、几百万件，如果没有一套科学的管理办法，就不能便捷地提供利用，也无法保证藏品的安全。博物馆必须根据上述要求，认真做好藏品的管理。其次，做好藏品登记和文物建档工作。藏品登记和文物建档是妥善保管和科学管理的关键，是检查藏品数量和质量的根据，也是国家文化财

产保管的法律依据。

南京市博物馆藏品的登记已经按要求建立起了一套完善准确的藏品登记帐簿，并由专人负责。帐本的登记、所有文物的进出库房都由专人进行登记保存。藏品的分类是藏品科学管理、整理研究和提用的中心环节。南京市博物馆历年通过发掘、征集等方式获得文物共 10 万余件（套）。这样大量的文物就需要在藏品保管工作中做到分门别类。藏品的分类是按一定的分类方法，把具有同一特征的藏品聚集在一起，不具有这一特征的区别出来，另行分类。这样一类一类地把全部藏品组织起来。分类的第一个目的是便于藏品的科学管理。博物馆的藏品有许多特点，如金银、陶瓷、纸绢等质地的不同。不同质地的藏品，所要求的保存条件不同，只有科学分类才能便于在实际工作中管理保护。分类的第二个目的就是方便文物提用和藏品研究。博物馆藏品数量巨大，必须分类，类下再分纲分目，才能便于查找，便于整理研究，提供利用。否则，要查找某件藏品，岂非大海捞针。藏品的分类需要先确定分类的标准，确定了标准才能制订分类的方法。根据藏品自然属性或社会属性的不同，可以分为不同的类别。博物馆的藏品不同于图书馆的书籍，无论国内还是国外都没有统一的博物馆藏品分类方法。南京市博物馆在长期工作实践中摸索出了符合本馆藏品特色的文物分类法。南京市博物馆将藏品分为考古发掘文物和历年馆藏文物两大类，考古发掘文物又分为专墓类和遗址类，历年馆藏文物又分为近现代史类、陶瓷类、雕杂类、金属钱币类和书画类。同时，为了加强文物安全管理，单独建立一个馆藏一级品和金银器类库房，并由部门主任专门负责管理。大件的石刻墓志由于库房存放不便，便单独建立一个石刻墓志库房。科学的分类工作为博物馆各项工作的开展提供了便利条件。

藏品入库后，保管员要进行藏品排架分类，排架后每件藏品都在库房中有了固定位置。因此，我们要求每个保管藏品的人员按此制订库房内藏品的方位卡，标明藏品在库房内的具体位置。藏品的方位卡和排架目录，由藏品的保管员编制、使用，并在库房内保管。文物安全是每个博物馆工作的重中之重，我馆通过不定期的检查和新老人员的文物移交过程，以抽查或全库文物清点的方式检查馆藏文物的数量、现状等情况，防止发生藏品丢失、损坏的现象。同时，经常组织藏品保管人员进行安全教育和消防演练，以达到妥善保管藏品的目的。

2. 积极借鉴现代化的管理经验

积极借鉴现代化的管理经验，运用 ISO9001 质量管理体系标准把藏品管理和保护作为一种"产品"进行严格监控，逐渐形成文件化、程序化、标准化的管理体系。我馆于 2006 年底申报国家 AAAA 级旅游景区，为达到申报条件，进行了全馆的 ISO9001 质量管理体系认证，文物藏品的保管工作也成为其中一项重要的运行内容，制订了与保管工作息息相关的管理目标。在 ISO9001 质量管理体系中，质量管理方针是一家单位或企业的最高纲领，涵盖着整个单位或企业的所有最基本、最关键的工作内容。在南京市博物馆的管理目标中，首先是"保护为主，确保安全"，即加强文物本体的保护，将馆藏文物保管工作上升为博物馆工作的重中之重。与此同时，博物馆保管工作所在部门每年也会制订相应的保管工作目标，作为每年保管工作的考量标准。为确保保管工作的有序进行，在现有的文物保管方式、方法的基础上，南京市博物馆在自身运行的 ISO9001 质量管理体系中专门制定了《文物保管的控制程序》，对馆藏文物的保护、提用及接收等作出了详细的分工和说明，以指导藏品保管工作，提高工作效率。同时，制定了保管工作的相关制度，除规定管理目标和程序文件对保管工作进行规范化外，还针对保管工作制定了《南京市博物馆藏品管理办法》，制定了藏品相应的记录表格，如《藏品入库凭证》、《藏品出库凭证》、《藏品方位卡》、《藏品档案册》、《藏品修复记录》等，并严格按照要求进行填写，保证文物安全和完好。随着ISO9001质量管理体系的运行，在博物馆内部对各项工作包括文物藏品保管工作的运行进行了规范化的审视和核对，改进了工作中存在的问题，并能够检验目前工作方法是否正确；通过不定期进行外部审核，以第三方的公正视角提出意见和建议。

近几年来，在与评审组专家的交流中，我们也学习了许多经验，改正了错误的观念。以前认为，ISO9001质量管理体系一般与企业生产有紧密联系，与博物馆等社会性事业单位关系不大，博物馆等社会性事业单位的工作不可能量化，缺乏评审的条件。在这几年的复核评审中，藏品保管的各项工作规范有序进行，每一项跟藏品保管有关的工作都严格按照控制程序进行。如库房使用称量金银的电子秤，要求每年都要有质量监督部门的检测报告，检测合格方能使用，以前的工作中则缺乏这种意识。与藏品保管有关的每一件事、每样使用的东西都要求符合ISO9001质量管理体系的标准。通过ISO9001质量管理体系审核，让我们从小事抓起，逐步完善工作中的不足之处。

3. 发挥藏品管理信息化系统的作用

藏品信息化是博物馆保管工作的一个必然趋势。要充分发挥藏品管理信息化系统的作用，利用电子设备科学地管理藏品。尤其是要借助这次全国馆藏文物普查来摸清自己的"家底"，利用馆藏文物信息管理系统来建立健全馆藏文物台帐。"文物调查及数据库管理系统建设"项目是由财政部、国家文物局共同主导，以摸清馆藏文物"家底"、提高文物管理水平为基本目标，以调查馆藏珍贵文物资源、采集文物基础信息为基本形式，以数字化的影像采集技术、数据存储技术和网络技术为基本手段的文化遗产领域的数字化基础工程。利用国家文物局开发的馆藏文物信息管理系统，形成了一套能够服务于各类博物馆文物信息采集、数据综合管理及应用的馆藏文物管理软件体系，让文博机构的文物保管工作走上信息时代。文物调查项目积累的数据成果，在文物保护、管理和利用工作中得到了多方面的应用。调查为每一件文物建立了电子档案，在统计、查询、研究时省去了查阅纸质档案等繁重的劳动，减少了由于搬动实物可能带来的文物损坏，大大提高了工作效率。南京市博物馆于2008年5月开始数据库建设工作，2009年7月底，完成了一、二级文物数据采集，同时开展了三级文物数据采集工作，2010年8月31日前，我馆完成了所有一、二、三级文物的数据采集工作，并上报省、市文物局。通过文物数据库的建立，在保管藏品的日常工作中，可以充分利用这套馆藏文物信息管理系统，快速查找文物的各项数据和藏品影像资料等。

藏品影像资料的采集是博物馆日常工作的重要内容。现在，各博物馆普遍缺乏影像资料采集工作的规范化意识。文物在考古发掘整理后将移交文物的收藏保管部门，在为藏品登记造册的同时，就应该进行文物影像等信息采集工作，逐步完善文物信息数据库，为今后文物的使用创造便捷的条件，减少今后的重复劳动和搬运文物的风险。同时，博物馆的藏品影像资源是一笔重要财富。虽然在数据采集的过程中人力、物力投入很大，但是从长远的眼光看，由于数字技术在资源数据保存、复制和传播方面的便利性，使得图片的使用越来越广泛。因此，总的社会效益和经济效益也很大。除了可以满足传统博物馆展示空间的需要，还可以促进社会发展，是提升博物馆社会影响力的重要手段。在图片影像资源的利用过程中，制定图片的使用规定，经过必要的审批流程，按规章制度办事也很必要，否则，数字影像资源复制的便利性，很容易造成博物馆影像资源的流失[1]。加强文物数据信息的管理，像对待文物藏品一样对待馆藏文物数据信息系统中的文物信息资源，也是我们藏品保管人员的职责。

二　合理利用现有条件进行藏品保护

1. 创造有利于藏品保存的环境

文物藏品维护的质量取决于其材料质地，更取决于它所处的环境，环境因素会影响藏品的寿命。文物保护技术有治和防两个方面，对已损文物进行修复和采取抢救性的技术措施是当务之急，但长期的工作任务是预防，即创造好的保存环境，尽可能使藏品不再发生自然损坏。为此，博物馆的环境应有利于藏品的保存，在库房收藏、陈列展览、鉴赏研究、养护修复等各个环节里，都要维持一个相对稳定的环境条件，使文物处于适宜的环境中。影响文物保存质量的环境因素主要有环境气候、空气污染、光线辐射、昆虫危害、微生物繁殖等。文物的损坏并非是某一种因素单独起作用，常常是几种因素相互关联，彼此影响。南京市博物馆地下库房建于 2000 年。在近几年的使用过程中，我们发现，相对于地面文物库房，地下库房在文物保存环境方面具有避光、隔音、防震效能好等优点。温度全年保持在 16 ~ 24℃，温度上下波动较小。地下文物库房处于地面以下，其安全防盗性大为增强。湿度是全年七、八两个月相对较高，最高时可达到 75% 左右，只要做好 6 ~ 9 月份库房抽湿工作，就能保持藏品全年在一个良好的保存环境下。我馆每类库房都配置了抽湿机，书画库房配置了两台恒温恒湿机。同时，还逐年采购了空气净化设备洁净屏等。通过逐年的文物库房专项经费申请，我们将逐步完善文物藏品库房的硬件设备，使之达到文物存放环境的要求。注意文物库房保存环境的监测，规定每位保管员进入各类库房时要记录温湿度变化情况，发现温湿度变化较大或超出保存的环境条件的情况，应及时向部门主任汇报，并采取有效措施控制环境温湿度。

2. 科学实施文物修复保护

在做好文物藏品预防性保护的同时，按照目前国内文物藏品保护方式以及南京市博物馆的实际情况，也需要定期对文物藏品进行修复和保养，以延长文物藏品的保存时间，使之便于研究和展示利用。文物藏品修复保护工作古已有之，由于受条件的限制，其传统的主流修复方法一直是靠手工操作，凭经验修复。随着时代的进步，逐步提升的中国修复保护基础研究不断与国际接轨。文物藏品保护理念、修复手段已经从经验走向科学，从传统技艺上升到理论和科学的层面。作为一门相对独立的技术，科学的修复原则和方法已成为保护文物藏品和利用藏品不可缺少的重要手段。

文物藏品修复档案的建立是修复过程中的重要环节，它最能体现出对文物藏品保护的高度责任感。过去，我们一直不太重视修复档案的建立，以致于很多修复行业的修复措施、修复材料以及修复部分等相关信息事后几乎无从查考，无法为后面的修复提供可靠的史料依据。而国外一般的图书馆、博物馆都保留有几十年前的修复档案，像英、法等国家的修复档案更是有百年历史。经过修复后又破损的文物藏品，再修复时往往就能依据过去的修复档案找到适用的材料，同时也保存了古老的修复工艺。现阶段南京市博物馆文物修复工作还存在几点问题：一是人员稀少，现有 2 名文保人员，急需引进文物修复保护专业人才，充实我馆修复保护队伍；二是工作场地狭小，没有专用文物修复保护实验室，文物的修复保护基本上都是在办公室完成，文物安全存在隐患；三是缺少专用修复保护设备，虽然逐年有所购进，但是与市级馆有所不符。希望在"十二五"期间政府加大对博物馆尤其是文物修复保护的专项投资，尽快建立一所具有影响力的区域性特色鲜明的修复保护实验工作室。

三　结　语

近几年来，江苏省博物馆事业得到迅速发展。据统计，2009 年江苏省文化、文物系统的博物馆共有 111 家[2]。这些博物馆发挥着保护和展示文化与自然遗产、开展社会教育、提供休闲娱乐的功能。面对新形势下博物馆生存发展的新环境，寻求博物馆事业健康发展的道路，是摆在我们面前一个亟待研究解决的重要问题。加强博物馆理论和工作方法的研究，不断探索博物馆的自身规律，培养博物馆专门人才，是发展博物馆事业的根本途径。南京市博物馆在几十年来藏品管理与保护实践中，逐步将藏品管理工作纳入科学的管理体系之中，并不断推陈出新，以实现藏品科学管理和合理利用。在藏品修复保护方面，在配合做好国家、省、市课题情况下，积极培养人才，研究新的文物藏品修复保护方法，以进一步做好藏品的保护工作。

注释：

［1］ 胡锤：《故宫博物院的信息系统建设》,《东南文化》2010 年第 4 期。
［2］ 王惠芬：《江苏省博物馆建设调研情况报告》。

藏品数字化与藏品档案管理之间的相互影响

——以苏州博物馆为例

朱恪勤

（苏州博物馆 江苏苏州 215001）

内容提要： 藏品档案围绕藏品而建立，规范地记录藏品征集、鉴定、登记、管理、保护、研究等一系列活动，为相关学科研究提供依据。数字信息技术的日趋成熟，为博物馆藏品档案数字化管理和应用奠定了良好的基础，并对进一步规范藏品档案建立，发挥馆藏文物的资源优势，开展博物馆各项业务工作，最终实现藏品资源共享起着十分重要的作用。

关键词： 藏品档案 藏品数字化 藏品总帐

截至 2010 年底，全国登记在册的博物馆已达 3020 个，文物藏品 2864.22 万件（套）。通过合理、有效地登记著录，加强对藏品的管理和利用，一直是我国博物馆工作者不懈努力的目标。我国博物馆的藏品档案工作大体经历了纯纸质档案管理和数字化与纸质档案管理并重的两个阶段。本文主要以苏州博物馆藏品数字化工作为例，对其各个时期中与纯纸质档案管理工作之间产生的相互影响作一简要介绍。

藏品数字化的最终目标就是要实现数据共享，这是信息社会最基本的特点。博物馆藏品数字化作为对藏品实体及其所关联的 2D、3D 乃至将来 4D 信息的数字化记载，对真实、完整地记录藏品这一特殊载体所蕴含的多方面的信息具有重要意义。

苏州博物馆藏品数字化工作起步于 1999 年，主要工作就是对所有藏品卡片内容逐一录入 Excel 表格，至 2006 年新馆建成前这一工作已基本完成。在此基础上，苏州博物馆建立了自己的藏品信息管理系统，并不断把已经完成的 Excel 表格的内容往藏品系统中录入。此项工作一直在按部就班地进行。2009 年，应国家文物局要求，同时引入了"馆藏文物管理系统"，启动了"文物调查及数据库系统建设"项目。笔者经历了这整个过程，在此，就苏州博物馆藏品数字化工作发展过程中几个重要的阶段，以及藏品数字化与传统藏品档案管理之间所产生的相互影响进行说明。

一 纸质总帐数字化阶段（1999～2006 年）

这一阶段，苏州博物馆藏品数字化工作只是对纸质总帐进行数字化，并不是藏品的数字化，使用的是 Office 软件中最常用的 Microsoft Excel 及 Microsoft Access。

　　前者是一款电子数据表程序（进行数字和预算运算的软件程序），内置了多种函数，可以对数据进行分类、排序甚至绘制图表等。由于此软件使用相对简单，目前在许多中小型博物馆中仍然广泛应用。苏州博物馆也不例外，在数字化工作初期，我馆结合藏品卡片与总登记帐的格式设计了一个 Excel 表格，统一录入藏品信息。表格仅包括收藏日期、分类号、品名、单位、数量、时代、质地、品级、特征、尺寸、完残、来源、备注、方位等 14 项信息。

　　这一阶段，数字藏品档案仅仅作为传统藏品档案管理工作的辅助手段。由于数据项较少，填写内容受填写人主观意志影响较大，填写内容没有一个统一标准，因此录入表格后的数据只能用于简单查询。由于填写格式不统一，Excel 无法对其进行方便快捷的统计。2005 年，我馆按要求进行国家一、二级品档案上报工作时，Excel 软件的另一大弊端开始体现出来，那就是无法对大量的藏品进行批量制作单独的档案或表格。于是，Microsoft Access 首次被引入到苏州博物馆藏品档案管理工作，利用其强大的报表功能，减少工作量。此软件是由微软发布的一款关联式数据库管理系统，由于它的使用需要有一定的计算机专业知识，因此未被我馆作为藏品数字化的首要软件。

　　由于此时藏品数字化尚未得到充分重视，因此我馆仅仅是对总登记帐进行全盘复制，Excel 无法使藏品数字化在工作中发挥出应有的优势。尽管问题很多，但这为下一步苏州博物馆藏品管理系统的建立打下了基础。

二　苏州博物馆藏品管理系统建立运行阶段（2006 年至今）

　　苏州博物馆藏品管理系统以中国文物信息咨询中心组织编制的《博物馆藏品信息指标著录规范》为框架，结合原有的 14 个数据项作为建立数据库的依据。系统的投入使用，大大减轻了传统藏品档案管理工作，但也为藏品档案管理工作提出了更高的要求。

　　首先，要求文字填写统一。其中包含两个方面内容：一是文字书写的统一，二是内容的统一。中国文字博大精深，同一个字往往会有简体、繁体之分，又会出现各种通假字。在前人书写的过程中又会出现各种异体字。由于藏品数据库的内容往往是根据藏品纸质档案填写，因此要求总帐人员在填写纸质档案时就要规范文字书写，统一格式。内容的填写也同样要做到这点，例如，古人往往会为自己起多个字或号，在档案填写时使用哪一个，这就需要总帐人员对其进行明确。如果不注意这些细节，最终都会影响到系统的使用，特别是信息的查询结果。

　　其次，对于诸如质地、年代等字段应该严格按照《博物馆藏品保管手册》的要求进行填写。以苏州博物馆为例，在建立藏品系统时，工作人员对原来 Excel 电子帐中所有的质地进行了整理，发现里面有近 200 个不同的质地类别，仅与纸有关的质地就有 40 多项，如其中与"散金"有关的质地就分"散金"、"散金纸"、"散金笺"、"散金笺纸"等。这些项多为重复内容，但由于历任总帐人员没有统一的填写规范，因此造成了目前这种情况。如果直接将这些内容录入系统，将会影响到系统的使用，不论以哪一项作为查询条件，都不能得到比较完全的结果。在年代的填写上也存在同样问题。但是，为了尽量不去改动原有数据，经过对本馆资料的整理，结合各级人员的查询要求，在对原始数据不进行大幅度修改的基础上，我馆建立了一套内容比较完整的树状结构"字典"。仍以质地为例，我馆首先在根目录上建立了纸、针织品、动物、宝石、植物、复合等范围比较大的项目，然后在此基础上分门别类地逐级细化，尽可能将曾经出现过的质地种类按原样添加入其中。如此一来，既满足了用户的不同查询需要，又不影响原始数据。为了在将来的藏品数字化工作中不再出现这样的问题，我们在登录纸质帐时，各数据项就要严格按《博物馆藏品保管工作手册》的要求进行填写，不可随意定名定性，漫无准则。

由于传统纸质总登记帐内容的填写受填写人主观意志影响较大，因此如何将无序转化成有序，就成为软件设计开发者的一大挑战。同时，藏品管理系统的使用也为传统藏品档案管理工作规范化打了一剂强心针，但是，这仅仅是治标的工作。2009年，应国家文物局要求，我馆启动"文物调查及数据库系统建设"项目，这对整个苏州博物馆总帐管理产生了革命性的影响。

三　国家"馆藏文物信息管理系统"使用阶段（2009年至今）

"馆藏文物信息管理系统"是在全国博物馆范围内推广的软件，其使用目的与苏州博物馆藏品管理软件的使用目的并不完全相同。我馆的藏品数据库尽管包括了100多个数据项，但其内容仅是由原Excel表格中的14个数据项扩展而来，因此，该系统只将分类号、名称、质地设为了必填项，大部分数据项多为空缺，还有待整理录入。而"馆藏文物信息管理系统"则不同，其对内容填写要求较高，共有28个必填项，每一项又有相应填写规则，必须严格按照其执行，否则就会影响软件正常的使用。

由于历史原因，我馆的总登记帐以1960年为界分为"新"、"老"两本。原本应由保管员负责的分类帐统一由总帐室管理，保管员以电子帐册及卡片作为藏品管理的依据。这导致苏州博物馆藏品分类帐出现了35个大类、74个小类。以往的藏品数字档案中也无"总登记号"一栏，这直接影响了我馆对"馆藏文物信息管理系统"的数据录入。为了使苏州博物馆藏品总帐逐步走上正轨，使"文物调查及数据库系统建设"项目顺利进行，我馆结合馆藏文物实际情况，制定了《苏州博物馆馆藏文物总登记号及分类号规范化编号的若干规定》及《关于苏州博物馆馆藏文物总登记号及分类号规范化编号的实施细则》，开始对总登记账与分类账进行分离，在电子帐册的基础上将所有藏品按总登记号顺序进行排列整理，建立起完整的总帐册，使藏品保管更规范、更科学。

"文物调查及数据库系统建设"项目对我馆所产生的另一个比较重大的影响就是完成了我馆所有一、二、三级藏品的影像资料的拍摄。在完成两万多张照片拍摄工作的同时，根据《馆藏文物影像拍摄规范》为这些照片制定了编号规范。"32050001_总登记号_拍摄方位_（组件号）_拍摄序号"，其中组件号为1起始的数字，在进行一级品藏品数据制作时，曾被要求按"32050001_总登记号_拍摄方位_拍摄序号.总登记号.组件号"的格式进行图像编号。但是由于我馆总登记号最长可达11位，如此长的文件名在被要求复制到FAST32格式的计算机的指定文件夹中时将会导致文件无法拷入的错误，因此，对我馆内部使用的图片仍以前一种格式进行编号。藏品档案管理不仅仅是对平面信息的管理，更需要对其图像、影像进行管理，因此总帐工作的范畴将会逐步扩大。

四 苏州博物馆藏品数字化工作目标

随着"文物调查及数据库系统建设"项目的完成以及总帐管理规范的确立，我馆藏品档案管理工作的方向与目标更加明确。

1. 纸质总帐管理

首先，为了加强对等级藏品的管理，在文物等级中增加了"一般文物"。对一些有一定价值、但未能达到三级文物标准的藏品也进行编号入帐，以此调整藏品结构，使其更加规范，为我馆对落选品、参考品、处理品的重新鉴定、整理作准备。

其次，对现存所有藏品的入藏记录、注销记录进行整理，逐步建立苏州博物馆的藏品流水帐，以进一步完善藏品档案。

2. 数字总帐管理

首先，进一步熟练使用藏品系统来记录藏品的基本资料、影像资料、研究论著等一系列相关信息，同时通过权限设置，使馆内各部门根据各自的权限对博物馆藏品的专业信息以及展出、移动、拍摄、修复等信息进行登录、编辑、查询和统计。掌握全馆文物基础数据信息内容及其实时变化，方便了文物的研究和管理；对藏品进出库等一系列的审批实现网上运行，以此使与藏品有关的各项工作逐步向无纸化办公推进。

其次，着手对苏州博物馆藏品系统部分功能进行修改，其中包括：系统数据库结构的修改，如增加"流水号"数据项；增加系统功能，如增加图片的批量导入功能。在更改软件使用功能的同时，对一些字段重新进行定义并明确其填写内容。例如，由于原来的藏品系统一直沿用原有的分类帐号对藏品数据进行管理，因此系统需要同时使用"藏品基本部类"、"藏品子类别"、"分类号"三个字段来确定一件藏品。现在，系统只需要使用两个字段就可以了，我们结合国家"馆藏文物信息管理系统"，在多余出来的字段填写文物类别，使藏品得到更合理的分类。在实践工作中所得出来的修改意见可以使修改后的系统增加更多的实用性。

随着藏品数字化工作的推进，负责总帐的工作人员开始意识到数字化藏品信息所拥有的优势。藏品数据从表面上看是对藏品本身的描述，实际上更是对藏品这一特殊载体所蕴含信息的诠释。与藏品本身的唯一性和不可再生性相比，数字化后产生的信息是无限的，可共享的，而且是可再生的。现代的数字化藏品档案管理工作与传统的纸质藏品档案工作两者缺一不可。数字化建设不单纯是建立一个软件系统，它还包含着一套完善的管理体系。从根本上讲，"藏品数字化"是一个管理项目，只不过是通过数字化的手段去实施。随着单位环境的不断变化，博物馆在不同发展阶段所要解决的问题也就不同，这就要求博物馆藏品数字化系统不断地优化和升级。博物馆藏品数字化建设是一个有始无终的过程，藏品数字化与藏品档案管理之间不应相互抵触，在工作过程中会出现不同的矛盾和分歧，这就需要两者相互适应，相互合作。博物馆藏品数字化，可以实现博物馆从"实物导向"向"信息导向"的转变，实现"藏品实物不可再生，但数字化的藏品资源可以无限开发利用"的新模式，从而提升博物馆的公共文化服务能力，为博物馆事业的发展带来更广阔的空间。

论县级博物馆文化遗产保护
科学技术队伍建设

李国平　冯　铁

（金坛市博物馆　江苏金坛　213200）

内容提要： 文化遗产保护科学技术队伍的建设对于我国县级博物馆的发展有着重要的作用。目前文化遗产保护科技队伍存在人员数量相对偏少、学科构成相对单一、整体水平不高、重视不够及科技保护意识不强等问题。因此，必须完善机构设置，积极推进科研机构人事制度改革，建立开放合作的有效机制，充分发挥教育在人才培养中的作用，发挥文化遗产资源和人才资源的区域优势，为人才成长营造和谐公正的环境。

关键词： 县级博物馆　文化遗产保护　科学技术队伍

"科技创新，人才为本。人才资源已经成为最重要的战略资源"。建设一支创新型的高水平文化遗产保护科学技术队伍，是推动文化遗产保护事业发展、壮大、繁荣的关键所在，是建设文化遗产保护科技创新体系的关键所在。

一　文化遗产保护科技队伍的现状

建国 60 余年来，特别是改革开放以来，在各级党委和政府的领导和大力支持下，经过广大文化遗产保护科技工作者的共同努力，文化遗产保护事业获得了很大的发展，锻炼和培养了一支具有较强战斗能力的文化遗产保护科技工作队伍。2003 年，国家文物局为了加强全国文化遗产保护科技工作，在博物馆司设立了科技与信息处，负责全国文物、博物馆行业科技化、信息化、标准化的宏观管理工作以及拟制相关政策、法规和发展规划等。一些省份也相继成立了专门的文物保护科学研究机构，或在博物馆等科研机构中设立文物保护中心。文化遗产科研机构和人员数量大幅增长，2004 年全国文物科研机构的数量较 1996年翻了一番，从业人员增加了 57%。文化遗产保护科技队伍初步形成，拥有一批来自人文社会科学、自然科学、工程技术科学等不同学科门类的科研人员，通过学科交叉融合及跨学科、跨行业、跨部门、跨地区的广泛合作，在基础研究、应用研究、软科学研究等方面开展了一系列工作，取得了不少科研成果，掌握了一定数量的具有推广价值的文化遗产科学保护修复的关键技术和工艺。

1. 文化遗产保护科技队伍的主体分析

根据国务院《关于加强文化遗产保护的通知》："文化遗产包括物质文化遗产和非物质

文化遗产。物质文化遗产是具有历史、艺术和科学价值的文物，包括古遗址、古墓葬、古建筑、石窟寺、石刻、壁画、近现代重要史迹及代表性建筑等不可移动文物，历史上各时代的重要实物、艺术品、文献、手稿、图书资料等可移动文物；以及在建筑式样、分布均匀或与环境景色结合方面具有突出普遍价值的历史文化名城（街区、村镇）。"2008年，我市的金坛封缸酒、金坛刻纸、金坛抬阁被公布为全国非物质文化遗产。物质文化遗产包括可移动文物、不可移动文物和历史文化名城（街区、村镇）。在文物系统，可移动文物主要收藏于各级各类博物馆、考古发掘单位、文物管理所，因此博物馆、考古发掘单位、文物管理所是保护可移动文物的主体和责任者，同时也是采取科学技术对可移动文物进行保护的实施者和监管者。目前的科研机构主要为博物馆、考古研究所和文物管理所。不可移动文物绝大多数归国家所有，由依托不可移动文物本体专门成立的管理机构或其所在区域的文物行政主管部门负责保护，对其实施科学技术保护的主体为依托文物本体成立的管理机构和各级从事相关方面研究的古代建筑保护研究所、文物保护研究所。历史文化名城（街区、村镇）保护的主体为其所在区域的文物行政管理部门，对该文化遗产的科技保护需要城市建设、规划等部门的通力合作。我市三星村遗址被评为1998年"全国十大考古新发现"，薛埠土墩墓被评为2005年"全国十大考古新发现"。由以上可知，文化遗产科技保护实施的主体是博物馆、考古研究所、文物管理所、文物保护中心、古建研究所以及依托不可移动文物成立的管理机构等，这些机构中的人员则构成了文化遗产保护科学技术队伍的主力军。其中，博物馆、考古研究所、文物管理所、文物保护中心是可移动文物科技保护实施的主体，古建研究所以及依托不可移动文物成立的管理机构是不可移动文物科技保护实施的主体。省级科研机构引导其所在区域的科技发展，是我国科技创新的重要力量。

2. 文化遗产保护科技队伍与文化遗产保护之间存在的主要矛盾

我国文化遗产保护科技队伍已初步形成，但随着现代科技的发展和文化遗产保护领域出现的新情况，与世界上一些发达国家相比，与国内其他行业的发展水平相比，文化遗产保护科技队伍在人员数量、质量等方面与文化遗产保护现实的需求还有很大差距，主要表现在以下几个方面。

（1）科技人员数量相对偏少，需保护的文化遗产数量众多

我国是世界著名的文明古国，是世界古文明中心之一，拥有众多珍贵的历史文化遗产。根据国家文物局统计，我国现有重点文物保护单位2351处，馆藏文物1800多万件。此外，各省都有大批需要保护的省市级文物保护单位，文保任务相当繁重。如山西、陕西、河南三省是中华文明的发源地，悠久的历史遗留下丰富的文物资源，三省的考古研究所作为所在省份的考古发掘领军单位，每年配合基本建设进行了大量的考古发掘工作，出土了数量众多的珍贵文物，为我国的考古事业作出了很大的贡献。尤其是近几年，为配合南水北调工程，考古发掘任务更是繁重，但是文化遗产保护科技力量却相对薄弱。以2005年为例，三省的考古研究所开展了大量考古发掘工作，但是文物保护科技人员的数目分别为2人、12人和3人，其中具有高级职称的4人，具有研究生学历的4人，庞大的考古发掘数量与文保科技人员数量严重不成比例，导致大量出土文物得不到及时有效的保护。我国其他省份也普遍存在类似的情况，文化遗产保护科技力量的薄弱，极大地制约了文化遗产保护事业的发展。

（2）科技人员学科构成相对单一，文化遗产保护需多学科交叉

文化遗产保护涉及社会科学、自然科学、工程技术科学等学科门类方面的知识，既需要考古学、历史学等社会科学方面的知识，也需要物理学、化学、生物学等自然科学方面的知识，也需要建筑学以及规划等方面的知识。在日本、意大利、美国等国家，文物保护科研机构设立有化学研究室、生物科学研究室、保存规划研究室、地域环境研究室等。在我国，由于设立多学科交叉的文化遗产保护专业的高等院校寥寥无几，在文化遗产保护科研机构中设立多学科交叉的研究室更是屈指可数，因此文化遗产保护科技人员专业构成相对比较单一，自然科学、工程技术科学方面的人才较少。

（3）科技人员整体水平不高，文化遗产保护需高质量完成

文化遗产是不可再生资源，其不可再生性、不可替代性决定对文化遗产的保护不仅为当代服务，也为将来服务，必须制订缜密的方案，高标准，严要求，以确保文化遗产的完整性、原真性、永久性。但目前，由于种种原因，科技人员队伍整体水平不是很高，对关键技术的科技攻关能力不强，更是缺乏领军人物。无论是不可移动文物保护方面的资深科技人才，还是可移动文物保护方面的资深科技人才，都屈指可数。科技队伍力量薄弱，从业人员素质不高。学术带头人和高层次、高水平的研究人员特别匮乏。文物保护科技队伍中至今没有一名国家科学院、国家工程院院士。

科技人员的地域分布不是十分平衡。科技人员现主要集中在北京、上海、西安、敦煌等地，这些地区的科技保护人员几乎占全国科技保护人员的一半。这固然与文化遗产的分布和长期的历史原因有关，但是一些文物大省如河南省、山西省等的科技人员和科技保护水平与文物大省的地位很不符。而且，作为科技创新力量主体和骨干的省级科研机构，从人员数量和质量等方面来讲，都与保护的实际需求有很大差距，没有对其所在区域发挥应有的引领作用。

二　存在问题的原因分析

1. 重视不够，科技保护意识不强

近年来，我国文化遗产保护科技事业取得了令人瞩目的成绩，但是对科技保护工作仍然重视不够，运用科学技术保护文物的意识还相对比较薄弱。在2004年国家文物局召开的全国文物保护科技工作会议上，单霁翔局长指出，在文物保护科技工作中"科技意识普遍淡薄"，"对科技工作重要性认识严重不足"，"邓小平同志关于'科学技术是第一生产力'的科学论断，在文物保护行业仍存在着认识上的较大差距"，"在文物的调查、发掘、保护、研究、展示和传播中，存在忽视科学技术合理运用的倾向"。目前，绝大多数省级文物行政管理部门没有设立主管文物科技工作的机构，只是明确专人负责，甚至没有专人负责。文化遗产保护科技管理严重滞后，统筹协调不力。地级和县级文物管理部门和文物收藏单位利用科学技术保护文化遗产的意识相对更为薄弱。这是由于人才和设备的缺乏以及管理体制和机制所致。

2. 科研机构人员较少

建国以来，文化遗产保护事业虽然受到了社会经济条件等各方面的制约，但还是获得

了很大的发展，而将文化遗产保护提到重要议事日程、受到党和国家的高度重视则是近几年的事情。现在的文化遗产保护科研机构绝大多数是改革开放以后设置的，在数量上已经有了很大突破。但相对于文化遗产保护的艰巨任务和科技发展的整体要求，文物系统的科研机构、人员编制都显得较少，这造成了人员数量较少，无法满足保护的需求。同时，开展可移动文物修复工作没有经济效益，基本上是国家根据博物馆的需求划拨修复经费，很少有赢利。修复人员由于学历偏低和外语水平等的限制，职称评审也比较困难。因此，愿意从事可移动文物修复工作的人员也较少。

3. 文化遗产保护学科体系尚未形成

文化遗产保护没有作为一门学科纳入正规的高等教育。现在北京大学、南开大学等若干高等院校的文博学院，开设有考古学、博物馆学等专业。固然，在考古学、博物馆学等专业的课程设置中，涉及一定的文物保护科技方面的知识，但是没有针对器物、建筑、古代遗址、石窟寺等某一领域文化遗产的科技保护开设相关专业，如文物修复系、材料分析系、古遗址管理系、古建筑保护系等，致使学生所学的知识与文化遗产保护的实际科技需求有一定距离。文化遗产保护需要社会科学、自然科学、工程技术科学等多学科门类知识的综合运用，但在高等院校的专业结构设置中，缺乏多学科交叉知识的传授。设置有文化遗产科技保护专业的高等院校屈指可数，每年培养的有关文化遗产保护的科技人员极为有限，人才输送渠道不畅。

4. 在管理体制和机制方面存在问题

绝大多数的文化遗产保护科研机构为公益性事业单位，在现行的管理体制中，调入人才受编制、经费等各方面的制约，单位用人自主权有限，需要的人才无法调入，"固定人员与流动人员相结合的用人制度"无法真正实施，人才入口不畅。虽然现在绝大多数单位实施了聘用制度，但由于相关制度如辞职、辞退等制度不完善或执行不力以及社会保障措施不到位等，使人员出口不畅。没有采取有效的激励奖惩措施和绩效考核，没有营造良好的团结协助、勇于创新的科研氛围，科技人员的积极性和主动性没有得以充分调动和发挥。

三　加强文化遗产保护科技队伍建设的建议

1. 高度重视，完善机构设置，壮大科研队伍

各级文物行政主管部门应充分认识到科学技术在文化遗产保护中的核心地位和支撑作用，设立专门的科技管理机构，由专人负责，为科技人才的培养和文化遗产保护科技创新体系建设提供组织保障。鉴于目前从事科技保护工作的人员数量太少，建议积极争取人事主管部门的支持，争取更多的人员编制，壮大科技保护队伍。同时，在科研机构中，根据文化遗产保护的需求，并借鉴国际上一些成熟的做法，合理设置研究部门，如设置化学研究室、修复材料研究室、传统技术研究室等，培养和造就多学科交叉的专业人才。

2. 积极推进科研机构人事制度改革，建立开放合作的有效机制

全面实行聘任制和岗位管理，面向社会公开招聘科研和管理人才，严把进人关。人事制度改革的核心是实行聘用制。2000 年，中共中央组织部、人事部下发了《关于印发〈关于加快推进事业单位人事制度改革的意见〉的通知》，国务院办公厅于 2002 年转发了人事

部《关于在事业单位试行人员聘用制度意见的通知》，提出："在事业单位试行人员聘用制度，是用人制度的一项重要改革，是建立适应社会主义市场经济体制要求的事业单位人事制度的重要措施，对实施科教兴国战略和人才强国战略，调动事业单位各类人员的积极性和创造性，促进我国经济建设和各项社会事业的发展具有重要作用。"但在实际工作中，受计划经济管理体制的影响，目前不少人对聘用制的实行重视不够，认识不到位，有的单位没有签订聘用合同，有的单位虽然签订了聘用合同，但也只是一种形式而已。因此，应高度重视在公益性事业单位中全面推行聘用制，并制订配套的聘用管理办法，建立解聘、辞聘制度，畅通人员出口。坚持按岗位管理，一人一岗，岗变薪变。实行固定人员与流动人员相结合的用人制度，在充分调动和发挥固定人员积极性的同时，根据项目及工作需要，适当聘用流动人员，既可聘用高水平的专家学者，也可聘用工作辅助人员，加大用人制度的灵活性。建立灵活有效的分配激励机制，根据按岗位定酬、按任务定酬、按业绩定酬的精神，进一步搞活科研机构的分配制度，探索体现技术价值的科学合理的多种分配形式和办法，使科技人员的贡献、绩效与其收入挂钩。完善职称评审制度，实行评聘分开，可以低职高薪，也可以高职低聘。

3. 充分发挥教育在人才培养中的作用

加强科技创新与人才培养的有机结合，文化遗产保护科研机构应主动与高等院校合作，利用科研项目等灵活培养研究型人才；同时，科研机构可以根据实际情况聘用一定数量的本科生、研究生参与或承担科研项目，在实践中培养他们对文化遗产保护的探索兴趣和科学精神。加快文化遗产保护学科体系的建设，文物行政主管部门应积极与教育等有关部门协商，根据当前文化遗产保护科技现状的需求，合理地设置一些交叉学科，如文物修复学等，适当调整相关专业结构和课程设置；同时，在国家级科研机构设立博士、硕士学位授予点或博士后流动站，利用其人才力量，通过理论和实践相结合，培养研究人员。例如，法国巴黎第一大学、法国遗产学院等公立院校和科研机构设立有文物保管系、文物修复系等，用以培养专门的科技保护人才。采取多种形式，加强职业教育、继续教育与培训，可以与高等院校联合，进行学历在职培训；或自行利用专家力量，有针对性地开展业务培训。加强国际间的合作与交流，可以采取互派留学生或挑选潜力较大的年轻人到国外学习。

4. 发挥文化遗产资源和人才资源的区域优势，重点支持，重点培养

由于文化遗产资源和人才资源的区域分布不平衡，国家应采取重点投资、重点培养的策略，优先扶持文化遗产资源丰富的文物大省和人才资源雄厚的单位，优先扶持文化遗产保护科技创新的主体省级科研机构，突出区域重点和优势，采取设立重点科研基地、将人才送出去与请进来相结合或强强联合、强弱联合等措施，鼓励这些地区和单位更加重视科技工作，加大对科研的投入力度，并通过课题、项目或在职教育、国际合作等方法，锻炼和培养人才。应依托重大科研和建设项目、重点科研基地以及国际学术交流与合作项目，加大学科带头人的培养力度，积极推进创新团队建设。对核心技术领域的高级专家在工作和生活上要给予一定的特殊政策，使其全身心地投入科研工作。进一步破除科学研究中的论资排辈和急功近利现象，改进和完善职称制度，通过课题、项目以及自主研究等，抓紧培养和造就中青年高级专家，使优秀人才脱颖而出。

5. 营造人才成长的和谐公正环境

国家应加大对科技人才队伍建设和科研经费的投入，尤其应划拨一部分经费用于科技人员的自主研究和前沿技术研究，提高科技人员的自主研究能力和科技创新能力；在科研成果质量和人才队伍建设等方面建立科学合理的评价体系，按照公开、公平、科学规范、精简高效的原则，完善科研评价制度和指标体系，建立科技工作的人才评价体系，注重对人才的奖励，尊重科技人员，尊重科技人员的成果；完善同行专家评审机制，建立评审专家信用制度，加强对评审过程的监督，扩大评审活动的公开化程度和被评审人的知情范围，体现公平和正义；实行文物修复资质认定，引入市场竞争机制，运用招投标方式，确定有关保护单位或可移动文物修复责任人（单位）；制定有关文物修复和保护方面的专门法规，规范和约束文物修复和保护方面的有关事项；开展文物修复人员资质认定工作，包括非文物系统人员，经认定的文物修复人员可以面向社会开展修复工作并收取一定费用，以调动和发挥广大科技人员的积极性和创造性。

试论文化遗产保护
之南京名人故居的保护与利用

杨小苑

（南京博物院 江苏南京 210016）

内容提要： 南京名人故居作为一种文化载体，在南京这片钟灵毓秀、溢彩流芳的土地上，记述了一代代杰出的政治家、科学家、文学家、艺术家的独特创造，勾勒了一幅斑斓多姿的历史画卷。本文介绍了南京名人故居的分布和保护现状，探讨了南京名人故居保护的意义，并提出了南京名人故居保护与利用应采取的方法。

关键词： 南京 名人故居 保护 利用

在物质生活得到高度提升的今天，人们开始越来越重视文化生活。在经济建设如火如荼之时，城市的飞速发展给文化遗产保护带来了一些不良影响。文化遗产的保存与利用已成为人们日益关注的重要课题。文化遗产分物质文化遗产与非物质文化遗产。物质文化遗产是指具有历史、艺术和科学价值的文物、建筑物及遗址。名人故居作为物质文化遗产的一个类别，记录了对社会有一定影响的著名人物在各个城市的历史足迹。它的建造、设计、保存情况以及名人居住的过程等都见证了不同时代的文化缩影，留存了历史发展的印迹。名人故居的保护与利用，不应成为阻碍城市发展的绊脚石，而应成为城市的亮点与文化名片，并为不同的地域拉伸文化张力，彰显地域文明特色。

南京名人故居作为一种独特的文化载体，在南京这片钟灵毓秀、溢彩流芳的土地上，记述了无数杰出的政治家、科学家、文学家、艺术家的独特创造，勾勒了一幅斑斓多姿的历史画卷。建筑风格，折射出不同历史时期的建筑文化；文化内涵，激发着人们的爱国之心、民族自豪感，并能起到一定的教育作用。近年来，开发和利用名人文化资源，已成为国内众多城市彰显个性魅力、发展旅游经济的重要举措。很多城市逐渐意识到名人故居所带来的经济效益，开始大力打造名人故居品牌，但又逐渐走入一个极端：重复建设一些不具备历史和社会意义的所谓"名人"故居，甚至纷纷争夺名人故里的称号，以至硝烟四起，纷争不断。

名人及名人资源对城市的发展意味着什么？在城市建设中，如何对有形的和无形的名人文化资源进行有效的保护和利用？合理地发扬南京名人故居的文化特色，让古建筑的保护与社会和谐发展齐头并进，以更好地为人民群众服务，已成为南京文化大发展大繁荣事业中的重要组成部分。

一　名人故居何以定义

所谓名人，是指某一时代或某一地域有一定知名度的、对社会有一定影响的人。名人不仅包括政治家、革命家、军事家、科学家、文学家、艺术家，如王安石、徐达、郑和、鲁迅、于右任等；同时，对社会发展起到一定反向推动作用或与当政党派持不同政见的著名人物，他们作为反面人物，甚至是历史的罪人，对社会的发展也产生过重要影响，也应算入名人行列，如汪精卫等。由此，名人故居即指名人曾经居住的地方，包括名人的出生地、祖居房舍、长期生活工作过的住所以及虽短暂居住但却为其人生重要阶段取得重要成就的住所，主要依据名人居住时间的长短以及居住过程中所发挥的作用来界定[1]。一位名人可以在不同地域有居住地，同一住所也可以由不同时代的名人居住。因此，名人与故居并非是一一对应的关系，既可一对多，也可多对一。

名人故居不仅以具有时代特征的建筑形式见诸于世，具有较高的艺术价值与历史价值；同时它所折射的名人事迹、名人形象，又以无形的精神力量感化大众，体现了教育意义及研究价值。一个城市的名人故居，星罗棋布，汇聚云集，彰显了浓厚的地域文明与文化张力。

二　南京名人故居的现状

南京历史悠久、文化灿烂，是六朝古都、十朝都会，优美的自然风景与浓郁的人文色彩是无数帝王与名人向往的地方。据统计，南京国家级、省级、市级、区级文保单位所列举的名人故居有83处。再综合书刊媒体所报道的名人故居[2]，共统计出南京名人故居140处。其中，国家级文保单位3处，省级文保单位18处，市级文保单位50处，区级及区控文保单位12处。83处文保单位的名人故居按年代划分：清及清以前的建筑18处，民国建筑53处，民国后建筑12处；按区属划分：鼓楼区47处，玄武区12处，秦淮区11处，白下区9处，江宁区2处，建邺区1处，浦口区1处（表一）。

表一　　　　　　　南京名人故居统计表（不包括非文保单位）

文保等级		年　　　代		区　　属	
国家级	3	清及清以前	18	鼓楼区	47
省级	18	民国	53	玄武区	12
市级	50	民国后	12	秦淮区	11
区级及区控	12			白下区	9
				江宁区	2
				建邺区	1
				浦口区	1
总数	83	总数	83	总数	83

目前，名人故居散落于全市各区，保存状况参差不齐：有因政府投入资金，开建了博物馆并进行改扩建，而保存完好的，如甘熙故居；有建立博物馆，可是由于资金紧缺、人力不足等原因，闭门谢客的，如徐悲鸿故居、傅抱石故居；也有依旧作为民居或办公场所的，如刘芝田故居；甚至有些被屋主违法拆建并高价销售，对古建筑破坏严重的，如张治中公馆。法制不完善与资金不足、人力缺乏，造成了南京名人故居保护尚存在不少问题。

三　南京名人故居保护的意义

1. 彰显了南京城的文化内涵，提升了文化品位与情调

南京，历史悠久、底蕴深厚、名人辈出。无数著名人物在南京这座城市生活、学习和工作，沉淀了深厚的文化底蕴，为南京留下了独特的文化印迹。南京的文化底蕴，在某种程度上由这些在南京生活的知名人士所代表，这些知名人士所居住的故居也就成了南京文化内涵的有形代表，使人们对南京的理解逐渐从抽象的概念转到具体的建筑与名人事迹上。南京的文化名片与南京名人故居所体现的政治、经济、科学、哲学、美学等观念复合的各种文化元素紧密相连，昭示了南京文化的厚度与精神的深度，是南京文化软实力的重要体现。

2. 凝聚了名人的生活历程，起到了良好的教化作用

南京名人怀着满腔热血，带着一颗热爱祖国的心在南京这片土地上奉献自己，他们的敬业精神、爱国热情感染着今天的莘莘学子，起到启迪教育作用；抑或一些名人，他们在南京试图阻碍历史进步的脚步，最终在历史的洪流下无功而返，这样的无形文化同样也起到了警示教育的作用。南京名人故居如同一本本无言的大书，一曲曲无声的旋律，供人们欣赏、品味。

3. 名人故居的建筑形式浓缩了时代的特征，反映了时代的变迁

南京名人故居时代跨度较大，从西晋的周处故居到近现代的胡小石旧居，跨越了一千七百多年的历史。这些建筑形式多样、风格迥异，有群落式也有独居式，有"青砖小瓦马头墙，回廊挂落花格窗"，也有"新民族风格"的民国建筑经典范例。南京名人故居，浓缩了不同时代的建筑风格，反映了时代变迁的兴与衰。

四　南京名人故居保护与利用的方法

1. 尽快完善政策法规

文物保护法律法规建设近年来取得了长足进展，但仍有改进余地。许多在中国近代史上有着重大影响并保存完好的老城区建筑和名人故居，被一些只热衷于土地开发利用的开发商钻了法律法规不健全的空子而强行拆除。拆除以后，主管部门还因无法可依而难以处理，甚至存在有法可依却因法律意识淡薄而不依法办事的，从而造成对建筑的违法利用和损坏。

2. 深度规划开发方案

应结合南京市城市发展的长期规划，统一有序地开发利用南京名人故居。可针对名人

故居的不同属性，使用挂牌说明、兴建博物馆、创建名人街与文化街区以及开发南京名人故居旅游线路等不同方法，长期有效地保护与开发南京名人故居。

应深度挖掘名人故居的历史与艺术内涵，发掘其重要的历史、艺术和科学价值，对体现不同流派特点、艺术风格和时代精神的建筑载体进行深度解析，再现故居主人独特的文化氛围。

应针对不同人群开发不同的旅游项目。对于青少年，可建立青少年教育基地，扩展名人故居的人文教化意义；对于旅游者，可创建名人街、文化街，开设博物馆，进行良性地旅游开发，以开发带动保护，开发必须是保护基础上的开发；对于历史爱好者等有特别需求的人群，可定期或者不定期地组织人文活动，开发专题旅游项目，如南京画家之旅、红色旅游等，供人们走名人曾经迁移的路线，凭吊名人的丰功伟绩与高尚情怀。

从观众的角度出发，使南京名人故居的开发利用真正做到公众利益放第一、文化需求摆首位，以高质、精心的服务打造南京名人故居的文化品牌。

3. 注重激发民众意识

单霁翔曾说过："民众是文化遗产的主人。"保护名人故居，就是保护城市文脉的亮点，保护城市的历史。因此需要加强保护的宣传效应，增强社区居民的保护意识，以形成全民爱护南京名人故居的良好氛围。保护好名人故居，不仅仅是文物工作者的职责，更是全体市民的共同责任。我们注重激发民众文化遗产保护的自觉意识，构建有利于民间文化遗产保护的良性机制。同时应广泛听取公众意见，积极进行政府与民间的互动，鼓励与扶植民间团体参与文化遗产保护事业。

4. 寻求多元化资金来源

（1）寻求政府政策与财政支持

南京有部分名人故居已建立较大规模的博物馆或旅游景点，如甘熙故居、总统府、瞻园等，这些景点的运营与维护，在政府财政资金的投入与支持下，得到了良性循环。对于一些历史意义重大、有较大开发价值的名人故居，可借鉴相关经验，做到文化事业发展成果惠及于民。

（2）吸纳民间投资力量

政府可推出优惠政策鼓励民间信托或基金的形式，以加大民营资本对南京名人故居开发利用的投资；可在海内外向该故居的后代亲朋等争取赞助支持；也可采取市场运作的模式，在故居受到保护的前提下，谁开发谁收益，使名人故居的保护与开发进入良性循环。

（3）与市场相结合建立民营博物馆，利用现有文化资源，开发旅游产品

我们在欣赏名人故居的文化遗存、追思先人的精神风貌与辉煌业绩的同时，还应努力创新，挖掘名人故居的文化内涵，开发一系列文化产品与特色服务，以实现参观、游览、娱乐多功能，满足游客多样化的需求。

在这一过程中，我们要注意发挥政府和主管部门的主导作用，严格规范资金用途，明确名人故居的开发方向，真正做到保护为首、综合利用、惠及大众。

5. 适度开发文化资源

目前，很多城市已认识到名人故居的市场前景，对于它的旅游开发越来越重视，名人故居受到了前所未有的瞩目与关心。然而，由于区域性发展缺乏统筹规划的局限性，很多

地方打起了"名人故里"争夺战，甚至使名人故居陷入了纷争门，使名人故居的保护走入了一个极端。名人故居的开发利用固然需要重视，但如果各个城市联合举办深度名人游，将一位名人的多个居住地串联起来，面向旅游市场，合理开发，将会达到双赢的结局。

对于没有评上文保单位的名人故居，依然需要给以关注与保护。单个的名人故居对于城市文化氛围的提升，起到的意义有限，只有我们合理保护好整个城市一系列的名人故居，才会对整个城市的历史留存起到积极的作用。因此，对于非文保单位的名人故居，也需要引起足够的重视。

五　结　语

南京名人故居，作为南京形象展示的一张精致名片，具有重要的历史价值、艺术价值及教育意义，彰显了南京的地域文明与文化氛围。目前，南京名人故居分布广泛，资源丰富，在保护之路上，有成功的典范，也有亟需改进的空间。针对在名人故居保护方面存在的不足，我们应通过完善法律政策、制定长远发展规划、调动社会多方力量、吸纳多元化资金投入等措施，在政府、学者、专家及南京市民的多方努力与协调下，适度开发文化资源，提升服务品质，打造南京名人故居的文化品牌。

注释：

〔1〕崔丽：《名人故居保护研究》，《山西建筑》2008 年第 34 卷第 5 期。

〔2〕杨小苑、丁波、杨新华：《南京名人故居史话》，第 158～160 页，南京出版社，2008 年。

参考文献：

1. 张宝秀、成志芬：《北京名人故居保护现状及对策》，《北京社会科学》2010 年第 4 期。

2. 陈风雨：《浅谈名人故居的保护及其利用》，《福建党史月刊》2011 年第 4 期。

3. 秦红玲：《论名人故居的人文价值与保护原则——以北京名人故居为例》，《华中建筑》2011 年第 7 期。

4. 成志芬、张宝秀：《名人故居保护与利用的比较研究》，《北京联合大学学报（人文社会科学版）》2006 年第 4 期。

5. 蔡礼彬、王莹：《关于青岛市名人故居现状的调查与思考》，《兰台世界》2006 年第 22 期。

6. 夏令嘉：《上海名人故居建筑作为城市文化资源的意义及其保护和开发之综述透析》，《社科纵横（新理论版）》2010 年第 1 期。

7. 关睿：《简述名人故居保护在武汉市历史文化名城建设中的作用》，《法制与社会》2009 年第 12 期。

8. 龚良：《论南京"民国特色旅游"》，《南京社会科学》1995 年第 4 期。

9. 中华人民共和国国务院令第 377 号：《中华人民共和国文物保护法实施条例》。

10. 中华人民共和国主席令第 76 号：《中华人民共和国文物保护法》。

保护与利用的完美契合

——重新审视旧址博物馆

张　春

（史可法纪念馆　江苏扬州　225002）

内容提要： 国家文物局局长单霁翔在近期一次学术报告中阐述了广义博物馆的理论，其中对旧址博物馆作了言简意赅的分析。在当下文博事业蓬勃发展，文化遗产保护与利用得到高度重视的情势下，我们需重新审视旧址博物馆的意义及价值。本文拟从其性质特点、潜在价值以及保护与利用等方面，作简单分析和探讨。

关键词： 旧址博物馆　特点　价值　保护与利用

2011年6月19日，国家文物局局长单霁翔在中国博物馆协会第五届第二次会员代表大会上作了题为"广义博物馆理论与实践的思考"的学术报告。他站在博物馆学的发展前沿，论述了广义博物馆理论的一系列问题，明确地将文化遗产、不可移动文物置于博物馆的广义范畴来认识，列举了旧址博物馆、遗址博物馆、生态博物馆、社区博物馆、数字博物馆等博物馆类别。其中对旧址博物馆作了这样的阐述："实现保护性再利用的旧址博物馆：建筑是人类文化的重要载体，自从有了建筑活动开始，建筑就与文化结下了不解之缘。旧址博物馆一般是指利用历史建筑的特殊空间，展示社会发展、事件发生、人物活动历史瞬间的博物馆。旧址博物馆的旧址本身就是博物馆展示的主体，对其文化内涵加以挖掘，对其文化特色合理利用，是旧址博物馆成功的关键。"报告突破了传统博物馆馆舍建设和文物藏品保护的概念，把保护对象从可移动文物扩大到不可移动文物，使博物馆工作视野更加开阔，从更大范围来促进博物馆文化的影响和传播。笔者拟就"旧址博物馆"重新提出的意义以及其潜在价值和保护与利用等问题作一些探讨。

一　旧址博物馆与新建筑博物馆的区别及相互关系

旧址博物馆指的是利用负有特殊历史文化信息的古旧建筑而建立起来的各类博物馆。其中不乏历史上著名的宫殿、庙宇、园林、名人故居，甚至作为遗迹的火车站、厂房等。世界各地早期博物馆的诞生都起于旧址。如法国的卢浮宫博物馆、奥赛博物馆，英国的不列颠博物馆，中国的北京故宫博物院等。江苏省内的南京博物院、南通博物苑、南京市博物馆等都属于旧址博物馆。扬州的扬州八怪纪念馆、史可法纪念馆、朱自清故居、罗聘故居等亦属于旧址博物馆范畴。新中国成立以来，基于国家财力有限的实际情况，同时也遵循保护第一、合理利用的原则，自上而下建立了一大批旧址博物馆，在我国博物馆事业发展中发挥了不可低估的作用。

改革开放以后，随着我国经济的迅猛发展和广大群众日益增长的文化需求，各地纷纷兴建文博馆所，一座座独具个性的钢筋混凝土框架结构的新建筑博物馆如雨后春笋般地拔地而起。在这样的情势下，如何客观地认识旧址博物馆与新建筑博物馆的区别以及相互关系，显得十分必要。

1. 旧址博物馆与新建筑博物馆在使用功能、历史价值和艺术价值上互为利弊

新建筑博物馆的优点在于展示空间大而完整，服务设施齐全，一般为封闭式建筑，有利于陈列展览的更好表现，有利于文物保护，安全防范和消防工作的难度相对较小，工作人员服务和管理较为方便。而这些优点恰是旧址博物馆的缺陷。旧址博物馆一般建筑体量不大，门窗较多，布局分散，给展陈、文物保护、安防、消防带来了一定的难度。新建筑博物馆的缺点是一切为全新形象，馆舍布局较为单一，绿化造园较为现代，缺乏历史厚重感。而这些缺点恰是旧址博物馆的优势所在。传统古旧建筑和传统造园艺术相结合，给人一种浓郁的历史文化气场，自由灵活的空间布局散发出中国特色的书卷气。但是，两者的缺点不是不可以弥补和改进的。新建筑博物馆缺少历史味和艺术味，可通过建筑和环境设计来调适，可挖掘当地历史文化元素进行适当地运用，室内外空间也可以用传统元素来点缀和烘托。旧址博物馆的展陈可以因地制宜，以少胜多，出奇制胜地进行设计，安防和消防根据"三防"工作方针，通过精心设计和施工，也可以达到较为理想的要求。

2. 旧址博物馆与新建筑博物馆应当同步发展，相得益彰

目前，我国新建筑博物馆的蓬勃发展，是国力强盛的表现，是社会发展的必然，是文化繁荣的需要。尤其是在馆藏文物保护、陈列展览、公共服务等方面，它更符合老百姓文化享受的口味。而旧址博物馆既是世界各国的共同文化现象，更是中国必需的一种博物馆类型。作为文化遗产，作为不可移动文物，我国具有存量庞大的古旧建筑文保单位，这些不可再生的历史遗产，只有坚决而科学地加以保护，妥善合理地加以利用，才能长久留存并发挥作用。而作为博物馆来使用，是最好的保护办法。因此，旧址博物馆不仅以前有、现在有，随着各地老城区文化遗产保护工作的持续开展，将来还会有大量的古旧建筑被加以利用，还会有更多的旧址博物馆脱颖而出。

3. 要认识到新旧博物馆概念的相对性

今天我们讨论的旧址博物馆，通常是指已被列为各级文保单位的博物馆。但所有旧址都是由当年的"新"来的，今天的"新"即是明天的"旧"。新中国初期我国所建的一批博物馆恐怕也算是"旧址"了。因此，无论是新建筑博物馆，还是旧址博物馆，我们都要在使用过程中，维护保养好建筑及其环境。佳酿愈久愈香浓，何况是百年大计乃至更加久远的博物馆建筑呢？

二　旧址博物馆概念重提的现实意义及旧址博物馆的潜在价值

1. 旧址博物馆概念重提的现实意义

国家文物局局长单霁翔在《广义博物馆理论与实践的思考》学术报告中重新提出"旧

址博物馆"这一概念，笔者以为至少有以下几方面的意义。

首先，在我国已拥有一大批新建筑博物馆的情况下，应回过头来重新审视旧址博物馆的潜在价值。在广义博物馆理论指导下，应让旧址博物馆发挥出更大作用。新、旧两头都要抓，齐头并进，相得益彰，不可偏废。

其次，博物馆的价值在于拥有什么，能做些什么。旧址博物馆除了同其他博物馆一样拥有馆藏文物、专业人员等以外，最大的资源就是旧址。旧址作为文化遗产、不可移动文物，它就是最大的文物。它不是"馆"藏文物，而是承载该处特定历史人文信息的馆舍全部。这个文物的宝贵之处是在保护前提下可以长久使用。今天，我们从新的学术角度上看，就是要把旧址这一不可移动的大文物更加保护好，更加利用好，使它的综合价值最大化，在社会主义公共服务体系中发挥更重要的作用。

再次，对未来工作具有指导意义。随着全国各地旧城保护力度的不断加大，一批批古旧建筑将得到有效保护，保护性利用旧址的最好归宿就是建立旧址博物馆。对旧址博物馆加以足够的认识和重视，主动放大它的价值，激活它的潜能，发挥它的社会效应，是我们长期要做的工作。从这点上看，它对未来工作的指导极具前瞻性。

最后，阐明了旧址博物馆的整体性概念。旧址博物馆的建筑及其环境是该馆展示宣传和开展系列活动的完整空间。这是由旧址的既定主题和历史人文环境所决定的，这也是新建筑博物馆不能与之比拟的地方。这一点下文还将作进一步陈述。

2. 旧址博物馆的潜在价值

旧址博物馆的旧址，作为珍贵的文化遗产和庞大的不可移动文物，它与可移动文物一样，具有历史价值、艺术价值和科学价值。现分述如下。

（1）历史价值

国家文物局局长单霁翔在《实现旧址博物馆的保护性再利用》一文中对旧址博物馆作了这样的阐述："旧址博物馆一般是指利用特殊空间来展示社会发展、事件发生、人物活动历史瞬间的博物馆，通常可分为体现一定历史时期社会、经济生活的代表性建筑，重大历史事件发生的纪念地，承载某一传统文化的代表性建筑等类型。"根据这一定义，笔者以为旧址博物馆可以分为广义和狭义两种类型。广义的旧址博物馆是指所有保护性利用古旧建筑而建立的博物馆，"址"和"馆"的主题内容不一定相一致，如旧址内的综合类博物馆、工艺美术馆等；狭义的旧址博物馆是指"址"和"馆"的主题必须是一致的博物馆，如纪念馆、纪念堂、名人故居以及重要会址、工商业遗产旧址博物馆等。我们这里讨论的重点是狭义的旧址博物馆。特定的历史时空，特定的人物和事件，是旧址博物馆潜在的历史价值。比如：北京故宫（紫禁城）是我国规模最大的明清时期皇宫，宫内外发生的故事数不胜数；南京博物院内的旧址是民国时期的仿辽建筑，记载了1933年起蔡元培等人倡建国立中央博物院的艰难过程；扬州史可法纪念馆的旧址为史公祠堂和史公衣冠冢，史可法大义凛然的英雄气节和"扬州十日"的悲怆场景让人们浮想联翩；黄埔军校纪念馆、遵义会议纪念馆等旧址博物馆的旧址都把我们带进它们背后的历史情境，使人震撼，使人感慨。旧址博物馆的历史价值还在于它具有叙事性。这些故事都不同程度地在人生观、价值观等方面给人以启迪和感怀，绝大多数旧址博物馆已成为我国爱国主义教育基地，正在发挥着积极的社会教育作用。

（2）艺术价值

这里讨论的艺术价值重点还是放在旧址上面。尽管有的旧址还不是绝对意义的古建筑，但仍具有珍贵的艺术价值。如韶山冲毛泽东故居、遵义会议旧址、有重要影响的工商业遗产旧址等，这些旧址已成为影响一代一代人的艺术形象，完全超出了自身物质载体层面。艺术美感更侧重于精神层面，一旦见到它们就能引发一系列联想和感动。而古建筑类旧址的艺术价值则更多地体现了我国传统哲学和美学思想。中国古建筑及其环境十分讲究朝向、地势、山林风水，注重回归自然的意境构造，体现了"天人合一"的思想。中国传统建筑就是一幅画，以围墙为画框，通过四维空间的游走形式来完成审美，步移景换，情随境迁，玩味画作的每个角落，这是何等美妙的艺术体验。古建筑旧址的审美特征起码有三个方面。一是单体建筑巧妙而神奇的木构架结构，除支承荷载作用外，还有魔方般的装饰效果，配以门窗、罩隔、挂落、垂花等，加之大屋顶及顶部构件，形成中国独有的建筑美学符号。二是庭园式的组群布局，有对称的、散点的，或两者兼之的。水系走向，假山造型，名树名花，围墙漏窗，路径铺设，亭台榭阁，廊轩桥池等，无不精心打造。形式美法则中的疏密、大小、高低、弯直、藏露等无不巧妙运用。三是丰富多彩的装饰效果。中国传统建筑在各个时代都有不同的装饰风格，装饰题材多蕴含富贵吉祥、平安如意、耕读传家等民俗寓意。形制和色彩南北有异，梁枋彩绘、砖雕、木雕、屋顶构件、门窗做法可谓争奇斗艳，美不胜收。总之，以古旧建筑为馆舍的旧址博物馆始终以得天独厚的艺术形象，吸引着无数人的眼球。

（3）科学价值

旧址博物馆中的"旧址"，其科学价值着重体现在两个方面。一是从建筑学、园艺学及相关学科的角度，对旧址及其环境进行科学研究，其目的是为了更好地保护好这一珍贵文化遗产，并从中提炼总结出我国传统建筑及造园技艺的真谛。二是对旧址背后隐含的历史文化信息进行科学研究。一个旧址就是一部电影、一部教科书，对其进行客观、全面、科学的研究，是博物馆专业人员的必修课目，研究的目的是为该馆展陈、宣传和社会教育提供可靠的学术支撑。

三　旧址博物馆保护性利用实践中可能出现的误区和积极对策

根据我国文物保护法的要求，作为不可移动文物，旧址博物馆的旧址保护与利用，应贯彻"保护为主、抢救第一、合理利用、加强管理"的方针。"使用不可移动文物，必须遵守不改变文物原状的原则，负责保护建筑物及其附属文物的安全"。对于旧址博物馆应如何科学保护，如何合理利用，经过世界各国许多年来的摸索，从理论到实践已基本形成较为成熟的经验。新中国成立以来，尤其是改革开放以来，随着博物馆事业的发展和博物馆结构的变化，对于旧址博物馆似乎仍存在一些困惑和误区，如果我们不能正视，不更新观念，势必会影响到文博事业的健康发展。在广义博物馆理论指导下，我们有必要重新审视旧址博物馆，使其在未来文博事业发展中发挥出更大的作用。现将可能出现的一些认识误区和积极对策分析如下。

1. 盲目放大旧址博物馆的缺陷

我们前面说过，旧址博物馆相对新建筑博物馆，有着明显的"软肋"，如防火、防盗、防腐蚀等问题，如果不积极作为，它确实会给我们带来不小的隐患。但是随着各地政府加大投入和政策支持，安防和消防的监控技术已不是难点，白蚁防治也完全能做到，只要加强"三防"工作，强化管理，明确职责，所有问题都会迎刃而解。对展示空间和文物库房的改善，除了在现有旧址空间中寻找文物保护的良策外，也可在不破坏旧址整体风貌的前提下，向周边或地下（尤其是北方）要空间。目前，我们许多博物馆已有成功的范例，原则是在空间规划和新建筑风格上一定要与旧址相一致。因此，在综合措施的保障下，安全使用旧址是没有问题的。

2. 重维修，轻养护

有的旧址博物馆在专项经费保证下，对古建筑进行大规模维修，并努力做到修旧如旧，这都没什么问题。但往往在一次大维修后，疏于日常维护和保养，且会在使用中不经意地对旧址造成损害。因而在旧址利用过程中，我们要持之以恒地实施保护，做到定期大维修，时时小维保，要像爱惜自己的身体一样爱惜旧址，让其始终保持健康的体魄。

3. 对旧址博物馆的展示宣传空间缺乏足够的认识

这往往表现为两种态度：一种是对旧房子缺乏信心，应付性地搞陈列，马马虎虎、得过且过；另一种是盲目攀高求全，试图学习新建筑博物馆的做法，唯恐手法不现代、不超前，声光电都想搞。前一种是不作为，后一种是不该为。我们应该清醒地认识到，旧址及其环境实实在在地是一个完整展示的至美形象，它最大的特点就是风格的高度一致性。因此，它要求展览陈设要有符合自身形象的艺术设计，这种设计一定要是量身定做的、古朴自然的、简约易识的、节能低碳的，是与旧址、环境同呼吸、共命运的，由经意的设计达到不经意的效果，给观众以亲切感、认同感和舒适感。这也正是旧址博物馆区别于非旧址博物馆的优势所在。

4. 对新出现旧址的保护性利用缺乏成熟经验

目前许多城市都在试图利用旧城保护中出现的旧址打造博物馆，从促进文化繁荣发展、文物保护与利用的角度看，这无可厚非。但由于操之过急，往往事与愿违。政府一次性投资维修古旧建筑，这似乎不难，但要建立、运作一座博物馆，将会面临一系列的问题，诸如房屋归属、使用权限、实际管理、人员落实、经费保障、安全措施、实际成效等，这些问题经常困扰着各级政府的建设、文化、文物、房管、财政等职能部门。由于问题错综复杂，往往造成旧址文博馆所开门不久便门可罗雀，甚至不得不关门打烊。就此类问题，笔者以为各级政府应研究制订可行性方案，一定要强调"可行"，在政策和经费等支持下，明确责权利，以公益性为主旨，确保新增的旧址博物馆运行的恒久性。

旧址博物馆是一个古老事物，今天我们之所以讨论它、分析它，目的是要在广义博物馆理论基础上，对旧址博物馆的价值有个更新更高的认识。旧址博物馆的最大价值就在于它的保护与利用的完美契合，历史文化遗产既得以更好地保护，又得以最好地利用。旧址博物馆如同遗址博物馆、生态博物馆、社区博物馆等一样，是博物馆"族群"中的一个重要角色，它使我国博物馆系统更加绚丽多彩，更加言之有物。从中国传统哲学和美学思想上看，旧址博物馆更符合人们陶冶心境、古今对话、回归自然等"天人合一"的思想，人们在传统文化的浸润中更能体会民族自信和自我价值。在保护性利用旧址博物馆的实践过程中，我们要走出认识上的误区，以全新的思想观念、积极的保障措施，精心营运好旧址博物馆。在确保安全的前提下，因地制宜地做好文物保护、科学研究、展示宣传、社会教育等工作，让旧址博物馆青春长驻，成为老百姓十分向往的地方。

参考资料：

1. 单霁翔：《广义博物馆理论与实践的思考》，《中国文物报》2011 年 6 月 29 日。

2. 单霁翔：《实现旧址博物馆的保护性再利用》，《浙江文物》2011 年第 1、2 期。

3. 《中华人民共和国文物保护法》第一章第四条。

4. 《中华人民共和国文物保护法》第二章第二十六条。

沭阳县文化遗址保护与利用

唐传涛　　周宝银

（沭阳县文广新局　江苏沭阳　223600）

内容提要： 沭阳县历史悠久，境内遗址具有分布较广、内容丰富、价值较高的特点。合理保护和利用这些历史文化遗址，将会获得巨大的社会效益和经济效益。本文就遗址保护与利用的关系、可采取的有效措施及存在的不足等方面展开论述，并提出一些保护原则和相关问题的对策建议。

关键词： 沭阳县　文化遗址　保护利用　对策

遗址是指人类活动的遗迹，一般分为地面和地下两类，也可以分为史前遗址、城市遗址、建筑（构筑）物遗址、陵寝、墓葬等。1972 年，联合国教科文组织在《保护世界文化和自然遗产公约》中对遗址下的定义为："从历史、审美、人种学或人类学角度看，具有突出的普遍价值的人类工程或自然与人联合工程及考古地址的地方。"[1]

沭阳县境内的文化遗址分布广泛、数量巨大、内涵丰富，具有极高的历史、文化和社会价值。近年来，随着沭阳县经济实力的提升和文化产业及旅游业的发展，文化遗产得到政府和群众的普遍关注。探索遗址景观价值，并创新性地开发与利用，使遗址以各种形式展现在世人面前，让文化遗址作为一种可持续资源在保护第一的基础上得到合理利用，显得尤为重要。

一　沭阳县遗址概况

沭阳县具有悠久的历史，建县已有2000多年，且是古城封邑所在，留有较多的历史古迹和文化遗址。沭阳县境内的文化遗址具有分布较广、内容丰富及价值较高三个特征。

1. 分布较广

大部分集中在沭阳县西部和北部地区。西部主要集中在沂河两岸高阜地区，包括悦来镇的红圩墓群和耿圩镇的小宅遗址，向南延伸至陇集、刘集两个乡镇，陇集至今仍有"九里十八墩"之说；北部主要以潼阳、新河、颜集、茆圩四个乡镇为集中分布区，以汉代遗址为主，代表性遗址有厚镇遗址、臧墩遗址等。另外还有一条重要的遗址带——以万匹乡境内的万北遗址为主，延伸至官墩、韩山等地。

2. 内容丰富

从新石器时代的史前遗址到近代淮北巨富、红顶商人程开聚故居，沭阳县历史文化遗址时间跨度长，内容丰富。从第三次全国文物普查的结果来看，我县共有 12 处新石器时代的遗址。20 世纪 80 年代第二次全国文物普查时，南京博物院考古队曾对万北遗址进行试掘。万北遗址的发现和试掘，是近年来江苏省新石器时代及商周考古的重要收获之一，为研究六千年前沂沭河流域的生态环境提供了重要的资料；程开聚故居则是研究晚清社会转型时期绅商家族兴衰的重要史料。

3. 价值较高

目前，沭阳县共有 15 个市级文物保护单位。其中，沭阳古城墙等具有较高历史、艺术、科学价值的历史文化遗存已经申报第七批江苏省文物保护单位。这些物质文化遗产承载着沭阳丰富的历史信息和文化内涵，具有较高的历史价值和史料价值。同时，部分遗址具有较高的观赏价值，如妥善保护并合理利用，可开发为旅游资源，从而实现价值增值和文化传承。

二 遗址保护与利用的现状

我国在 1999 年曾将"生态环境旅游"作为促销主题推向市场，强调的是"走向自然、认识自然、保护环境"[2]。当前，经济建设特别是城市建设对土地的高度需求，给遗址保护工作带来了严重挑战。

1. 遗址保护与利用的关系

从唯物观点看，所有的遗址景观保护之所以发生与发展，皆是因为它们对人类有用（教益的、情感需求的、物质的），保护的本质目的就是为了利用这些遗产为当代或未来的各种社会需要服务。沭阳县以"保护为主、抢救第一、合理利用、加强管理"为文物保护方针，对第三次全国文物普查中发现的新文物点，符合条件的立即申报为文物保护单位。在宿迁市政府公布的第三批市级文物保护单位中，沭阳县共有 13 处。我们为这些市级文物保护单位迅速建立了四有档案，使文物保护工作逐步走上正轨。保护的目的是利用，而利用的前提是更好地保护。沭阳县在遗址保护与利用上作了有益的探索，颜集虞姬故里、新河古栗公园已经成为县内重要的景观，遗址保护观念深入人心。

2. 遗址保护与利用的有效措施

沭阳县已把遗址产业化问题提上了议事日程。遗址产业作为第三产业一个相对独立的门类，在符合我县社会、经济发展需要的前提下，应更好地面向市场实行专业化、集约化、规模化经营。

（1）拓展投资渠道，克服保护资金短缺的困难

广泛吸收社会资金参与到遗址保护和利用中来。在严格遵守遗址保护原则的前提下，政府制定优惠的投资政策，以合作、合资、租赁经营等方式吸引资金。产业运作方式创造的经济效益，可以通过税收等形式返还到遗址保护基金，为遗址保护、科学研究和传承提供经济基础。遗址产业化可以从根本上增强遗址业自身发展的能力，减轻政府财政负担，弥补我县遗址保护经费短缺的不足。如沭阳县新河镇以百亩古栗园为基础，以花木生产为龙头，充分调动县外资金和民间资本，打造极具特色的生态旅游景观。2009 年，沭阳古栗林被省文物局评为"江苏省第三次全国文物普查十大新发现"。如今，该区内的苏北花卉盆景园和古栗公园已成为沭阳县重要的旅游景区。

（2）加速文化传播，有效发挥遗址价值

遗址是优秀的历史文化遗产，只有把这种优秀的历史文化广为传播，它的价值才能体现出来。与单调的事业运作模式相比，产业运作可通过制作影视作品、书籍、器物、纪念品等多种方式传播历史文化，更能有效发挥遗址的价值。比较典型的是沭阳县虞姬文化的打造。虞姬的故乡颜集镇，至今仍有霸王桥、虞姬沟、胭脂塘等遗迹，并有大量的美丽传说。沭阳籍作家通过小说、诗歌、散文等多种形式创作了多部作品，或赞美虞姬的美丽善良，或讴歌虞姬的忠贞不贰，使遗址的历史文化价值得到较大程度的发挥，取得了良好的社会效益。

（3）集文化、旅游、生态建设于一体

遗址的保护与利用要与城市总体规划、城市旅游规划、历史文化名镇保护规划等相协调。沭阳县将和虞姬文化有关的虞姬沟、虞姬庙、霸王桥、虞姬公园等的保护巧妙地纳入到城市规划中，整合后的城郊文化休闲园区将更有利于城市旅游、生态、文化等资源效能的发挥，让人从宏观上感受它的规模和气魄，从微观上体会它的优越和深邃。文化休闲园区建设具有文化意义上的深度和空间上的广度，更有利于沭阳县城市建设综合水平的提高。

3. 遗址保护与利用存在的不足

经验证明，沭阳县各类遗址受自身的不可移动性和众多其他因素的影响，在保护与利用上还存在一些不足之处。

（1）遗址受到城市建设的影响

文化遗址不仅要遭受自然破坏力的严重威胁，还要面对城市化进程的压力。文化遗址资源对社会经济发展起着积极的推动作用，但是，遗址保护要承受急速发展的城市化进程，特别是那些未经前期选址研究、论证审批和采取保护措施的大中型基础性建设项目（如公路、铁路以及其他基础性建设）的巨大压力。城市现代化建设中毁弃、变更遗址，都给遗址的复原重建带来了困难；不科学和不合理利用等人为因素所带来的负面影响，使得遗址保护与利用的难度更大。

（2）部分遗址展示缺乏标识性

始建于明代的沭阳古城墙，本身一些具有典故的古迹标识性不够，展示重点不够突出。比如围绕古城墙发生的战争、沭阳名人与古城墙的联系等历史趣闻未作详细说明，让人难以去深刻体味古城墙曾经的功能面貌，使其历史韵味显现不足。位于沭阳县悦来镇的汉代红圩墓群是一处大型砖室墓群，该墓群位于汉代墓葬集中区，由数十个墓葬组成，结构严谨，规模较大，墓葬所用墓砖之间有榫头连接，表面有几何纹饰，富有一定考古价值，但是缺乏对墓主人的生平事迹和墓葬结构防盗功能的标识。

三　遗址保护与利用的原则及对策

1. 遗址保护与利用的原则

文化遗址是人类文明的象征，在传播人类文明方面起着关键作用。沭阳县在处理遗址景观保护与利用的关系时，将其他成功案例与本地实情相结合，制定出符合本地遗址特点的保护原则。

（1）完整性原则

遗址景观不是孤立存在的。所有的遗址都与其所在的环境共存，割裂环境来看待遗址景观，会造成哲学上的片面性。脱离遗址所处的环境空间会失去或降低遗址价值，使其成为名副其实的废墟，进而降低人们的保护意识，造成不可挽回的后果。整体性主要针对的是大型遗址景观，如沭阳古城墙、墓葬群、古代工程等。遗址景观范围和结构上的完整性在很大程度上决定了遗址价值的高低。因此，维护遗址的完整性，使其能够客观真实地反映历史演变过程，才能为科学研究提供可靠的史料，才能充分发挥遗址的社会教育功能，才能最大限度地体现遗址的价值。

（2）原真性原则

原真性是国际公认的文化遗产评估、保护和监控的基本原则。遗址景观的展示利用应尊重历史，满足原真性原则。如果其原真性受到质疑，那么它的内涵和价值也就无从提起了。保护遗址景观的原真性，就要在充分了解其独特的历史、艺术、社会和科学价值的基础上，全面保存遗址信息，整治遗址环境，对已遭到破坏和干扰的部分采取有效措施加以保护。但是，遗址的保护应尽可能减少使用加固和维护措施，并且保护措施的使用应尽可能不妨碍以后采取更为有效的措施，从而使文化遗产尽可能真实地、完整地传下去。建于明代的沭阳古城墙遗址是沭阳历史的见证，至今已经过四百多年的洗礼，而保留至今的部分城墙还要经受城市现代化的冲击。为了保持古城墙的历史可读性和艺术见证性，沭阳县将古城墙的保护与城市建设相结合，在不影响古城墙历史文化价值的情况下，推动城市化进程。

（3）可读性原则

遗址是极其珍贵的可读性文化资源。人们可以从一个个真实而动人的故事中读出它们的"历史年轮"和文化演变规律。任何人都不能随意抹杀历史，用当代人的臆想去代替历史本来的面目。修建仿古建筑、重建和复原遗址都不符合可读性原则，甚至歪曲和篡改了历史真相。

（4）可持续性原则

遗址保护是一项长期的事业。遗址具有不可再生性，但其价值随着时间的推移会越来越大。可持续性原则要求在尊重原真性、完整性原则的前提下，正确地保护和利用遗址资源，充分发挥遗址景观价值，使遗址资源世代相承，实现永续利用。沭阳万北遗址、古城墙、郭圩遗址、袁枚故居、程开聚故居等的保护也应遵循可持续性原则，实现当代人和后代人共享遗址文化资源。

2. 遗址保护与利用的对策

（1）合理规划、大力宣传、依法保护

首先，在各级领导部门高度重视遗址保护与利用的前提下，相关部门认真做好保护规划工作，并采取有效措施保证规划目标的实现。其次，以乡镇文化站和村居农家书屋等为阵地，广泛宣传《中华人民共和国文物保护法》、《中华人民共和国土地管理法》、《中华人民共和国城市规划法》等法律和《国务院关于加强和改善文物工作的通知》，不断提高广大群众的遗址保护观念，形成全县范围内自觉保护遗址的良好氛围。最后，要制订适用于沭阳县的遗址保护方案，并强化监督机制，加大打击破坏文化遗址的违法违规行为的力度。

（2）发展科研、注重合作、加强管理

应把文物考古及其相关学科放在突出位置，重视文博考古人才的培养，并鼓励民间机构投入到遗址保护建设中来。遗址发掘要向抢救保护、生态环境建设、基础设施建设、特色旅游等方面转变，博物馆要加强与兄弟单位的交流与合作，积极引进先进的经验和技术，最大限度地实现合理保护与利用。此外，要严格执行国家《文物保护工程管理办法》等法规，做好技术、经济论证，并引入竞争机制，允许不同经济体参与项目投标。在科学规划的前提下，建立和完善质量管理和技术监督制度，定期检查、考核和评审项目实施情况，确保遗址保护工程质量。

（3）健全保障机制

根据实际需要，建立健全遗址管理机构，并提高其级别和权威性。重点遗址要成立较高层次的规划和工作委员会，由政府主要领导和著名专家主持，有关部门参与，定期研究、部署和检查工作。重点遗址项目应列入财政预算和基本建设计划，政府及相关部门按照权责划分，对遗址保护投入作出长期安排。此外，遗址保护要坚持以公益性投入为主导，在积极吸收当地文博团体参与遗址管理的同时，要多层次、多渠道、多方位地筹集资金，以保障遗址保护进程与质量。

四　小　结

遗址的保护与利用要坚持完整性、原真性、可读性以及可持续性等原则，采取有效措施，在为当代人提供丰富的历史资源的同时，还为后代人留下一笔宝贵的物质和精神财富，让历史在时空上得以不断延续。沭阳县文化遗址的保护与利用应遵循"保护为主、抢救第一、合理利用、突出特色"十六字方针，以实现将沭阳县历史文明发扬光大的目标。

注释：

［1］国家环境保护总局政策法规司:《中国缔结和签署的国际环境条约集》,学苑出版社,1997年。

［2］王陵茜:《论当代遗址文化保护区的保护与开发利用》,四川大学,2006年。

关于文物保护与发展旅游的思考

佘晓岚

（南京市明城垣史博物馆　江苏南京　210000）

内容提要：目前，文物保护与发展旅游之间存在着较为突出的矛盾。本文从文物古迹是重要的旅游资源及旅游可以促进文物保护的角度，探索文物古迹保护与发展旅游的新路子，以期达到对文物古迹合理有效的保护和永久的利用。

关键词：文物古迹　开发　保护　旅游

文物古迹是人类社会活动中遗留下来的具有历史、艺术和科学价值的遗物和遗迹，是人民群众智慧的结晶，是历史文化的载体，是人类宝贵的文化财富。如何保护好文物，是各级政府和各民族共同关心的问题。为此制定的大量法规及采取的措施，使文物保护工作取得了卓有成效的业绩。然而，现代群众性旅游活动的兴起和生机勃勃的旅游事业的发展，又为文物保护工作增添了新的课题。

一　文物古迹是重要的旅游资源

文物古迹是其所处时代某时、某人、某地、某事的客观资料，它所保存的一段历史的真实信息是可以被解读的。文物古迹不能被取代，毁坏之后是不可复得的，复建的文物古迹只能是我们所认识的信息，没有被认识的信息是不能被复建的。

文物古迹是认识历史、政治、经济、军事、科学技术、文化艺术、宗教信仰、风俗习惯等人类发展的重要资料，不同地区、不同民族、不同历史发展阶段拥有不同的文物古迹。丰富多彩的文物古迹是弘扬优秀传统文化必不可少的物质和精神财富，能够让人们长期、反复观赏和解读。它的价值在于历史性，在于历史长河中饱经沧桑阅历的丰富性和真实性。

探古求知是广大旅游者的共同心理。人们希望对自己的民族、国家乃至全人类的历史有所了解，对自己的民族、国家乃至全人类博大精深的文化有所体会，而观赏文物古迹是有效的途径。作为人类文化载体、反映人类发展历程的文物古迹给人以直观、形象、生动的感受，留给人深刻的印象。观赏文物古迹，使人们在游中学，边游边学，学得轻松、愉快、有趣。此外，文物古迹中大量的人类各发展阶段的绝世之作，能满足人们的好奇心，激发人们探古、探奇、求知的愿望和需求。文物古迹还以其史料作用、科技文化艺术发展的借鉴作用和民族传统教育作用，为科学考察旅游和教育旅游等专项旅游提供了有效资源。

我国是世界四大文明古国之一，有着五千年连绵不断的文明史，文物古迹比比皆是。文物丰富、古老的特点，决定了我国重点开发以东方特色文物古迹为主体的旅游资源，体现中国东方文化体系的一种神秘感。如南京不仅城内有六朝古都诸多的遗迹，而且还有雄伟的城墙、中山陵，更有总统府、梅园新村纪念馆、雨花台、侵华日军南京大屠杀遇难同胞纪念馆等一批近代历史遗址，这些在国内外有很高知名度的文物古迹，对南京旅游业的发展起了特殊的作用。

我们应从实际出发，充分利用文物优势，以文物古迹为主题，开发特色旅游系列，发展文物古迹旅游，以推动我市旅游事业的发展。

二　发展旅游可促进文物保护

文物古迹是不可再生资源，是旅游产业可持续发展的基础。文物保护与旅游开发并不是水火不相容的，而是一种相辅相成、互相依存的关系，是一种资源共享、协调发展的关系。利用文物古迹有条件地发展旅游，其本身也是对文物古迹资源的一种保护与开发。文物古迹只有被利用起来，才能真正发挥它的作用。特别是那些不可移动的文物古迹，也只有通过旅游才可达到用"物"说话的目的，才能充分体现其作为文物古迹的价值。在建设和谐社会的今天，我们更应该充分发挥文物古迹在弘扬和培育民族精神、促进中华民族伟大复兴以及建设社会主义先进文化中的独特作用。

文物古迹要保护，旅游要开发，旅游开发决不能以牺牲文物古迹为代价，要通过科学的规划来解决两者间的矛盾。规划必须要经过实地考察、讨论研究、精心设计、专家论证、行政报批、政府审议等严格的程序，才能付诸实施。只有这样，才既不会造成对文物古迹的破坏，又不会产生不利于旅游开发的后果。

笔者认为，南京对部分文物古迹保护与开发的做法值得研究和总结。如近年来，南京不仅搬迁了沿城墙一定范围内的单位和居民，而且还对城墙上下及周边环境进行了整治，修复了汉中门、解放门、神策门、中山门等围绕城墙的多个标志性地段，并向市民和游客开放，实际对城墙起到了很好的保护作用。又如，中山陵、总统府等历史遗址也搬迁了景区内的单位和居民，统一规划和修复了景区文物和建筑，恢复了植被，扩大了市民休闲旅游场所，也起到了保护文物的作用，深受广大市民的肯定。这些单位，将旅游收入的一定比例又投入到了文物古迹的开发保护中，实际达到了"以文物养文物"的效果，出现了文物古迹与旅游可持续发展的喜人局面。

由此可见，只要我们树立以人为本的科学发展观，运用科学的方法，建立科学的机制，在确保文物古迹安全的情况下，适度开发，合理利用，旅游开发是可以对文物古迹起到保护作用的。

三　探索文物古迹保护与发展旅游的新路子

在坚持以经济建设为中心，强调"发展才是硬道理"的今天，探索文物古迹保护与发展旅游的新路子显得更为迫切和重要。

第一，发展旅游必须以文物保护为前提。利用文物发展旅游已经成为各级政府和文博工作人员关注的重点。随着改革开放的不断深入，大家的市场意识、竞争意识不断加强，各级部门都把旅游作为一个新的经济增长点。这对文物工作既是一种机遇，又是一种挑战。文物部门一方面要趋利，利用文物发展旅游，为经济发展做分内事，主动进行文物旅游资源的开发，不要错过文物工作乘势而上的大好机遇；另一方面，必须明确文物古迹是特殊的旅游资源，具有唯一性和不可再生性，对它的开发利用一定要坚持以文物保护为前提，坚持原则依法办事，纠正和防止破坏文物古迹的违法行为。保护文物是为了更好地利用文物，发挥其长远的作用，实现其价值。在保护好的前提下合理利用，在利用过程中加强保护，是我们的原则。

第二，文物保护与发展旅游必须有章可循。不可否认，过度发展旅游，对文物保护是有一定副作用的。对文物只用不保，既不利于文物保护，又会损害旅游景观，从而降低旅游的社会效益和经济效益。如何尽可能地消除开发旅游对文物保护的负面影响，使文物保护与发展旅游的结合达到和谐、完美的境界，是各级领导和从事文博工作的同志需要考虑的问题。首先，必须将文物保护工作纳入发展旅游事业的长远规划之中。在制订发展旅游规划时对旅游区内的文物保护工作也应有明确、可行的规划，以指导和推动旅游区内文物保护工作的开展。其次，要建立一套完善的规章制度。做到对旅游景区不同级别的文物古迹选派不同造诣的专家进行经常或定期检查，除国家下拨专款用于文物保护外，还应明确从旅游收入中提取相当部分用于区内文物保护工作，以确保文物保护工作落到实处。再次，对一些文物在二氧化碳、湿度、温度、光照度等方面有特殊要求的，应严格控制客流量，防止超过最佳容量，防止游客对文物产生破坏并引起不良后果。此外，还要解决旅游过程中交通工具排放的废气以及服务设施排放的废水、废弃物等对文物古迹的腐蚀作用。

第三，文物保护与发展旅游必须编制专项规划。要遵循文物古迹保护的自身规律，做到统筹规划、宏观调控、积极利用。在制订旅游发展规划时，必须分层次规划文物保护工作，要充分考虑文物古迹的潜在发展优势，给文物古迹资源留下一定的空间，使之与自然环境相协调，做到可持续发展。要完善文物古迹保护体制，完善文物古迹旅游法律法规，加强地方性法规的执行力度，做到有法必依、违法必究、执法必严，确保文物古迹保护与旅游事业健康发展。要加强文物古迹保护的宣传教育，这不仅是文物管理部门的职责，更是全社会的职责，要通过电视、广播、报刊、网络等各种方式，向广大群众宣传文物古迹保护的严肃性和对旅游发展产生的作用，教育全社会自觉遵守文物古迹保护法规，推动文物古迹保护工作的顺利进行。

参考文献：

1. 陈涛：《在市场经济条件下对文物保护与利用的思考》，《湖南广播电视大学学报》2002年第4期。
2. 龚新：《文物古迹保护与旅游开发》，《地域研究与开发》2009年第6期。
3. 曾银香：《试论发展旅游与文物保护的关系》，《文博论坛》2010年第9期。

文化软实力提升的必由之路

——略论江苏博物馆书画藏品对江苏创建
美术巨省的重要意义

赵启斌

（南京博物院　江苏南京　210016）

内容提要： 江苏小康目标实现后，即将迎来江苏博物馆事业新的发展机遇。如何为社会提供一流的文化产品，提升服务社会的能力，将成为江苏省博物馆行业面临的一个重要课题。根据江苏地区长期形成的文化特征和社会心理，加强书画藏品的展示、研究和出版工作，对于提升江苏整体文化形象，创建文化强省、美术巨省，提升江苏公民的文化素质，具有相当重要的现实意义。

关键词： 书画藏品　展览　研究　出版

江苏小康目标实现后，即将迎来江苏博物馆事业新的历史发展机遇。如何大力发展博物馆文化事业，提供一流的文化产品服务社会，将成为江苏博物馆行业面临的重要课题。本文试对这一时期江苏博物馆书画藏品展览、研究、出版方面的相关业务即将出现的状况、变化以及面临的一些问题等略作阐述。

博物馆收藏的书画藏品是一种具有精神内涵和文化观念的特殊庋藏品，它不仅与青铜器、玉器、竹器、石器等一样，是器物文化的重要组成部分，也因其特定的书写内容、绘画内容，又具有精神文化的特征，是一种特殊的精神载体、文化载体和观念载体。"若书画卷轴，为前贤心画所寄"，因而不尽同于器物文化的性质。我国历来文、史、哲、诗、书、画并举，以此来概括人们的文化修养、知识水平和精神面貌，因而书画藏品可以看作是固化的文、史、哲、诗载体。小康目标实现后，江苏博物馆应将展示、研究和出版书画藏品放在突出的位置来加以认识和看待，这是由江苏长期以来形成的特定的历史、社会、文化条件所决定的。

由于特定的自然地理环境、社会政治条件和文化历史条件，历史上江苏地区的书画创作一直走在全国的前列，甚至在相当长的历史时期内在全国都曾经占据主导地位、中心地位，对中国书法史、绘画史的发展产生了极为深远的影响。因而江苏在历史上就已经形成了注重书画创作、鉴赏、收藏的社会心理和丰厚的社会土壤，书画艺术作为江苏文化的一个重要特色被保持下来。江苏进入小康后，这一社会心理无疑会因社会文化条件的新改善而被进一步激发，会因人民群众文化生活水平的不断增长而继续得到发展，从而促进江苏博物馆在书画藏品方面的整理、研究、展览、编辑、出版工作也不断得到加强。当然，随着江苏、全国旅游业的不断崛起，文化休闲这一具有新特点的时代的到来，对一流文化产品的消费需求也将会大幅度增加，这亦为博物馆书画藏品方面的文化消费带来新的发展机遇，也必将促使江苏博物馆书画藏品整理、研究、展览、编辑、出版工作的进一步升温。可以说，小康社会时期的社会现实对江苏博物馆书画藏品方面的一系列工作提出了新的硬性任务。

江苏是书画大省、书画收藏大省，历代书画作品在江苏博物馆的收藏品中占据重要的地位，这一点在全国都具有特别的优势。根据江苏省各级博物馆的书画藏品统计，江苏省所属各级博物馆收藏历代书画藏品已达数十万件，庋藏精品亦不下十万余件（尚不包括江苏省各级美术馆、图书馆、档案馆以及教育机构所藏书画藏品）。江苏博物馆的书画藏品以数量多、精品多的特色为全国所注目，因而是一笔非常雄厚的文化资源。在新的历史时期下，可以充分利用这一藏品资源优势作为推动江苏博物馆事业发展的一个重要支撑点。江苏博物馆书画藏品整理、研究、展览、编辑、出版工作的进一步强化，对于大幅度、整体提升人民群众的文化素质、审美境界，也必然会带来积极的影响。

江苏博物馆拥有如此庞大数量的书画藏品，无疑为策划推出具有特色的各种书画专题展览提供了藏品优势。小康目标实现后，要充分发挥书画藏品的资源优势，不断推出重大专题展览，积极扩大江苏博物馆书画藏品的文化影响力、辐射力，提升江苏地区的文化软实力。在推出的书画专题展览中，仅仅从"江苏历代绘画流派"这一角度，就可以推出丰富的绘画展览，如"董其昌画派展"、"徐悲鸿画派展"、"傅抱石画派展"、"李可染山水画派展"、"金陵画派展"、"江苏画派（新金陵画派）展"、"江苏花鸟画派展"等。以上所列不少绘画流派展览甚至还可以推出几种、十几种乃至数十种各种类型的专题展览。仅仅从"江苏历代绘画流派"这一角度就可以将江苏博物馆绘画藏品推出如此多的专题展览，尚不论以其他方式推出的绘画专题展览。如果再加上以江苏博物馆所藏其他地区历代画家的绘画作品推出的各种绘画专题展览，其数量必将更加惊人。

在书法类专题展览上，江苏博物馆也有自己独特而雄厚的优势。江苏博物馆所藏历代书法作品的数量和质量，在全国亦具有相当重要的地位。江苏地区在历史上自古以来就是书法大省，如果从三国算起，在江苏地区就已经诞生、活动着大批的书法家，如皇象、陆机、王羲之、陶弘景、萧子云、孙过庭、李邕、张旭、米芾、祝允明、董其昌、吴熙载、李瑞清、吕凤子、胡小石、高二适、林散之、肖娴等都是江苏历史上非常著名的书法家，尤其是王羲之、张旭、米芾、祝允明、林散之等人的书法，尤为人们所认可，王羲之、张旭更有"书圣"、"草圣"的美誉。在长期的发展演变中，江苏地区也产生了相当多的书法流派，为后世留下了非常丰富的书法作品。由于具有丰富的书法资源，因而江苏博物馆完全可以所藏历代书法藏品为对象，从书法流派或书法家个人的角度推出各种形式的书法展览，这也是江苏博物馆在小康目标实现后可依托的重要藏品资源优势。

江苏小康目标实现后，也有财力条件策划具有重大影响的专题书画展览，将为江苏博物馆书画藏品的展示提供更为广阔的展示平台。这一时期除江苏中小博物馆的书画藏品展示工作区域合作不断获得加强外，与省外各级博物馆在书画藏品展示方面进行合作交流、展示活动也必将得到更加积极的发展。此外，与港、澳、台地区博物馆的合作，与东亚、东南亚、西亚、南亚、中亚地区乃至欧美国家地区博物馆的合作，都会得到极大的加强。

这对于江苏文化走出去、引进来，更好、更充分地发展江苏博物馆事业，都将起到相当大的推进作用。

这一时期，由于社会条件的改善和社会对文化需求的进一步加大，将江苏博物馆所藏历代书画藏品作为展陈对象，不断推出具有特色的书画专题展览，也将具备新的可能性和现实可操作性。应对江苏小康目标实现后的社会现状，以江苏博物馆历代书画藏品为主推出各种形式的专题展览，前景非常乐观。江苏小康社会出现的新条件、新需求，将为各种专题展览提供最为基本的条件，这也是这一时期社会、经济、文化因素共同促进的必然结果。反过来，江苏博物馆大量具有活力、具有传统文化生命力的各种书画展览的推出，也为江苏小康社会的发展，为这一时期人民群众审美素质的提高、审美境界的大幅度提升，提供了极为难得的新视野、新平台。

江苏小康目标实现后，也将为江苏博物馆书画藏品的研究、出版工作带来新的历史机遇。在这一特定历史时期内，除进一步策划重要的书画专题展览以加速提升江苏博物馆的文化服务职能外，根据江苏长期形成的文化特征和文化消费心理，不断加强书画藏品的研究、编辑和出版业务，将成为江苏博物馆业务工作中最值得关注的重要业务工作之一。依托江苏博物馆丰富的书画藏品制订专题研究项目和出版计划，不断展开基础研究工作和出版工作，带动江苏博物馆书画藏品专题研究新局面的形成，并为中国美术学学科及其他相关人文学科相关领域的研究工作提供大量新的文献资料、第一手图像资料，从而催生中国美术学学科及其他人文学科以历代书画为研究对象的研究热点和重要著作的出现，这是江苏小康目标实现后可能出现的一种新局面、新现象。江苏博物馆职能部门、相关领域专家学者应高度重视江苏博物馆书画藏品的专题研究工作。

在江苏博物馆书画藏品的基础研究方面，小康目标实现后，首先是有条件带动书画藏品各种专题图录、综合图录、著释工作的推进。在这一基础工作之上，然后是相关专家学者书画藏品专题研究著作的陆续出现，同时不断催生江苏博物馆新的专家学者队伍的产生和新学术观念的生成。江苏博物馆一系列以历代书画藏品为研究对象的学术成果的出现，无疑为学术界提供了博物馆系统更为丰富的学术资料，为学术界各自的专业研究提供了新的研究条件，也为社会各阶层充分分享文化成果提供了最为基本的文化条件。

我国学术界也一直在为使用博物馆的藏品展开研究工作努力争取条件，希望博物馆界能给予积极支持，尽可能提供丰富、完善、翔实的藏品资料，以解决他们研究工作中出现的问题。小康目标实现后，江苏博物馆界将更有条件为学术界的研究工作提供学术支持。充分利用江苏博物馆书画藏品加速展开研究、出版工作，促使一系列与江苏博物馆书画藏品有关的学术成果不断出现，从而迎来江苏人文学科研究事业发展的新局面，这也是江苏博物馆社会价值、文化价值得以确立、实现的重要体现。

应该充分认识到，江苏博物馆书画藏品的展示、研究、出版乃至书画市场是一个有机的活体。只有江苏博物馆书画藏品的展示、研究、出版工作做好了，才有可能为江苏地区、长江三角洲地区、长江中下游地区乃至全国文化界、艺术品市场领域、书画拍卖行业、文化创意领域提供强大的学术支持和智力支持，对于江苏艺术品市场领域的进一步发展、书画拍卖行业的积极拓伸、文化创意领域的突破，意义尤其深远、重大。将江苏博物馆书画藏品的基础研究工作作为文化建设中的一项系统工程来看，江苏博物馆相关职能部门尤应充分认识到相关专家学者研究工作的重要意义，将书画藏品的研究工作提升到更加重要的地位，并逐步带动其他相关藏品的研究工作。江苏小康目标实现后，这显然将是江苏博物馆需要面对的一个重要问题。

江苏博物馆书画藏品并不仅仅与江苏地区有关，而且与省外、国外博物馆的相关书画藏品也息息相关，因此必须加强合作，才能有力推动江苏博物馆事业取得更大的进步。但只有在立足于江苏博物馆书画藏品的专题研究、基础研究的基础上，加强与省外、国外博物馆的合作，整合省外乃至国外各博物馆的书画藏品资源，展开更大规模的学术研究工作，才能不断做大、做强江苏博物馆的书画研究事业，从而不断推动江苏博物馆事业向纵深领域发展。同省外一些兄弟博物馆相比，江苏博物馆无论是在经济实力还是在研究能力上，显然都具有独特的优势。因而在小康目标实现后，江苏博物馆书画藏品的研究工作，将有条件率先实现新的学术目标、新的发展目标，甚至在某些领域引领新的学术风潮，这些都是可以预料到的一种学术愿景，也是江苏博物馆事业发展中最值得关注的学术亮点、文化亮点之所在。

江苏小康目标实现后，如何展开江苏博物馆书画藏品的研究、编辑、出版工作，争取出成果，出一流文化产品，出一流人才，一些值得注意的事项和措施、方法，不外以下几部分。

第一，在举办相关书画专题展览时，不断加大经费投入力度，组织、协调专业人员进行书画图录、书画集以及相关书画著作的编撰，通过出版书画展览图录、书画集以及相关书画著作等，带动江苏博物馆书画藏品的研究、出版工作迈向新台阶。

第二，在条件成熟的博物馆，根据研究工作的需要和博物馆的全局规划，可以另行设立研究部，专职从事书画藏品及其他各类藏品的研究工作，从制度和编制上保障江苏博物馆书画藏品研究工作的有计划进行。在这一方面，全国已有不少文博机构、美术馆机构以及高校在积极摸索经验，创设研究所、研究中心等科研机构展开研究工作。在新的历史文化条件下，以专职研究机构为平台，以各馆书画藏品为研究对象，推进江苏博物馆书画藏品的研究工作向前推进，这是一个值得考虑的学术运作新措施。

第三，利用学术研讨活动促进书画研究工作的有序推进。不定期、有计划举办大型书画专题展览、学术研讨活动，向社会推出重要专题展览，邀请知名专家撰写专题研究论文、参加学术研讨会，并编辑出版学术研讨会论文集，也是江苏博物馆书画藏品研究成果不断获得展现的有效方式之一。

第四，充分利用江苏博物馆的人才优势、书画藏品资源优势，积极申请专项研究项目经费，有计划、有系统地展开江苏博物馆书画藏品的研究工作，出成果，出著作。

第五，创建江苏博物馆书画藏品基础研究扶持资金项目平台，创建研究项目基金平台，有计划地推进江苏博物馆书画藏品的基础研究工作。当然，申请省级、国家级重大课题科研经费，进行基础研究工作，也不失为最为有效的学术运行方式。

第六，积极与出版社合作，合力出版双方都感兴趣、有出版价值的江苏博物馆书画藏品集、图录、著述、研究专著等，加快学术资源向文化产品的转化，以一流的文化产品更好地服务社会。与出版社合作，通过强强合作，整合社会资源，加快江苏博物馆文化资源、学术资源的转化速度，当为小康目标实现后江苏博物馆事业发展的重要途径之一。

第七，进行大学术项目、大研究项目运作，带动研究工作的整体性提升。积极建立与高校、相关科研院所、出版社合作的渠道，酝酿大学术、大研究合作项目，通过大学术、大研究项目合作，以带动江苏博物馆书画藏品研究工作的整体性提升，将是这一历史时期江苏博物馆书画藏品研究工作最见效、最为重要的工作模式，值得作出重点考虑。浙江省文物局、浙江大学古代书画研究中心、浙江大学出版社合作出版《宋画全集》为我们提供了很好的大学术、大研究项目合作的借鉴。在浙江省文物局、浙江大学领导的支持下，浙江大学古代书画研究中心向浙江省申请了 2900 万元专项研究、出版经费，国家新闻出版总署又扶持了近 2000 万元的出版津贴，集中科研力量编撰出版了《宋画全集》32 册，全方位收录了 1500 幅宋代绘画作品。这一大学术研究、出版运作方式的成功运行，对于小康目标实现后江苏博物馆书画藏品的研究、出版工作，具有启发意义。

综上所述，博物馆事业的灵魂和活力，在于通过收藏、展示、研究活动，传承历史文化，揭示博大精深的人文内涵，辅助公众教育。只有通过不断的展示、研究、出版工作，才能使博物馆人的价值理念得以揭扬，博物馆事业也才能得到不断的发展与推进。随着小康目标的实现，江苏也应该更有强劲的经济实力、雄厚的新技术优势和扎实的社会基础条件发展博物馆事业，不断加快江苏博物馆书画藏品的展览、研究、出版工作的进展步伐。在新一轮的社会经济文化发展浪潮中，江苏有条件将博物馆所藏历代书画藏品进行系统地整理、研究、展览和出版。将江苏博物馆书画藏品资源优势转化为一流的文化产品优势，转化为具有自身独特文化特色的文化产业优势，对于提升江苏文化软实力、整体文化形象，建立文化强省、美术巨省，大力提升人民群众的文化素质、审美能力，积极发挥江苏文化的影响力，意义甚为重大。在江苏省博物馆事业发展的战略布局上，加大对博物馆书画藏品展示、研究、出版的投入力度，确实应该放在优先考虑的地位上来加以考虑和认识。

对新时期博物馆与媒体合作问题的思考

刘文涛

（南京博物院　江苏南京　210016）

内容提要：在新的历史时期，社会生活正在发生巨大变化，人们获取信息的渠道更加多元，媒体的作用更加突显，新媒体发挥着越来越大的作用，媒体的生态环境也更加复杂。作为公众文化服务体系的重要组成部分，博物馆在保障公民文化权益、传承文明及传播历史文化上发挥着重要作用，由此也更多地走进公众的文化生活。以服务社会及社会发展为首要任务，拥有丰富历史文化资源的博物馆，在新的历史时期，应该与拥有快速、便捷传播渠道的媒体更好地合作，通过媒体树立自身的公益形象，搭建与公众沟通的桥梁。

关键词：博物馆　媒体　合作

在新的历史时期，中国博物馆事业面临着前所未有的发展机遇，体现在各级政府对博物馆的重视程度显著提高，财政投入力度不断加大，各地博物馆场馆建设方兴未艾，博物馆自身发展的内在诉求与主动意识明显增强，公众对博物馆的认知度与接触度不断提升。作为公共文化服务体系的重要组成部分，博物馆正受到越来越多的重视。与此同时，整个社会大环境也在发生巨大变化，社会生活更加多样多变，公众获取信息的渠道也更加多元便捷。新闻媒体作为信息传播过程中从传播者到接受者之间携带和传递信息的平台，是公众获取信息最重要的渠道。以服务社会及社会发展为首要任务，拥有丰富历史文化资源的博物馆，在新的历史时期，应该与拥有快速、便捷传播渠道的媒体更好地合作，借用媒体的力量增强博物馆的软实力，促进博物馆事业更好、更快发展。

一　博物馆应重视与媒体的合作

1. 问题提出的背景

社会大环境的变化。我们正处于一个社会生活发生巨大变化的历史时期。在中国，一方面是经济社会的快速发展与国际影响力的显著提升；另一方面是在现代化的发展、社会转型的推进和融入经济全球化进程中出现的利益分配失衡，致使社会矛盾呈上升趋势。媒体在这个变化发展过程中成为不可忽视、不能低估的力量。西方将新闻媒体称为"第四权力"，不但社会的三大支柱权力——立法、行政、司法受到它的牵制，而且它对公众也有强大的影响力，在一定程度上决定了公众对事物的态度，引导他们的消费需求与意识，甚至能改变他们的价值观与生活方式。近年来我们所熟知的所有社会事件，媒体都在其中发挥了巨大作用，因为媒体力量导致事件走向超出预期的例子并不少见。如三株"帝国"因为20多家媒体密集刊登了《八瓶三株口服液喝死一老汉》而轰然倒塌，冠生园因出售陈馅月饼被媒体曝光而形成了多米诺骨牌效应。"三份不友好的报纸，比一千把刺刀还厉害"，在当今社会，媒体的力量绝对不容小觑。

媒体的变化。美国批判理论权威马克·波斯特在他的《第二媒介时代》中提出，在互联网出现之前的媒体属于"第一媒介时代"，信息是由精英分子利用书籍、广播、报刊杂志以自上而下的方式传播的；互联网出现后则进入了"第二媒介时代"，特征是消灭了传播中心，每个人都可以成为话语中心，每个人手里都有麦克风，每个人都可以影响社会。

当今媒体的这种生态环境也被称为"自媒体时代"，也就是说，因为互联网的迅速普及，媒体逐渐从一个高门槛的专业机构操作，变成越来越多的普通人自己可以发布信息、传播信息。从论坛、社区到博客，再到现在的微博，媒体变得越来越个性化、个人化，每个人发言的自由空间越来越大。从郭美美的名牌手袋到故宫破碎的瓷盘，在进行舆论监督、反映社情民意上，新媒体发挥着重要作用。据统计，在2010年舆情热度靠前的50起重大案例中，微博首发的有11起，占到了22%。

新媒体不仅对社会，也对传统媒体产生了巨大的推动力。在中国事业单位改革中，除了少数报刊外，更多传统媒体成为了企业，使得增加发行量成为了他们的第一要务。在多元化媒体自由竞争的市场环境下，传统媒体必须依靠报道来争取读者和视众，所以不得不变得更快、更敏感，甚至在管理方式方面，管理部门也不得不给予传统媒体越来越多的自由、越来越大的空间。由此导致传统媒体似乎越来越难以控制，新媒体、境外媒体越来越难以对付，信息泛滥催生的社会问题越来越多。

博物馆事业的变化。中国博物馆事业经过百余年的发展，从未像今天这样受到政府如此多的重视和社会公众如此高的关注。在经济发展达到一定程度，文化发展受到更多重视的今天，作为公共文化服务体系的重要组成部分，博物馆已成为人民大众共享文化发展成果的一个标志。随着2008年以来中国大多数博物馆免费开放，博物馆已越来越多地走进中国公众的文化休闲生活。当博物馆从一个相对沉寂的行业走向一个相对前台的位置的时候，媒体的聚光灯自然也就投向了博物馆。与此同时，公众的民主意识、参与意识也在逐渐增强，在公众更多地关注与自身并无直接关系的事件、对知情权的要求越来越强烈的当下，与媒体的合作问题成为博物馆不得不面对的一个重要课题。

2. 媒体对于传播博物馆文化的积极作用

博物馆可以通过媒体实现与公众的沟通。自2008年中国大多数博物馆实行免费开放以来，观众的参观量大幅上升，但相对于发达国家仍旧有一定差距。大型知名的博物馆尚可，部分中小型博物馆仍旧可以用"门可罗雀"来形容。造成这种状况的原因是多方面的，缺乏主动推广意识、缺少与公众的沟通是其中一个主要原因。所谓"知之深，爱之切"，如果老百姓对博物馆缺少最起码的认知，又怎么让他们走进博物馆甚至爱上博物馆呢？博物馆作为公共文化服务机构，要实现自身的社会责任，首先应与公众进行积极主动的沟通。媒体是博物馆与公众之间沟通的最好平台之一，博物馆要善于利用这一平台，与各类媒体建立通畅有效的信息沟通渠道与合作伙伴关系，通过媒体及时发布相关信息，密切与公众的联系，加强公众对博物馆的认知度，引导更多的公众走进博物馆，使博物馆成为他们文化休闲生活的重要组成部分。

博物馆可以通过媒体推广文化产品。博物馆的文化产品只有服务公众才能实现其社会价值。在现代社会，新闻媒体是公众获取信息的主要渠道，博物馆要善于利于新闻媒体来推广博物馆的文化产品。博物馆要积极联络媒体，帮助媒体发掘博物馆的文化产品信息，使博物馆的展览与社教等活动信息最大化地通过媒体传播给公众。在博物馆界，"开不开馆由我、来不来由你"，"做什么展览由我、喜不喜欢看由你"这种心态是存在的。打破这种现象可以尝试从与媒体合作开始：一方面，通过媒体让观众知道我们推出了哪些文化产品（主要指展览与社教活动），这些文化产品具有什么文化内涵；另一方面，也可以通过媒体了解到我们推出的文化产品在观众那里的反响。当前，许多优秀的博物馆已经认识到与媒体合作的优势。比如在台北故宫，临时展览绝大多数是与媒体合作进行的。如2011年举办的两个大型临时展览，"山水合璧"展与金传媒合作，"康熙与路易十四"展与时艺多媒体合作，借用媒体的传播优势与资源优势，提高了展览的社会关注度与社会影响力，都取得了圆满成功。

博物馆可以通过媒体塑造良好的社会形象。"博物馆是一个为社会及其发展服务的、向公众开放的非营利性常设机构，为教育、研究、欣赏的目的征集、保护、研究、传播并展出人类及人类环境的物质及非物质遗产。"由2007年国际博协最新修订的博物馆定义可以看到，博物馆担负着重要的社会责任。博物馆要善于利用媒体宣传自己所承担的社会责任，将正面的形象通过媒体推广出去，塑造良好的社会形象，成为公共文化服务机构的楷模。美国最早提出"新闻执政"的概念，即运用新闻来提高公共政策部门的执政形象、执政公信和执政的合法性。博物馆也应顺应新闻规律，运用传播技巧，通过建立和完善与媒体的合作机制，调动媒体的兴奋点，使媒体自觉自愿地围绕博物馆所发布的新闻事件和议题来进行报道和追踪。从另一个角度讲，加强与媒体的合作，努力做好博物馆的各项工作，主动邀请媒体对博物馆工作进行监督，也是促进博物馆自身建设的一种外在动力，既体现了博物馆的勇气，也对博物馆的健康发展有益。

二 博物馆应在与媒体的合作中发挥主动作用

1. 掌握媒体特性

合作应建立在了解的基础上，只有熟悉媒体的特性才能更好地与其合作。在传媒社会发展过程中，不同媒介由于技术上的不同对民众的行为方式的影响也有所不同：印刷媒体（主要指书籍、报刊）拓宽了民众获取信息的渠道，引导民众参与社会事务；视听媒体（主要指广播、电视）将信息形象生动地展示出来，调动了民众的感官判断能力；网络媒体通过全方位地调动民众的感觉、知觉和理性，实现了信息的互动沟通。21世纪的新闻媒体以印刷媒体、视听媒体和网络媒体等多种媒介，综合全方位地进行信息传递与信息互动[1]。报纸、广播、电视、网络，主流、生活类、自媒体……不同的媒体关注点不同，传播方式、传播速度、受众范围也不同，要科学地认识每一种媒体的信息特点，了解其传播的"生产过程"，针对不同媒体的特点，利用各媒体间的优势互补，进行不同方式的合作，扩大博物馆的社会影响力。

2. 了解媒体需求

只有了解媒体的需求，更好地满足媒体的需求，才有可能使博物馆的信息得以最大化地传播，起到良好的社会效果。博物馆要帮助媒体发掘信息。从发掘的角度上讲，可以引导他们了解我们的工作内容：我们在干什么，为什么要干，为谁干，干完以后可以得到什么；我们的工作过程：每一个服务公众的项目是如何做出的，让人们知道博物馆对公众服务的贡献不仅体现在工作的成果中，也体现在劳动创造过程中；我们的岗位各有什么不同，我们是否出色地履行了自己的职责；我们要创造怎样的一个博物馆。从发掘的具体内容上讲，可以包括基本陈列开放前的宣传、专题展览的宣传、博物馆藏品的宣传、重大考古发现的宣传、科学研究的宣传等。

3. 主动联系媒体

"被动"是多数博物馆长期以来形成的性格特征，形成这种性格特征有体制机制等各方面的原因。在当前博物馆事业需要更大发展的目标下，博物馆包括与媒体合作在内的所有工作都应变被动为主动。在与媒体的合作交往中，既要统筹规划、积极参与、做细做实，又要保持尊重、加强沟通、善交朋友。大都会博物馆有个传播部专门负责与新闻媒体打交道，寄送展览新闻简报（分为年度简报和特展简报两种）、组织记者专场预展、为记者提供补充资料等。他们通过平时积累、调查研究，甚至向外国使领馆索取资料，已形成一份包括6000人的全球新闻媒体记者名单，按其报道领域分类（如亚洲艺术、现代装饰艺术等），每次根据展览的内容从中选择有关联系对象。他们还有专门为旅行社、旅馆、机场、车站等游客集散地准备的宣传资料[2]。

4. 创新合作方式

应该看到，目前绝大多数博物馆都在与媒体合作，都有与媒体合作的意识和愿望。但多数博物馆与媒体的合作还处于较初级阶段，保持较传统的模式，具有较强的阶段性与实用性。一般都是有展览或专题活动时请媒体来报道一下，缺乏长期的合作计划与统合的合作模式，合作的方式还比较简单与粗放。博物馆怎样创新与媒体的合作方式还是个值得探讨与实践的课题。

5. 重视新媒体的作用

就目前各种媒体的影响力来看，以互联网、移动网络为代表的新媒体正呈强劲的上升趋势，以报刊、电台、电视台为代表的传统媒体，正在被新媒体的力量所冲击。美国传播学者麦克鲁林定义媒体"是人体的延伸"，这个定义表明了媒体在对人体本身机能的扩展上所表现出来的特性和特征。网络新媒体比传统媒体更进一步地延伸、提高和超越了人体机能无法达到的生理极限，扩展了受众的视野，丰富了受众的认知，使受众可以更快、更多、更便捷地"看到"、"听到"、"感受到"外面更加丰富多彩的信息世界，达到更多传统媒体无法达到的信息高度。比如近年微博的异军突起，它方便简单、现场感强，具有裂变式的传播速度。在中国社会科学院出版的《社会蓝皮书》中，微博被评为"杀伤力最强的舆论载体"，其一大特点就是"强烈关注时事"，由普通网民临时客串的"公民报道者"，可以赶在传统媒体报道和政府新闻发布之前，对突发事件进行"现场直播"，同时网民通过"Follow"（跟从）相当于建立了一个小型的新闻平台和论坛。博物馆要认识到媒体的这一重要变化，更多地关注博物馆在新媒体中出现的状态，重视利用新媒体，甚至可以尝试在新媒体中建立发言权，比如可以尝试在微博占据一块阵地。

三　要学会处理突发事件中的媒体问题

1. 任何一个行业都可能出现突发事件

公关专家詹姆斯·卢卡罗斯基指出："在现代社会，危机不仅能见度无法预测，而且可能在任何时间降临到任何人身上。"从整个世界大格局来看，当物质层面的现代化得以实现以后，人类并未进入到世界大同、高枕无忧的"理想国"当中。相反，人类在追求经济和社会现代化的过程中，实际上已经为自身埋下了各种具有风险性的"伏笔"和"祸根"。在中国，随着民众维权意识的增强，对权威、领袖和媒体盲目崇拜、迷信的时代已经过去，市场经济、自由商业竞争、高额利润吸引下的铤而走险，道德与公信失衡，管理层的表现与公众期待的鸿沟，收入与分配的不均等社会问题，都导致突发事件呈上升趋势。作为对公众开放并且保有大量物质文化遗产的博物馆，突发性事件出现的可能性同样存在。2011年，北京故宫因为一个毛贼的铤而走险，在媒体的推波助澜之下，事件被放大并形成连锁效应，使得故宫不得不面对"十重门"而致使形象受损。这就是博物馆界突发事件的一个典型案例。

2. 要提高突发事件媒体应对能力

习近平同志在 2009 年 3 月 1 日中央党校春季班开学典礼上提出了领导干部的六种能力建设：统筹兼顾的能力，开拓创新的能力，知人善任的能力，应对风险的能力，维护稳定的能力，同媒体打交道的能力。其中应对风险的能力、同媒体打交道的能力是党的领导第一次公开提出。在突发事件中能很好地应对媒体，从某种意义上说体现了党和政府的执政能力。

突发事件具有紧迫性与危害性，一般来说都可以构成重大新闻，成为媒体关注的焦点。在突发事件中，媒体问题是需要面对的重要问题之一。当突发事件来临，在铺天盖地的信息面前，如果没有一个权威性的信息来源，就会容易搅乱人们的思想，如果我们的管理层推三阻四、含糊其辞，就会激起民众的愤怒情绪甚至导致谣言四起。近年来，在突发事件中主管部门应对媒体不力的事例很多，如 2011 年"7·23"甬温线特别重大铁路交通事故、贵州瓮安县"6·28"事件等。

2008 年 10 月中共中央办公厅、国务院办公厅联合下发了《突发公共事件新闻报道应急办法》（中办发 2008 第 22 号文）。这个简称突发公共事件新闻报道"40 条"的"办法"对突发事件中的信息公开问题，特别是新闻处置问题进行了相当详尽的阐释，并且具有相当的操作性。一些公关专家对突发事件媒体应对办法也有详尽的阐述。我们要多加学习，主动预防。一般来说：

首先要积极回应媒体，尊重媒体提出的合法采访要求，尊重媒体的合理报道。公关专家西泰尔认为："多数公众在听到'无可奉告'时，会将其视为默认有罪。沉默往往会激怒媒体，使问题更为严重。"因为信息时代传播渠道根本无法屏蔽，而与其被动说，不如主动说；与其迟说，不如早说；与其别人说，不如自己说。

其次要学会面对媒体。针对突发事件，要善于利用大众传媒对事件加以控制，最终使危机向好的方向转化。在向社会发布消息时不要妄自推测；不要冒险地信口开河；要始终忠于事实；态度要公开、关怀，不要表现得高度防卫；要阐明组织的立场和观点；不要与媒体公开对着干；要确立自己作为组织唯一、可靠的信息发布者的地位和信誉；要保持冷静，诚实合作，决不撒谎。

在现代社会，如何与媒体合作是每个组织都躲不开的课题。博物馆人应该主动学习，以形成良好的媒介素养，培育良好的媒体关系，树立良好的社会形象，更好地服务公众。

注释：

［1］陆璐、颜彦：《应对新闻媒体方法与技巧》，国家行政学院出版社，2011 年。

［2］段勇：《当代美国博物馆》，科学出版社，2003 年。

唤醒文化记忆 创造民族未来

——明孝陵博物馆关于世界遗产文化教育的探索与思考

周钰雯 臧卓美

（明孝陵博物馆 江苏南京 210014）

内容提要：教育一直是博物馆自出现之日起不变的核心使命。博物馆类型的多元化，实际情况的不同，决定了博物馆教育方式的灵活性、多样性。作为青少年素质教育的重要场所和成年人终身学习的社会课堂，每一个博物馆都应该树立强烈的使命感，不断探索、思考行之有效的教育方法和模式，并在实践中不断完善，在理论上不断总结，从而在服务于他人和社会发展的同时，激活博物馆前进的活力。

关键词：博物馆 教育 探索

古德（G. B. Goode）曾提出："博物馆不在于它拥有什么，而在于它以其有用的资源做了什么。"[1]1905 年，张謇开创中国首家博物馆南通博物苑时提出了"开发民智、救国图强"的社会使命。其中的"开发民智"，直接指向博物馆对人的教育。一百多年来，中国博物馆事业不断发展，类型日益多元化，但教育作为博物馆各项工作中离公众最近的部分，始终是其不变的核心使命。现如今国内许多博物馆都有"建馆宗旨"，或长或短。不过，不论是历史博物馆、遗址博物馆，还是人物纪念馆，其理念中无一不包含教育这项内容。

明孝陵博物馆是关于世界遗产明孝陵和南京明文化的专题性博物馆，丰富的明孝陵地面文物遗存是博物馆最重要、最有特征的展品。自成立之日起，博物馆便将自身宗旨明确为"世界遗产明孝陵及明文化的研究、宣传与展示"。其中，宣传是指通过各种宣传教育手段，激活文物、遗址所蕴含的文化和艺术信息，以让更多的社会公众了解明孝陵作为世界遗产的独特文化精神和文化价值，使优秀的民族文化、民族精神在青少年中得到有效的传承和普及。

值得注意的是，博物馆教育并没有特定的模式，也没有一套教育方法是适合于所有博物馆的"灵丹妙药"。长期以来，我馆不断在实践中探索如何以广阔的运作空间、丰富的活动内容和多种多样的形式来实施教育活动，以达到良好的效果。通过在实践中的探索和思考，渐渐总结出在深入挖掘、研究博物馆文化资源的基础上，对其进行可利用性的再加工，以转化为具有可操作性的教育资源。并立足馆内，开发馆外，设计适合不同类型受众的不同教育内容和方法，做到制度化、持之以恒地坚持。现就博物馆在文化宣传教育方面的经验和特点略作分析，以就教于同仁。

一　立足馆内，展馆教育是基础

明孝陵博物馆成立之初的馆址是位于明孝陵金水桥东侧梅花山上的暗香阁——由原有旅游餐厅改造而成的占地面积约 300 平方米的展示场馆，面积小、功能滞后，严重制约了博物馆的宣传、教育工作。2008 年，以明孝陵环境综合整治为契机，中山陵园管理局根据经专家论证的《下马坊遗址公园保护规划》，将手表厂两幢旧厂房改造成为明孝陵博物馆新馆，并于 2009 年 2 月对公众免费开放，每年的接待量达数十万人次。

明孝陵博物馆新馆建筑面积约 5000 平方米，由"大明孝陵"基本陈列、360 度环幕影院、明式家具艺术馆、云锦艺术馆、临时展厅、书吧、文化产品超市等组成。设计的主要诉求是展示、解读世界遗产明孝陵的文化内涵和艺术价值，手段是用精练的主题向观众讲述好听、好看、生动的历史故事，辅以上乘的艺术品为展览画龙点睛，运用先进的现代数字化技术、生动的景观场景营造特定的历史氛围，让观众全面了解明孝陵的同时，为其提供愉悦的历史知识享受的体验过程。

为了更好地实现文化宣传和教育的目的，博物馆将文化的解读阐释与明孝陵地面遗址进行有机融合。博物馆新馆位于明孝陵入口大金门前，游客在参观明孝陵前，可以先通过博物馆这一窗口了解明朝开国皇帝朱元璋及其创立的大明文化，从宏观上了解明孝陵作为世界遗产的文化特性。在接下来的遗址参观过程中，游客便能够对地面上精美的神道石刻以及那些开创了明清两代皇家陵寝建筑规制的文物遗存有着更深刻的体会和更精准的了解，亲身体验遗址六百年的沧桑巨变。

二　立足馆校共建，形成有特色的青少年博物馆教育体系

青少年素质教育作为一种以提高青少年各方面综合素质为目标的教育模式，历来广受社会关注。素质教育重视人的智力和体力的充分自由、主动的发展，重视人各方面的才能、兴趣和特长的和谐统一的发展，重视人的道德水平和审美情操的发展。而包罗万象地展示人类和自然文化遗产、具有百科全书性质的博物馆无疑是可以助力青少年素质教育的不可忽视的重要力量。作为开放性的社会资源，博物馆本身具备开展体验教育和持续性教育的有利条件，这也是学校和其他教育机构无法替代的优势。

明孝陵博物馆自成立以来，就将青少年教育视为重要使命，并强化博物馆知识服务的特性，提升博物馆社会教育的弹性。我们大力推进和社会大中小学校、幼儿园、社区、图书馆等社会组织的结对共建，通过签订"人文素质教育基地"协议，搭建了一个完善的博物馆世界遗产教育资源与学校、社会资源互惠互利的平台，开展以明孝陵世界遗产核心文化价值为圆心，辐射至明文化、南京传统文化、世界遗产文化的教育活动，使博物馆真正成为大中小学生的"第二课堂"，成为他们感知历史、认识现在、思考未来的重要场所。

1. 以人文教育为出发点，面向大学推出"传统文化进校园"系列活动

大学不仅要为社会提供具有专业知识和技术的专门人才，更要培养具有优秀品质和健全人格的全面发展的人，而传统文化、世界遗产文化教育对理工类大学生人文素质的培养

尤其必要。为此，博物馆与南京农业大学、南京理工大学、南京林业大学的共建便立足于培养青年人人文情怀、提升青年人综合素质。针对每年新入学的大学生，开展以"南京文化遗产"和"世界遗产明孝陵"为主题的系列讲座，同时举办与讲座主题相关的流动展览，旨在使来到南京求学的外地学子们了解南京这一历史文化名城深厚的文化底蕴和历史积淀，增强他们对民族文化的尊重、认同和包容。几年来，我们走进大学开展"世界遗产"主题讲座24次，实现受教育人数5000人次，使他们亲身感知，获取知识，更重要的是激发其对优秀传统文化和民族历史的情感。

2. 开展中小学"世界遗产文化"主题班会

关注本市的文化遗产资源是开展博物馆教育最基本的出发点，而南京丰富的历史文化资源，也为我们在青少年中开展丰富多彩、生动活泼的传统文化教育，提供了良好的文化基础和活动平台。为了达到良好的教育效果，我们设计了一系列适合中小学生知识接受能力且生动性、趣味性、教育性相结合的授课内容，先后与南京孝陵卫小学、长江路小学、雨花台中学等联合开展"世界文化遗产明孝陵"特色班会，主题包括"朱元璋与南京唯一的世界遗产明孝陵"、"行走南京，感悟大明"、"博物馆日，畅游世界博物馆"、"保护文化遗产，共创美好生活"等，受教育者人数达2000人次。系统的传统文化、世界遗产文化主题班会，使孩子们从小就开始关注身边的世界遗产、文化遗产，从而逐步实现对整个世界遗产文化内涵的深入理解，也为祖国优秀文化遗产的保护、传承培养了强大的后继力量。

3. 开展主题文化教育活动

每年六一儿童节，博物馆都会来到共建小学开展以赠书、文化宣讲、文艺演出为主要形式的"文化献爱心"活动；暑假期间，则开展各种主题夏令营活动，如"我看身边世界遗产——明孝陵快乐夏令营"、"南京明文化经典之旅"夏令营；与媒体联合开展"世界遗产明孝陵小小讲解员"选拔赛，表现优异者可在博物馆为游客义务讲解；与共建中小学校开展"发现身边文化遗产，共创城市美好生活"摄影比赛。这些形式多样的活动，使教育不再局限于教室和书本，而是面向历史、面向现实、面向各种实践问题，有利于激发学生对知识的兴趣和求知的欲望。

4. 培训博物馆志愿者

博物馆自2004年开始，与南京农业大学、南京理工大学、南京工业职业技术学院、南京旅游职业学校等学校挂钩，挑选品学兼优的学生担任志愿者。他们既是世界遗产教育的受益者，又是对游客进行世界遗产教育的实施者。几年来，我们培养了一批又一批志愿者，志愿者服务达到1000余人次，形成了志愿者招募、培训、管理等一套完整的制度。志愿者在博物馆为游客提供义务讲解服务，并参与博物馆讲解词翻译、文化产品设计等工作。广大青少年在社会实践中增长了知识，接受了文化熏陶，既完善了自身素质，又为世界遗产教育作出了贡献。

三　积极走出去，将博物馆教育深入社会

2011年，国家文物局局长单霁翔提出关于博物馆办馆新的理念，提出博物馆要"从馆舍天地"走向"大千世界"，更多的展览要走出博物馆，主动服务于社区和百姓。这正是

为了满足公众了解历史，了解自己民族过去的文化，从而更好地展望未来的需要。相对于博物馆展馆的静态教育，积极地"走出去"能够更直接、更有效地使民众参与到我们的教育中，也唯有如此，博物馆的触角才能深入到社会生活的各个领域、各个行业、各个阶层，参与到城市文化发展和文化遗产保护的进程中，提高全民文化自觉性和民族认同感。

明孝陵作为世界遗产，其拥有的资源和文化应为社会公众所共享。多年来，我们充分利用明孝陵的资源优势和特点，积极配合社区、图书馆等开展一系列富有创意、丰富多彩的文化教育活动，使世界遗产文化概念日益深入市民、深入游客。

1. 文化讲座走进社区、图书馆

国家文物局在 2011 年颁布的《国家文物博物馆事业发展"十二五"规划》第四章中特别强调："支持博物馆以各种形式参与学校、农村、社区、企业、军营文化建设，使博物馆工作成果惠及更多民众。"这里所说的"各种形式"将给予我们极大的创造空间，最大程度地发挥好博物馆的职能。

现实生活中，世界遗产往往就在大众的身边。大众对世界遗产价值的认知，是实现世界遗产有效保护的强大支撑。为此，博物馆一直坚持在社区、市民中普及世界遗产文化知识。我们定期走进社区，开展社区中心文化讲座，如"文化遗产让生活更美好"、"南京明文化经典之旅"，并在南京图书馆举办"传奇帝王朱元璋"、"世界遗产明孝陵"主题讲座。我们通过举办讲座，解读世界遗产明孝陵以及明城墙、明故宫等古都南京的优秀物质文化遗产，普及文化遗产的相关知识，引领市民重新认识身边的文化遗产；并通过举办流动展览，提升市民对世界遗产文化保护、传承的关注。

2. 举办文化节庆"世界遗产明孝陵文化节"

自 2004 年起，结合明孝陵申遗纪念日和一年一度的"文化遗产日"，博物馆每年 6 月中旬至 7 月中旬都会开展"世界遗产明孝陵文化节"活动，以"文化"为亮点，期间举行如艺术展演、文化展览、歌舞活动、学术研讨、市民参观等内容丰富、形式多样的文化宣传、展示和旅游活动，以世界遗产效应激发市民对世界遗产保护和文化现象的关注与支持。几年来，成功运作的"大明华章"音舞诗艺术展演、"天籁的交响——世界非物质文化遗产展演艺术大典"文化品牌尤其受到游客和市民的欢迎，其中"大明华章"向社会公演近两百场，这些都成为传播、发扬遗产文化的有效媒介。丰富多样的文化活动大大提升了世界遗产明孝陵的社会关注度，进一步唤起了社会公众保护文化遗产的意识。

四　以多样的文化遗产读物服务公众

20 世纪末以来，世界范围内终身学习的意识和实践迅速扩展，社会进入终身学习时代。终身学习是一种建立在学习化社会基础之上的学习，博物馆作为重要的社会终身学习课堂，也担负着为求知者提供更多知识素材的使命。优秀的博物馆文化读物，不仅是一处流动的博物馆，是一位传播传统文化的使者，更是值得读者珍藏的文化记忆。博物馆自 2004 年起，积极引进考古学及博物馆学、明史学方向的人才，加大对文化遗产保护、发展理论和世界遗产明孝陵文化价值的基础研究，在坚持真实性、学术性的原则下，重视教育功能的发挥，并根据读者群在学历层次、社会经验、兴趣爱好等方面的多样性，以兼具专业性与通俗性为标准，编撰反映明孝陵文化内涵的各类文化遗产图书，尽量满足不同层次读者的需求，传承优秀民族文化，弘扬世界遗产精神。

针对专家学者群体，我们编写了学术类著作，如《明孝陵志点校本》、《明孝陵碑刻拓片集》、《明孝陵史料汇编》、《世界遗产论坛论文集》、《明帝王陵碑刻精品》等；针对普通游客，我们编撰了通俗文化读物，如《明孝陵自助游》中英文版、《明孝陵史话》、《明孝陵之谜》、"世界遗产系列"丛书《明孝陵》、《南京明文化经典之旅》、《守望南京——六百年前的守望》等；针对小学生，出版了朱元璋系列连环画，包括《朱元璋与明孝陵》、《朱元璋与马皇后》、《朱元璋与太子朱标》等。通过潜移默化的手段，深入浅出地让更多的人共享世界遗产明孝陵的优秀文化内涵，达到终身教育的目的。

21 世纪是我们向学习型社会不断迈进的时期，在这一发展趋势下，博物馆将会成为最具发展潜力的社会公共文化机构之一，博物馆教育的地位与作用也将越来越突出。强烈的社会责任心和使命感对于博物馆人而言越来越重要，我们应以此为动力，提供给社会更多个性化、特色化、人性化的教育项目，使博物馆成为人们感受文化、完善人格的场所。博物馆自身也将在服务社会中获得更为广阔的发展空间，开创更加灿烂的未来。

注释：

[1] 段勇:《当代美国博物馆》,科学出版社,2003 年。

县（市）级博物馆如何充分发挥社会教育功能

——以吴江博物馆开展社会教育活动为例

崔　瑛

（吴江博物馆　江苏吴江　215200）

内容提要： 博物馆既是社会文化教育机构，又是公共文化服务体系中的重要组成部分。本文对博物馆基本职能的再定位进行了阐述，对县（市）级博物馆从业人员的专业素质要求、怎样运用多种手段开展社会教育、用于社会教育服务的主题内容以及整合社会资源等方面进行了探讨。从而更好地发挥博物馆的社会教育功能，使博物馆在服务人民群众、服务经济社会发展中发挥更大的作用，让博物馆成为市民文化教育不可或缺的组成部分。

关键词： 县（市）级博物馆　教育　实践与思考

博物馆作为社会文化教育机构，其基本职能就是收藏、研究、教育。而它作为具有中国特色的社会主义文化建设的一部分，担负着凝聚和激励国民力量，提高民族的思想道德素质和科学文化素质，为经济发展和社会全面进步提供强大的精神动力和智力支持，培养有理想、有道德、有文化、有纪律的公民的历史使命。博物馆是公民终身教育的场所，博物馆的教育对象是整个社会的广大成员。全国博物馆免费开放以后，我们理应重新审视博物馆价值的体现。博物馆从收藏珍宝到寻找历史、记忆历史并加以研究、展出等所进行的一切活动，其目的就在于对民众进行教育。当前，政府给博物馆的定位就是公共文化服务体系中的一个重要组成部分，所以博物馆面对的是整个社会，其社会职能与责任显著增强，博物馆与公众的互动性逐步提升，博物馆服务社会、融入社会的步伐明显加快。博物馆只有让社会认同，才能保持生命力。因此，社会教育在博物馆整体工作中的重要性不言而喻。作为最基层的县（市）级博物馆如何更好地充分发挥社会教育功能，是我们面临的一个重要课题。现就吴江博物馆近年来开展的社会教育活动谈一点粗浅的体会。

一　统一思想认识，提高职工开展社会教育的热情

我国第一个博物馆的开创人张謇先生曾认为，博物馆"高阁广场，罗列物品，古今咸备，纵人观览"，"使承学之彦，有所参考，有所实验，得以综合古今，搜讨而研论之耳"。这说明了博物馆是重要的社会教育机构。博物馆免费开放后，博物馆领导者必须首先对本

馆的基本职能进行再认识、再定位。从"物"的方面来说，吴江博物馆是一座集收藏、研究、教育于一体的最基层的县级综合性博物馆。说到它的"最基层"和"综合性"，笔者认为就不单是以"物"的收藏、研究、利用为主了，还包括它收藏、挖掘、研究当地的历史的、艺术的、人文的、科学的、自然的等一切物质的和非物质的文化遗产，并把它呈现在观众面前，以起到追寻历史脉络、弘扬优秀文化、凝聚激励力量、提高整体素质等作用。我们的收藏内容要丰富多样，由收藏珍宝到收藏历史、寻找历史、记忆历史的收藏面必须扩大，并对此加以研究，组成显现地方悠久历史、独特文化魅力的展览奉献给观众。从"人"的方面来说，博物馆免费开放后，国家对公共文化事业投入巨资，公益性、公共性、教育性已经成为博物馆的核心文化价值。怎样做到"以人为本"、"人与物结合"是我们博物馆在公共文化服务体系中服务社会大众的核心所在；如何与服务对象（社会各个层面），特别是与社区、学校等互动，如何挖掘好馆内外资源，特别是馆藏资源，是博物馆服务社会大众的关键所在。要想真正提高博物馆在社会大众心目中的形象和地位，就必须要充分发挥博物馆的社会教育功能。作为博物馆人，要真正认识到、自觉意识到，并要把此种观念牢牢地树立在内心深处——任何一座博物馆都是公众共同享有的文化资产。博物馆人，从领导者到普通员工，都是受国家、团体或公民委托，遵照国家、团体、公民的意愿管理博物馆，其基本目标是促使博物馆公益性核心价值的最大化实现。要树立起国家所有、全民所有的主体意识。作为博物馆人，一定要有还资源于民的强烈责任心和紧迫感，要千方百计地让博物馆文化介入当代、当下、当时的社会生活，以本行业的文化内涵，以自己的实力，以保护传播文化艺术的行动，为全社会服务。因此，要统一认识，提高为民服务的激情。

二　针对不同服务对象，开展形式多样的社会教育活动

吴江地处江浙沪交界之处，地理环境优越。它的历史非常悠久，有七千年的文明史，一千多年的建县史，这些造就了吴江的历史厚重感，当地市民无不为吴江丰富的人文历史资源和优秀的文化遗存而感到骄傲。改革开放后，吴江作为一个经济发达地区，又涌入了许多外来务工人员，从原先的近八十万人口又足足增加了八十万人口，但前来旅游而停留的人员不多。因此，作为县（市）级博物馆，吴江博物馆的服务面主要是针对当地的社会公众。我们把这些新老市民分成两个层面。

一是以社区为单位，包括城镇街道社区、新农村社区。我们重视与乡镇社区的沟通合作，推进文博知识进社区系列活动，采取主动上门征求意见和分别召开座谈会的形式倾听建议和意见。经过调研，我们先是在市政府所在地松陵地区尝试建立博物馆与社区群众互动的新型关系，在松陵地区街道办事处的大力支持下，开展了"三送一迎"活动：一送展览，二送文博知识讲座，三送鉴定（进社区现场免费鉴宝），一迎是组织社区居民参观博物馆展览。我们送各种类型的展览进社区，请有关地方史专家和本馆业务老师为社区居民上门举行文史知识讲座，举办"社区居民参观博物馆活动月"等活动，受到本地市民的高度赞扬。试点活动取得成功后，我们又在此基础上有所创新延伸，依托各镇街道办、文体中心的大力协助，把"三送一迎"活动辐射到全市每个乡镇。为此，每年都精心准备展览大餐，认真准备适合观众群体层次的讲解词，做好讲解服务。我们采用"菜单式"点菜的方

式，推出了《各乡镇自选展览和展出日程表》，上有展览名称、展览内容、展览选择、展出日期等内容，于每年年初将这份展览目录寄往各乡镇和社区，由他们根据需要自行选择，定好时间后，由我馆工作人员直接送展到目的地展出。2010 年推出 6 套各种题材的展览供选择，2011 年更是推出了 12 套展示主题供选择。文史知识讲座也是拟定计划表，主讲人是谁、讲座内容是什么、什么时间举行也由各社区自己选定。时间确定后，我们的老师们便会准时赴社区上课。2011 年推出了 6 个针对社区群众的专题讲座。这几年，博物馆工作人员的足迹遍布全市 10 个乡镇和社区，在社会上取得了较大反响。

二是以学校为单位。博物馆作为重要的校外教育基地，在配合学校教育方面有着义不容辞的责任。怎样把博物馆教育和学校教育有效地结合起来，使博物馆真正成为学校校外的"第二课堂"，是我们一直在研究和探索的问题。博物馆是弘扬爱国主义精神与树立民族气节、理想信念的精神家园，是青少年了解历史、感知现在、探索未来的文化殿堂。一方面，我们要引导学生走进博物馆，利用博物馆资源为学生教育服务。在举办书画艺术展时，可以在博物馆设立临时课堂，先给学生们作怎样欣赏书画艺术的讲座，然后进行观摩或临摹。在举办科普展览时，提前设计一些有奖问答题目，增加学生的参与互动，激发学生的参观热情。如年初引进的常州博物馆的"世界珍奇鸟类展"展出期间，我们就设计了"看飞禽、扎彩灯、猜灯谜、欢欢喜喜过大年"，"画出我心中最美的鸟"，"世界珍奇鸟类有奖趣味答题"等系列活动，受到了学生和家长的欢迎。每次举办展览时，我们宣教部都会主动上门服务，和教育局取得联系，在教育局局域网上预告展览信息，并印制宣传单送到各个学校，广而告之，使学生组织参观落到实处。另一方面，我们走出博物馆，主动和教育局及有关部门联系合作，在全市各大中小学校组织巡展。当然，会根据小学、初中、高中不同年龄阶段学生的特点来推出适合的展览，以激发学生的学习热情，加深对内容的理解。如推出的"吴江近现代杰出人物展"就是面向全体学生的，这个展览有助于广大青少年进一步了解吴江名人，增强对家乡的热爱，激发和增强爱国主义精神，向家乡名人学习，坚定报国之心，产生了良好的教育效果。推出的"未成年人法律法规交通安全图片展"，设计时我们采用漫画形式来制作，通俗易懂，非常适合小学生参观，孩子们能学到好多安全教育和自我保护方面的方法，非常受学生们的欢迎。在学校巡展时，展板可放在学校的体育场或公共场地，由学校根据情况安排各班级轮流参观。而宣教人员会提前和学校取得联系，利用学校的多媒体教学设备对展览进行讲解，录像也会同时转播到各个班级，使学生参观效果更佳。

三　研究观众的需求，推出特色鲜明的陈列展览

县（市）级博物馆用于社会教育的陈列内容和展览展示，必须要有鲜明的地方特色。吴江博物馆馆舍较小，总的建筑面积只有 3652 平方米，6 个展厅展出总面积只有 1500 平方米左右。馆舍虽小，但我们非常重视自身建设，充分利用综合性博物馆教育所具有的实物性、直观性、自主性、社会性、寓教于乐等特点，帮助广大市民和青少年了解吴江的人文历史，并进行革命传统教育、时政教育、法制教育等。同时，加强对观众心理的研究，配合学校和社会，积极选择引进一些观众比较感兴趣的融艺术性、科普性、趣味性于一体的

临时展览，来面向社会、面向学生。我们认为，县（市）级博物馆在社会教育的展览展示内容上要做到以下几个方面。

1. 做好基本陈列，服务好每一位参观者

按照县级市经济社会发展的需要，围绕"知我吴江，爱我吴江"的办馆宗旨，根据本馆藏品特色，做好基本陈列的展示工作，常年对社会开放"笠泽文明之光——吴江史前文化陈列"、"吴江古代杰出人物陈列"、"吴江近现代杰出人物陈列"、"吴根生钱币厅"、"吴江书画藏品厅"、"国际友谊厅"、"国防教育厅"7 个固定性展览。特别是作为"县级博物馆展览展示提升工程"的"笠泽文明之光——吴江史前文化陈列"经过改造后，增加了灯光、多媒体和场景的运用，提高了展陈的观赏性和趣味性，使观众能简单明了地解读历史，取得了较好的参观效果。平时努力挖掘藏品资源，不间断地推出"馆藏书画精品展"、"馆藏文物精品展"等展览。

2. 引进推出专题精品展览，丰富市民的文化生活

博物馆社会教育的服务对象面广量大，单靠固定的基本陈列是远远不够的，必须举办丰富多彩的临时展览来吸引观众，并取得预期的教育效果。临时展览展示的内容要考虑观众的需求，要仔细研究观众的心理，要从教育和服务这个角度引进一些融入艺术性、科普性、时政性的临时展览。以吴江博物馆 2010 年所推出的 28 个临时展览为例，文物藏品类展览有馆际交流展览"江阴博物馆藏金银器精品展"、"皇家风范——常熟博物馆藏清代宫廷官窑瓷器展"、"大汉王朝——汉画像石精品拓片展"、"贴得人间喜气来——福建晋江博物馆藏中国年画展"等，有与当地收藏家合作的"吴江首届民间收藏品展"、"案供雅集——吴根生藏文玩清供精品展"等；艺术类展览有与文联、书画院等协会部门合作的"吴江市书画院成立二十周年书画作品展"、"海派著名书画家吴谷生国画作品展"、"'美在震泽'书画作品展"、"刘建华酒具收藏摄影展"等，有与学校合作的"我能飞翔——市特殊教育学校师生工艺美术作品展"；法制类展览有"中小学生法律、安全、环保知识图片展"；科普类展览有"大型海洋生物科普展"、从常州博物馆引进的"世界精品蝴蝶展"等；时政类展览有配合市委、市政府举办的一系列展示吴江当代社会政治、经济、文化风貌的专题展览，如"费孝通 26 访江村特展"、"60 年社会变迁——吴江百姓生活图片展"、"吴江革命历史回顾展"、"吴江体育成果图片展"等。通过举办多种形式的临时展览，不但让市民欣赏到祖国优秀的传统文化遗产，也极大地丰富了群众的文化生活，寓教于乐，博物馆服务者与参观者共同燃起心灵共鸣的激情，使静态的博物馆充满活力。

四 整合社会力量，探索资源共享的新路子

县（市）级博物馆普遍存在藏品数量有限、临时展览经费缺乏、宣教人才缺乏等问题，因此我们必须要积极探索各方面社会资源共享的模式，并做到为我所用，才能更好地发挥博物馆的社会教育功能。通过吴江博物馆近年来的实践，我们认为，整合社会资源，利用各方面的力量来共同办好博物馆，不失为有效的途径。

1. 加强与兄弟博物馆之间的交流合作，达到藏品资源共享

各地博物馆无论是综合性的还是专题性的博物馆，都有自己的藏品特色和优势，那我们

就要用其之长补己之短，加强与兄弟博物馆的沟通合作，引进其他馆的文物精品展览以飨本地观众。馆际交流既可采用相互交换展览的办法，也可采用与其他兄弟馆联合引进展览的办法，这样既降低了费用成本，又可扩大博物馆的影响力，并增加了各博物馆工作人员之间相互学习交流的机会。

2. 加强与当地各协会之间的交流合作，达到互惠互利的目的

县（市）级博物馆作为一个综合性博物馆，在当地还起着一个美术馆、展示馆的作用，因此许多当地的艺术家非常重视博物馆这个平台，希望通过这个平台来展示个人或集体的艺术创作成果。同时，我们也需要通过展出这些作品来弘扬我市的优秀文化，来丰富群众的文化生活。因此，我们要加强与书画院、美术家、书法家、收藏家、民间艺术家等协会的交流合作，为他们尽心尽力做好展出服务和宣传工作，免费提供展出场所，把艺术家们团结在博物馆周围。也正因为博物馆的诚意感动了他们，近年来一些收藏家和艺术家无偿地捐献文物藏品、艺术作品，极大地丰富了博物馆藏品，也使吴江的文脉得以传承。

3. 加强与相关政府部门之间的交流合作

博物馆应主动与相关宣传部门联系，共同发起群众教育活动。如根据惯例，市委宣传部每年都有一些配合政府工作的大型宣传活动，我们通过事先调查，收集相关资料，提出策展方案，承办了不少展览。如"吴江改革开放三十周年图片展"、"吴江革命历史回顾展"、"纪念南社100周年——吴江馆藏南社社员作品展"港台巡展等项目就得到了政府的大力支持，取得了良好的社会反响。"未成年人远离毒品、戒除网瘾、预防犯罪大型图片展"也是我们提前制作展板，主动联系司法局、公安局、教育局、文明办等相关部门共同发起的大型校园巡展项目，展览得到了各相关部门的大力支持，取得了圆满成功。"世界未解之谜科普展"和引自常州博物馆的"世界精品蝴蝶展"是在科协的支持下举办的。另外，我们还经常与一些乡镇部门合作举办相关主题的展览。总之，博物馆要积极与政府相关部门联系，主动做好社会服务、群众教育工作。

4. 加强与专家学者的交流合作，弥补社教人才的不足

县（市）级博物馆由于体制的问题，普遍存在专业人才紧缺、业务水平较低的问题。除了通过岗位培训、技能培训、在职进修等渠道多方位地提高本馆专业人员的素质外，还要整合社会人才资源，聘请业内专家和地方文史专家、学者来参与博物馆的社教工作。如我们开展的社区送鉴定活动，我们就聘请了国家文物鉴定委员会委员杨震华、江苏省文物司法鉴定专家周公太、苏州市文物鉴定小组成员马恒华、著名钱币收藏家吴根生等先生为市民免费鉴宝，邀请著名瓷器专家张浦生先生、书画专家江洛一先生等为收藏爱好者举办瓷器和书画鉴赏讲座，聘请了当地的地方史专家李海珉、陈志强、吴国良、萧海铭等赴社区举办地方历史讲座，并派出本馆业务人员赴老年大学、社区及《垂虹讲坛》开设馆藏文物专题鉴赏讲座，使社教工作渗透到社会各个层面，极大地提升了博物馆的社会影响力。

五　推进软件建设，扩大社会教育的普及面

博物馆的软件建设非常重要，如博物馆文物信息资源的传播、文物藏品研究成果的普及、文博刊物与网站建设等都是扩大社会教育普及面的有效手段。博物馆必须加强对外宣

传渠道的建设和宣传力度，开展课题研究，发表学术成果，不断提高博物馆从业人员的业务水平。

1. 编印馆藏专辑，开展课题研究，不断提高专业研究水平

近年来，吴江博物馆高度重视对馆藏文物的研究，利用馆藏资源陆续出版了《吴江文物菁华》、《吴江博物馆馆藏清代吴江籍名家书画精品·扇面册页》专辑、《百年南社　两岸翰墨——南社社员书画作品集》、《吴江新石器时期陶器纹饰集萃》、《吴江名人录》等书籍，进一步向市民展示了吴江优秀的文化遗产和吴江名人的风貌。

2. 办好博物馆刊物和网站，扩大对外交流

《吴江文博》是一本内部交流季刊，是博物馆对外进行学术交流和信息传播的一个窗口，也是研究和宣传吴江历史文化的一个平台，它的发行对象是博物馆界同行、有关部委办局领导、大中小学校、收藏爱好者以及其他相关读者。吴江博物馆网站的受众面更广，信息容量也更大，可以充分宣传民族文化、介绍馆务活动、公布学术研究与展览信息等，进一步推进了博物馆传播手段的创新，加强了与观众的互动，扩大了公众的社会教育普及面。

总而言之，县（市）级博物馆利用馆藏资源和社会资源开展群众教育活动，要按照群众的需求来开展，人民群众的高兴、认可、满意是我们的追求；让更多的老百姓接受传统民族文化教育，真正满足广大人民群众日益增长的精神文化需求，努力促进人的全面发展，是我们奋斗的目标。我们要进一步理清发展思路，明确发展重点，抓住机遇，用好条件，加快发展步伐，使博物馆在服务人民群众、服务经济社会发展中发挥更大的作用，让博物馆成为市民文化教育不可或缺的组成部分。

中小博物馆与大众传媒

——以常州博物馆"微笑彩俑——汉景帝的地下王国"特展为例

路亚北

（常州博物馆 江苏常州 213022）

内容提要： 免费开放四年来，中小博物馆观众量普遍偏少。提高临时展览水平、加强与大众传媒的联系、加大博物馆的宣传是中小博物馆改变门可罗雀现象、提高自身知名度和社会关注度的重要法宝。

关键词： 中小博物馆 临时展览 大众传媒

2008 年 1 月，国家四部委联合下发《关于全国博物馆、纪念馆免费开放的通知》以来，至今全国已有 1400 多家文化、文物部门归口的公共博物馆、纪念馆向社会免费开放。免费开放之初，大多数博物馆出现了门庭若市、参观人数倍增的状况，湖北省等部分省级博物馆甚至出现了"爆棚"、"井喷"现象。但经过四年的沉淀，观众爆棚的现象已呈现倒三角式的减少。当前，除文化遗产类博物馆具有吸引观众和游客的先天优势外，其他大部分中小博物馆（即地级市及以下的博物馆，全国有 1403 座，占全国博物馆总数的 66%[1]）观众量普遍偏少，部分博物馆甚至又恢复免费开放前的门可罗雀现象。这表明观众对于文化的消费已逐渐趋于理性，不会因为博物馆免费而重复多次地去参观他们一直观看的博物馆陈列，加上四年来博物馆受到媒体的关注度也逐渐下降，我们就不难解释观众量日趋减少的原因了。

在这信息爆炸的年代，博物馆的信息传播方式受到传媒深刻的影响，博物馆信息输出的主要渠道是陈列展览信息、考古发掘报道、学术研究出版物等。对于大多数中小博物馆来讲，考古发掘也没有那么多吸引大众眼球的机会，研究成果往往囿于学术领域中流通，这在很大程度上导致了博物馆淡出传媒、淡出公众的视野。中小博物馆的基本陈列虽然根据各馆的定位，各有差异，但是一旦形成就处于相对稳定的状态。无论从大众传媒的角度还是从受众的角度来看，除初次向公众开放之外，较难找到持久的热点。中小博物馆以本地参观人群为主要受众，内容相对固定的基本陈列就缺乏吸引力。举办各种高品位的临时展览，加强与大众传媒的合作，加大博物馆的宣传，不失为吸引这部分人群的重要手段，也是中小博物馆改变门可罗雀现象、提高自身知名度和社会关注度的重要法宝。

大众传媒具有覆盖面广、速度快、影响力大等特点。借助大众传媒这种强势媒体能迅速扩大博物馆的社会影响，引起公众参观博物馆的愿望，从而吸引大批观众关注博物馆、了解博物馆、走进博物馆。近年来，湖南省等大型省级博物馆已认识到传媒的力量，开始加强与传媒合作，取得了明显效果[2]。但是中小型博物馆尚未见报道。下面以常州博物馆引进陕西汉阳陵博物馆的文物特展"微笑彩俑——汉景帝的地下王国"的宣传为例，讨论中小博物馆与大众传媒的合作问题。

常州博物馆充分利用新馆开馆四周年、免费开放三周年之际，从陕西汉阳陵博物馆引进高品位的文物特展"微笑彩俑——汉景帝的地下王国"。在引进之初就专门成立了以开放部和陈列部联合组成的宣传部门，联系相关媒体制定了目标明确的宣传方案。在展览前、中、后三个时间段，通过报纸、电视、网络等大众媒体不断制造新闻卖点，营造出一个浓厚的舆论氛围。该展览在短短两个月的时间内，在一个城区人口 120 万的城市有超过 6.5 万名观众走进博物馆观看了该展览，比去年同期 3.8 万人次增加了约 71%。常州博物馆开放部在展出期间收回的 500 份问卷调查显示，前来参观的观众通过电视、报纸、网络等大众传媒得知展览消息的占 58.1%，比去年同期调查的 40.5%[3]，提高了 17.6%，这在很大程度上得益于大众传媒的神奇魅力。

一　报　纸

在电子媒介发达的今天，报纸在大众传媒中的地位和作用仍然占首位，因为它具有信息容量大、覆盖面广、读者广泛而稳定、获取信息方便等优点[4]。常州最大的平面媒体《常州日报》和《常州晚报》，每期发行量大约为 10 万份。在"微笑彩俑——汉景帝的地下王国"开展前一周，我们分别在两份报纸上面做了专版宣传。《常州日报》是面向常州地区机关、事业单位人群的党报，由于它的受众是博物馆潜在的精英观众，因此我们以"寻找最初的微笑——常州博物馆'汉景帝的地下王国'展览先睹"为题，以汉阳陵展出文物珍贵程度、汉阳陵的背景资料以及秦俑和汉俑的区别等作为宣传点。《常州晚报》是常州地区面向老百姓最广的一份报纸，由于它的受众是博物馆潜在的普通观众，因此我们以"两千年前伟大帝国凝固——中国最初的微笑"为题，采用蒙太奇手法：从历史背景，"文景之治"——中国最早的太平盛世；穿越两千年，微笑的"断臂"——伟大帝国的缩影；特级安保，文物在恒温、恒湿、减震、全程监控的特制运输车中运输等三个方面加以介绍，并配以武士俑、女俑、骑士俑、宦官俑、动物俑、瓦当、陶灶、运输文物的车辆结构等图片。除了根据老百姓口味设置宣传方案外，我们还以该展除在台湾和北京及国外展出过外，首次来到地级市博物馆巡展为卖点。这一次平面媒体宣传赚足了观众的眼球。

二　电　视

常州电视台是常州最大的立体媒体，收视率高，影响面大，视觉效果强。但它独有的易逝性要求我们的宣传内容必须在最短的时间内抓住观众，打动观众，使观众迅速、准确地捕捉到该临时展览信息的主旨。大多数博物馆在举办新的展览时，电视台对展览前的新闻发布会和展览开幕式的报道多为新闻报道，内容简单空洞，只是局限于很短的时间和十分有限的空间，主要突出参加开幕式的领导，对普通观众的意义不大。对于许多临展来讲，

"开幕式就是闭幕式"，引不起观众强烈的参观欲望。

在展览策划阶段，我们就邀请电视台制片人参与策划，通过层层解密的手法，对陈列内容、重点展品及展品背后的价值和意义进行层层解密，激发人们的参观欲望。具体做法为：从汉阳陵文物起运，到进入常州博物馆，到开箱布展，电视台记者全程跟踪，这也是常州博物馆首次向媒体及广大市民公开博物馆文物运输及布展的全过程。从汉阳陵文物起运到展览开幕式期间，每日作现场解密报道。我们设置了系列问题：为什么这些裸体俑叫"着衣式裸体陶俑"？为什么他们都是断臂俑？两千年前的军士、侍从是什么样子？最早的宦官到底是什么样子？汉代的动物是什么样？汉代的居民是如何生活的呢？为什么汉俑只有60厘米，不但有男有女，而且还有第三性（宦官），他们一个个面带微笑；而秦俑足足有180厘米以上，清一色为男性，且面部表情庄严威武呢？通过主持人采访博物馆馆长、押运人员、汉阳陵文物专家等系列人员，通过现场解密，向大众公开文物押运、装卸、入库、出库、布展等全过程，再配合当年考古现场真实再现等画面，将具有传统、高雅文化特质且带着神圣、神秘面纱的汉阳陵文物一一呈现在电视观众面前，使文物信息丰盈厚重，使枯燥的宣传内容显得形象生动。至开幕式之日，观众对这次展览已充满了期待。他们都想从静静地躺在地下两千多年的文物中寻找这一系列问题的答案。在展出期间，记者又追踪采访了观众参观后的感想，为下一次的宣传积累了宝贵的经验。

据电视台统计，这一档节目的收视率为4.5%，每天观看的人数有13.5万人，创下常州地区有史以来收视率第二名的佳绩。可以看出，这一次跨界合作做到了特展信息传播的最大化，真正实现了博物馆、电视台、受众三方的共赢。

三　移动电视

移动电视作为一种新兴媒体，和传统媒体相比，有着独特优势，可以做到主动定时定点播放。通过前期调查，我们发现常州公交移动电视频道的《龙城咨询》栏目是常州地区最有影响力的生活资讯栏目，它涵盖常州地区61条公交线路，1200辆公交车，1600个电子屏。由于它能为百姓提供即时的生活、购物、休闲信息的综合性服务资讯，能满足人民群众对热点生活信息和消费观念的追求，因此老百姓对它的满意度要高于其他休闲、娱乐、体育、影视等栏目，是常州本土栏目中最具权威性、最有影响力的王牌栏目。我们先后两次在此栏目投放特展宣传广告。我们以"常州博物馆全景、汉家陵阙、微笑彩俑头像组照、汉阳陵考古发掘动物俑、汉阳陵考古发掘人物俑"等五幅图片组成镜头，在屏幕下方辅以"免费参观，回眸盛汉，主办单位：常州博物馆、陕西汉阳陵博物馆，联系热线电话0519 - 85165080"等字幕，再加上优美的画外音"常州博物馆隆重推出免费惠民文化大餐'微笑彩俑——汉景帝的地下王国'大型特展，展出时间：5月1日～6月30日"，制作成广告片。在展览前期（4月25日～5月4日）上下班高峰期的黄金时段每天做10次的广告宣传。在展览中期（5月16日～5月25日），充分利用"国际博物馆日"的主题"博物馆与记忆"，在公交移动频道进行全天候循环播放。据常州市公交公司统计，我们播放广告期间，每日乘客流量超过100万人次，覆盖70%的城市人口。

四　网　站

在网络时代，网站是博物馆与受众最直接、最有效的信息交互平台。它具有传播速度快、信息容量大、覆盖范围广等特点，能有效地弥补传统媒体的不足。且宣传不受地域和时间的限制，任何人都可以通过网络了解自己想要了解的内容，从而接触的人更多，产生的宣传效应更大。在开展前，我们将汉阳陵考古发掘的相关背景知识、"微笑彩俑"相关展品图片与资料以及部分珍贵文物背后的故事放到网站上，供广大网民进行讨论。在展出过程中，我们还搭建关于"微笑彩俑"展览的主题论坛，让广大网民发表自己的观点。在展览过程中，还不时伴有有关展览进程的各类媒体报道。同时和常州地方各大网站合作，在中吴网、常州文物信息网等地方网站发布"微笑彩俑"展览相关信息；充分利用我馆是AAAA级旅游景区和全国科普教育基地的平台，在常州市旅游网、常州市科协网投放"微笑彩俑"展览相关信息；利用与学校开展德育共建的平台，在有专门网站的11所共建学校网站发布"微笑彩俑"展览信息。博物馆上网传递信息的最终目的是想吸引人们走进博物馆观看展览。网络信息传播为博物馆的发展带来了新的活力。

五　印　刷　品

可用于博物馆临时展览的印刷品有很多。针对"微笑彩俑"特展，我们采用了海报、宣传彩页和展览图书三种形式。海报和宣传彩页成本低，内容可以自由选择，便于及时向社会各界传递博物馆的信息，宣传效果立竿见影。展览图书虽然成本比较贵，但是它提供的信息量大，能够满足观众特别是青少年观众的求知需求，不仅能够服务当前的展览，还能为以后留存完整的展览资料。

1. 海报

由于人们对形象画面的敏感度和认知能力高于文字，所以我们在印制海报时，用51张面部表情不同的彩俑组图设计成"微笑彩俑——汉景帝的地下王国"宣传海报，在市区人群密集的98所学校、107个菜场等处张贴。

2. 宣传彩页

考虑到汉阳陵的文物是第一次到地级市展出，所展出的又是两千年前的陶俑，到时肯定会有美术老师带领同学前来写生。因此我们设计了宽13、高25厘米的彩页，印制精美展品的图片，对于重点展品还作了详细的介绍，放在展厅入口处。同时，向少年宫、文化宫等青少年培训机构发放了三百余本宣传册。在展览期间，有四批共一百多名小学生专程赶来写生。

3. 展览图书

虽然展览图书的成本比较高，但是它的感染力强，宣传方法简洁有效，所以我们特地从陕西汉阳陵博物馆引进图文并茂的画册《汉阳陵》、全面介绍汉阳陵的趣味故事书《汉阳陵之谜》，以及特别为青少年观众出版的内容通俗、价格低廉、印刻精良的漫画图册《漫游汉阳陵》。

除了以上五大类宣传方式外，我们还采用了手机短信、汉阳陵博物馆馆长专题讲座、博物馆门口大屏幕播放特展宣传片等宣传方法。通过上述的宣传，特别是与大众传媒的合作，从较深层次阐释了"微笑彩俑——汉景帝的地下王国"特展的内涵，引发了观众观展的兴趣、热情与愿望，一时间形成了龙城（常州的别称）"人人说彩俑，个个谈盛汉"的盛况。值得一提的是，除了移动电视和手机短信付了极少的费用外，其他媒体都是无偿和博物馆进行合作，这也是常州博物馆在展览宣传上的重大突破。从中我们不难看出，博物馆的宣传工作不能仅仅依靠某一媒体的单兵作战，必须根据报纸、电视、网络等大众传媒的各自特色，充分融合各种媒体的优势，组成"联合舰队"，相互作用，相互影响，进行全方位、立体式的宣传。这样的宣传层次才能更高，效果才会更好。

长时间免费开放后，中小博物馆要想改变观众量偏少的状况，吸引观众（特别是本地观众）前来参观，举办各种高水平的临时展览是最佳法宝。博物馆管理者如果把每一次临时展览都作为一个完整的产品加以考量，在展览策划前期让报纸、电视等大众传媒提前介入，就展览的内容、形式、宣传方式等与相关专家、媒体、大众代表等进行沟通，再根据不同媒体的行业特点，引导、激发出不同的关注点，让策划的每一次展览通过大众传媒的渲染都能转化为一场全民参与的"地方文化盛宴"。这样就不但能吸引观众走进博物馆、了解展览，使展览达到更好的效果，而且能让博物馆从传统意识上的"文物保管员"转变到"文化信息传播者"的角色上来[5]。博物馆就能更好地贴近大众、服务大众，使国家文化惠民政策的公益性彰显到最大。常州博物馆与大众传媒的合作，值得中小博物馆借鉴。

注释：

［1］马自树：《关于博物馆社会服务问题》，《中国博物馆》2006 年第 2 期。

［2］吕睿：《传媒时代博物馆的信息传播研究》，重庆大学 2010 年硕士学位论文。

［3］江苏省博物馆学会：《区域特色与中小型博物馆》，第 68 页，文物出版社，2011 年。

［4］陆建松：《博物馆对外宣传中的公共关系》，《中国博物馆》1997 年第 1 期。

［5］吕睿：《传媒时代博物馆的信息传播研究》，重庆大学 2010 年硕士学位论文。

浅析革命纪念馆与青少年思想道德教育

——以梅园新村纪念馆为例

胡妍娟

（中共代表团梅园新村纪念馆 江苏南京 210018）

内容提要：革命纪念馆是对青少年进行思想道德教育的重要基地。作为爱国主义教育基地的革命纪念馆，如何加强自身建设为青少年思想道德教育服务，更好地发挥其以史育人、以史醒人的宣传教育效果，这是本文探讨的中心问题。本文以南京梅园新村纪念馆近年来开展的青少年思想道德教育为例，浅析革命纪念馆如何做好青少年思想道德教育工作，并为做好该项工作提供理论分析。

关键词：革命纪念馆 创新手段 青少年 思想道德教育

青少年是明天的太阳、祖国的未来。中国近代史学家、教育家梁启超在《少年中国说》一文中有这样一段话："少年智则国智，少年富则国富，少年强则国强，少年独立则国独立，少年自由则国自由，少年进步则国进步，少年胜于欧洲，则国胜于欧洲，少年雄于地球，则国雄于地球。"青少年时期是一个人成长过程中的重要阶段，是人生观、价值观、世界观形成的重要时期，青少年的思想道德如何，直接关系到民族的兴衰、国家的存亡。作为社会教育理想公益场所的革命纪念馆，如何加强自身建设，努力为青少年思想道德教育服务，帮助青少年从重大历史事件和优秀文化遗产中，从中国共产党领导人民浴血奋斗历程中，从民族英雄、革命领袖、先进人物的成长中，增强爱国情感，确立远大志向，规范行为习惯，提高基本素质，成为革命纪念馆工作中的重要课题。

一 革命纪念馆在青少年思想道德教育中的作用

现代教育包括学校教育、家庭教育和社会教育。在一定程度上来说，社会与家庭的教育比学校教育更为重要。如今社会上的一些不良风气和糟粕文化直接损害着青少年的身心健康，影响着他们的健康成长。革命纪念馆作为社会教育的理想公益场所，作为青少年教育的"第二课堂"，应担负起未成年人教育的重要责任，在青少年教育中发挥重要的作用。

革命纪念馆是现实社会通向历史舞台的窗口。革命历史在此重现，传统道德在此衔接，并蕴含着先行者对后辈、对未来的美好夙愿。它不仅使青少年追思，更使青少年温故知新，催青少年奋进。它的作用与价值，它得天独厚的优势，为我们针对青少年进行思想道德教育，弥补学校课堂教学中的不足，提供了良好的教育氛围。

我国现有 13 亿多人口，其中青少年有 4 亿多。青少年时期是人生观、世界观、价值观初步形成的重要阶段，这一时期所形成的个性特点、思维方式、社会观念等都将对青少年在今后人生道路上的发展产生重大影响。做好革命纪念馆工作，对于帮助青少年从重大历史事件和优秀文化遗产中，从中国共产党领导人民浴血奋斗历程中，从民族英雄、革命领袖、先进人物的成长中，增强爱国情感，确立远大志向，规范行为习惯，提高基本素质，成长为中国特色社会主义事业的合格建设者和可靠接班人，都很有帮助。

二　加大宣传力度，吸引青少年走进革命纪念馆

中共中央、国务院在《关于进一步加强和改进未成年人思想道德建设的若干意见》中指出，加强和改进未成年人思想道德建设必须坚持贴近实际、贴近生活、贴近未成年人的原则。既要遵循思想道德建设的普遍规律，又要适应未成年人身心成长的特点和接受能力，从他们的思想实际和生活实际出发，深入浅出，寓教于乐，循序渐进。多用鲜活通俗的语言，多用生动典型的事例，多用喜闻乐见的形式，多用疏导的方法、参与的方法、讨论的方法，进一步增强工作的针对性和实效性，增强吸引力和感染力。作为爱国主义教育基地，革命纪念馆承载着向青少年进行革命传统教育和共产主义理想信念教育的重要使命。那么，如何才能把青少年吸引到革命纪念馆来呢？

曾昭燏女士在 1943 年编著的《博物馆》一书中指出："博物馆既为大众而设，第一步当使大众知有此馆之存在，第二步当使之对于此馆发生兴趣，第三步当使之对于馆中工作，能深切了解，而愿加以赞助，此之谓获取群众。"革命纪念馆担负着教育青少年、鼓舞青少年的重任，青少年观众数量的多少直接影响到宣传教育的效果。革命纪念馆应充分发挥新闻宣传时效强、范围广、影响大的特点，依靠报纸、杂志、广播、电视、互联网等公众传媒进行宣传，想方设法扩大影响、提高知名度。对青少年思想道德教育活动，要专门制订新闻报道方案，通过媒体让青少年了解革命纪念馆，接受革命纪念馆，并使参观革命纪念馆成为一种追求精神文化生活的时尚。梅园新村纪念馆为此加大了宣传力度，在每一个展览开幕前都制定新闻报道方案，召开新闻发布会，利用广播、电视、网络、报纸、广告、海报、信件等方式使陈列展览的消息广为人知。纪念馆还将馆里即将举办的所有展览通过现今流行的微博等形式直接上网公布，使青少年坐在家里，通过网络就可以了解梅园新村纪念馆的最新动向。对于一个陈列展览而言，无论采取哪种方式，宣传环节都不容忽视，从长远看，这也是革命纪念馆获取经济效益、谋求自身生存与发展的重要途径。在现代新经济条件下，陈列展览既是一种精神产品，又是一种特殊商品。它同样需要营销宣传，而通过新闻媒体扩大宣传，是我们能做而且又有效的一条捷径。

三　改进陈列方式，增强青少年思想道德教育的吸引力和感染力

陈列是革命纪念馆工作的中心环节，是发挥社会教育功能，实现其社会价值的重要手段。陈列质量的高低，是直接关系到青少年能否开阔眼界、增长知识、陶冶情操以及提高思想道德水平的大问题。

1. 展馆布局人性化，为青少年参观提供便利

现今青少年的知识水平不断提高，文化生活需求呈多元化发展，他们不再满足于欣赏展品的设计，更多的是探索展品背后所蕴含的文化内涵，享受主办者所提供的优质服务。为了使青少年能够看懂展览，了解每个展览的历史文化背景，从中学习更多的知识，在文字说明上应尽可能详尽，同时考虑到展览形式的美观，在展柜中介绍文物的说明应尽量简洁，在展柜外放置一些详细的文字介绍，供有兴趣的青少年随手翻阅。在接待服务中，要想青少年之所想，急青少年之所急，千方百计地为青少年服务。如降低展台高度和洗手池的高度；售票处、洗手间、参观指南等标牌要醒目并有中英文对照；设置残疾人专用的无障碍通道；在展厅适当位置添加休息椅和饮水机；设立咨询和投诉电话，设立观众留言簿；增设相应的急救器械和药品。对需要讲解的团体或零散青少年，应提供热情、周到的讲解服务，并与青少年建立良好的交流关系，让革命纪念馆这一宝贵精神财富得到最大限度的利用。

2. 运用现代科技增加展览吸引力

一个好的陈列展览，如同一部好的电影能影响人的一生。因此，推出集思想性、科学性、知识性、可看性于一体，具有艺术感染力的高水平的陈列展览，能在传播科学文化知识、丰富青少年精神文化生活和促进文化交流等方面真正发挥重要的作用。如南京梅园新村纪念馆的基本陈列"梅园风范"，运用声、光、电等现代化的陈列展示手段和通俗易懂的纪念馆语言，通过200多幅（件）珍贵历史照片、文献资料和11件国家一级文物，突出反映了以周恩来同志为首的中共代表团，在南京与国民党政府进行针锋相对谈判斗争的革命业绩，生动地表现了老一辈无产阶级革命家的崇高精神和革命风范，体现了政治性、历史性、艺术性的有机结合，充分凸现了革命纪念馆存史育人的教育功能。灰色海吉布展板、灰色哑光地胶垫，让青少年在安静的环境中，伴随着轻缓的背景音乐追寻谈判的历程；反映中共代团办事处梅园新村30号周边环境的示意模型，利用声、光、电的有机结合，使青少年真实地感受到当年中共代表团深入虎穴与敌人斗争的险恶环境；表现周恩来深夜办公的复原场景，又使青少年仿佛感受到周恩来仍在梅园新村工作和战斗[1]。多媒体景观"南京谈判"，运用动态的影像、逼真的音响、变幻的灯光等生动、形象的手法营造了气氛，深化了主题，因此受到青少年的普遍欢迎，增强了革命纪念馆对青少年的吸引力。

2005年，梅园新村纪念馆在"梅园新村17号"饭厅布置了17尊仿真蜡像，反映的是国共和谈破裂后，周恩来返回延安前夕在此召开最后一次大型中外记者招待会的情景，营造出了一种符合历史环境的氛围。使青少年一踏进展厅，就仿佛进入了"最后一次记者招待会"现场，直观地看到周恩来正左手叉腰，右手指着墙上的军用地图向中外记者发表《对国民党召开"国大"的严正声明》，揭露蒋介石假和谈、真内战的阴谋。逼真的记者招待会现场，栩栩如生的人物形象，给青少年留下了深刻的印象。梅园新村纪念馆场景蜡像复原，从根本上提高了旧址的观赏"魅力"，增强了青少年思想道德教育的吸引力和感染力。

3. 举办主题鲜明、内容生动、贴近生活的临时展览

革命纪念馆在做好基本陈列的同时，还应不断向社会奉献丰富多彩、富于时代感的临时性展览。临时展览具有内容新颖、小型灵活、省钱、省时、更换方便、便于巡回展出等特点，可以从多方面拓展陈列主题，扩大纪念馆信息的传播量。临时展览给革命纪念馆注

入了勃勃生机，显示出革命纪念馆在社会主义精神文明建设与青少年思想道德教育中无以替代的独特作用。

梅园新村纪念馆根据形势平均每年举办 4~5 个临时展览，这些临时展览主题鲜明、内容生动、贴近生活且教育性强，因此吸引了众多的青少年前来参观。一位中学生曾动情地对纪念馆工作人员说："我连续五年到你们纪念馆参观，每次来都有新的内容，所以每次回去都有新的收获！"足见一个好的临时展览在吸引青少年并对其进行思想道德教育方面确实有着不可低估的作用。

四 创新教育方式，让青少年在参观中接受思想道德教育

革命纪念馆蕴含着极为丰富的教育资源，是取之不尽、用之不竭的思想宝库和知识宝库。把历史和现实结合起来，把优良传统和时代精神结合起来，把思想道德教育与实践活动结合起来，从实际出发组织形式多样的教育活动，是革命纪念馆拓展教育功能、扩大教育覆盖面的重要途径。如南京梅园新村纪念馆利用本馆资源优势，开展丰富多彩的思想道德教育活动，让青少年在参与活动中自觉地求得心性的提升和人格的升华，形成固定的道德习惯和稳定的道德心理。多年来行之有效的组织参观、创建伟人班级、举办主题班会、演讲征文等，大大增强了革命纪念馆的吸引力、凝聚力和影响力。

1. 对未成年人免费开放

早在 2004 年国家文物局就发出专门通知，要求从 2004 年 5 月 1 日起，全国文化、文物系统各级博物馆向未成年人免费开放。对此，南京市教育部门针对此规定出台了"三联单"，学校凭"三联单"免费参观。同时，青少年学生每人一本《爱国主义教育基地参观手册》，上面印刷着必须参观和选择参观的博物馆名称，把是否按规定参观革命纪念馆作为学生能否毕业的必备条件。许多中小学生手执纪念册，遍访革命纪念馆，从中受到很好的教育。

2. 因人施讲，提供优惠和方便

讲解是博物馆实施教育职能的主要方式，为了使青少年更好地接受爱国主义教育，革命纪念馆的讲解员在讲解过程中要抓住青少年活泼好动、不易长时间保持注意力集中的特点，讲解那些青少年乐于接受、并较为感兴趣的内容。梅园新村纪念馆在重视讲解员业务培训的同时，采取多种措施向青少年提供优惠和方便。如根据预约参观的学生团体不同提供多种形式的讲解，在陈列厅设置"翔宇书屋"，摆放伟人和革命先烈们的立志书籍，供前来参观的未成年人免费借阅。

3. 馆校结合，拓宽教育效果

梅园新村纪念馆通过创建"周恩来班"、"邓颖超班"，设立"周恩来奖学基金"、"邓颖超奖学金"等活动，拓展教育阵地，以一代伟人的积极进取、刻苦好学、甘当公仆、无私奉献的精神教育、感染学生，从而使他们的政治觉悟、思想品质和学习热情得到提高，努力把他们培养成为中国特色社会主义事业的建设者和接班人。目前，我馆已在全国 50 多所大中小学校开展了"周恩来班"、"邓颖超班"的创建工作。活动遍及南京、淮安等地和上海、浙江、北京、云南、西藏、辽宁等省、市、自治区，受教育学生不仅有汉族学生，

还有佤族、彝族、拉祜族和藏族等少数民族学生，使老一辈革命家的伟大风范在青少年心中扎下了根。

4. 送展下校、送教上门，为边远乡镇学校提供便利

为加大革命纪念馆的教育效果，针对一些偏远学校来馆参观不便的情况，革命纪念馆成立了宣教小分队，把馆里的基本陈列、专题陈列制作成小型展板、幻灯片和光盘，分别送往边远地区和因种种原因不方便来馆参观的大中小学校，使学生不出校门就能享受教育、开阔眼界、增长知识。如梅园新村纪念馆几十年如一日组织宣教小分队走进校园开展多种宣传教育活动，因此拥有了一大批相对稳定的教育对象，受到师生们的一致好评。实践证明，送展下校是革命纪念馆争取观众、发挥展览效益、在更大范围内唱响爱国主义主旋律的好办法。

5. 举办专题夏令营活动

近几年，梅园新村纪念馆成功地举办了"走进博物馆"、"红色之旅"等专题夏令营。由于举办的夏令营活动充满知识性、趣味性，且寓教于乐，得到师生和家长的广泛称誉。他们欣喜地说，夏令营活动使学生开始懂得关心集体、关心他人，学习也更加刻苦、勤奋了。

6. 培训义务讲解员

自1990年开始，梅园新村纪念馆与南京的大中小学校挂钩，挑选品学兼优的学生担任义务讲解员，主动为青少年思想道德教育提供必要的社会实践场所。21年来从未间断过，培养了一批又一批义务讲解员，并形成了义务讲解员招募、培训、考核、管理等一套完整的制度。广大青少年在社会实践中长知识、增才干，树立起正确的世界观、人生观和价值观。由于梅园新村纪念馆在培训义务讲解员方面工作出色，荣获了南京市精神文明建设指导委员会办公室颁发的"首届南京市未成年人思想道德建设创新奖"。

7. 其他方式

注重依托重大节日和纪念日举行学生入学、入队、入团、毕业、18岁成人仪式以及演讲比赛和书画比赛等活动，使青少年在参与中受到教育、得到提高。

青少年思想道德教育是一项综合性、系统性很强的工程。近年来，许多革命纪念馆都在加强功能建设、努力为青少年思想道德教育服务方面做了不少工作，进行了一些探索。革命纪念馆应持之以恒、常抓不懈、不断开拓，使青少年不仅在知识上、信息上、思想道德教育上有所收获，而且在参观过程中能保持心情舒畅，高兴而来，尽兴而归。如能做好以上几点，相信不久就会有越来越多的青少年把走进革命纪念馆作为增长知识、文化休闲和接受思想道德教育的最佳选择。革命纪念馆高雅的文化环境、特殊的文化氛围、精美的陈列展示，必将在丰富青少年的精神文化生活，提升、引导青少年的文化消费和审美追求方面发挥更为重要、更为广泛的作用。

注释：
[1]《"梅园风范"专题陈列侧记》,《梅园通讯》2003年第2期。

对新时期博物馆志愿者工作的思考

施　慧

（南京市民俗博物馆　江苏南京　210001）

内容提要： 对于作为公共教育机构的博物馆来说，如何从自身做起，既满足人民群众的精神文化需求，又能积极妥善处理好博物馆人力、物力皆紧缺的现状，是摆在每个博物馆人面前的难题。博物馆志愿者的出现无疑为新时期博物馆的发展注入了新的力量。笔者通过对新形势下博物馆主要职能和发展方向的分析，并结合志愿者工作的心得，认为博物馆志愿者队伍的建立对于博物馆的发展起着十分重要的作用：可以弥补我国博物馆现阶段发展上的不足，提升博物馆的服务质量；有助于博物馆全面开放、融入社会、服务大众；可以增强公民的社会责任感，引领社会风尚，促进人类社会和谐发展。对于博物馆来说，应当重视志愿者队伍的建设，建立健全相应的服务制度，为博物馆志愿者的服务提供良好的环境，保障志愿者的权利，做优做强博物馆志愿者队伍，并与之共同携手为我国的文化教育事业服务。

关键词： 博物馆　志愿者　和谐社会　社会责任　社会贡献

一　志愿者的概念

志愿者，是指利用闲余时间参与社会服务且不计任何报酬的人员。联合国大会于1970年通过决议并组建了"联合国志愿人员组织"。该组织是联合国系统内的一个独立的机构，该组织成立后，各国的志愿者开展了很多义务服务工作，在世界范围内扶助难民、发展经济、促进全球文明建设等诸多领域都作出了突出的贡献。

第40届联合国大会将每年的12月5日定为"国际志愿人员日"，这项决议的出台是对全球范围内志愿人员工作的尊重与肯定，更是在倡导一种以服务社会为己任、不求回报、乐于奉献的崇高思想境界。在我们生活的环境中，越来越多的志愿团体正在发展形成。他们来自于不同的国家、地区和社会阶层，有着不同的受教育程度及宗教信仰，但都不约而同地做着"送人玫瑰，手留余香"的善举。这对于我们当今正处于社会主义初级阶段的发展中国家来说，是十分可贵和值得提倡的。

有人说，一个国家的志愿者人数可以直接反映出这个国家的发达程度。国家越发达，国民的物质条件越优越，文化素养便相对较高，社会责任感也会增强，人们愿把参与志愿服务看成是自己应尽的义务。在发达国家，志愿者主要来自于高等院校、公务员、慈善团体、社会名流等，这些人群大部分都来自上流社会并自愿无偿服务社会。在我国，志愿者目前主要由两部分组成，其一是由政府组织倡导的志愿者组织，其二是来自于社区基层组织。这两方面的力量相互影响，推动着我国志愿者工作的开展。

随着社会的进步，志愿者组织也发展成具有多种服务功能的志愿团体，博物馆志愿者组织就是其中之一，并在全球范围内被人们亲切地称呼为"博物馆之友"。

二 博物馆志愿者

博物馆志愿者是志愿者组织中的一个分支。1975 年，比利时成立了"国际博物馆之友"联盟，它将世界各地的博物馆志愿者聚集起来，是非政府非营利性且完全由志愿者组成的民间服务联盟。在全世界范围内，志愿者参与博物馆工作的例子有很多。在发达国家，志愿者不仅在数量上远超过博物馆工作人员，而且志愿服务项目包括了从传统引导、信息咨询到博物馆管理、协助，再到藏品研究、修复等几乎所有环节。可以说，博物馆志愿者是博物馆事业发展中不可或缺的好助手，在协助博物馆服务的同时，也让志愿者获得个人素养的提升、自我内心的愉悦。近几年来，随着经济全球化、文化多元化的发展，"博物馆之友"的队伍在世界范围内得到迅速成长。

三 我国当前的博物馆志愿者团体现状

我国博物馆志愿者队伍建设于 20 世纪 50 年代组织开展，对一些博物馆的发展起过一定的作用，但在"文革"十年中一度中止了类似组织和活动。近年来，有的博物馆开始恢复博物馆志愿者队伍建设，博物馆有了明显的改变，但氛围还不浓，真正建立和能开展正常活动的并不多[1]。我国现有的博物馆志愿者团体以大学、中学的在校学生为主体，同时还有社会团体的加入、热心人士的参与。现在随着人们对博物馆志愿者认知的加深，越来越多的人加入到志愿服务的队伍中。2011 年 5 月 18 日，由江苏省南京市文广新局主办的"博物馆志愿者之家"在南京市博物馆揭牌成立，标志着作为古都文化窗口的南京，博物馆志愿者工作已走在了全国前列并正在蓬勃发展起来，受到了社会各界人士的广泛关注。目前，已有约六百人加入了这一团体，显现了我国重点博物馆志愿者工作发展的一个趋势。

四 新时期博物馆工作的新要求

当前，文化多元化已成为社会发展趋势。博物馆作为全球性的公共文化机构，受到世界各国人民的广泛关注。中国的博物馆数量以每年上百个的速度快速增加。根据《国家文物事业发展"十二五"规划（建议稿）》的统计，"十一五"期间，全国文物系统博物馆达到 2050 座，新建、扩建重点博物馆 200 余座，经文物部门注册登记的民营博物馆达 328 座[2]，每年举办陈列展览近万场，从数量上看中国已成为世界博物馆大国。但我国要从博物馆质量上成为世界博物馆大国还需要作多方面的努力。

随着当前博物馆数量规模的蓬勃发展，时代的主旋律"和谐"、"共享"、"发展"对博物馆事业提出了更高、更广的要求，并影响着博物馆发展的方向。上海博物馆馆长陈燮君说："当今世界，全球博物馆都在致力于社会和谐、推动跨文化的对话，以及促进人类的'心灵沟通'。"以前那种单纯收藏展示藏品的博物馆工作形式，受到现代社会的深刻冲击和挑战。这对于博物馆而言，提出了新时期的新要求。以往的博物馆工作只片面地停留在发掘、抢救、保护、修复、陈列、研究、征集、保护文物藏品上，而今应当将所保护的文化遗产的范围扩大，从古到今，从物质的到非物质的，树立一种"大博物馆"的概念。同时，博物馆的服务观念也应有所转变，其社会责任应从保护遗产延伸到服务并着眼于促进全社会的和谐发展上。

2008 年，中国"文化遗产日"的主题就是"文化遗产人人保护，保护成果人人共享"。这正是顺应时代的要求，以"共享"来满足广大人民日益增长的精神文化需要，来激发全民对文化遗产的热情；同时还应以"共享"促进共建，使博物馆的影响力辐射到社会的每个角落。

除了"共享"之外，传播交流也是现代博物馆应当具备的重要职能之一。在今天物质大潮的冲击下，作为精神文化领域的博物馆事业，如不重视传播交流，就算馆藏再丰富，也只是"文物仓库"。博物馆是为社会和社会发展服务的，也是展品与观众零距离交流的场所，这才是传播交流的核心，也是顺应社会发展和提高全人类素质所需要的。

单霁翔先生所提出的广义博物馆的概念为我们博物馆的发展指明了方向。他认为，博物馆按功能要求应以收藏、研究、教育（展示）为主要职能，而按社会要求分，博物馆则须以提供更好的文化产品、文化环境和文化服务为己任。目前，我国博物馆的发展应以后者为侧重点，将文化传播、交流、共享作为新的发展任务和目标，也就是说当前我国博物馆发展的着眼点将从有形向无形转变。文化的传播与发展相对收藏研究而言是十分抽象的，但它的作用却是不可替代的。博物馆需要从狭窄的收藏、研究模式中走出来，真正融入社会，进而成为人们自觉接受教育和开展教育不可或缺的重要机构。它具有教化、审美、娱乐、传承功能，是实现人的全面发展不可替代的力量。但由于博物馆是发展公益教育事业的非营利性机构，存在人力、物力、财力各方面资源的限制，想要在短时期内达到新的目标是有一定难度的，解决这一矛盾的做法就是要跳出自身的发展局限，调动我们可以利用的所有社会资源。而博物馆志愿者，正是博物馆可以开发利用的最佳资源之一。

五 志愿者对于博物馆的重要意义

无论是对社会还是对博物馆来说，博物馆志愿者工作都有重要意义。从社会的角度看，作为一项社会活动，它是改善社会风气、建立温馨和谐人际关系的有效措施，是志愿者实现社会价值和个人价值的舞台。从博物馆的角度而言，它是教育传播工作的一条途径，为志愿者这一群体提供服务平台[3]。有了志愿者的加入，新时期博物馆新任务的完成就有了可靠的力量。博物馆志愿者活动的开展，有助于博物馆完成两方面的任务：一方面可以让博物馆吸纳和利用丰富的社会资源，另一方面可以使博物馆融入社会、服务公众。博物馆志愿者在服务过程中具有两大功能：一是起着吸纳和使用社会资源的重要功能，它包括博物馆的自我宣传和文物保护宣传、博物馆的社会资金与人力支持、博物馆对观众的研究与教育功能的实施等；二是起着体现公民社会力量、弘扬民族精神的重要功能，它充满活力的原因在于，其成员在实现自我价值的同时又较好地服务了社会，因为它是博物馆本质与志愿精神的完美结合[4]。开展博物馆志愿者活动，可以弥补我国博物馆专业人员的不足，提升博物馆管理水平并节省馆内开支，还能较大程度地改善博物馆的服务质量，使之真正地为社会、为公众服务。

六　志愿者的服务机会

博物馆事务繁杂且资金相对有限，可以根据各个博物馆的特点，把每个部门需要完成而缺乏人力的项目集中统计。比如藏品帐目的整理和录入、翻译资料、接待咨询、讲解导览、观众调查、学术讲座、送展进社区和流动博物馆等。把这些项目集中起来设计成不同的志愿者服务项目，为更多的人提供选择的机会。

七　志愿者的可持续发展

志愿者的可持续发展问题所要解决的就是志愿者的数量问题。数量问题包含两个方面，第一就是志愿者的招募，第二就是志愿者的待遇。首先是志愿者的招募问题。目前，我国的志愿者主要来源于政府组织和社区团体，还有就是大专院校的优秀学生组织，成员成分相对单一。这其中最大的优点就是人员素质较高且组织纪律性强，方便统筹管理，但缺点也比较明显，那就是志愿服务时间有较大的局限性。比如，政府和社区团体的志愿者一般只能在节假日进行志愿服务，在校学生只能在课余时间或是寒暑假期间开展志愿服务。

笔者今年有幸参观了台湾地区的几家博物馆，发现他们录用志愿者的门槛较低，只要年龄在18岁以上65或70岁以下的公民都可以从事博物馆志愿服务。在学历上除了台北故宫博物院要求学历在大专以上外，其他博物馆要求志愿者学历在高中以上就可以了，台湾博物馆看中的是志愿者个人工作能力的发挥。门槛降低，便意味着志愿者数目的增加，这也切合博物馆的服务理念，那就是面向公众的社会教育场馆，不管你自身条件如何，都有权利接受博物馆公益教育并有义务服务大众。

志愿者的待遇也是关系到志愿者队伍发展的因素之一。现在越来越多的博物馆免费对外开放，对于国家全额拨款的公共教育事业单位而言，给予志愿者可观的物质回报是有难度的。如何保持志愿者队伍稳定壮大不流失是摆在博物馆面前的一个重要问题。培训一位合格的志愿者需要花费很多人力、物力，志愿者一旦流失，对博物馆而言势必会造成一定的损失。

博物馆应当从本馆的实际情况出发，采取一种积极的策略，利用自身的优势资源去吸引和鼓励更多的人参与到博物馆志愿者队伍中来。比如，民俗类博物馆可以经常为参加志愿者活动的大中学生开展非物质文化遗产体验活动，如昆曲研习会、楹联进校园、传统手工艺进校园等活动；可以开设民俗文化专题讲座，普及民间传统文化知识；还可以利用自身有利资源，带领参加志愿服务的同学参观兄弟博物馆。这样，一来是对志愿者工作的肯定与回报；二来是可以更好地宣传普及民俗文化知识，陶冶爱国主义情操；更重要的是可以利用此契机，激发同学们对传统文化的兴趣，吸引更多的青年学生从事志愿者这项光荣的工作。将有形的物质回报上升为无形又高尚的精神回报，这势必会让志愿者队伍在质量和数量上都有稳步的提升。

八 志愿者的管理

虽然志愿者是自愿来博物馆工作的，但只有对他们进行科学化的管理，才能保证志愿者制度的良性发展。

首先，应明确志愿者的具体工作要求。我们需要明确志愿者从事哪方面的工作，并明确每项工作的具体要求，制定相应的制度来规范和约束每一位志愿者，如志愿者服务的时间、服务的区域范围、服务的礼仪规范等。同时，还应为志愿者建立志愿者档案，并建立志愿服务的监督部门，更好地开展志愿服务。

其次，建立志愿者的培训制度。志愿服务时间上的局限及志愿者文化素质的参差不齐，致使志愿者培训目前还停留在比较容易上手的导览解说和协助馆内行政庶务上。近年来，随着社会对志愿者工作认识的不断提升，越来越多的高素质人才开始走进"博物馆之友"的队伍中来，因此博物馆志愿者工作的门类也日渐丰富起来。但由于我国的博物馆志愿者工作与发达国家相比在人数和人员素质上还有一定的差距，造成了志愿服务项目多但志愿者少的尴尬状况。因此，博物馆同志愿者组织要做好志愿服务的培训工作，这是体现一个博物馆志愿者工作成功与否的最关键的地方。博物馆应当结合所需要的职员岗位、志愿者素质和志愿服务的时间与志愿者组织进行初步的定人定岗，即所谓"用人之长"，在征得志愿者本人认可后由博物馆专门的技术人员进行培训与考核，以保证志愿者的服务质量。在培训中，还应注意拓宽博物馆的志愿者工作层面，虽然志愿服务仍脱不了传统的观众服务、导览解说、展厅维护、秩序维持等项目，但可以根据每个博物馆的特色和志愿者的特长，增加志愿服务的项目。比如，有外籍志愿者服务的博物馆，可让外籍志愿者利用自身的语言优势帮助博物馆翻译外文讲解稿，并主动向外国游客介绍馆藏展品。

再次，要"因馆制宜"，明确志愿服务的项目。博物馆观众服务的工作内容包括观众接待指引、馆内活动及公益讲座的报名受理、服务台的接待等。展厅维护方面的工作包括观众参观秩序的维护和展厅器材设备的维护等。由于博物馆的规模和展览的侧重点各不相同，因此提供的志愿服务也有所差异。如果想要更加完善地做好志愿服务，就需要志愿者组织与博物馆两者相互协调、相互沟通，根据志愿者的自身条件定向培养。

九 完善志愿者的考核制度

目前，博物馆对每个参与志愿服务的志愿者都建立了考核制度。由于志愿者中绝大多数是来自高校的在校生，所以考核对他们而言既是对他们假期社会实践工作的评估、认可与促进，同时也是对他们投身公共教育事业的尊重、鼓励与肯定。从我国目前博物馆的发展现状来看，针对博物馆志愿者服务的相应制度、法律法规还没有出台。有人认为，自愿无偿的服务是很随意的；甚至还有人认为，"无钱即无责"，没有领薪水，出了问题也就没有责任。这些想法对于志愿者所服务的博物馆来说是十分可怕的。博物馆是收藏、陈列、保护国家宝藏，传播历史文化知识的场所。作为公益教育事业场所的博物馆，一定要出台相关的博物馆志愿者服务准则和行为规范，应当建立志愿者事务中心，并为志愿者建立档案，以方便对这一服务团体的人员和服务进行监督管理；要让参与志愿服务的人明确博物馆志愿服务是一项光荣的工作，同样需要饱满的工作热情、高尚的职业道德和职业素质；既要保护博物馆的自身利益，又要保障从事志愿服务的每一个人的合法权益。

十 新时期博物馆志愿者工作的目标

时代在发展，中国博物馆事业已跨入"十二五"发展阶段，更好地服务群众，更好地传播科学文化，成为了每一个博物馆人新的追求。我们不断地探索博物馆新的发展方向，做到"以人为本"，把社会对博物馆的要求、观众的要求放在工作重点上。博物馆志愿者工作的开展，是缓解博物馆财力、人力、物力紧缺同观众要求博物馆进一步面向并服务大众这一矛盾的有力方法之一。现阶段，博物馆所要关注的就是如何同博物馆志愿者一起为我国的文化教育事业服务，使之为博物馆的工作发展增添光彩，成为促进社会和谐的积极力量。最后，衷心地希望凡是有服务人民之心的社会有识之士都能参与到博物馆志愿者行列中，为我国的文化事业及民族的发展贡献出自己的力量。

注释：

[1] 杨荣彬：《对我国博物馆志愿者制度建设的思考》,《中国文物报》2011 年 10 月 26 日。
[2] 吕天璐：《博物馆：生机勃勃的 2010》,《中国文化报》2010 年 12 月 29 日。
[3] 涂师平：《论博物馆志愿者对社会和谐的贡献价值》,《中国博物馆通讯》2010 年第 1 期。
[4] 涂师平：《论博物馆志愿者对社会和谐的贡献价值》,《中国博物馆通讯》2010 年第 1 期。

对第三届"我是小小传承人"主题夏令营的几点总结

徐　丽

（南京市民俗博物馆　江苏南京　210001）

内容提要：由南京市文化广电新闻出版局、南京市教育局共同主办，南京市民俗博物馆承办的第三届"我是小小传承人"主题夏令营活动，向社会广泛宣传了非物质文化遗产保护、传承的理念，特别是给青少年朋友提供了一个近距离接触、体验、学习非物质文化遗产和民间工艺美术的机会，让他们在参与的过程中体会到了中国传统文化的魅力，个个去争做一个合格的"小小传承人"。

关键词：夏令营　博物馆　总结

一　第三届"我是小小传承人"主题夏令营概述

南京市民俗博物馆位于南京城南的南捕厅，是南京地区收藏、陈列民俗物品，研究民风民俗，弘扬民间优秀传统文化的专门机构。1982年，南京市文物部门在全市文物普查中发现了这片大规模的清代民居古建筑群——甘熙故居，并将其列为市级文物保护单位。1992年，南捕厅19号部分建筑得以修复，同年11月18日，南京市民俗博物馆建成并对外开放。2006年5月，甘熙故居被列为第六批全国重点文物保护单位，并正名为"甘熙宅第"。2010年1月19日，南京市民俗博物馆同时挂牌成立了"南京市非物质文化遗产博物馆"。现民俗馆内设有"往日庭院"、"旧影城南"、"金陵工巧"、"梨园雅韵"四大主题展区。"往日庭院"展区主要为大户人家生活方式的复原陈设，展现清末民初甘氏家族的生活方式；"旧影城南"展区通过老房子、老行当、岁时习俗重现当年的市井文化；"梨园雅韵"展区常年有南京白局、南京白话等多个表演团队为游客演出；而在"金陵工巧"展区则云集了南京地区三十多位国家级、省级、市级非物质文化遗产传承人，在此展演传统手工绝活。这些展演项目有赵树宪的南京绒花、张方林的金陵剪纸、曹真荣的秦淮灯彩、高勇的布艺、何斌的泥塑、张苗的手绘葫芦、王高飞的刻漆画等。

于2011年7月11日~8月5日期间举办的第三届"我是小小传承人"主题夏令营，以馆内的非遗资源为依托，邀请了常驻民俗馆的8位非物质文化遗产项目（包含有刻漆画、手工布艺、秦淮灯彩、国画、手绘葫芦、泥塑、中国结、剪纸）代表性传承人为授课老师，以"2014年南京青奥会"为主题，以各种非遗和民间手工艺品项目为载体，融合奥运精神和南京元素，体现"绿色青奥、活力青奥、人文青奥"的理念，以实现文化与体育的完美融合，向世界展示六朝古都的文化魅力，展现南京青少年的美好愿望和体育精神。本届夏令营结合未成年人的特点，采取寓教于乐的形式，吸引了来自南京市34所中小学校的354名学生前来参加。在夏令营的课堂上，由传承人老师对夏令营营员们进行面对面地传授知识，手把手地教授技艺，营员们亲自动手实践，完成了一幅幅自己的个人作品，最后由授课老师对学生作品进行评比，优异者发给获奖证书，并组织获奖作品汇报展。这次夏令营活动得到了学生的欢迎和家长的积极响应，活动报名非常踊跃，有的同学还报名参加了两个项目的学习。夏令营期间，虽然遭到前期暴雨、后期高温的考验，但是同学们仍然如约前来，上课时认真听讲，积极动手，用心临摹和创作富有自己个性而又充满童趣的作品，在动手、动眼、动嘴、动脑的过程中感受到了民族传统文化的丰富内涵。此次夏令营活动情况被多家媒体报道，获得了极好的社会反响。

二 夏令营取得圆满成功的原因

在南京市文化广电新闻出版局、南京市教育局的领导下，在南京市民俗博物馆领导的组织下，经过充分酝酿、组织论证和周密计划以及社会教育部全体职工的共同努力，第三届"我是小小传承人"主题夏令营取得了圆满成功，获得了社会各界的一致好评。这一成绩的取得，与我馆精心准备和实施有效的措施保障是分不开的，具体体现如下。

1. 我馆领导组织有力，职责明确

为保证夏令营的顺利进行，南京市民俗博物馆领导班子高度重视，根据《关于开展第九届南京文博之夏有关暑期主题活动的通知》要求，并结合博物馆实际，成立了以馆长为具体负责人，社会教育部全部门职工具体承办的夏令营筹备工作小组，负责处理夏令营中遇到的各种具体事项，确保夏令营的顺利进行。

2. 统一思想，提高认识

在我馆领导的统一领导下，召开动员会议，传达文件精神，总结以往夏令营中的工作经验，探讨我馆夏令营开始后可能遇到的各种困难和问题，并研究具体的解决方案。通过动员，参与夏令营的同志统一了思想，加深了认识，纷纷表示要竭尽全力，努力克服各种困难，精心设计和组织开展内容鲜活、形式新颖、吸引力强的实践活动，并且还要为营员们做好知识讲解、后勤服务、安全保障等一系列工作，确保夏令营活动的顺利开展。

3. 加强宣传，争取社会支持

夏令营活动涉及很多方面，需要相关部门各司其职、各负其责并相互配合，需要全社会的关心、支持和参与。因此，我馆派出专人负责新闻宣传，加强与各新闻媒体的联系，利用报纸、电视、网络、广播、通讯等各类宣传平台和宣传手段，在当地新闻媒体进行了多次的宣传报道，让更多的未成年人走进博物馆夏令营，认识和了解祖国丰富灿烂的文化。

4. 完善服务设施，增加服务设备

我馆原有一个多功能学习体验室，面积80余平方米，能容纳40名营员同时学习。通过改造15号展厅西偏园的花厅，使之成为可容纳40名营员的另一学习体验室。此举扩大了营员容量，由原来每天最多可容纳40人，增加到可容纳80人学习体验。除此之外，还新增营员休息区、垃圾箱、导览指示牌、小件物品寄存柜、营员饮水机、无粉尘白板等一批服务设备，并且疏通安全通道、改进照明系统，为营员们提供优质高效的服务。

5. 做好后勤服务，确保营员安全

为确保饮食安全，我馆社教部具体负责同志于夏令营开营前，走访了多家餐饮企业，力求为营员们提供干净卫生、营养丰富、品种多样的午餐。为确保途中人身安全，每天上午开营时，有专人在馆门口负责集合，下午闭营时，再将每个孩子送到家长的身边，做到了无缝对接。为确保馆内人身安全，同志们轮流值班，与孩子们形影不离，做到了让营员满意，让家长放心。

6. 制定紧急预案，确保万无一失

针对夏令营开营后突发事件有可能发生的情况，我馆严格遵照相关规定，并结合我馆实际，制定了相应的应急预案，研究了突发事件防范和应急处理方法，实现了层层落实、责任到人，确保突发事件发生时的人身安全。

7. 组建志愿者队伍，做好优质服务

我馆在南京农业大学、南京理工大学紫金学院、南京工业职业技术学院公开招募志愿者20名，并进行了业务培训，为博物馆夏令营提供优质服务奠定了良好的基础。志愿者在志愿期内完成了讲解任务及夏令营咨询服务与秩序维护工作，极大地满足了广大营员的需求，发挥了志愿者的功能，提高了服务质量，收到了较好的社会效益。一张张灿烂的笑脸、一个个忙碌的身影、一句句关切的话语，早已为营员们所熟悉。作为志愿精神的践行者和传播者，他们的一举一动、一言一行，已经成为城市文明的象征，并被广大年轻人争相效仿；他们发扬了"奉献、友爱、互助、进步"的志愿者精神，为博物馆事业发展及精神文明建设作出了努力！

三　夏令营极大满足了人民的精神生活需要

第三届"我是小小传承人"主题夏令营，以弘扬中华民族优秀传统文化，丰富我市中小学生假期文化生活，营造未成年人自觉保护传承文化遗产的良好氛围为宗旨，共接待营员300余人次，开展非遗和民间手工艺品项目（包含有刻漆画、手工布艺、秦淮灯彩、国画、手绘葫芦、泥塑、中国结、剪纸）课程的学习28批次，为营员义务讲解28批次，有效地满足了未成年人的精神文化需求，发挥了博物馆的宣传教育功能，极大地提高了人们"保护文化遗产，守护精神家园"的意识，收到了较好的社会效益。通过举办夏令营，让营员们免费参观博物馆，参观古宅的大厅、备弄、私塾、闺房、儿童房和文人书斋等专题陈列，使他们对其中所蕴涵的民族智慧、民族精神和民族感情有了更为深切的感受。通过举办夏令营，让营员们接触、体验、学习非物质文化遗产和民间手工艺。他们学习编织中国结，领会其中深入浅出的道理，开启了稚嫩的心灵；他们坐在祖辈曾坐过的小凳子上玩凝聚了民族智慧的九连环、华容道……他们放风筝、扎灯彩……找回了属于他们的珍贵的童趣；他们在古宅中玩"老鹰捉小鸡"，体会到集体的力量；他们学书法、学剪纸，体验了我们民族文化的博大精深；他们学习手工布艺，感受中国人吃苦耐劳、勤劳勇敢、诚实诚信的传统品德。夏令营的举办，加强了营员对非遗的了解和认识，使营员从内心深处熟悉家乡、热爱家乡，最大程度地满足了未成年人的精神文化需求，发挥了博物馆宣传教育的功能，提高了全社会对博物馆的认识，收到了很好的社会效益。

四 举办夏令营取得了丰富经验

1. 建立具体承办夏令营的工作小组，统一思想，提高认识，层层落实，责任到人，打破以往的平均主义，将工作任务逐项分解落实到个人，各尽其责，各展所长，是夏令营顺利举办的组织保证、人员保证和力量源泉。

2. 认真准备，积极行动，措施得力，未雨绸缪，是夏令营顺利举办的重要措施。我馆围绕弘扬中华民族优秀传统文化，聘请了多名国家和省、市级非物质文化遗产项目代表性传承人为授课教师，确保高质量的授课内容。聘请了 20 名志愿者为辅导老师及生活老师，落实安全措施，确保活动安全有序开展及营员们的日常生活所需。

3. "以人为本，优质服务"，让每个营员高兴而来，满载而归，是夏令营得以顺利进行的思想保证。培养未成年人走进博物馆的习惯和兴趣，使博物馆真正成为孩子们的"第二课堂"。这要求具体承办夏令营活动的社会教育部讲解员一定要爱岗敬业，有着强烈的事业心和高度的责任感，培养观众至上的服务理念，将观众满意作为永恒的目标。讲解员的言谈举止是服务质量、服务态度的试金石。讲解员的一个表情、一句话，都会给营员带来心灵上的回应。因此，具体承办此次夏令营活动的南京市民俗博物馆每一位讲解员都努力提高服务水平，培养文雅大方、和蔼可亲的风度，全力营造温馨感、亲切感，使营员们从踏上博物馆的第一步起就有一种宾至如归的感觉。讲解员把"以人为本"的服务理念贯穿于工作始终，诚心把营员视为朋友，尊重营员、理解营员、爱护营员，建立起一种亲切、平等、温馨、友好的关系，主动、热情、耐心、细致地服务每一位营员。通过夏令营活动，也更好地锻炼了我们这支常年工作在一线的讲解员队伍，真正做到了一切为了营员，一切服务于营员。

4. 组织新闻媒体对夏令营开展情况进行深入细致的宣传报道，让全社会了解博物馆夏令营的意义，关心博物馆的发展，支持夏令营的举办，此举提高了我馆的知名度。借助新闻媒体对活动的宣传报道，提高了全社会对博物馆夏令营的关心与帮助，促进了夏令营活动的顺利进行。

5. 通过在夏令营中与小营员面对面地接触，了解他们的需要，对博物馆未成年人教育及夏令营活动中存在的问题和不足进行冷静分析和反思。在今后的工作中，博物馆人将紧紧抓住增强活力、改善服务这个重点，努力改进，以求更好地面向群众、服务群众。

6. 积极依托南京市文化广电新闻出版局、南京市教育局，采取有效措施，创造有利条件，最大限度地动员社会各方面力量支持、参与博物馆夏令营活动。

五 举办夏令营活动存在的问题

虽然夏令营工作总体上是取得了成功，但也有不足之处，这也是今后我们在服务等方面需加以提高和改善的地方。

1. "我是小小传承人"主题夏令营活动已经开展了三年，随着知名度和美誉度的不断提升，前来报名的同学非常踊跃，但由于课程可容纳人员数量有限，导致后来的同学没能报上名。针对这一情况，我们将在明年的夏令营准备期间，结合前几届夏令营人员数量增长的比例及市场分析调研，制订出能容纳更多孩子参与的课程安排。

2. 少数课程内容单一。夏令营准备期间，我们和全体授课老师针对此次夏令营的主题，作了反复的商讨，制定授课内容、授课形式，但是在夏令营活动的过程中，我们还是发现少数项目课程内容单一。所以在明年的准备期间，我们将根据以往经验重新调整项目，筛选出适合营员而营员又感兴趣的项目开展活动。

总之，近年来越办越好的"我是小小传承人"主题夏令营，在进一步提升南京市民俗博物馆精神文明建设的水平，在不断优化未成年人的成长环境，在丰富中小学生的暑期文化生活，在增强民俗馆的文化传播和普及功能，以及在教育和引导青少年养成自觉保护传承文化遗产的思想意识等方面，都取得了卓有成效的成果。最终，让越来越多的社会公众走进了民俗馆、了解了民俗馆并爱上了民俗馆，极大地推动了民俗馆保护传承非物质文化遗产工作的深入开展。我想，只要民俗馆公共文化服务管理水平不断迈上新台阶，每个员工树立主人翁意识，我馆就一定能发挥出公益性文化机构的社会价值，使优秀传统文化得到更大力度的传承与发扬，去更好地丰富未成年人的精神文明生活，为他们提供出更多的公共文化产品和服务，使南京市民俗博物馆成为宣传非遗、展示非遗、推介非遗、传承非遗的重要窗口和精神文明建设的主要阵地。

论博物馆的历史教育功能

朱春阳

（苏州博物馆　江苏苏州　215001）

内容提要：近年来，随着博物馆热的高潮再次兴起，全国各地兴起建新博物馆的热潮。博物馆免费开放后，博物馆的宣传教育功能被提到重要位置。为了适应新形势的发展，提高博物馆的软实力、提升社会公众文化服务功能便迫在眉睫。博物馆的宣传教育功能历来是博物馆学研究的重点内容之一，不仅有理论的探讨，也有实践的摸索，但以个案为例集中对历史教育功能的探究不多。本文以苏州博物馆五十年来的发展历程为例，结合国内博物馆发展的状况进行思考，对博物馆历史教育的现状、优势、发展趋势进行系统论述。

关键词：博物馆　历史　教育　功能

博物馆有三大功能，即宣传教育功能、保管功能、研究功能，而在这三大功能中宣传教育功能的地位日显突出。欧美国家在定义"新博物馆学"概念时认为，博物馆在社会教育方面应承担着重要的责任。在中国，随着博物馆热的兴起，特别是博物馆免费开放后，宣传教育功能日益受到重视。就宣传教育而言，可以分为德育教育、历史教育、艺术教育等，至于自然教育则多由自然科技馆承担。关于博物馆社会教育功能的探讨，在学术界素来较为热烈，亦产生了诸多成果，在此不一一列举。然就博物馆历史教育功能专题进行的探究为数不多。笔者曾参加撰写苏州博物馆五十周年馆史，在撰写过程中对博物馆历史教育功能有较为深入的认识，故在此进行系统论述。

一　历史及历史教育的阐释

据《三国志·吴志·吴主传》记载："纳鲁肃于凡品，是其聪也……屈身于陛下，是其略也。"后裴松之注引《吴书》："（吴王）志存经略，虽有余闲，博览书传历史，藉采奇异，不效诸生寻章摘句而已。"故历史是对过去事实的记载。另据毛泽东《农业合作化的一场辩论和当前的阶级斗争》："我们的目的就是要使资本主义绝种，要使它……变成历史的东西。"在该文中历史则被理解为已经过去的事实。而自从历史学科兴起后，历史又被理解成一门学科。综合以上所言，历史是人类过去全部社会活动的总和，是人类过去一切思想、行为及其留下痕迹的总和，是人类文明的缩影及回忆。而要使人类智慧的结晶得以代代相传，则要依赖于历史教育。

历史教育是指在记录、学习、分析、研究历史的过程中增进人们的知识和技能、影响人们的道德修养的教育活动。历史教育有狭义和广义之分。狭义的历史教育，指学校教育中，以历史学为依托，以学生为主要培养对象，师生共同探究、成长的教育活动。广义的历史教育，则指人类社会各界所进行的以历史学为基础的教育活动。

就历史教育而言，在以应试教育为主的传统教育中，过多地强调了狭义的历史教育。而随着社会化教育的发展，传统教育日益受到制约。博物馆历史教育功能则因其独特的教育内容、丰富的教育形式，更好地弥补了学校历史教育的不足，促进了教育知、情、意、行的协调统一。

二　博物馆在历史教育过程中的优势

1. 抽象性与形象性的协调统一

抽象性与形象性的协调统一可以从两方面进行阐释：一是博物馆的历史教育可以增强学生史学知识的时空概念，便于学生更深刻地理解历史；二是博物馆的历史教育可以更好地做到理论与实践的结合，做到教育功能的知、行统一。在以往传统的历史教育过程中，学生对史学知识的理解大都是死记硬背，其理解是从理论到理论，即使记忆牢固也不知所云。

2. 知识性与趣味性的统一

知识性与趣味性的统一主要就博物馆历史教育的形式而言，弥补了传统课堂教育的不足。作为学校的历史教育，有着成熟的框架结构，然而多年来不变的历史教育模式较为单调，缺乏活力。特别是在信息化迅速发展的今天，以往的教育模式受到极大的挑战。博物馆是人类历史文明的窗口，凝聚着人类文明的智慧，有着深厚的文化底蕴，且博物馆教育内容和形式丰富多彩，寓教于乐，这是学校历史教育所无法比拟的。

3. 系统性与灵活性的统一

系统性与灵活性的统一可以从两方面进行阐释：一是就历史教育的形式而言，博物馆历史教育既有着固定的教育形式，诸如展览、讲解、讲座等；又可以因时而异地采用其他教育形式，比如游戏、历史夏令营等。二是就历史教育的内容而言，博物馆历史教育既有着固定的教育内容，诸如对地方历史的教育活动；又有着灵活的教育内容，比如对国内其他地方历史知识的教育，甚至是国外历史的教育。且博物馆历史教育活动具有衍生性，即在历史教育的基础上，将历史与考古紧密地结合起来，发挥历史教育独特的功能。

三　苏州博物馆在历史教育过程中的实践

1959 年，为了庆祝苏州解放 10 周年、五一劳动节及五四运动 40 周年，苏州市政府组织广大工人、农民、学生等深入市、县、乡等地的工厂、企业、团体、学校等 33 家单位收集文物共计有 2100 余件，并以文件、照片、图片、书报、武器等形式举办苏州历史上规模空前的展览。展览内容分为中国革命历史性质和苏州具体发展、五四运动和马列主义性质、第一次国内革命战争、第二次国内革命战争、抗日战争、第三次国内革命战争等。在此基础上，1960 年成立了苏州博物馆。建馆之初，历史教育即被列为苏州博物馆职能之一且占据重要地位。此后五十余年的发展历程中，苏州博物馆开展了一系列的历史宣传教育活动，可具体归纳为以下几个方面。

1. 举办丰富多彩的陈列展览

（1）"苏州万年发展史"基本陈列

策划举办馆内基本陈列"苏州万年发展史"，并时常进行强化和巩固。该展览陈列了苏州各个历史时期富有代表性的历史场景，有"万年人类活动遗存——苏州三山岛旧石器时代遗址"、"原始房屋——张家港东山村遗址"、"原始墓葬——张家港徐家湾遗址"、"文明的曙光——常熟罗墩遗址"、"石室建筑群——上方山六号墩"、"真山墓地"、"平门城墙"、"枫桥商市"、"两塔瑰宝"、"六国码头"等。这些历史片断通过远古生活场景复原微缩，配以考古发掘的实物，勾勒出苏州历史发展的轨迹，全方位叙述苏州悠久的历史和灿烂的文化，让学生们沿着这道历史的长廊去追寻祖先们在这片神奇的土地上繁衍生息、辛勤开拓的足迹。

（2）"太平天国忠王府"特色陈列

利用太平天国忠王府遗址，建立"太平天国忠王府"特色陈列。该陈列全面地介绍了忠王李秀成领导劳动人民与中外反动势力斗争并建立苏福省的历史情景。在中学生学习这段历史时，讲解员通过将时、史、物有机结合的讲解方式，使学生能更加深刻地理解这场反帝反封建的农民运动，增强民族尊严感。

（3）临时展览

积极配合形势教育，举办临时展览。组织展览时，注重运用文物、图片、史料、录音、录像等多种手段，来加强陈列展览的直观性和真实性，使之具有强烈的吸引力和感染力，同时充分发掘展览内涵，突出历史教育主题。苏州博物馆曾结合重要节日、纪念日先后引进"壮丽的历史画卷——纪念中国共产党诞辰75周年"、"庆香港回归、迎十五大召开书法篆刻展"、"中国古代科学技术展览"、"诺贝尔科技奖100周年回顾展"、"纪念抗日战争胜利60周年民间收藏品展览"等展览；并利用馆藏文物先后举办"苏州市五十年考古成果汇报展"、"祝建馆四十周年捐赠文物精品展"。通过举办临时展览，让青少年认识、理解文物，弘扬祖国的灿烂文化，展现中华民族的伟大，激发他们的爱国主义情怀和奋发向上的学习精神。

与学校德育相比，博物馆的历史教育有着自己独特的内容。博物馆丰富的馆藏、丰硕的研究成果往往以陈列、展览的形式表现出来，这也是博物馆历史教育的主要方式。仅从1980～2006年底，苏州博物馆就举办各类展览260多次，接待参观者420余万人次。

2. 开展形式多样的历史教育活动

除了固定形式的展览外，苏州博物馆还举办了丰富多彩的历史教育活动，开拓了历史教育的新途径并在博物馆界产生了重要的影响。

（1）传统特色的历史教育活动

1984年至今，苏州博物馆组织的中小学生"历史考古"夏令营活动成为历史教育活动的一个特色，并在全国产生过较大影响。以2008年举办的"体验之旅——暑期学生文物考古讲座及考察"为例，学生在聆听讲座之余，还可以到考古工地学习考察，参观遗址、判定土层、发掘瓷片，并学习填写专业的器物发掘记录卡。通过此次活动，学生对苏州历史的认识不再是抽象的，时间、空间的概念在历史中得到清晰的定位。

利用传统节日举办讲座是苏州博物馆的另一特色。中国的传统节日形式多样、内容丰富，是我们中华民族悠久历史文化的一个重要组成部分。传统节日的形成过程，是一个民族或国家的历史文化长期积淀凝聚的过程。近年来，传统节日日益受到重视。但就目前而言，大多数学生对中国传统节日的内涵及其来源缺乏认识。苏州博物馆适时地举办形式多样的讲座，弥补了学校历史教育的不足，增强了学生的民族认同感。

博物馆历史教育活动的特色还在于营造大的社会历史教育氛围，即博物馆的历史教育活动不仅要面向学校，还要针对社会群体，进行全民历史教育活动。"爱上博物馆——苏州博物馆精粹巡礼"即是活动形式之一，该活动除了走进学校外，还将展览送进社区、企业等，以图文并茂的方式开展历史教育活动。

（2）灵活多样的历史教育活动

除了传统特色的历史教育活动外，苏州博物馆还不拘一格地举办灵活多样的历史教育活动，如"国际儿童格尔尼卡和平壁画"活动。1995 年，为纪念广岛原子弹爆炸 50 周年，美国与日本的一些美术教育学者发起一个由儿童参与的壁画创作活动——"国际儿童格尔尼卡和平壁画"。各国儿童按照毕加索原作的尺寸，在 7.8×3.5 米的巨型画布上进行创作，孩子们用手中的画笔，描绘出他们对世界和平的向往。2009 年，此项活动在苏州博物馆举办，通过手中的画笔，孩子们对该段历史有了更为深刻的认识。此外，博物馆的历史教育活动还有知识竞赛活动、暑期社会实践活动等。总体而言，可以归纳为四个方面，即观赏式教育、触摸式教育、体验式教育、家庭式教育。

四 博物馆历史教育活动的发展趋势

1. 增强博物馆历史教育活动的系统性

如前所说，博物馆教育活动分为德育教育活动、历史教育活动、艺术教育活动等。但作为德育教育基地的博物馆往往将教育活动等同于德育教育活动，且大多博物馆也过分强调历史的学术研究功能。相比之下，面向学校的历史教育活动就薄弱得多。历史教育活动不够深入，历史教育缺乏系统性，这在很大程度上制约着博物馆历史教育功能的发挥。

2. 注重历史教育活动质和量的同步提高

博物馆免费开放后，更多的人获得受教育的机会，博物馆公众教育职能得到提高。但不少博物馆的教育活动仍停留在量的层面，忽略质的提高。就博物馆教育活动本职而言，博物馆免费开放，是博物馆成为社会教育机构的一个契机，但对博物馆教育活动提出了更高的要求。博物馆面向不同的群体，如何满足不同层次的教育需求？如何将受教育群体引向历史深处？一是可以在展览上下工夫。展览是历史教育活动的主要形式，因此博物馆有必要将历史研究和历史教育活动紧密联系起来，提高展览的历史含金量，力求展览系统、全面、形象地展示地方历史文化。二是加强业务人员特别是讲解人员的历史知识。讲解内容的形式和深度在很大程度上影响着历史教育活动的效果，一个讲解人员往往影响的是上千的受教育者，因此讲解人员的历史知识对于提高博物馆历史教育活动的效果至为关键。

五　余　论

历史作为民族的灵魂在人类社会中有着重要的作用，它让人们知道自己的过去、现在以及社会的发展趋势，让文化有了生命的"根"，也让国家、民族更加具有凝聚力。近年来，博物馆热的再次兴起有着深层次的原因，即经济社会对历史文化发展及精神文明建设提出了更高的要求。因此，博物馆热的再次兴起不仅仅是在硬件上对博物馆提出了高要求，更是对博物馆的软实力提出了严标准。博物馆作为人类历史文化的窗口以丰富多样的形式展示着区域地方文化特色，展示着人类社会发展的辉煌历程。与学校传统的历史文化教育相比，博物馆在历史教育过程中因其客观优势发挥着独特作用。

纵观苏州博物馆五十余年的发展历程，博物馆历史教育在内容和形式上都与时俱进。当然，博物馆在国内的历史还很年轻，一代代博物馆人也是在摸索中前进，力求充分发挥博物馆社会化的服务功能。在此仅以个案为例，抛砖引玉，为博物馆历史教育功能的发挥探讨新途径。

文化产业下的博物馆教育

——以美国博物馆为例

朱 莺

（苏州博物馆　江苏苏州　215001）

内容提要： 2011 年，中共中央作出了推动文化大发展大繁荣的决定。面对蓬勃发展的文化产业，博物馆应利用自身优势参与其中，促进公众的博物馆文化消费。教育或能成为解决问题的关键。本文试着从美国博物馆文化产业的案例着手，分析博物馆教育在文化产业中担当的角色以及博物馆在产业化大潮中的发展方向，力求能对我国博物馆教育发展乃至博物馆建设有所帮助。

关键词： 文化产业　博物馆教育　非营利

"文化产业"（Culture Industry）是一个新名词。虽然早在 20 世纪初就已经出现"文化产业"一说，但至今其内涵仍然仁者见仁。在日本，出版、演出、影视、体育等凡是与文化相关联的产业都属于文化产业。而美国则没有"文化产业"一说，只有以知识产权为界定的"版权产业"。虽然名称与内涵不同，但各国对文化产业都抱以极大的重视，中国也不例外。随着人民物质生活水平的不断提高，大众对文化消费的需要也越来越强。

2003 年 9 月，国家文化部制定下发的《关于支持和促进文化产业发展的若干意见》，将文化产业界定为："从事文化产品生产和提供文化服务的经营性行业。" 2004 年，国家统计局对其的定义是："为社会公众提供文化娱乐产品和服务的活动，以及与这些活动有关联的活动的集合。" 2007 年，党的十七大明确提出，要积极发展公益性文化事业，大力发展文化产业，激发全民族文化创造活力，更加自觉、更加主动地推动文化大发展大繁荣。2011 年，党的十七届六中全会全面分析形势和任务，作出了推动文化大发展大繁荣的决定。在这样的形势下，网络、影视、书籍出版、旅游、动画、游戏等文化产业方兴未艾。

博物馆作为一个公益性的非营利机构，是文化事业的主力军。长期以来，博物馆一直处于象牙塔的顶峰，是一部分专业人士及文艺青年们的小众场所。2008 年，全国千余家博物馆免费开放。至 2009 年，全国免费开放的博物馆、纪念馆总数达到 1332 个，约占文化文物部门归口管理的博物馆、纪念馆和全国爱国主义教育示范基地总数的 77%。免费开放打破了博物馆门可罗雀的冷清，迎来了前所未有的博物馆热潮。但随着首批汹涌的观众潮的退去，博物馆能否让他们再次光临，大众走进博物馆能享受到什么文化服务与消费，成为博物馆必须思考的问题。

2009 年 8 月，《人民论坛》杂志联合《人民日报》在全国范围内开展了"中国居民文化消费倾向千人问卷调查"[1]。调查显示，60%以上的受访者表示看电视与上网是他们较为喜爱的文化休闲方式，阅读书报杂志、旅游和看电影皆随其后，而选择博物馆、展览馆、艺术园区的仅占 11.3%。面对五光十色、日换日新的互联网、电影院、游乐场，博物馆显得单调、沉闷、曲高和寡。除了国内一些大博物馆之外，很多博物馆在展览或教育活动的数量和质量上，仍然处于非常初级的水平。博物馆缺少必要的服务设施与理念，教育与展览在策划过程中各自为营，博物馆教育得不到应有的重视，理念落后、手段陈旧，甚至还有少数博物馆仍然将博物馆教育等同于讲解。这些都让我们的观众在博物馆与大众文化之间选择了容易亲近、新颖有趣的大众文化。在应对这个问题上，作为西方博物馆领军者的美国博物馆，将教育与产业化相结合，策划出层次多样、可亲可近可玩的博物馆文化消费方式，不仅吸引了大众目光，还为自身生存与发展赢得了一笔不小的资金，可谓是双赢。

一　与教育相结合的博物馆商店

与中国大部分国立博物馆的全额财政拨款不同，美国博物馆的主要收入仍然来源于博物馆自身基金会的投资运作以及各种企业、艺术机构及个人的捐助。来自政府的资金则是凤毛麟角，很多地方博物馆根本得不到政府的资助。因此，博物馆文化产业的开发，也是博物馆收入的重要来源之一，这也是博物馆能够生存、壮大的重要支持。当然，为符合博物馆不以营利为目的宗旨，博物馆文化产业强调教育目的，并且所有资金最终都将运用到博物馆的运作与发展中去。

美国大都会博物馆（Metropolitan Museum of Art），始建于 1870 年，占地面积 10 万多平方米。作为世界著名博物馆之一，其商店规模也堪称世界之最。相关数据表明，大都会博物馆商店在馆内有 5000 多平方米的营业厅，并在全球 8 个国家及地区有多家精品店，在一些大商场设有经销点。大都会博物馆商店的商品多达 2 万余种，种类齐全，且 85%以上由博物馆委托制造或监制。商品中除了国内博物馆中常见的印刷品、小纪念品、高仿复制品之外，还有大量的音像制品、家居用品、衣服鞋帽、饼干、巧克力以及高端的珠宝、首饰、手表等。此外，大都会博物馆在纪念品开发上精益求精，很多商品均是由著名设计师设计，博物馆市场人员还在全世界范围内收罗与博物馆相关且富有特色的商品。相关数据显示，大都会博物馆商店营业额从 1949 年的 10 万美元激增到如今的上亿美元。博物馆商店也从一个单纯的纪念品中心，发展成为博物馆经费的重要来源，以及大都会文化的宣教阵地。

大都会博物馆商店之所以能取得如此成绩，有两个问题必须重视。首先，就是博物馆产品独特的文化内涵。博物馆不同于普通商店，所贩卖物品必须与博物馆相关，并体现其教育功能。图书是大都会博物馆最主要的文化产品。博物馆拥有 115 名专业顾问，出版销售 8000 多种艺术书籍，堪称全美艺术书籍销售之最。此外，在相关纪念品的设计与制作上，注重实用性与艺术性。博物馆不仅制作简单的藏品复制品或印刷品，而且更多的是将藏品不同的文化理念与艺术风格融入到设计中，将艺术融入到人们的生活中。例如，大都会博物馆的珠宝种类丰富，有项链、耳环、手链、手表、胸针、袖扣等，有的自成系列，有的独立成章。其设计独特且不失时尚流行，灵感绝大部分来源于博物馆收藏品，它的原型可能是一枚小小的罗马银币、一张圣诞贺卡上的小雪花、埃及纸草上的一朵莲花、俄罗斯克里姆林宫里的旧藏……几乎每件珠宝背后都有一段不凡的故事。消费者通过购买、使用这些珠宝，即是潜在地接受、传播博物馆的文化及艺术。

其次，博物馆商店的运营采取企业化、标准化、规模化、精品化的方式。一方面，博物馆商店采用市场运作，在每一个环节都聘用专业人士；另一方面，博物馆还与世界各地顶级的公司和设计师合作，如在珠宝设计方面与蒂凡尼、施华洛世奇合作，制作质量上乘、品味独特的博物馆礼品。因此，虽然博物馆商店的产品在同类市场上略显昂贵，但消费者还是乐此不疲地为博物馆纪念品买单。为了规范博物馆经营，美国还成立了博物馆商店协会，监督管理博物馆商店的商业行为。

二 大型文化节及文化旅游

与中国博物馆教育"独行侠"风格不同，美国博物馆在教育与展览、教育与服务之间联系紧密，甚至在不同博物馆之间也有多层次的合作。博物馆无论大小，均对教育活动的策划着实费心。其中，博物馆配合重大节日，组织大型的文化节活动，并形成群体效应，也是极富特色的博物馆文化旅游产业之一。

三月下旬的华盛顿，正是樱花初放的时节，也是一年一度樱花节的开端。据说，每年的樱花节吸引多达 70 万来自美国及世界各地的游人。届时，无论是机场、景区，还是商店、剧院，都将加入樱花节，准备相应的商品或活动。博物馆也不例外。华盛顿博物馆街上有大大小小几十家不同种类的博物馆。樱花节期间，这些博物馆显然是节日的主导。在这里，人们不仅能欣赏具有东洋风味的艺术展览，还能根据自身的喜好，参与各种东亚主题的讲座、音乐会、活动、表演。另外，博物馆商店和餐厅还出售与樱花相关的纪念商品和食品，无论你是否是艺术爱好者，在如此众多的选择之下，总可以找到适合你的"樱花"体验。

华盛顿国家艺术馆（National Gallery of Art）是美国第二大艺术博物馆，收藏了从中世纪到现当代的世界艺术品 4 万余件。樱花节期间，华盛顿艺术博物馆的"四季：日本艺术"特展[2]展出馆藏的各种日本艺术精品，同时配合展览举办各种日本艺术、中国艺术的讲座、家庭日活动。博物馆商店也推出种类繁多、具有东洋风味的商品，如印有樱花、浮世绘的T恤、丝巾、笔记本或家居用品。博物馆餐厅还应时地推出樱花口味的布丁蛋糕。

沙可乐美术馆（Sackler Gallery）与国家自然博物馆是门对门的邻居。沙可乐美术馆是美国最重要的东方艺术中心之一，在其 1.2 万余件藏品中，有一半为中国艺术品。国家自然博物馆则是科普自然类博物馆。2011 年樱花节期间，两馆均以"兰花"为主题策划了展览，但内涵却各不相同。沙可乐美术馆的"兰花"展示的是中国文人笔下的水墨情调，国家自然博物馆的"兰花"则是来自世界各地的珍惜花卉。两家博物馆各做各的，但又相映成趣，这样的互动无疑增加了各自的卖点。

博物馆参与文化节，拉动了博物馆自身的人气，也刺激了博物馆商店、各种付费活动、特别展览的收入。然而，更为深远的意义是博物馆成为了吸引游客走进文化节的亮点。众多游人来到博物馆街区，提高了当地的酒店、餐饮以及商店的营业收入，也促进了周边音乐厅、书店、旅游景点等文化场所的业绩，可谓是华盛顿文化旅游的支柱力量。

三 以"欢乐教育"为产业的博物馆

印第安纳波利斯儿童博物馆（Children's Museum of Indianapolis）位于印第安纳州首府印第安纳波利斯，占地面积约 2.1 万平方米，展馆面积超过 3.7 万平方米，设有 11 个主要场馆，场馆主题涉及物理、自然科学、历史、世界文化和艺术等多个方面，拥有 11 万余件藏品。全年开展数以千计的教育活动，以供周边社区的孩子与家长在这里学习、娱乐。因此，博物馆到处都洋溢着欢乐、轻松的氛围。

作为全世界最大的儿童博物馆，教育贯穿于整个博物馆工作的始终。从策展之初，怎样才能让孩子们了解陌生的文化、学习艺术、掌握科学知识成为策展人思考的重点。

"带我去埃及"是一个以埃及日常生活为背景的主题展览。展览中并没有展示木乃伊或金面具等"珍贵文物"，而是用复原陈列的方法，把埃及人日常生活的场景搬到博物馆中。走进展区，孩子们可以在埃及的街市上购物；坐在埃及人房子的客厅中，在沙发上看埃及儿童节目；在埃及广场上，观看由博物馆志愿者扮演的"埃及秀"。运用电脑多媒体平台，孩子们可参与尼罗河大坝的运作过程。如果愿意，孩子们还能在活动角里学习用阿拉伯语抄写《古兰经》。

恐龙，大概是美国孩子最喜爱的动物之一。走进儿童博物馆的恐龙展区，好像置身于侏罗纪公园。各种大型的恐龙化石、仿真恐龙以及不同恐龙的生活场景同时被展示在观众面前，非常直观、有趣。展区中的"家庭恐龙挖掘区"是一个模拟考古发掘的互动教育角（图一）。在这里，孩子们可以带上护目镜，拿起小刷子扮演考古工作队员，把事先埋好的恐龙化石复制品挖出来。这是博物馆中长久不衰、受到孩子们欢迎的教育活动之一。

图一　印第安纳波利斯儿童博物馆的"家庭恐龙挖掘区"

　　与国内博物馆注重馆藏品的理念不同，儿童博物馆显然更注重教育。他们的展品大多不能称为"文物"，但一个芭比娃娃、一辆电动小火车或者是一件恐龙化石复制品对孩子们的教育意义却不可忽视（图二）。博物馆在展览策划之初就精心地将知识点融入了参观的过程中。孩子们来到博物馆，就仿佛置身于一个探索的世界，他们喜爱用自己的眼睛去探索、学习的过程。

图二　印第安纳波利斯儿童博物馆中的"芭比 T 台"
（儿童在此可扮演摄影师或模特，体验时尚圈中的不同工作）

　　作为"把博物馆教育转化为产业"的成功范例，即便地处美国中部，儿童博物馆每年仍拥有超过 300 万的参观者，博物馆的志愿服务人员也多达 1500 余人。其中还有很多是家庭志愿者，他们热爱这个博物馆，并以家庭为单位，参与到博物馆的引导、表演等志愿服务中去，与观众形成良好互动。此外，博物馆庞大的会员赞助以及门票收入无疑是儿童博物馆运营经费的重要来源之一。

四　结　语

　　2007 年，国际博物馆协会在维也纳召开的全体大会通过了经修改的《国际博物馆协会章程》。《章程》对博物馆定义进行了修订，表述中把博物馆教育功能提到了首位[3]。学者宋向光认为，2007 年《国际博物馆协会章程》对博物馆定义进行修订，"教育"取代了"研究"多年来的首要地位，"实际上反映了国际博物馆界近年来对博物馆社会责任的强调，反映了对博物馆社会效益的关注，也反映了博物馆在工作态度上更采取外向的选择"[4]。从美国博物馆缤纷多彩的活动中，我们不难发现，博物馆教育可以突破博物馆展品、场地的限制，是一种极富生命力与创造力的工作。博物馆教育也正具有这种弹性，使其有着能连接博物馆与观众的力量。在文化产业的冲击下，或许我们应该给予博物馆教育更多的支持与空间，使其在内容与形式上突破传统、狭义教育的藩篱，进而更积极、更广泛地参与到博物馆的各种工作中去，从而使教育真正担负得起挖掘博物馆有限的文物背后无限的文化资源的任务，成为博物馆发展文化产业的主要力量。

注释：

[1] 调查在东、中、西部大城市、中小城市及乡镇广泛展开。除此之外，还针对高端服务行业、工程技术行业、公务员、事业单位、各地高校等作了行业群体调查。另外，与人民论坛网、人民网、新浪网合作，开展了网络调查。截至 2009 年 8 月 20 日，共收回有效纸质问卷 1071 份，有效网络问卷 5372 份，共计收回有效问卷 6443 份。

[2] 此次展览时间是 2011 年 2～4 月。

[3] 《国际博物馆协会章程》(2007 年) 中博物馆的定义为：博物馆是一个为社会及其发展服务的、向公众开放的非营利性常设机构，为教育、研究、欣赏的目的征集、保护、研究、传播并展出人类及人类环境的物质及非物质遗产。

[4] 宋向光：《国际博协"博物馆"定义调整的解读》，《中国文物报》2009 年 3 月 20 日。

地方博物馆网站宣教新思考

谢志博

（常州博物馆　江苏常州　213022）

内容提要：本文主要以江苏省提前实现小康目标为背景，阐述地方博物馆在新形势下，如何进一步发挥网站宣教功能，更好地服务大众的一些新思考。以常州博物馆网站为例，主要包括提供海量信息；以本地区、本馆为依托提供特色栏目；利用信息统计分析观众需求；增加网站互动性。希望本文能为新形势下地方博物馆网站宣教提供一定的理论与实践参考。

关键词：博物馆　网站　宣教

博物馆理论家史蒂芬·维尔把美国博物馆界的最近发展比成是一种"从关注物到服务人"的变化过程。他的意思是说：过去的博物馆侧重收藏和保护文物，而现在则侧重为公众提供教育服务。随着21世纪计算机互联网技术的广泛普及，博物馆网站日益成为博物馆宣传教育职能的重要窗口。随着江苏省提前实现小康目标，面对"十二五"规划新形势，地方博物馆网站如何更好地服务大众，更好地实现网络平台的宣教功能，成为现在急需解决的问题。在新形势下，以常州博物馆为例，谈谈我对地方博物馆网站如何以本地区、本馆为依托，有效地对网站进行整合拓展，以此宣传地方博物馆，实现博物馆教育功能的一些想法。

一　提供"海量"信息，满足访客的求知欲

任何一位访客来访问网站多半是因为你的内容——他需要的东西，没有充实的内容是无法留住访客的。因此，能否提供海量的信息是一个站点能否吸引住观众的最根本的要素。常州博物馆网站，从2007年开通以来，以常州博物馆展览、馆藏、考古、地方史等方面知识为依托，将博物馆宣传教育功能与网络平台相结合，不断丰富完善网站内容。提供海量的网站信息，应做到以下两点。

1. 时效内容的及时更新

这里主要分为定期更新与不定期更新两种方式。以常州博物馆为例，有每天进行更新的板块"考古发现"和"文物资讯"，这两个板块主要以国内外考古发现以及文物的收藏、保护为主要内容，网站管理员每天会从各大网站以及报刊收集可用的资讯，及时更新板块内容，立足地方文博新闻，不局限于地方，放眼国内外。有每周更新的板块"小知识库"和"标本大全"，这两个板块以常州博物馆保管部和自然部为依托，每周向网站定量提供信

息，介绍与文博相关的一些术语知识和自然科普动植物的基本常识，扩大网站多元化的信息量。有不定期更新的板块"常博动态"、"最新展览"、"在线视频"等，分别向广大访客提供最新的常博新闻与展览信息。通过定期更新与不定期更新相结合，不断扩充网站信息量，在发布本馆相关信息的同时，提供更加广阔的视角，放眼国内外，努力满足不同趣味、不同年龄层次访客的需求。在宣传常博各项活动开展情况的同时，让访客通过网站可以了解自己感兴趣的知识，以实现网站的教育功能。

2. 通过改版，丰富优化板块内容

这里主要指精简栏目设置，使板块栏目清晰，删减合并一些关注度不高且内容主题不突出的栏目，以此突出主题内容，达到宣传目的，让访客清晰地找到自己所感兴趣的内容。常博网站于2007年开通，并于2011年初进行了改版调整。调整后的常博网站划分为六大板块，包含24个二级栏目及若干三级栏目，尽量减少访问层级，减少访客查找信息的时间，使栏目设置更具科学性，增加了"记忆常州"、"学术前沿"等栏目，配合以前网站上诸如适合青少年的"标本大全"，适合文博爱好者的"文物咨询"等。通过合理、有效地整合网站内容，访客才会愿意在网站上停留查找对自己有价值的东西。网站上有适合各个年龄层次的知识信息，在宣传地方博物馆的同时，为广大爱好者提供了业余生活中的"第二课堂"，体现了网站的教育功能。

二 发展"个性化"，提供地方特色栏目

博物馆网站服务的主体是不同年龄、不同文化层次、不同兴趣爱好、不同需求的观众。某一类观众往往只需要某一方面或某几方面的资料，但是汇集起来，就体现出需求的多样性。观众需求的多样性，决定了博物馆网站在建设和推广过程中，应该不断提供丰富的、有特色的内容，让观众可以根据自己的兴趣和爱好，有选择性地观看和使用。这样，才能方便观众的学习和研究，才能真正吸引观众、赢得观众。地方博物馆网站需要以地方、本馆特色为依托，在提供常规信息的同时，发展自己的特色栏目，形成差异化优势，体现网站亮点，吸引更多"粉丝"前来了解学习自己感兴趣、有价值的知识，从而在宣传本馆的同时，宣传了地方文化特色，使地方博物馆真正成为一个城市历史文化的靓丽名片和城市窗口。常博网站以地方文化特色为基础，建立了"记忆常州"栏目，以本馆下设的常州少儿自然博物馆为基础，推出了"科普教育"、"标本大全"栏目。

"记忆常州"，顾名思义，讲述老常州的人、物以及一些传统风俗。该板块分为四个栏目："历史名人"、"古城常州"、"市井风俗"、"百年常州"，分别讲述常州地方历史名人、老常州的古建筑风貌、市井风俗以及自古以来的常州老字号、老地名。这些板块，不仅展示了常州两千五百年悠久的地方历史文化特色，也糅合了部分常州物质与非物质文化遗产的精华。对于老一辈的本地访客，通过该板块，可以唤起他们儿时生活的回忆，回味当时所处时代的一些经历；对于本地青少年，可以丰富自己对于本地文化的认识，进一步了解常州自古至今的历史沿革和人文趣事，激发他们热爱家乡、建设家乡的志向；对于外地观众，可以通过该板块了解常州的历史和人文。"古城常州"、"市井风俗"、"百年常州"三个栏目的巧妙之处还在于以传统连环画的怀旧风格，展示了常州的人文特色，起到了不一

样的宣传效果。这也是我们网站的一个新的尝试，通过寓教于乐的方式让广大观众以轻松的心态学习了解他们想知道的知识，发挥网站的教育功能。

常州少儿自然博物馆是江苏省唯一一家少儿自然博物馆。网站"科普教育"和"标本大全"栏目的设置，体现了常州博物馆下设少儿自然博物馆的特色，尤其受到广大少年儿童的欢迎。"科普教育"栏目，主要以诙谐幽默的标题吸引小朋友了解动植物的一些特性常识，普及自然科学知识，在成为学生网络课堂的同时，激发学生对大自然的热爱；"标本大全"栏目以图文并茂的方式，介绍了馆藏的国内外多种动植物标本，让孩子们通过网站就能看到世界生物的多样性。这些栏目以少儿自然博物馆为依托，宣传了常博的特色，同时丰富了广大青少年的兴趣爱好和课余生活。

三　统计各类栏目访问量，宏观掌握访客的真实需求

在地方博物馆陆续推出网站的今天，如何有效地了解观众对网站内容的真实需求，从而宣传当地文化特色，促进博物馆宣教事业的发展成为一项重要的课题。通过网络统计工具，运用统计方法，及时关注观众访问量、各栏目浏览量，才能从宏观角度分析观众对于网站各栏目的喜好程度，从而改进优化网站建设和栏目设置，更好地发挥博物馆网站的宣教作用。

常州博物馆运用江苏联邦信息技术有限公司的网站后台技术，在网站后台通过系统自带的信息统计功能，及时了解观众对具体栏目及栏目下各项具体文章的浏览量、浏览量比例等数据。网站管理人员通过分析研究，决定哪些栏目需要进行改版，哪些栏目需要及时更新，哪些栏目需要继续深入推广，从而实现网站发展的战略部署。以常博2011年（截至8月15日）网站统计数据（表一）为参考，经分析可知：

表一　　　　常州博物馆 2011 年网站栏目浏览量数据统计表

栏目名称	浏览量	浏览量比例
常博资讯	37421	13.32%
常博简介	1907	0.68%
常博动态	23797	8.47%
在线视频	7197	2.56%
公告栏	3496	1.24%
大事记	1024	0.37%
参观服务	3035	1.08%
参观指南	1720	0.61%
注意事项	556	0.2%

续表一

栏目名称	浏览量	浏览量比例
交通路线	759	0.27%
电子商务	0	0%
展览信息	**15156**	**5.4%**
常设展览	5924	2.11%
最新展览	1464	0.52%
展览预告	726	0.26%
展览回顾	7042	2.51%
宣教之窗	**41480**	**14.76%**
志愿者之家	1463	0.52%
讲解员风采	2286	0.81%
公益性讲座	0	0%
小知识库	1343	0.48%
科普教育	17319	6.16%
标本大全	19069	6.79%
文博纵览	**183817**	**65.43%**
文物资讯	48615	17.3%
典藏精选	48187	17.15%
考古发现	34668	12.34%
记忆常州	44437	15.82%
学术前沿	7910	2.82%
常博论坛	**35**	**0.01%**

第一，"文博纵览"板块浏览量最高，为183817次，占总浏览量的65.43%。"文博纵览"下的子栏目"文物资讯"、"典藏精选"、"考古发现"、"记忆常州"、"学术前沿"浏览量分别为48615次、48187次、34668次、44437次、7910次，浏览比例分别为17.3%、17.15%、12.34%、15.82%、2.82%。通过分析发现，在常博网站六大板块中，"文博纵览"板块最受观众欢迎，其中"学术前沿"浏览量偏少主要与更新频率有关。

第二，"宣教之窗"板块浏览量排在第二位，为41480次，占总浏览量的14.76%。下设子栏目"志愿者之家"、"讲解员风采"、"公益性讲座"、"小知识库"、"科普教育"、"标本大全"浏览量分别为1463次、2286次、0次、1343次、17319次、19069次，浏览比例分别为 0.52%、0.81%、0%、0.48%、6.16%、6.79%。通过分析发现，"公益性讲座"栏目浏览量为 0，这与四年来常博新馆举办的公益讲座较少、宣传力度较小的状况基本相符。而"科普教育"与"标本大全"在"宣教之窗"板块中占了绝大部分的浏览量。

第三，"常博资讯"板块浏览量排在第三位，为 37421 次，占总浏览量的 13.32%。下设"常博简介"、"常博动态"、"在线视频"、"公告栏"、"大事记"五个子栏目，浏览量分别为 1907 次、23797 次、7197 次、3496 次、1024 次，浏览比例分别为 0.68%、8.47%、2.56%、1.24%、0.37%。通过分析发现，"常博动态"为该板块浏览量之冠，而"大事记"栏目浏览量最少。

第四，其他如"展览信息"、"参观服务"和"常博论坛"等板块浏览比例不足 10%。通过分析发现，观众并没有充分利用网络来了解博物馆展览、参观服务信息，同时由于常博进行网站改版，暂时关闭了论坛的发布功能，因此浏览比例较低。

通过上述数据分析，可以得出以下结论：

第一，以本地区、本馆馆藏为依托的特色栏目往往受到观众的青睐，更能吸引观众的眼球，如"记忆常州"、"典藏精选"、"标本大全"等栏目。因此，地方博物馆网站深入发展已有的传统地方特色栏目，不断增加内容丰富新颖的特色栏目，对于网站的宣教职能是非常必要的。

第二，栏目内容的不断更新（如常博网站的"常博动态"、"考古发现"、"文物资讯"等栏目），才能吸引观众前来驻足，观众的回访率才会日益提高，网站的生命力才会长久。只有坚持"以人为本"，才能更好地实现地方博物馆网站的宣教作用。

第三，一些栏目浏览量不大，关注度不高，说明观众重视程度不够，如"参观服务"板块；也说明形式、内容没有亮点，不够吸引人，如"最新展览"、"志愿者之家"栏目。需要通过板块和栏目的改版优化，提升栏目的品质，来吸引观众的目光，从而为网站宣教工作的全面展开奠定基础。这也是接下来我们通过数据反馈得出结论后的新任务。

第四，对于三级栏目，由于篇幅有限，从宏观上把握，所以这里没有展开讲。其实通过三级栏目的数据分析，可以更确切、更细致地了解观众的兴趣爱好。比如在"馆藏精品"栏目中，通过统计分析可以知道观众感兴趣的藏品，可以给我馆展览提供参考性意见，为博物馆宣教作出贡献。

四　增加互动性，注重与访客的交流

地方博物馆网站要成为有创意的精品网站，只具备内容上的独特构思和深刻内涵是不够的，还应具备与观众广泛沟通的功能，实现二者之间的互动，并在实践中不断揣摩和尝试，逐步完善这一生动活泼并且具有积极影响的形式。而实现网站互动功能，让更多的观众参与到博物馆网站的教育与文化休闲活动中来，达到网站宣教目的，就需要多种网站技术相结合，如博物馆论坛、虚拟技术等。专题论坛是能满足这一要求的行之有效的工具。当前很多网站都设有论坛，其访问量很大，发帖的参与量也很大（这点可以通过发帖的 IP 地址看出来）。正是这些论坛的存在，促进了网站与观众、观众与观众之间的相互交流。虚拟技术是利用电脑模拟在网上产生一个三维空间的虚拟平台，提供给使用者关于视觉、听觉、触觉等感官的模拟，让使用者如同身临其境一般，可以及时、没有限制地观察三度空间内的事物。目前很多省级以上博物馆都在运用网上虚拟技术，如上海博物馆的"三维场景"、"三维藏品"以及首都博物馆的"网上数字博物馆"等。

常州博物馆网站为了方便与观众的沟通互动，专门设立了"常博论坛"。论坛设立至今，已有一些观众通过论坛与我们工作人员分享了文物讯息，向我们咨询参观和展览的相关服务，并就志愿者服务进行交流，有效地宣传了博物馆，分享和交流了各类信息，在为观众提供良好服务的同时，观众也从中学习到自己感兴趣的知识。论坛开通四年来，我们网站管理人员有所收获，但也发现有不足之处，最主要的就是地方博物馆论坛不像其他大型博物馆，会吸引众多访客关注，并交流心得。原因在于地方博物馆网站往往不具备大型博物馆丰富的馆藏，展览规格还不够高，旅游商品的开发还有所欠缺等。论坛可以通过与社会各方的合作，扩大论坛影响力，从而吸引人气，来弥补这些不足。2011 年，"常博论坛"与常博志愿者合作，通过志愿者，来打造论坛文史、自然知识的板块。所谓人多力量大，志愿者的参与，提高了"常博论坛"的人气，丰富了论坛内容，更好地为广大观众提供了学习和交流的平台。在未来，我们也设想，通过与本地收藏家协会、知名书画家、考古专家、鉴定专家、科学技术协会等合作，将"常博论坛"打造成具有本地特色的地方文博专业论坛。这是一个新的尝试和挑战，我认为也是体现地方博物馆论坛宣教功能的一种新出路。

常州博物馆网上虚拟技术主要通过将"常州历史文化陈列"、"常州少儿自然成列"、"谢稚柳艺术馆"、"刘国钧捐献红木家具陈列"等四个常设展览的部分场景制作成 360 度虚拟场景来体现。观众可以通过虚拟场景，在网上身临其境地参观游览博物馆。360 度虚拟场景是网站虚拟技术中一种较为基础的展示方式，地方博物馆往往受资金、技术的限制，无法完成大型虚拟技术的开发使用。那么我们就应该从做精致下手，扎实地先从虚拟技术的基础做起，将 360 度虚拟场景慢慢从部分扩大到整个展区，再到整个景区，实现观众足不出户即可游览博物馆的设想，将寓教于乐与参观实地相结合，让观众获得更深的学习体验。

除了以上谈到的两点观众互动性思考外，随着各种移动技术和多媒体技术的飞速发展，人人手持 iPad 等平板电脑的风尚渐渐风靡。地方博物馆在资金、技术支持下，可以通过网站多媒体技术打造属于自己的品牌互动型电子刊物、杂志，让更多的观众不仅可以通过网站在线阅读，还可以通过网站下载到自己的手机、平板电脑中，只要能连接上网，就能够实现与博物馆的互动，参与杂志中的一些调查，实现 RSS 订阅等。这对于网站的推广、宣教都具有更大的意义。

五　结　语

随着江苏省 2010 年率先实现全面小康目标，人们的物质生活水平得到了极大提高，人们对于精神文化的需求将进一步扩大。地方博物馆网站应该抓住这一契机，依托本地区、本馆特色，认真思考未来的发展趋势，将网站打造成集老百姓学习、业余生活、娱乐于一体的精品网站，努力满足老百姓对于精神文化的需求，宣传博物馆，发挥博物馆的教育功能。

关于博物馆行业数字影像采集的标准化方法研究

——以"中国博物馆建筑空间与新技术应用"影像资源库的采集为例

巢　臻

（南京博物院　江苏南京　210016）

内容提要： 随着数字技术的发展，数字影像与博物馆收藏、研究、展示、服务的核心职能结合得越来越紧密。在现代博物馆工作中，必须将数字化影像采集、数字化资料管理、数字化媒体应用三方面工作充分结合，采用体系化的思维方式和标准化的工作方法，才能够充分发挥数字影像的实用效能。在采集、管理、应用这三部分内容中，影像采集是整个影像工作体系的基础。数字影像采集的标准化所要解决的问题是，如何在数字影像采集工作过程中获得最佳秩序，对实际的或潜在的问题制订共同的和可操作的规则。笔者就正在实施的"中国博物馆建筑空间与新技术应用"影像资源库建设项目，从数字影像采集的整体定位、规范制订、流程控制等几个方面谈一些在实际工作中的体会。

关键词： 标准化规范　数字影像采集　数字影像管理　数字影像应用　博物馆影像工作体系

博物馆影像的采集、保管与应用一直是博物馆的重要工作内容。随着近年来数字技术的迅速发展，摄影技术与媒体应用技术都经历了巨大的技术转变。数字影像在现代博物馆行业的各个层面都发挥着越来越重要的作用，对博物馆数字影像工作也提出了更高的要求。在此情形下，只有将数字化影像采集、数字化资料管理、数字化媒体应用三方面工作充分结合，采用体系化的思维方式和标准化的工作方法，才能够充分发挥数字影像的实用效能，满足当代博物馆行业发展的需求。

而在采集、管理、应用这三部分内容中，影像采集是整个影像工作体系的基础，也是决定其成败的重要一环。数字影像采集的标准化所要解决的问题是，如何在数字影像采集工作过程中获得最佳秩序，对实际的或潜在的问题制订共同的和可操作的规则。在此，笔者就正在实施的"中国博物馆建筑空间与新技术应用"影像资源库建设项目，从数字影像采集的整体定位、规范制订、流程控制等几个方面谈一些在实际工作中的体会。

一 为什么要进行数字影像采集标准化

1. 数字影像技术的应用现状

数字影像由于具有画质精美、存储方便以及与数据库、多媒体技术结合紧密等优势，现今已取代传统胶片影像成为博物馆影像应用的主流。

然而，由于传统工作架构的限制，许多博物馆的影像工作方式并未因此而变化。数字影像的采集、管理和应用工作，常常在同一家博物馆中割裂地存在。在传统思维中，数字采集被等同于利用数码相机拍照，数字管理被等同于制作电子卡片，数字应用被等同于电脑绘图。有时甚至还会出现对数字影像采而不存、存而不用的情况。这种状况的产生主要是由于许多影像工作者尚未深入理解数字影像对于博物馆业务发展的作用，未能将数字技术动态地融入博物馆行业的业务流中。

收藏、研究、展示、服务是现代博物馆的基本职能。在收藏工作中，高质量的数字影像为藏品档案提供了直观、准确的藏品数据，数据库技术为文物保管工作中的查询、管理提供了便捷。在研究工作中，高精度数字影像在记录与视觉再现方面有着无可替代的优势。在博物馆展示和服务工作中，精美的数字影像与数字多媒体所搭配出的视听组合无疑是博物馆吸引观众、提高展陈质量的有力手段。

由此可见，数字影像与各类数字技术的结合可以为博物馆核心业务的各个环节带来全新的动力。所以，要发挥数字影像对博物馆事业发展的最大推力，就不能将数字影像与其他数字技术脱离开来。在进行数字影像工作的过程中，必须考虑它与博物馆核心业务之间的关系，以及它与其他数字技术应用之间的配合。所以，组建一套由数字化影像采集、数字化资料管理、数字化媒体应用这三个工作环节构成的数字影像工作体系，并将之融入各项博物馆核心业务，对于促进现代博物馆事业的发展具有重要意义。

2. 博物馆数字影像采集标准化在影像工作体系中的地位

在数字影像工作体系的三个阶段中，数字化影像采集是基础，数字化资料管理是手段，数字化媒体应用是目的。其中影像采集是整个体系最基础也是最重要的一环，其原因有三点：第一，此阶段所采集的数字资料，是所有管理与应用的基础，其质量高低决定了整个影像工作的质量；第二，除了影像本身外，此阶段所采集的与影像相关的各类背景资料是数字化管理和数字化应用的重要内容；第三，影像采集是所有工作的源头，其是否规范决定了数字影像工作体系的整体基调。因此，设定一整套关于数据采集的标准化规范和作业流程对于博物馆影像工作是非常必要的。

二 由影像资源库建设项目谈数字影像采集的标准化设定

"中国博物馆建筑空间与新技术应用"影像资源数据库建设项目，是由中国博物馆协会博物馆建筑空间与新技术专业委员会于2010年启动的专业性资料采集项目。该建设项目的目的是尽可能详细地收录全国各大新建、在建博物馆关于建筑空间与新技术应用的相关影像资料，再结合数据库技术，建立集登录、管理、检索、发布、存储为一体的软硬件管理体系。在展示国内文博行业发展的新动向、新思路、新技术和新成果的同时，通过统一的数字平台使这些资源方便地为广大业内人士共享。目前，该项目正在实施当中。

由于此次资料采集的范围广、数量大、内容杂、流程多，在制订本项目的采集规范与工作规范时需要对项目需求进行仔细分析，并从多个角度进行思考。

1. 资源库数字影像资料的属性定位

在采集工作开始前，必须对所采集资料的属性进行准确的定位。根据对项目需求的分析，影像资源库中的影像资料具备以下四种属性。

（1）资料性

根据项目要求，建设资源库的目的是对国内文博行业中有关建筑、展陈、新技术等范畴的应用成果予以记录和推广。因此，资料性是本资源库影像必须满足的第一属性。忠实再现、准确还原、信息完整、保存完善是此次采集工作最基本的原则。

（2）实用性

数据的采集在于应用，本资源库的服务对象主要定位于四类人群：博物馆建筑设计人员、博物馆从业者、博物馆陈列设计人员、数字技术研究人员。本次采集的目的是为这四类专业人士提供可参考、可研究的一手资料。因此，数字影像内容是否契合这四类人群的专业应用诉求是衡量其质量的重要标准。

（3）规范性

本项目完全包含了数据采集、资料管理和网络应用三个环节，因此必须对所采集的资料影像制订固定、统一的采集标准。只有经过规范性约束的数字影像，才能够与后期的管理与应用环节成功对接、流畅过渡。

（4）美观性

数字影像具有摄影作品与生俱来的美观性的要求。资料性的数据在传达其主题内容的同时，本身也可以是美的。项目的最终成品将以图像的形式公示于网络。除了服务于专业人士外，通过美观的视觉感受吸引公众的目光，激发公众对博物馆事业的热爱也是本资源库资料所承担的另一项任务。

2. 数据采集对象的范围设定

资源库的采集对象在概念上可分为博物馆建筑、博物馆建筑空间和新技术应用三个部分。但仅此三个类别是无法细分本项目所要采集的所有资料的。由于需求复杂，在实际操作的过程中，对影像资料所需涵盖内容的分类标准在不同情形下各有不同。

（1）建筑影像

建筑是博物馆的载体，是博物馆的外在象征。在此次项目中，我们对博物馆建筑的理解是为博物馆建造的，服务于博物馆的目的、性质、功能、任务的专门建筑。然而，即使是博物馆建筑，其类型划分标准也十分多样。

目前使用最为广泛的标准是从藏品类别、展览性质、服务对象上进行划分，以此为标准，国内的博物馆建筑可分为综合性博物馆建筑、专门性博物馆建筑、专题性博物馆建筑、专项性博物馆建筑。而从建筑形态上看，中国近代的早期博物馆多数利用古建筑作为主要馆舍。自20世纪70年代末开始，中国博物馆在吸收国外现代化博物馆建设经验的同时，开始走向探索中国现代化博物馆建筑的道路，许多新型建筑越来越多地为博物馆所采用。

因此，在影像采集时，必须对古建筑与现代建筑予以区分。

（2）建筑空间影像

从空间特征来看，博物馆建筑空间可分为开敞空间、封闭空间以及用于过渡的灰空间。从空间功能的角度划分，博物馆建筑的内部空间可分为公共空间、交通联系空间、基础设施空间等。而从建筑空间与博物馆业务的关系来分，又可分为陈列展示空间、行政办公空间、研究办公空间、藏品保管空间等。

（3）新技术应用影像

新技术应用影像的拍摄目的是记录不同环境下的具有现代化特色的内部业务空间配置与新技术应用成果。而现代博物馆中的新技术应用案例层出不穷，其分类方法更是难以穷尽，在此便不加赘述了。

综合以上分析，可见本项目的资料影像无法用某一种特定学科的标准进行划分。因此，在制订采集对象范围时必须借鉴多种学科的专业概念，在不同的层面采用不同的分类标准。而在实际操作中，必须注意层次分明，在每一个层次必须采用同专业领域的分类标准，否则会出现概念重复与混淆的状况。

最终，本资源库的采集对象采用了如下分类方式（表一）。

表一　　　"中国博物馆建筑空间与新技术应用"影像资源数据库建设项目
影像采集对象的分类方式

建筑影像拍摄主类型	建筑影像拍摄分类型	类型代码	拍摄范围
博物馆主建筑（A）	博物馆建筑（群）整体影像	A01	博物馆建筑整体影像（如为建筑群，需反映主体建筑与群体建筑之间的关系）
	主建筑外部各个立面影像	A02	主建筑正立面影像；主建筑侧立面影像；主建筑背面影像
	主建筑的构造与结构影像	A03	梁架或其他
	博物馆主要标志物	A04	具有特殊意义的或具有地标价值的陈列物
	主建筑特征局部影像	A05	古建类：能够说明建筑的分布位置与年代特征的局部影像
			现代类：可反映主建筑特色的局部影像
	主建筑外部附属文物	A06	古建类：雕塑、碑刻、室内外陈设物或其他
博物馆外部空间（B）	外部人工设计环境	B01	院落布局、园林布局、广场等
	外部文化、地理环境	B02	具有特殊意义或地貌特征的文化、地理环境

建筑影像拍摄主类型	建筑影像拍摄分类型	类型代码	拍摄范围
博物馆内部空间（C）	陈列展示空间	C01	基本陈列室、临时（专题）展览厅
	公众服务空间	C02	教室、讲演厅、视听室、休息室、餐厅等
	基础设施空间	C03	排水、用电、采暖、通风等基础设施的安置状况
	交通联系空间	C04	门厅、中庭、楼梯、自动扶梯、电梯厅等
博物馆新技术应用空间（D）	藏品库空间	D01	库前区（卸落台、开箱室、登录室、清理室、消毒室、编目与目录室等）和藏品库
	技术工作空间	D02	文物保护科学实验室、文物修复室、文物复制工场、装裱室等
	行政与研究办公空间	D03	办公室、接待室、会议室、物资贮存库房、保安监控室、职工食堂等
	数字设备空间	D04	各类数字机房、设备间等

3. 影像采集方法的选择

数字影像采集的任务是把设备前事物的外在状态和内在特质准确、完整地记录、描述出来。而达到这一目的，除了数字照片这一方式外，还有数字视频、数字音频、三维模型、多媒体互动程序等多种手段。不同的技术手段，有着不同的展示优势。因此，面对不同的采集对象，我们有着不同的选择。

以资源库项目为例，在描述建筑外观、外部环境、展示场景等方面，我们采用数字摄影和数字摄像两种方式。其中数字摄影是主要方式，因为它可以更精细地还原和表现镜头前的内容，而在后期的应用中也易于融入各种展示介质。数字摄像则以动态的影像采集方式带给观看者以现场感，同时还可以记录更多的细节。

然而，即使是同时采用这一静一动两种采集方式，在面临描述博物馆整体空间关系时，也显得捉襟见肘。因此，我们采用了数字环景的手段，通过对固定点周围360度的拍摄，记录下所有环境细节，再通过程序将所有场景照片拼合制作成可供操作、旋转的虚拟现实场景。这些场景文件再与博物馆建筑数字平面图相结合，便可解决上述难题。除此之外，我们还利用实地测量和与被摄馆方沟通的方式，获取各类有关博物馆建筑的信息，用作影像数据的辅助资料。

4. 数字影像的质量控制

标准化采集的根本目的之一，是提高数字影像的质量。由于数字影像具有资料性、实用性与艺术性等多重特质，因此在制订质量控制指标的时候，不能单纯地以量化的数据指标作为检验的标准，而应从技术指标、艺术指标、内容要求三方面来控制影像的质量。

（1）利用技术指标规范细节

博物馆的影像资料在采集时应以精细为宜。现代的数码采集产品（数字相机、数字摄像机）都具有极高的数据精度。在器材的选择上，尽管大中型相机在画面精度、宽容度和影像畸变控制上有着很大的优势，但面临如此巨大的数据量采集时，整体效率是我们必须注重的问题。因此，在制订采集设备的指标时，我们建议采用高精度的、便于携带的135数字相机。

而在采集指标上，我们以保证最高图像质量为原则。譬如，为保证画面纯净度，必须使用最低的ISO设置；为保证图像的清晰度，必须使用相机最大图像分辨率进行拍摄；为减少后期处理对图片造成的损失，必须采用无损的raw格式进行拍摄。总之，为保证图形后期应用与输出的质量，必须从源头做起。

（2）资料性与艺术性的权衡

之前说过，资源库数字影像存在资料性与艺术性双重属性。这种双重特性是由博物馆业务发展的需求以及数字影像的本身特质所决定的。

拥有不同专业背景的人对影像资料的应用侧重点各不相同。譬如，建筑师会偏好反映整体建筑形态的图像，博物馆工作者会希望画面中准确重现博物馆古建筑的原始比例。可见，资料的真实、完整是他们最关心的问题。

另外，数字摄影、数字摄像本身是一种艺术。艺术需要表现，而夸张、偏色、明暗对比等都是常见的艺术表现手段。对于一张图像来说，美是人们对它最基本的诉求，而冲击性的视觉表现往往是以牺牲画面的资料信息为代价的。

当影像的资料性压过艺术性时，影像产生内容干涩、画面凌乱的状况；而当影像的艺术性压过资料性时，很容易使影像陷入构图与用光的陷阱。因此，必须制订较为详尽的艺术规范与内容规范，通过一些细节要求来帮助影像采集者框定影像风格。譬如，在拍摄时必须做到画面清晰、反差适中、透视关系准确、色彩还原准确等。尽管如此，两者间平衡点把握得是否准确，在一定程度上还是取决于影像采集者的审美情趣以及他对拍摄对象的理解。

5. 拍摄之外的工作规范制订

建立标准化工作方法的另一个重要的目的是精确地协调拍摄工作中各环节间的配合，从而提高整体效率。因此，梳理工作流程，对各个环节的工作加以书面的规范尤其重要。譬如，数字影像的命名方式，数字影像资料的保存、备份方法，影像设备的管理方法，耗材的记录等，所有规范必须覆盖到所有细节。同时，良好的规范体系必须得到公正有效的执行。只有所有成员责权明确、协力合作，才能高质高效地完成整套影像采集工作。

6. 资料影像的登录指标体系

资料影像采集的目的在于管理与应用。与数据库技术的配合将会使数字影像的管理体系化、规范化。有了数据库技术的保障，我们可以记录数以万计的影像文件和它们的附加信息，并能高效地对其进行查询。国内许多大型博物馆，由此引进了"数字影像资产"的概念，由高精度图像与规范化文字记录所组成的数字影像资源将逐渐成为博物馆继文物、档案等传统资源以外的另一重要资源。

而数字影像资源不仅包括影像本身，还包括各类与影像相关的属性信息，譬如采集地点、采集实践、采集人员、采集格式等。只有配合以这些资料，影像的应用面才会更加广泛。因此，必须制订一套完整的影像资料指标体系，作为信息采集单制订、数据库建立和数据录入及检索等系列工作的指导。

以资源库项目为例，在参考了由中国博物馆学会编写的《不可移动文物档案影像拍摄技术规范及指标体系》的制订方法和内容后，我们共制订了1个指标群，8个指标集，33个指标项，旨在尽量全面地记录与采集影像相关的文字资料（表二）。

表二　　　　　　　　　　博物馆建筑资料影像信息登记表

指标集	指标项	属性	唯一性
拍摄地点	省（国标代码）	检索项	（必填项）
	县（国标代码）	检索项	（必填项）
	博物馆名称	检索项	（必填项）
	地理坐标方位	记录项	
	管理单位名称	记录项	（必填项）
影像名称	拍摄点名称	检索项	（必填项）
	影像拍摄类型号	检索项	（必填项）
	影像记录方式	检索项	（必填项）
	影像名称	检索项	（必填项）
	空间测量数据	记录项	
	空间描述	记录项	
	原始版影像文件名	检索项	（必填项 *）
	修正版影像文件名	检索项	（必填项 *）
	视频文件名	检索项	（必填项 *）
	环景图像文件名	检索项	（必填项 *）
	拍摄时间	记录项	（必填项）
拍摄记录	采集设备	记录项	（必填项）
	镜头规格/编号	记录项	
	相关色彩曲线文件名	记录项	
	视频时长	记录项	
拍摄目的	工作项目名称	记录项	
	工作项目启动时间	记录项	

续表二

指标集	指标项	属性	唯一性
影像存放位置	原始版影像存放路径	记录项	
	修正版影像存放路径	记录项	
	视频文件存放路径	记录项	
	环景图像存放路径	记录项	
版权记录	摄影师	记录项	（必填项）
	版权归属/署名权	记录项	
数字化加工记录	数字化设备	记录项	
	数字化责任人	记录项	
	数字化时间	记录项	
影像入藏登记记录	影像登记人	记录项	（必填项）
	影像登记时间	记录项	（必填项）

三 标准化工作方式的应用前景

任何领域的标准化工作都是一项多专业融合的综合应用型活动。博物馆数字影像采集标准化规范的制订也是以实践为目的，充分借鉴一些建筑学、博物馆学、陈列设计、计算机应用、摄影学等领域的知识。

目前，"中国博物馆建筑空间与新技术应用"资源库建设项目已完成了南京博物院、上海博物馆、浙江省博物馆、南京市博物馆、南京明孝陵博物馆、中国财税博物馆等六家博物馆的数字影像采集工作。本文所提到的这套标准化工作方法，正在实践中进行印证，其中尚有许多不足之处需要修正与调整。在此由衷希望各位业内专家予以批评指正。

参考文献：

1. 中国博物馆学会：《不可移动文物档案影像拍摄技术规范及指标体系》。
2. 王成：《博物馆建筑的类别及设计差异》，《中国博物馆》2002 年第 3 期。
3. 李文昌：《博物馆建筑及其与陈列的关系》，《装饰》2009 年第 3 期。

博物馆数字化多媒体展陈建筑声学特点
及声场质量优化研究

张莅坤

（南京博物院　江苏南京　210016）

内容提要： 在数字化时代，博物馆建筑也和其他建筑类型一样发生了新的变化，对其声学特性产生了深远的影响。本文首先将对博物馆数字化多媒体展陈在建筑上可能面临的声学问题加以分析，在此基础上，从建筑声学、音响系统、游客管理等不同角度，提出相应的优化方案。

关键词： 博物馆　建筑声学　声场优化

在数字化时代，博物馆建筑也和其他建筑类型一样发生了新的变化，对其声学特性产生了深远的影响。具体体现在以下三个方面：首先，通过数字化多媒体展示技术在设计和建造中的应用，传统物质空间的基础上产生了一些带有强烈的数字化特征的新形式，适应声、光、味、感等多种感官交互模式的展厅形式应运而生。其次，博物馆设计的过程中开始使用一些新的材料，博物馆本身作为载体在传递某种理念。如上海世博会中许多场馆采用的前卫的膜材料、环保的原生态材料等，这些材料对建筑的声学结构有着重要的影响。再次，博物馆的内部造型往往具有强烈的设计感、现代感，大量不规则形状的建筑构件及装饰应用对声频系统的设计提出了新的挑战。

当然，无论建筑设计理念如何变迁，博物馆的一些基本特征都不会改变。首先，博物馆收藏、研究、教育群众的基本功能没有改变；其次，如故宫博物院、法国卢浮宫等建筑本身就是历史文物，不可大刀阔斧加以改造的现状没有改变；再次，博物馆依然以传统的橱窗展示作为主要的展览形式不会改变。因此，任何针对数字化博物馆的声场优化措施，都应该在保证博物馆传统功能实现的基础上加以实施。

本文首先将对博物馆数字化多媒体展陈在建筑上可能面临的声学问题加以分析，在此基础上，从建筑声学、音响系统、游客管理等不同角度，提出相应的优化方案。

一　数字化博物馆面临的主要声学问题

1. 数字化博物馆内的声源

在研究数字化博物馆面临的声学问题前，必须明确展厅内的声场是由哪些声源构成的。我国绝大部分新建或改扩建的大中型博物馆都引入了数字化多媒体展陈的表现形式，其中多媒体技术的大量应用带来了图文、声音、动画、视频、互动、虚拟现实等多种表现形式，因此也在建筑和展厅内带来很多不同的声源，且彼此交织。

除了以上主要声源外，馆内还有噪声声源存在。博物馆内的噪声声源除了设备产生的噪音外，主要就是游客的脚步声、喧闹声和导游的解说声等。

我国环境部门规定，博物馆属于一类参观环境，噪声必须控制在 55 分贝以内。但考虑到我国现实国情，在观众参观的旺季，馆内噪声往往远高于国家标准。为了保证良好的声场信噪比，发声设备的声压级应作相应调整。

2. 博物馆数字化多媒体展陈中的主要声学问题

（1）声波对文物的伤害

博物馆的声学设计不同于一般厅堂的扩声设计，优先考虑的不是语言清晰度、声干涉等问题，而是避免声波对文物造成损伤。理论上，声波对文物会造成损害，并且这种损害是不可逆的。噪声对文物的伤害应根据文物的材质和新旧程度而定。纸质、木质、石质、金属质等文物都能够吸收声波，当声波穿透玻璃展柜到达文物的时候，使文物本身发生简正振动，长此以往必然对文物产生损伤。普通玻璃，包括钢化玻璃，其低频吸声系数高于高频吸声系数，而字画类文物的本征振动频率恰在低频范围内。因此，对字画展厅的玻璃需进行特殊声学处理，以提高声反射能力。

（2）声场重叠

在博物馆的多媒体体验区内，往往多个展位具有声源设备。在人流量高峰时，存在多个声源设备同时启动的可能性。此时，若建筑声学设计不当或音频系统不加针对性处理，将使参观者在一个展区内听见多个展区的声场重叠，就会严重影响参观品质；更重要的是，重叠的声场将增加嘈杂感，就会降低博物馆的高雅性。

（3）声聚焦

当今的博物馆往往充满现代气息，展厅的造型富有设计感，流线型设计大行其道。然而这种设计产生的凹面必然形成集中反射，使反射声聚焦在场馆内的某个区域，造成声音在该区域特别响的现象。声聚造成声能过分集中，使声能汇聚点的声音嘈杂，而其他区域听音条件变差，扩大了声场的不均匀度，严重影响参观者的听音条件。

（4）颤动回声

有些博物馆的展厅，采用回廊式布局，两边的展示橱窗距离较近，且均为对声波有强反射作用的钢化玻璃，再加上对天花板和地板的处理方式随意，装修时没有布设吸音材料。如此，当展品需要与观众进行声频互动时，无论是吸顶式音箱还是壁挂式音箱，都不可避免地产生声波的持续平行反射，即颤动回声。这将严重影响语言清晰度，是灾难性的声学缺陷。

（5）混响时间过长

混响时间过长是厅堂扩声中常见的声学缺陷。相对于剧场、会议室，博物馆内的人员较少，人体吸声作用有限，更没有座椅吸声的条件。故只能在建声材料上对混响时间加以调节。

根据赛宾公式，混响时间 $RT60 = 0.161V/Sa$，其中 a 表示房间表面的平均吸声系数，V表示房间体积，S 表示房间内部表面积。显然，V 是一个相对常量，而 S 可以通过材料进行更改，a 在大量使用玻璃材料的展馆内往往较小。以这些客观条件为基础，我们可以通过建声设计定量调节混响时间。

（6）信噪比变化

由于淡季和旺季的不同，博物馆内的人流量变化较大，噪音环境随之变化较大。如何根据噪音环境的变化，把信噪比维持在较高的水平，是声学设计者应该关注的问题。

二　数字化博物馆声场优化方案

以上分析了博物馆数字化多媒体展陈可能面临的一些问题，下面将针对性地提出几个方案。这些方案分别从吸声材料敷设角度、展厅结构角度、音频与电子技术角度以及管理与组织规范角度，对博物馆的声场环境加以优化。

1. 吸声材料敷设方案简述

前文涉及的大部分问题，可以通过吸声材料的敷设解决。通过对天花板、地面敷设吸声材料、漫反射材料，可以有效地减缓颤动回声，控制混响时间，在一定范围内遏制声场叠加的现象。

此外，博物馆建筑的防火标准远高于其他建筑，吸声材料宜采用新式的耐火吸声涂料。但由于大部分展厅的主体材料依然是展览用的钢化玻璃，吸声材料的敷设受到限制，所以依然需要与其他手段配合，共同优化展馆的声场环境。

2. 展厅结构方案简述

可从以下几个方面，对展厅的建筑结构与布局加以改进：

（1）为保护文物不受声波损害，互动体验、虚拟现实、视频影片、多维影像等涉及恢弘乐章的展览手段，应尽可能与重要的文物分离展示，或者专门设立互动体验展厅。

（2）为减小声场重叠度，各个有声展区周围的结构，可以设计为凹入式或曲面式，最好成为一个相对独立的空间，形成有益的声聚焦效应，防止声波向别的展区扩散，也遏止其他展区的声波对本展区的干扰。

（3）在设计中，避免出现正圆或正圆弧状的墙面设计。正圆（弧）具有独特的几何性质，正圆（弧）声聚焦现象难以通过音频系统的设计加以改善。

（4）在展厅的转角处，应避免出现斜面，使声波发生直角反射，向其他展区扩散声波，造成声场重叠。

3. 音频与电子技术方案简述

传统上声频工作者认为，建筑声学是声场质量的基础，声频系统的设计仅起到锦上添花的作用。然而，随着越来越多的物理技术、信息技术在音频系统中得到普及，在应对建声设计缺陷时，通过音频及其配套电子系统的处理，对这些缺陷加以改进的空间已经越来越大。主要的设计方案包括：

（1）基于数字信号处理技术的声波相控阵系统的应用

在处理声场重叠问题时，传统的声学方法只能通过改变建筑物本身或给扬声器配置音罩等方式进行"定性"处理。随着高性能数字信号处理设备从军工领域向民用领域的普及，曾经用于卫星的单天线多向传输技术和用于预警机的相控阵雷达技术，如今都已被应用到声频系统设计中来。

"相控阵扬声器系统"运用数字信号处理技术能对系统中各单元和各频段进行相位控制和音效控制，用电子手段进行实时调控扬声器阵列辐射主瓣的辐射角和指向性，使声音精确、"定量"地覆盖有用区域并抑制其扩散到无用区域，完全避免了声波的重叠、干涉及梳状滤波。这既可使展馆不用（或少用）建筑声学的装修费用，又可降低扩声系统的能耗。

如今，德国的品牌扬声器已经推出了此类产品。我国科技部也已对相控阵音箱立项，在"十二五"期间加以扶持。

（2）噪音采集设备

前已述及，我国国情使然，博物馆内的噪音浮动范围很大，使国内某些博物馆内声频互动的信噪比降低。在自动化系统中，往往对系统进行闭环控制，利用嵌入式自动化技术，对现场噪声进行采样，反馈给嵌入式系统，同时对音频系统的音量作出相应调整，在噪声声压级不稳定的情况下，使信噪比保持相对稳定。

4. 管理组织方案简述

这一方案主要通过博物馆工作人员对游客流量的管理实现。类似于世博会展馆，游客分批入馆参观。通过对游客的人工分流，使场馆内的人员数量保持在合理的程度，减少了噪声，降低了声源设备同时启动造成声场重叠的可能性。因此，这也是优化室内声场的重要手段。

三　结　语

在博物馆的各种数字化多媒体展示手段中，声学效果承担着营造时空氛围、制造游客沉浸感的重任，关乎参观者对一座博物馆气质的整体感知。对于设计师来说，在建筑设计时，应该赋予建筑声学特性以较高的权重，将声学设计与场馆艺术设计有机地结合起来。

同时，现代博物馆是计算机网络技术、多媒体技术、文化创意等多种前沿科技、思想高度融合的产物。因此，对于音频工程师来说，不拘一格地采用吸声材料、展厅改造、前沿的电子科技手段以及协助博物馆管理部门拟定客流量管理方案等灵活的手段，以达到优化声场的目的，显得尤其可贵。

综上所述，博物馆数字化多媒体展陈的声频工程是集建筑科学、声学、电子科学、管理学等于一体的复杂系统工程，牵涉部门广，备选方案多，设计对象独特性高。唯有本着科学的方法、流程和态度，统筹规划，实事求是，才能最终求证出最优的声频系统方案。

架设博物馆连接观众的新桥梁

——对南通博物苑网站建设、运行的思考

徐 宁

（南通博物苑 江苏南通 226001）

内容提要： 随着互联网技术的发展和普及，博物馆开设自己的网站，通过网络传播知识、交流信息已经成为了我国各博物馆的普遍做法。博物馆的收藏、教育、研究职能也随着互联网络的发展得以拓展和延伸。本文以南通博物苑网站运行为例，总结了博物馆网站的运行特点和存在问题，并对网站的改版提出了一些意见和建议。

关键词： 博物馆 网站 建设 运行

目前，随着网络技术的发展及广泛运用，国内外许多博物馆利用网络覆盖面广、形式灵活多样的特点，将博物馆网络体系中的宣传教育板块，建设成其网络体系中不可或缺的重要组成部分。为了跟上时代发展的步伐，南通博物苑于 2005 年百年苑庆之际正式推出了自己的网站（http://www.ntmuseum.com），2006 年"国际博物馆日"之际，又对网站进行了局部调整。在形式上，网页的设计色彩鲜艳，层次分明；在内容上，共设 10 个主栏目，分三级菜单。其中，"百年历史"和"张謇研究"为特别突出本苑历史地位而设，注重史料性和深度研究，是研究南通博物苑和张謇的专业性窗口。为充分体现博物馆促进和谐社会建设的重要作用，网站还针对网民的年龄以及受教育程度的不同，开辟专区，尤其是为广大青少年学生特设了南通地区自然人文资源内容，以拓展学生的视野，满足他们的求知欲。

一 南通博物苑网站的特点

1. 开放性

与博物馆的基本陈列及临时展览相比，网站具有传播信息范围更广，不受地域、时间、天气等诸多因素限制的特点，即使观众不到实体博物馆，也能通过网站领略博物馆的魅力。据统计，截至 2011 年 1 月 24 日，南通博物苑网站的访问量达 164427 人次。换言之，年均逾 3 万人次的网民登录、浏览南通博物苑的网站，从网站中获取有关单位概况、展览动态、学术活动、社会调查、招聘信息、藏品介绍、重要接待等方面的信息。《南通日报》、《江海晚报》等新闻媒体的记者不时从网站中获取最新资讯，通过报纸等媒介向广大南通市民发布。网站与媒体的联手，进一步扩大了南通博物苑

的影响力和知名度。

2. 实时性

网站发布各类信息没有时间限制，与电视、电台、报纸等传媒相比，不存在剪辑、播出、排版等繁琐的细节，也不受频道、波段、发行量以及发布范围的限制，博物馆可以在一个活动或一个重大事件结束后随时通过网站发布，且国内外的网民均可浏览，在传播上更为快捷。截至 2011 年 1 月，南通博物苑通过网站内的"新闻快讯"、"展陈专递"、"活动播报"、"站点公告"等栏目发布各类信息 536 条。通过南通博物苑实时发布的内容详尽的信息，部分网民了解到南通博物苑正在举办或即将举办的展览和学术活动，使自己参观的目的性更强、收获也增多，从而调动参观的主动性、积极性和参与性。网民从访问博物馆网站开始，然后走进博物馆参观，或成为博物馆之友。

3. 标志性

随着网络技术手段的日益发达，互联网已走进千家万户。截至 2010 年 6 月底，中国网民数量达到了 4.2 亿。国内外诸多博物馆均建有自己的网站，以此向全世界的网民展示各自的风格特点。一般说来，博物馆网站在形式设计、信息发布及栏目设置等方面与其他网站都有着明显的区别。南通博物苑网站采用动态页面框架，主题色调为绿色，通过"本苑概况"、"百年历史"、"新闻快讯"、"陈列展览"、"收藏天地"、"学术研究"、"张謇研究"、"自然园林"、"社会服务"等栏目对博物苑的内容、特征、性能、用途、地理位置、联系方式等给予了高度概括，使网民能够在很短的时间内对南通博物苑有一个初步的印象。即将来参观的游客也可通过网站事先收集资料、做足功课，以便带着问题有针对性地参观、学习。由此可见，网站就犹如博物馆的一扇窗户、一个标注，网站信息更新、发布是否及时以及网站包含信息量的多寡等均能反映出一个博物馆的办事效率、服务水平等。

4. 海量性

南通博物苑网站现在已是人们了解南通历史文化和人文自然资源的重要窗口。为保证网站信息的及时更新，南通博物苑在每个部门内选择有责任心和一定文字功底的工作人员充当信息员，成立了由 17 人组成的信息员队伍，及时报送各部门的工作动态。网站目前共上传图片 3086 张、文字近 40 万字。在"陈列展览"这个栏目里，除介绍了南通博物苑基本陈列的所有内容外，其子栏目"展览回顾"还展示了南通博物苑几年来所推出过的特色展览。"收藏天地"栏目精选 17 件苑藏珍贵文物，以高精度的图片配上相应的文字说明的形式加以展示，可以在一定程度上满足网民对文物鉴赏的要求。在"新闻快讯"栏目里，网民能在第一时间里了解博物苑的各种信息。"留言版"则为关心博物苑建设的人士提供了一个交流的平台，同时也为博物苑与广大网民提供了一个相互交流的渠道。在"学术研究"栏目里，展示了南通博物苑苑刊《博物苑》从创刊起至今的各期目录，以及历年来南通博物苑出版的各类图书目录和简介，为研究南通地方名人和历史文化的专家学者提供了一个检索的渠道。

二 南通博物苑网站存在的问题

在实际工作中，由于南通博物苑网站起步较早，在整体形式设计和网页制作、栏目设置、后台管理等方面还存在诸多弊端。

1. 欠缺易用性

网站栏目设计普遍复杂，网站频道和栏目定位模糊，栏目之间往往纵横交错，内容重叠现象突出。虽然网站首页的内容琳琅满目，但是两三个页面也难以呈现出全部内容，而每个频道或栏目下面的实质性内容却少得可怜。网站信息和服务分类工作不够，社会公众往往还得靠自己去"翻找"信息。

2. 欠缺互动性

网站整体框架简单。目前，网站没有英文版面，没有形象页。网站只能机械地更新文字、图片类新闻，形式单调。且不支持藏品二维、三维展示，不支持视频在线播放，不支持虚拟实景等。

3. 欠缺技术性

网站目前采用的是 Access + Asp 的形式，由于 Access 是小型数据库，有很大局限性，日渐不能适应博物苑网站运行需要。其表现为：当数据库过大时，一般 Access 数据库达到 50M 左右时，性能就会急剧下降；当网站访问频繁时，一般达到 100 人左右同时在线时，数据库就会经常出现错误；当数据库中的记录数过多时，一般记录数达到 10 万条左右时，性能就会急剧下降。

4. 欠缺支持性

网站空间不足。目前与其他网站合租电信空间为 200M 的服务器，视频和藏品数据库等均不能自由添加，也不能做到服务器与网站之间一对一的对接，需要购买专用服务器。

5. 欠缺灵活性

博物苑网站从其建立之日起，就以固定的模式运作至今，难以按照需要进行灵活机动的扩展和变化，因而一旦遭遇较大的内容上的变化，往往整个网站需要重新的规划建设。

三　博物馆网站改版的思考

1. 网站定位应立足于便于浏览

网站建设要紧紧围绕"为民服务"这个主题，因此，网站的制作应从参观者的角度进行考虑，在有限的版面中尽可能多地向参观者公布博物馆的主要内容和信息。一般说来，一个博物馆网站必须要包括如下内容。

其一，博物馆的概况。包括博物馆的地址、联系方式，博物馆的历史、发展脉络，博物馆的组织机构、开放时间等。

其二，博物馆的展览。包括当前、过去以及将来举办展览的介绍。除基本陈列外，还应对临时展览的地点、主题、作者、展品、社会意义以及与之相关的主题活动等进行详细的介绍。

其三，博物馆的藏品。与展览相比，博物馆网站对藏品的介绍不受说明牌大小的限制，可按照藏品的类别进行介绍，如陶瓷器、青铜器、书画、铭刻、金银器、玉器、漆器等。每件藏品均可附上图片、详细的文字说明。在实体博物馆中，漆器、丝绸等珍贵藏品受到展厅环境因素的制约，无法对游人开放，而博物馆网站可采取三维扫描和虚拟现实技术，把这些不宜展出的藏品数字化，上传至网络，供参观者研究、学习。

其四，博物馆的学术。包括博物馆举办的演出、讲座的内容、时间、地点、主讲人的介绍，有条件的可上传活动的音频供参观者下载。此外，还可向社会公布博物馆学术研究项目、对外文化交流、青少年校外课堂等内容，以此激发参观者参与博物馆社会活动的兴趣。博物馆的专业人员还可通过博物馆网站附设的论坛、聊天室、电子邮件等进行学术交流、下载论文和研究报告。

同时，通过建立"馆长信箱"、"信息公告"、"网上答疑"等栏目，及时反映社会公众对博物馆工作的意见、建议、要求，听取社会呼声，并及时答复和解决他们提出的问题，从而密切博物馆与群众的联系。

2. 网页设计应立足于简洁清晰

博物馆网站页面质量对网站使用的便利性有很大影响，只有页面设计优良的网站，才能使网站内容的价值完全体现出来。我国一些博物馆网站在建设过程中大多受到娱乐、新闻类网站的影响，在设计页面时，在每一个页面中都放置了过多内容，网民往往需要拖动鼠标多次才能浏览完一个页面。笔者认为，这种做法不利于博物馆网站的使用者寻找目标信息和服务，应该纠正网站建设的这个误区。

博物馆网站作为博物馆提供服务的窗口，是有别于娱乐类网站的，在页面设计上要遵循简洁、清晰的原则，方便网站用户。以简洁、清晰为页面设计原则，就需要做到页面的栏目数量适中、各栏目之间的分类标准科学明确、每个栏目名称与提供内容相一致。只有这样，才能减少由于网站自身设计问题给用户带来的误导，方便用户接受服务。

在具体设计时，不同的设计者可能会有不同的设计方案和习惯，但无论何种设计都要首先考虑到网页的色彩。所谓色彩不仅仅是指网页的整体色调，还包含字体大小、排版比例、尺寸、字间距、行间距、留白等。一些博物馆的网站为了营造庄重肃穆之感，往往以黑色系作为网页的主色调，结果却造成观众视觉上的压抑和疲劳。其实，要烘托庄重感不必使用容易造成压抑感的色系。采用暗灰系色调，在把握整体基调的同时，巧妙地进行色彩组合的搭配，同样可以达到预期的效果。其次，设计还需要考虑页面的层次。所谓层次，是指观众在浏览时接受到信息的先后顺序。一些博物馆网站为了使观众了解到最新的信息，往往在网页上加载一些新窗口，结果却引起了观众的反感。事实上，如果利用错落的字体粗细变化，形成退后和拉进的错觉，照样可以使观众率先发现更新的信息。

3. 网站建设应立足于多方参与

博物馆网站作为博物馆提供服务的平台和窗口，是由网站主管部门自行建设，还是引入多方参与共同建设，一直是长期困扰博物馆的一个问题。

笔者认为，博物馆网站应采取多方参与的模式进行建设。首先，在网站建设以及使用过程中应引入公众参与的机制。在网站规划之前，通过举办座谈会、实地调研或问卷调查的方式，了解公众对网站内容和功能的需求。只有这样，才能建成一个真正满足人们需求的网站。在网站建成之后，引入公共监督机制，通过网络问卷调查，让网民对网站各栏目进行监督评比，让用户监督网站的运营和维护情况。

其次，博物馆网站的建设和维护不仅仅是网站主管和建设部门的工作，还需要博物馆各工作部门的参与。也就是说，博物馆网站各个栏目提供的信息和服务，要分别由相关的部门进行维护和管理，只有这样才能保证信息和服务的时效及质量。

4. 网站运营应立足于人文关怀

这一点是体现博物馆网站公众立场最显著的特征。具体表现为对公众充分理解、尊重，源自内心地与公众交流沟通，真诚地在每一细节上给予公众无微不至的服务。只有让这些在网站上得到很好的体现，公众才会有亲切感、温暖感，自然愿意与你建立一种朋友间的关系。

对公众的尊重，也可说是一种对公众负责的态度。它包括网站提供的信息是否详明，是否让人明了；画面是否清晰，是否能够让人欣赏；内容是否稳定，是否具有连续性；网站的任何变化，能否及时通知等。事实上，目前我国不少博物馆网站已在很多方面注意到了这一点。如上海博物馆网站"陈列大观"，把该馆所有陈列厅所处楼层、方位用分布图清楚地表示出来，你想了解哪个专题陈列，只要点击分布图的对应位置就可看到，指示明确，进入便捷，信息非常清楚明了。而"最新特展"更是把展览前期宣传做得十分周详、细致。它不仅介绍展出时间、展览背景等各方面情况，而且对每件展品都有详细介绍。这对公众在网上仔细浏览欣赏该展览以决定其是否前往实地参观提供了参考，是一种对公众极端负责的态度。此外，故宫博物院网站"藏品精萃"的每件藏品图像均可点击放大，每件藏品还有"相关图像"按钮，如辟邪盖三熊石砚就有砚面、砚底、整体三个图像，且均可单独放大，让人能看清每一个细节，像砚面雕饰和砚底墨迹等都清晰可见，对观众认识和欣赏藏品起着非常重要的作用。特别值得一提的是，该栏目还有"最新内容"介绍，定期更换20 件藏品，其持续更新的特点，也使观众继续跟踪浏览有了兴趣。

总之，博物馆网站建设是一项前景远大的事业，强化公众性代表了网站工作的未来。但愿博物馆同仁能很好地利用这一平台，在方向上更为明确，在做法上更加贴近社会大众心灵，使博物馆网站成为民众共享人类历史文化遗产的桥梁。

物联网技术在博物馆临时展览业务中的应用

茅 艳 汪 清

（苏州博物馆 江苏苏州 210001）

内容提要： 物联网技术作为新一代信息技术产业的基础进入了重要的发展阶段，该技术在各行各业均有很大的应用空间。本文就物联网技术在博物馆临时展览业务中的多种应用进行了描述，包括文物信息监测、运输过程监管、库房管理、展厅环境及安全监控、观众智能导览服务，以此构建了一个智能博物馆的蓝图，并对物联网技术在文博行业应用中面临的主要问题进行了探讨。

关键词： 物联网 博物馆 临时展览 电子标签

随着《中华人民共和国国民经济和社会发展第十二个五年规划纲要》的发布，物联网技术作为我国新一代信息技术产业的基础进入了重要的发展阶段，并将在国民经济和民生服务等重点领域形成规模性应用，如智慧城市、智能电网、智能交通、智能物流、智能建筑以及智能家居等，为我们构建一个全面智能的未来社会。物联网技术也为博物馆事业的发展提供了更广阔的空间，通过在文物标识、环境监控、安全防范、导览服务、展览物流、文物保护等方面的应用，将促使传统博物馆向智能化博物馆发展。在博物馆临时展览业务中，物联网技术将为文物的物流、保管、展示、服务等方面提供更便捷、更科学、更安全的手段。

一 物联网技术的内涵

物联网的概念从1999年诞生至今，不同的组织、不同的专家学者、不同的企业都赋予其不同的含义。2010年我国政府工作报告的注释对物联网有如下说明："物联网是指通过信息传感设备，按照约定的协议，把任何物品与互联网连接起来，进行信息交换和通讯，以实现智能化识别、定位、跟踪、监控和管理的一种网络。"简单说来，大千世界中的物体通过物联网即可实现物与物之间的互联、互通。

物联网具有三个特征：一是全面感知，即利用无线射频识别技术（RFID）、传感器、二维码等随时随地获取物体信息；二是可靠传递，即通过各种电信网络与互联网的融合，将物体的信息实时准确地传递出去；三是智能处理，即利用云计算、模糊识别等各种智能计算技术，对海量数据和信息进行分析和处理，对物体实施智能化的控制。因此，物联网一般分为三层结构：底层是感知数据的感知层，第二层是数据传输的网络层，最上层则是应用层（图一）[1]。

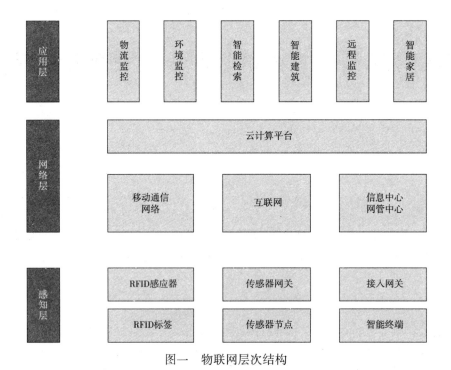

图一　物联网层次结构

物联网中的关键技术主要有无线射频识别技术（Radio Frequency Identification，简称RFID）、无线传感器网络技术（Wireless Sensor Network，简称WSN）、智能技术等。RFID技术是一项利用射频信号通过空间耦合（交变磁场或电磁场）实现非接触信息传递并通过所传递的信息达到识别目的的技术。RFID标签中存储着规范而具有互用性的信息，通过无线数据通讯网络把他们自动采集到中央信息系统，实现物品的识别，进而通过开放性的计算机网络实现信息互换和共享，实现对物品的"透明"管理。WSN技术基于大量具有通信功能的微型无线传感器，侧重于组网功能，用以实现数据的传递。智能技术是为了有效达到预期目的，利用知识所采用的各种方法和手段。通过在物体中植入智能系统，使物体具备一定的智能性，能够主动或被动地实现物体与用户的沟通。

二　博物馆行业物联网技术应用现状

物联网技术在博物馆行业中的应用得到了国家文物局的高度重视。从2009年起，国家文物局特别就文化遗产保护方面进行了系列部署，组织开展了基于物联网理念的文化遗产保护建设研究，先后启动了世界文化遗产监测研究和文物建筑健康评测研究，同时还在秦始皇兵马俑博物馆、敦煌研究院开展了部分试点工作，从多学科、多角度探索了物联网技术在文化遗产保护领域中的应用前景。物联网在文化遗产的保护、研究、展示和价值传播等方面有着广阔的应用空间，它也将引领文化遗产保护与管理走进新时代[2]。2011年，国家文物局制定了《国家文物保护科学和技术发展"十二五"规划（2011～2015年）》，其中也多次提到了物联网技术的应用和发展，以便能建立基于物联网的"中国数字博物馆工程"软硬件支撑平台、实施模式和技术标准，整合、制作加工博物馆数据资源，构建博物馆馆际交流网络平台与统一规范的博物馆信息管理平台。

近年来，很多国家已普遍应用物联网技术手段，建立文化遗产监测、信息收集、信息处理的预防性保护管理系统，或者通过该技术为观众提供更全面、更智能的导览服务。例如：意大利的文化遗产风险评估项目（Risk Map of Cultural Heritage）针对建筑遗产保护现状，对其所处恶劣环境引起的危害进行评估并监测，采取相应的保护措施；瑞士西北科技大学在拥有莫奈等著名画家作品的圣加伦美术馆（Kunstmuseum St. Gallen）中实施了以 RFID 技术和 WSN 技术为核心的全新艺术品感知体验游览服务。在我国，物联网技术也在文化遗产保护方面发挥了很好的作用，如敦煌莫高窟的窟外大环境监测、窟内微环境气象监测、壁画本体病害发展监测，以及上海博物馆研究和示范的馆藏文物保存环境监测和控制技术等。另外，对物联网技术在博物馆的观众服务应用方面也开始了一些有益的尝试，如首都博物馆已经初步形成"参观预约—票务管理—知识导航—互动体验"一体化服务体系，实现观众行为分析、客流分析及多媒体中控的辅助功能，使观众在一个宽松、舒适的环境中接近历史文化宝藏，获得对这些艺术精品全方位的认知。

三 博物馆临时展览业务

按照功能要求，博物馆是以收藏、研究、教育（展示）为最主要职能的。随着博物馆对公众免费开放，教育（展示）功能越来越被重视。博物馆实施教育功能的方式除了面向特定群体开展一些互动活动外，最主要的是通过举办一系列的临时展览来吸引观众走进博物馆，使观众了解展出的文物以及文物本身赋予的历史背景和相关知识，从而达到传播文化的目的。因此，如何举办好临时展览被越来越多的博物馆所重视，临时展览业务已成为博物馆业务的重要组成部分。大型博物馆每年都会举办数十个临时展览，这些展览的来源主要有国内外馆际之间的交流，也有与艺术机构合作。不管何种方式，随着这种交流越来越频繁，文物的运输、临时存放、展厅布展、对外服务等环节都显得尤为重要。

临时展览的业务流程一般如下：双方联系、接洽——确定文物清单、展览方案——物流运输（整理、装箱、押运）——文物抵达后进行点校，存放于临时周转库房——临时展厅布展（文物布置、标签摆放、环境控制、安全控制等）——撤展至临时周转库房存放——点校后运输至下一站或回原单位。

首先，文物的安全是第一位的，每一个环节中都要有相应的责任人，保卫人员、保管人员、展览设计人员在各个环节中必须周密计划，步步为营，小心谨慎，不能有任何差错；其次，文物的存放环境也对文物有直接的影响，特别是一些书画作品、丝织品、竹木牙角器具、青铜器等文物对湿度要求比较高，稍有不慎，即会给文物带来无法弥补的损伤；另外，在整个业务流程中，接触文物的人员也比较复杂，有双方库房保管员、双方布展工作人员、展览设计人员、运输人员等，也给文物的安全带来了诸多不确定的人为因素。

物联网技术可以为博物馆临时展览业务提供安全、便捷的技术保障，使工作人员能及时跟踪、了解文物的动向，为文物提供更加智能化的存放地点和展厅环境，并可以为观众提供主动式的讲解服务，提高参观质量。

四　临时展览业务中的物联网技术应用

临时展览业务中，物联网技术的应用主要有以下几个方面：文物信息监测、运输过程监管、库房管理、展厅环境及安全监控、观众智能导览服务等。

1. 文物信息监测

给每件文物附加 RFID 标签，是物联网技术在博物馆业务中应用的基础。参照国家文物局颁发的《博物馆藏品信息指标体系规范（试行）》（文物博发〔2001〕81 号）和《博物馆藏品信息指标著录规范（试行）》，每件文物都有特定的属性和管理信息，文物的信息指标体系包括 3 个指标群（藏品信息指标群、藏品管理工作信息指标群、藏品文档与声像资料信息指标群），共包含了 33 个指标集，139 个指标项。2001 年，财政部和国家文物局联合启动了"文物调查及数据库管理系统建设"项目。该项目经过 7 年的调研和部分地区试点，于 2009 年在全国范围内推广实施，针对珍贵文物的信息著录，出台了《馆藏珍贵文物数据采集指标项及著录规则》，规定了每件珍贵文物必须采集的 28 项指标项（表一）。

表一　　　　　　　　　　　　馆藏珍贵文物信息采集指标项

序号	项目	对应指标	录入方式	长度	数据类型
1	原名	A0101	填写	100	文本
2	名称	A0102	填写	100	文本
3	文物类别	A0211	选择	50	文本
4	年代类型	A0301	选择	50	文本
5	年代	A0310	填写	50	文本
6	质地类型	A0601	选择	50	文本
7	形态特征	A0911	填写	不限制	文本
8	完残程度	A1001	选择	20	文本
9	完残状况	A1011	填写	不限制	文本
10	尺寸	A1611	填写	50	文本
11	尺寸单位	A1612	选择	20	文本
12	质量	A1631	填写	50	文本
13	质量单位	A1632	选择	50	文本
14	实际数量	A1701	填写	4	数字
15	实际数量单位	A1702	填写	20	文本

序号	项目	对应指标	录入方式	长度	数据类型
16	来源方式	B0101	选择	50	文本
17	来源（单位或个人）	B0102	填写	100	文本
18	收藏单位	B0201	填写	100	文本
19	总登记号	B0213	填写	50	文本
20	入藏日期	B0214	填写	10	日期
21	鉴定日期	B0301	填写	10	日期
22	鉴定机构	B0302	填写	50	文本
23	鉴定人	B0303	填写	50	文本
24	鉴定意见	B0304	填写	不限长	文本
25	藏品级别	B0401	选择	20	文本
26	当前保存条件	B0503	选择	20	文本
27	保护优先等级	B0601	选择	10	文本
28	保护记录	B0630	填写	不限长	文本

参照以上规范和相关标准，文物的 RFID 标签中必须包含最基本的指标项，通过对 RFID 标签的读取，即可知道文物的基本信息，并跟踪文物动态。

2. 运输过程监管

成熟的临时展览除了回所属馆进行必要的修整和保养外，大部分时间都在馆外进行展出，从这一家博物馆直接到另一家博物馆。因此，运输过程中对文物的监管至关重要。文物有了 RFID 电子标签后，管理人员就可以通过 WSN 技术对文物在物流过程中的位置进行跟踪、监控：首先带有 RFID 标签的文物出库，应用系统自动检验并更新库房记录，同时将这批文物的信息通过网络传输给接收方；然后对文物进行包装和装车（车厢或火车），每个包装箱以及运输工具上也配置各自的电子标签，双方人员均可利用自己的系统以及 WSN、互联网等技术跟踪这批文物、包装箱、运输工具的动态；接着文物到达目的地卸车，进入接收方的临时周转库房，接收方通过读取文物的 RFID 标签对文物进行验收，并将这些文物放置入临时周转库房。当临时展览结束后，也进行同样的操作即可将文物的入库、运输信息传递给所有方或下一个接收方，整个流程体现了快捷、方便、安全的特点。

3. 库房管理

物联网技术将会打造一个智能化的库房。库房的管理主要是对库房环境、库房物资以及进出人员的管理。临时周转库房中布置了一些探测温度、湿度、灯光等传感器，用于感知库房的温湿度、灯光或者空气中微生物指数，使文物在最适合的环境中存放。另外，为安全起见，还会设置一些入侵检测传感器及视频、音频采集器，一旦有外因入侵，这些传感器也会将信息传送到管理中心，并提供灯光、现场画面和语音，及时监控库房状况，防止文物失窃。由于文物本身带有电子标签，因此文物进出库房时可以很方便地实现自动化识别。入库时可以自动生成入库清单，出库时可以自动生成出库清单，大大降低了入库、出库管理中人工干预的程度，提高了文物入库、出库的自动化和智能化水平。物联网技术也为人员进出管理提供了可能，通过对库房管理人员的智能识别（人像、指纹、身份标识等），使有权限的人员才能进出库房，为文物的安全提供了保障。所有相关文物信息、人员信息都将进入本地数据中心，以便查询和核对。

4. 展厅环境及安全监控

展厅的环境跟库房环境类似，通过温湿度传感器、灯光传感器等来调节文物展览环境。展厅的安全管理通过在展厅、展柜设置多种入侵报警器及视频、音频采集器形成一个安全监控网络，保证文物的安全。通过对布展人员的身份识别，有权限的工作人员才可以接触相应的文物。文物放置的空间可能是密封的展柜，也可能是敞开式的环境。展览设计人员对文物布置后，应用系统就会自动生成展厅文物布置的平面图。文物所有方的工作人员不必到现场，通过 WSN 和其他网络传输技术的结合，在本馆就可以知道每件文物在展厅中所处的环境、安全状况以及摆放位置，并通过展厅中的音频、视频传感器对现场布展情况实现远程监控。观众进入展厅参观时，系统会自动调节灯光并进行安全监测，给观众提供舒适的参观环境，为文物的安全提供保障。

5. 观众智能导览服务

博物馆举办临时展览的最大目的，是为观众提供多种文化体验和认知，而利用物联网技术可以更好地为观众提供智能化导览服务，并为馆方提供观众的流量分析和疏导控制，实现馆区内智能化服务与人性化管理。每个观众在进馆后将得到一枚电子门票或者手持式设备，作为身份识别标识或导览设备。文物的电子标签中除了包含文物的基本信息外，还可以加载相关影像、音频信息，作为文物的讲解词或影像资料提供给观众。观众通过手持设备和 WSN 技术，进行文物讲解词下载，或者自动感应并接受收听，或观赏文物影像信息，以加深对文物及其历史背景的了解。同时，智能讲解功能还能增加与观众的互动性，提供重播、暂停、留言簿等服务功能。馆方应用系统可以跟踪观众的位置，分析展厅内观众流量，引导观众选择合理线路进行参观；可以及时收集观众意见，为观众提供一个舒适、轻松的参观环境。

五　面临的问题及探讨

物联网行业应用需求广泛，仅博物馆临时展览业务中就涉及各种物联网技术的有机结合和多种应用系统。从上面的应用可以看出，基于物联网关键技术和博物馆行业特定的需求，我们还需在文物信息标准化、文物 RFID 技术、信息安全性等方面进行深入研究和探讨。

1. 文物信息标准化

博物馆的类别很多，各馆收藏的文物种类也千差万别。对文物资源进行信息化处理，目的就在于可以方便快捷地利用和保护，同时也可以实现馆际之间的信息共享，其最基本的手段就是提供查询、检索和统计。一般而言，如果要快速、准确、彻底地检索就需要对文物信息按一定的标准进行组织，而文博界长期面临着文物信息化的著录标准问题。国家文物局在 2001 年启动了"文物调查及数据库管理系统建设"项目，制定了相关的试行规范。这套规范主要是面向大部分博物馆收藏的物质类遗存而制定的，对于一些人类社会所产生的非物质遗存信息来说，规范中规定的指标项还存在很大差异。因此，文物信息标准化仍是博物馆行业的基础工作，制定信息化标准也是物联网技术在博物馆行业应用的基础工作之一。

2. 文物 RFID 技术

RFID 技术是物联网的关键技术之一，它不仅能够获取物体信息，同时还可以传感信息，并根据需要处理信息，其应用范畴相当广泛。在博物馆临时展览业务中，文物、工作人员、观众，甚至是运输工具、包装箱等都会用到这个技术。由于所有的活动都围绕着文物，因此文物如何与 RFID 电子标签相结合也是个至关重要的问题。文物的种类丰富，质地多种多样，器形、大小也不尽相同，RFID 标签必须兼顾文物本身的特质来设计，既要包含文物必备的标准指标项，又要能与文物有机结合，做到不脱离文物、不破坏文物，才能确保电子标签的实际功效。

3. 信息安全性

物联网中，信息都是通过 WSN 和多种网络方式来传递，为确保信息的安全性，必须从物联网的三个层次全面考虑：在感知层和网络层重点考虑数据保密性、通信层安全、数据完整性、随时可用性；在应用层重点考虑读取控制、隐私保护、用户认证、不可抵耐性；其中特别要关注"隐私权"和"可信度"（数据的完整性和保密性）。文物在展出时，一些暴露在公开场合之中的信号很容易被窃取，也更容易被干扰，这些将直接影响到博物馆应用体系的安全。因此，物联网在行业的应用中，更应该结合各行业的特点，更多地关注特殊信息、重要信息的安全性，建立相应的业务认证机制和加密机制，这样才能保证物联网安全有序发展。

物联网是一个具有挑战性的领域，其在博物馆行业中的应用也必将引起更多人的重视。在构建智能型博物馆的过程中，我们除了要解决一些技术问题、工程问题外，还要结合行业特点，完善相关行业标准，考虑实际应用的特殊性，保证信息在各层次的安全，才能使物联网技术得到更好的应用，使博物馆更好地发挥其社会效应。

注释：

[1] 杨刚等：《物联网理论与技术》，第 35 页，科学出版社，2010 年。
[2] 宋新潮：《物联网技术将带来文化遗产保护与管理的新时代》，《中国文物报》2011 年 5 月 13 日。

建立文物管理信息系统
规范管理运行体系

韩　芳

（南京市太平天国历史博物馆　江苏南京　210001）

内容提要：21世纪的今天，高科技的发展为"文物"这个古老、沧桑的名词注入了鲜活的生命，现代科学技术手段的运用重现着她曾经的辉煌。在信息化社会，如何建立文物管理信息系统、规范管理运行体系，将文物保护科技成果有效整合、应用，实现文物信息的产业化和文物产业的信息化，是当代文物工作者需要慎密思考、实效解决的问题。

关键词：产业化　信息系统　规范管理

高速发展的电子计算机和通信技术，使人类步入了现代高科技信息化社会。人们脑海里那固有的展现千古历史烙印的文物工作，在科学技术飞速发展的今天，也不断地在用人类智慧的亮点再现着历史的篇章。近年来，地理信息系统、航空遥感、现代考古手法、文物科技保护等技术的运用在文物事业的舞台上争相突起，创造了一次又一次辉煌。面对这些科技成果，如何将其整合、应用，真正做到信息的产业化和产业的信息化，用现代科技产业手段分析、发展文物事业，以服务于全社会，是一个亟待思考的问题。

信息的产业化有赖于信息技术的发展，产业的信息化有赖于信息数据的搜集、预测和分析。它们是信息社会的主要特征，相辅相成、适时转换。信息系统的规划、构筑、运行和管理是决定产业成败的关键，这也是管理信息系统需要解决的核心问题。

文物管理信息系统的内容是利用计算机管理系统的理论方法，以计算机网络和现代通信技术为工具手段，紧握文物信息的收集、存储、加工处理、传递，为文物工作的管理决策提供信息服务；其存在形式是人—机系统的相互补充和合一。

管理信息系统中信息的特征一般体现在真实性、等级性、滞后性、时效性、价值性和共享性六个方面。对文物管理信息系统而言，文物的不可再生性决定了文物信息特征的特殊性，它不具有滞后性和时效性，相反，文物信息具有唯一性和永久性。由此，文物管理信息系统的构筑、运行和管理必须有别于一般的信息产业，形成具有自身特点、可行、实用的管理系统。

一　构筑文物管理信息系统需建立组织基础和技术基础

建立文物管理信息系统，在组织中首先应该具有一定的科学管理基础。通过组织内部的机制改革，明确组织管理的模式，做到管理工作程序化、管理业务标准化、报表文件统一化和数据资料的完整化与代码化。在一个管理混乱、毫无规章制度、毫无现代化管理意识的组织内，运用计算机行使文物管理信息系统工作乃是无稽之谈。

其次需要注意的重要因素就是人才问题。管理信息系统作为以计算机为基础的人机系统，人的因素是非常重要的，而人才问题是其成败的关键。目前，绝大多数文物保护项目课题所需的系统软件开发任务主要还是依靠专业软件工作者去完成。而系统管理队伍是系统转换后从事系统日常管理与维护工作的技术人员和管理人员。有人说，建立和管理一个管理信息系统是"三分技术，七分管理"，这确实强调了文物信息管理工作的重要性。经验告诉我们，一个系统开发完成之后，如果没有从操作人员到系统管理员的熟练技术和坚持不懈的努力，再好的系统也会半途而废，导致最终的失败。因此我们有理由说，系统开发队伍和系统管理队伍的建设在整个管理信息系统中起着决定性的作用。

当然，文物管理信息系统的技术基础还包括计算机系统技术、数据通信与计算机网络技术等，这里不作赘述。

二　文物管理信息系统开发的原则

1. 实用性原则

实用性原则是文物管理信息系统开发所要遵循的最为重要的原则。系统必须满足用户管理上的要求，既要保证系统功能的正确性和方便实用，还需要有友好的用户界面、灵活的功能调度、简便的操作和完善的系统维护措施。

2. 系统的原则

文物管理信息系统是组织实体内部进行综合信息管理的软件系统，有着鲜明的整体性、综合性、层次结构性和目的性。他的整体功能是由许多子功能的有序组合而形成的，与管理活动和组织相互联系、相互协调。系统各子功能处理的数据既独立又相互关联，构成一个完整而又共享的数据体系。因此，在文物管理信息系统的开发过程中，必须十分注重其功能和数据上的整体性、系统性。

系统是由若干个部分组成的，各组成部分不是孤立存在的，而是相互联系的。为实现整个系统的特定目标，各组成部分既要使自己尽量完善，又要服从整体，使整个系统达到最优化。一个系统即使每个部分都非常完善，但由于没有考虑到整体效果，也会导致整个系统不是最佳的系统。反之，一个系统即使每个部分都不是最优，但由于各部分都考虑了整体的利益，相互联系、协调好，仍可成为最优的系统。文物管理信息系统的作用是将文物工作涉及的各方面数据进行收录、整理，如全国重点文物保护单位记录档案工作、文物藏品档案工作、第三次全国文物普查工作、长城保护工作、腐蚀性文物调查工作等。所以我们说，如何将各自项目的运行软件进行合理整合、管理、互联、互补，有效利用其数据信息进行整体分析，形成一个高效、快捷、实用的管理系统运行机制，避免文物行政管理工作中屡屡出现的重复建设、无效工作的现象，是文物管理信息系统开发最为核心、实效的内容。

3. 符合软件工程规范的原则

文物管理信息系统的开发是一项复杂的应用软件工程，应该按照软件工程的理论、方法和规范去组织与实施，必须注重软件表现工具的运用、文档资料的整理、阶段性评审以及项目管理。

4. 逐步完善、逐步发展的原则

任何管理信息系统的建立不可能一开始就十分完善和先进，而总是要经历一个逐步完善、逐步发展的过程。事实上，管理人员对系统的认识在不断地加深，管理工作对信息需求和处理手段的要求越来越高，设备需要更新换代，人才培养也需要一个过程。贪大求全，试图一步到位，不仅违反客观发展的规律，而且使系统研制的周期过于漫长，影响了信心，增大了风险。为了贯彻这个原则，文物管理信息系统开发工作应该先有一个总体的规划，然后分步实施。系统的功能结果及设备配置方案，都要考虑日后的扩充和可兼容程度，使系统具有良好的灵活性和可扩充性。

三　文物管理信息系统的管理与维护

系统的管理与维护是系统投入正常运行之后一项长期而又艰巨的工作。一个管理信息系统，即使开发得很好，如果没有好的管理，最终也会失败。系统中不时暴露的错误需要修改，事业的发展、环境和工作的变化也会对系统不断提出改进的要求。可见，系统的管理与维护对系统正常运行并发挥其效益影响极大，必须引起用户和各级管理人员的重视。

文物管理信息系统的管理与维护阶段的主要工作包括：系统管理与维护的组织、日常管理与维护以及系统正式运行后对系统的评价等。系统管理与维护的组织是指对系统实施管理与维护的内部环境，包括组织机构、人员分工和规章制度的建立等。如果机构不健全，分工不明，系统管理工作得不到应有的地位，将大大影响系统的日常管理，更谈不上发挥它的效益。

1. 组织机构

相对管理信息系统的管理模式而言，文物管理信息系统更适宜分布式管理，即采用集中与分散相结合的管理机制。主要的、共享的资源由主管系统的国家级行政机构集中管理；分布在全国各省的设备、信息数据与文档资源以及操作人员等则由相关的文物行政管理部门分散管理。依此管理方式，文物管理信息系统是自上而下的层级管理模式，在行政隶属关系上是中央到地方。从国家多个项目课题备案工作来看，层级备案的管理模式更具可行性、实用性和操作性。

2. 人员与分工

系统管理人员：由熟悉本单位事务管理并熟练掌握计算机技术的人担任，负责系统的全面技术管理，具体执行系统的初始化、环境维护、资源分配和权限控制等。

系统维护人员：包括硬件维护人员和软件维护人员。硬件维护人员由熟悉系统设备组成和具有硬件维修知识的人担当，负责系统设备的保养、故障排除及维修等。软件维护人员由具有较强软件能力和熟悉本程序系统的人担当，负责系统程序和数据的维护。

系统操作人员：由各业务管理部门抽调一批熟悉业务管理的人员组成，经过计算机知识和应用系统使用的培训后担任，负责各个子系统的日常操作。

资料管理人员：由一般的业务管理人员担任，负责系统所有文档和资料的保管、整理和维护。

3. 规章制度

规章制度是实行系统管理与维护的保证。为了使管理人员明确职责、遵守纪律，不断提高自己的思想素质和技术水平，有必要建立完善的文物管理信息系统管理制度、操作制度和工作人员纪律与业务学习制度。

系统管理制度：包括系统管理与维护人员的组成及分工；系统管理规程（管理程序、工作内容与管理措施、突发事故的处理或恢复）；系统的使用环境及其保护措施（机房守则、防火防盗措施等）。

系统操作制度：包括操作员守则；系统操作规范（各级操作员岗位的责任和工作日程表）。

工作人员的纪律与业务学习制度：包括纪律条例（保密、防病毒及资源占有权限的规定）；业务学习与考核制度。

四　遵循文物信息属性，规范管理运行体系

1. 文物信息的特殊属性

文物是人类在历史发展过程中遗留下来的遗物、遗迹。它从不同的侧面反映了各个历史时期人类的社会活动、社会关系、意识形态以及利用自然、改造自然和当时生态环境的状况，是人类宝贵的历史文化遗产。文物信息由于文物的特性即不可再生性，决定了它不具有滞后性和时效性，而具有唯一性和永久性。

2. 文物信息安全管理

文物信息安全管理是通过维护信息的机密性、完整性和可用性等来管理和保护信息资产的一项体制，是对文物信息的安全保障进行指导，对于保护信息资产、降低信息系统安全风险、指导信息安全体系建设具有重要作用。文物信息安全管理涉及信息安全的各个方面，包括制定安全政策、开展密级评估、确定控制目标、设置使用权限、制定操作流程及安全意识培训等一系列工作。

3. 网络信息安全与保密

网络信息安全与保密是在安全期内保证数据在网络上传输或存储时不被非授权用户非法访问，但授权用户却可以访问。网络系统信息的安全包括用户口令鉴别、用户存取权限控制、数据存取权限和方式控制、安全跟踪、计算机病毒防治、数据加密等。

4. 文物管理信息系统中电子文档的使用与管理

（1）电子文档提供使用的方法

提供复制：存档部门向使用者提供载体复制时，应将文件转换成通用标准文档存储格式，由使用者自行解决恢复和显示的软硬件平台。当使用者不具备使用电子文档的软硬件平台时，也可以向这些用户提供打印件或缩微品。

通信传输：即用网络传输电子文档。这一方法比较适合信息资源互相交流，以及向相对固定的查档单位提供文档资料，可以通过点对点转换数字通信或互联网络来实现。

直接使用：使用者通过存档部门或检索机构，通过存档部门的网络直接进行电子文档

的查询和使用。其特点是：可为使用者提供技术支援；同通信传输相比减少了大量管理工作；可以使更多的使用者同时利用同一份电子文档。

（2）电子文档的使用管理

由于电子文档提供的使用方式的多样化与索引技术的多样化，导致了文档使用的复杂性。因此，加强电子文档的使用管理就显得特别重要。使用管理的内涵很丰富，从信息安全的角度出发，主要有对用户及提供使用者的管理、对提供使用载体的管理及使用时的安全保密措施等。

使用权限的审核：电子文档的使用所涉及的人员包括文档载体保管人员、数据系统管理人员、使用者及维护操作人员等。他们各自的工作性质和责任均不相同，因而对其进行使用权限审核是十分必要的。审核应由文档使用的决策者执行。首先，要根据各种人员级别和层次进行使用权限的认定，并依此向文档使用系统注册登录；在使用过程中，由系统自动判定当前使用者身份的合法性及其所使用功能的范围，并由系统自动对其使用各种功能操作的路径进行跟踪与记录；对涉及使用未经授权的功能，应能拒绝响应并给予警告提示。其次，在电子文档存储载体的使用上，要根据电子文档内容的密级和开放程度，来确定其使用控制程度，在使用中依据使用者的背景情况和使用目的来决定是否对他授权。

复制的提供与回收：提供电子文档复制是一种主要的文档使用方式，但必然带来使用时间与使用地点的分散，如果管理不好，将会造成文档信息无原则的散失。因此，必须采取有效的措施和方法，对其进行严格管理。应当依据使用者的需求并在确认使用权限后进行复制的制作。原则上尽量避免把载体上存储的电子文档信息全部复制，并要通过技术手段防止所提供复制的再复制。除经过编辑公开发行的电子出版物外，对那些提供使用的复制必须进行回收。要有完善的复制提供手续，提供者和使用者双方应对提供复制的内容进行确认，并对使用载体的类型、数量、使用时间、最后回收期限及双方责任人等情况进行登记。对回收的复制应消除其信息内容。

使用中的安全措施：电子文档在使用中的保密与安全是十分重要的，而且与纸质档案相比，更加难以控制。因此，在电子文档的使用中，应特别注意以下几点：所采用的使用方式，应视使用者的情况而定，不能无原则地向所有使用者提供全部使用方式；依据电子文档内容的密级层次，进行有效的管理，一般情况下，对于内容不是完全开放的电子档案，不宜用复制的方式提供使用，对于复制的制作，必须在有效监控下进行；采用通信传输或直接使用等使用方式时，对有密级的信息内容要进行加密处理，并对所使用的密钥进行定期或不定期的更换；系统应对使用的全过程进行有效地跟踪监控，并自动进行相关记录，作为对使用情况进行查证的依据；使用文档的系统应有较强的容错能力，避免误操作所带来的不可挽回的损失。

区域性文化遗产数字资源建设中的相关问题研究

缪 华

（徐州博物馆 江苏徐州 221009）

内容提要： 区域内文化遗产机构在国家的规划指导下，积极开展了文化遗产的数字化工作，然而目前文化遗产数字资源存在存储分散、重复建设、利用率低、局部有序整体无序的状况。本文提出区域内文化遗产数字资源应进行有效、合理的整合，并从管理体制、标准化、用户需求等几个方面论述区域性文化遗产数字资源建设中应注意的问题。

关键词： 文化遗产 数字资源 整合

我国文化遗产数字化建设始于 20 世纪 80 年代末的文物事业信息化。文物事业信息化建设全面、有规划的展开是从"十五"计划开始的。在"十五"、"十一五"期间，我国分别制定了《全国文物博物馆事业信息化建设"十五"规划》、《全国文物博物馆事业信息化建设"十一五"规划》，以指导文化遗产的数字化建设，其中重点推进了文物调查及数据库管理系统、文化遗产保护信息动态监测平台、中国数字博物馆、全国文物综合业务管理平台等项目的建设。

各地区、各部门在国家的规划指导下积极开展了文化遗产的数字化工作，积累了一定数量的数字资源。但是，这些数字资源在规划及建设过程中，由于区域内管理体制等方面的原因，造成资源不能有效共享，形成局部有序整体无序的状态，极大地降低了文化遗产数字资源的利用率。笔者认为区域内文化遗产数字资源应进行有效、合理的整合，只有这样才能使文化遗产数字资源发挥更大的价值。本文从与文化遗产数字资源整合有关的管理体制、标准化、用户需求等几个方面来论述区域性文化遗产数字资源建设中应注意的问题。

一 构建区域性文化遗产数字资源整合管理体制

区域性文化遗产数字资源整合的目的就是为了提高各文化遗产机构资源的服务效率，更好地服务于用户，取得更大的创新价值。目前，文化遗产各保护管理单位普遍存在自成体系、封闭管理运作的现象，信息资源分散建设，内容交叉重复，造成人力、物力、财力的浪费，制约了不同部门、不同机构间的合作协调，使得整个信息环境处于分散无序的状态；同时，在各机构内部，数字资源建设及管理存在不同的标准、层次和模式。因此，需要一个统一的、强有力的管理机构来组织、协调，使文化遗产各保护管理单位之间形成一个良好的合作机制，高效率地进行数字资源整合，实现信息资源利用最大化。

在区域内，文化遗产数字资源整合的主体是博物馆、图书馆、文化馆等文化遗产保护与管理机构。但是数字资源整合是一项复杂的系统工程，它需要各机构的统一协作，需要政府部门的支持与帮助，因此数字资源整合过程中所涉及的各机构间的相互协调与合作成为了数字资源整合得以实现的基础环境。

国务院《关于加强文化遗产保护工作的通知》要求地方各级人民政府要建立相应的文化遗产保护协调机构，要建立文化遗产保护定期通报制度、专家咨询制度以及公众和舆论监督机制，推进文化遗产保护工作的科学化、民主化。针对区域文化遗产数字化建设及管理现状，我们可以建立如图一所示的区域性文化遗产数字资源整合建设的组织体系。

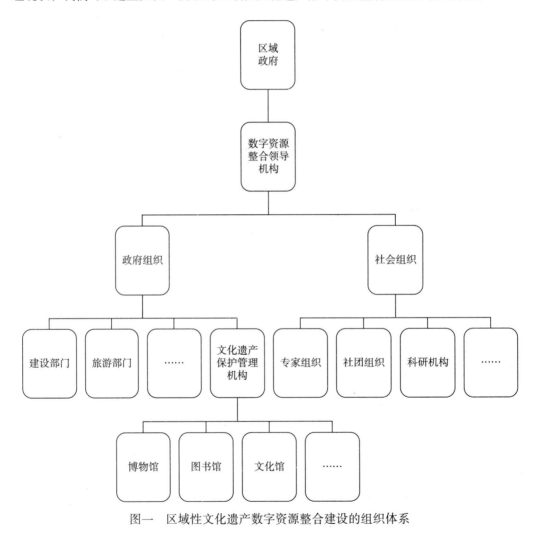

图一　区域性文化遗产数字资源整合建设的组织体系

在这个组织体系中，政府部门负责出面协调文化遗产各成员单位之间的利益关系，避免不必要的经济纠纷。各单位间应相互交流技术经验及方法，寻求共同发展的契机。同时，各单位应该根据自身文化遗产资源的特点进行相关数字资源的建设，各单位之间应实现优势互补，避免重复建设，实现更大范围内的信息资源整体环境的有序化。所有这些，需要各单位突破各为自政的局面，共同协商宏观管理体制下的协作发展，实现数字资源整合的最大效益。

二 遵循相关标准开展数字资源整合

信息资源开发利用是一项复杂的系统工程，涉及不同层次、不同领域、不同技术的有机整合。统一标准是信息资源互联、互通、互操作的重要基础，信息资源标准化则是支持信息资源开发利用的重要手段之一[1]。目前，我国已正式成立的与信息资源开发利用相关的标准化技术委员会主要有全国信息技术标准化技术委员会、全国电子业务标准化技术委员会、全国信息与文献标准化技术委员会、全国地理信息标准化技术委员会等。在数字图书馆建设中，研究人员已建立了包含数字内容创建、数字对象描述（元数据）、数字资源组织、数字资源服务以及数字资源保存等方面在内的比较完备的标准体系规范[2]。在《文物保护标准化体系》制定项目中，南京博物院张小朋的课题"文物保护、博物馆信息化及信息建设标准化体系研究"获得立项[3]，目前已开展相关研究工作。"文物保护、博物馆信息化及信息建设标准化体系研究"的成果之一《博物馆信息化标准框架体系概论》指出，"十二五"期间，我国博物馆亟需制订博物馆信息化基础标准、博物馆信息化技术标准和博物馆信息化管理标准。其中基础标准包括信息分类编码专用术语和图符、信息指标著录规范、信息指标体系标准；技术标准包括藏品影像信息指标体系、文物数据采集指标项及著录规则、博物馆智能化系统使用要求、专用文化信息设备配置与使用标准；管理标准包括文物信息管理工作规范、文物机读目录数据标准、藏品保存状况信息采集工作规范、藏品影像采集技术规范[4]。文物保护、博物馆信息化标准体系建设是规范化、程序化、一体化、自动化、系统化的全方位管理，意义十分重大[5]。

文化遗产数字资源整合应借鉴、遵照上述相关标准，同时根据区域资源特点，可制订一些区域性的文化遗产数字资源建设准则，以指导数字资源建设工作。在构建区域性文化遗产数字资源整合标准体系时应把握以下原则。

1. 引进标准的针对性、适应性处理

根据国家文物局提供的信息，目前在文物保护、博物馆信息化建设方面，还没有一部正式颁行的国家或行业标准，已有的一些试行标准、规范大部分是为了解决亟待完成的任务而制订的，未被行业的日常业务工作所普遍采用[6]。因此，在现阶段开展文化遗产数字资源整合工作，要求我们在等待国家标准颁布的过程中，可以适当地引进一些相关行业的成熟标准，如数字图书馆标准。考虑到文化遗产数字资源整合是一个跨部门、跨领域的系统工程，同时数字资源类型多样、组织复杂，标准体系的构建应源于文化遗产的保护、管理、利用和传承整个过程，应在厘清引进标准的原理、技术、方法的基础上，有针对性地引进相关行业标准，使引进的行业标准适应文化遗产数字资源整合工作。同时，针对文化遗产的属性，对引进的标准应进行技术性处理，以适应文化遗产的特点。

2. 标准体系要有较好的兼容性

首先，标准应实现上下兼容。区域性文化遗产数字资源整合标准应以国家、省级标准为基础，针对资源特色制订区域内的各项标准，制订的标准应适用于区域下层（如区、县）单位的数字资源管理。

其次，标准要实现条块兼容与跨行业兼容。区域文化遗产的数字化工作是一个立体的、全方位的格局。文化遗产信息标准不仅涉及系统内部之间的信息交换，而且涉及与规划、建设、土地等部门之间的数据交换。因此，区域性文化遗产数字资源整合标准应以政府为主体进行构建，在制订过程中，在考虑区域内博物馆、图书馆等文化遗产机构的业务需求的同时，还应积极与相关部门合作，征求相关部门的需求，并将这些需求反映至标准中去。只有这样，构建的标准才能尽可能地实现一致，确保跨行业、跨部门的数据采集、处理及传输共享。

最后，标准还要做到新旧兼容。新制订的标准应在旧标准的基础上作扩充，同时兼容旧标准。

3. 制订的标准要符合区域文化遗产管理的特点

就目前而言，区域文化遗产管理具有上边千条线、下面一根针的特点，特别是市、县（县级市、区）、镇级。要充分考虑其吸收消化能力，不可过度复杂，不能费用太高。各地区之间也有很大的不同。园林是苏州的特色，楚王墓群则为徐州独有，非物质文化遗产各地之间更是千差万别。因此，要求区域性文化遗产数字资源整合的标准要有较大的适应性。另外，在制订准则时要尽量引用现有的国家标准，如没有国家标准，可借鉴成熟的国际标准。同时，针对实际工作需要，可对引用的国际、国家标准进行简化或细化，使之更好地为区域文化遗产管理实践服务。

三　以用户为中心开展文化遗产数字资源整合与服务

"用户导向"要求在信息资源整合与服务集成管理中，体现用户需求的核心作用，就是要在组织资源提供服务时，重视用户因素，通过定量和定性的方法，进行用户需求的全方位调查，研究用户的信息需求、信息行为以及信息资源的利用规律，据此设计信息资源整合与服务集成模型。以用户为导向进行信息资源整合与服务集成，应强调信息资源对用户的易用性、满足需求的系统性、有利于资源共享的标准化、用户信息利用的安全性和有利于用户业务拓展的发展性[7]。

上述构建的区域性文化遗产数字资源整合组织体系应在了解用户需求的基础上开展业务工作。文化遗产数字资源的用户需求既是未来研究的重点，也是难点。目前，文化遗产数字化中关于用户需求的研究并不是很多。建立合理模型通过计量的方式来进行验证，比停留于定性方面的研究更具实践意义，对用户服务实践和理论的发展都有很大的帮助[8]。我们可以构建如图二所示的文化遗产用户信息需求。

文化遗产用户信息需求归根到底就是要满足不同层次用户对文化遗产知识的获取，用户的基本信息状况决定了对资源的需求层次，用户需求的满意程度又反作用于文化遗产保

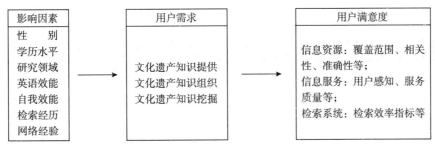

图二 文化遗产用户信息需求

护管理单位的服务。因此，文化遗产数字资源整合过程中应加强反映用户需求的知识提供、组织、挖掘方面的建设力度。首先，知识提供要方便快捷，能满足不同服务对象的不同需求；其次，知识组织应精简、有序，知识之间应具有较好的关联性，构建较为全面的文化遗产知识库；再次，根据用户的个性化需求，能以智能化的手段挖掘隐藏于大量显性信息中的隐性知识。

注释：

［1］吴志刚:《信息资源标准体系建设的政策研究》,《信息技术与标准化》2005 年第 Z1 期。

［2］张晓林等:《我国数字图书馆标准规范发展战略与基本框架》,我国数字图书馆标准规范建设项目、科技部科技基础性工作专项资金重大项目研究成果,2003 年 3 月。

［3］《关于公示"文物保护标准化体系"制定项目课题拟立项名单的通告》,http://kj. sach. gov. cn/news_detail. asp? t_id = 9577。

［4］张小朋、张莅坤:《博物馆信息化标准框架体系概论》,《东南文化》2010 年第 4 期。

［5］张小朋:《文博信息化标准体系研究（上）》,http://blog. njmuseum. com/article. asp? id = 135。

［6］张小朋:《文博信息化标准体系研究（中）》,http://blog. njmuseum. com/article. asp? id = 136。

［7］胡昌平等:《面向用户的信息资源整合与服务》,第 122 ~ 123 页,武汉大学出版社,2007 年。

［8］曹树金、林捷嘉:《数字信息资源用户需求研究》,《情报杂志》2008 年第 3 期。

新技术运用对博物馆事业发展所产生的影响

蒋彬彬

（南京市博物馆　江苏南京　210004）

内容提要：党的十七大报告强调，要弘扬中华文化，建设中华民族共有精神家园。这要求我们必须进一步完善博物馆的社会教育功能，也使得博物馆事业的发展上升到了一个新的高度。而多种新技术运用的加入，更像一股强而有力的推动力，让博物馆事业在新的高度上不断前进。本文将通过对多媒体技术、专业展柜技术、安防技术三个方面的浅析，阐述新技术的运用对博物馆事业的发展所产生的影响。

关键词：互动　文保　安防

2007 年，国际博物馆协会在维也纳修订的《国际博物馆协会章程》中，把博物馆定义为一个为社会及其发展服务的、向公众开放的非营利性常设机构，以教育、研究、欣赏为目的征集、保护、研究、传播并展出人类及人类环境的物质及非物质遗产。近四年来，博物馆人都在朝着这个方向不断努力，勇于开拓思路，引进先进思想和技术，在宣传教育、文物保护和研究、博物馆安全管理等各方面与世界先进水平接轨。这些新技术的引入，提升了博物馆的各项硬件水平，使其可以更好地服务于公众。

一　多媒体技术

新的展示及互动技术的引入改变了传统陈列手段只有平面展示的单一局面，通过对视频、音频、动画、图片、文字等媒体加以组合应用，形成立体展示，促进观众视觉、听觉及其他感官和行为的配合，创造崭新的参观体验，提高其观赏、探索的兴趣。我们所熟知的单点触控技术就在这样的背景要求下诞生了，按照其工作原理的不同，可分为声波屏和电容屏。前者依靠屏幕四角的声波发射和接收器分析触控坐标，而后者则利用人体电场对屏幕四角的电极电流的影响确定坐标。这两种技术由于各自所特有的性质被广泛使用，多用于数据库查询、电子地图和电子留言等。但是随着时代的推进，这种传统的多媒体技术已经不能满足人们对更快、更便捷操作的追求，于是多点触控技术出现了。2007 年，苹果公司与微软公司分别发表了应用多点触控技术的产品和计划，令该技术开始进入主流的应用。多点触控技术主要分为 LLP、FTIR、ToughtLight 和 Optical Touch 四种类别，虽然种类不同，但主要原理都是利用摄影机捕捉红外线的反射去向，后经系统分析，作出手势的判断反应。由这种技术衍生出的多点触控桌面系统已被很多博物馆的新馆所采用。基于红外捕捉技术，以亮度不低于 6500 流明、对比度不低于 2000∶1 的专业投影机作支持，利用全息反射膜作为反射介质，透过特殊红外灯在桌体内部形成的均匀红光照射，辅以高效红外捕捉摄像机，搭建一个抗干扰的红外捕捉系统。当用户通过手或激光笔触控桌面时，红外捕捉系统能迅速捕捉，并交由定制的红外捕捉处理程序处理，整个相应时间不超过0.2秒。用户通过手指轻松控制一切，既可以任意缩放图片或网页局部，又可以随意控制文物器形的三维模型，使其以不同的角度和大小呈现，与文物实体的连接更加紧密。与传统单点触控技术相比，其相应时间更迅速，观众的互动空间更广泛，互动的形式更加多变，并且可以让多用户共同享受交互体验。

二 专业展柜技术

专业展柜是文物展示安全的技术保障。在部分博物馆还停留在自制展柜或外包展柜制作的时候，已经有相当数量的博物馆在建设新馆的时候考虑到了采用专业展柜来保障文物展示的安全性。专业展柜的特性很好地兼顾了展示安全与美观，目前这种展柜的安全性主要体现在以下几个方面。

1. 柜体材料的环保性

由于展柜和文物直接或间接接触，如果展柜所用材料含有氯、硫或其他酸性成分，它们通过接触文物或通过自身老化后释放出有害气体，包括二氧化硫、硫化氢、一氧化氮、二氧化氮、臭氧和挥发性有机酸类（甲酸和乙酸）、挥发性醛类（甲醛和乙醛）等，势必会对文物造成不小的损害。专业展柜从柜体材质入手，所用的内衬板、垫衬材料和装饰材料都经过了测试或化学分析。展柜内空气质量控制在二氧化硫 $\leqslant 10\mu g/m^3$，氮氧化物 $\leqslant 10\mu g/m^3$，羧基化合物（甲酸、乙酸等）$\leqslant 100\mu g/m^3$，甲醛 $\leqslant 10ppb$，挥发性有机化合物总量(TVOC) $\leqslant 100ppb$，并且主要材料多采用铝合金材质，有效避免了展柜本身对文物的伤害。

2. 专业展柜对光线的控制

玻璃方面采用了夹膜安全玻璃，反射率小于0.9%，防紫外线能力大于99%，既保证了展柜内文物的观赏要求，又防止了玻璃意外损伤及外部光线对展柜内文物的影响。与此同时，展柜内光源对文物的影响也被考虑进去，例如织绣品、绘画、纸质物品、彩绘陶（石）器、染色皮革、动物标本等的光源照度必须小于50勒克斯，油画、蛋清画、不染色皮革、银制品、牙骨角器、象牙制品、宝玉石器、竹木制品和漆器等的光源照度必须小于150勒克斯。传统展柜的照明要想做到这点非常困难，而专业展柜则采用照度可调的光纤灯，对照度和光源温度都进行了有效的控制，从而针对不同文物的需要进行调节。

3. 气密性和恒温恒湿功能

这也是传统展柜最薄弱的部分，由于受到柜体材质以及密封材料的限制，传统展柜的气密性一般很难达到要求。专业展柜通过合理的模具设计以及采用进口密封材料将展柜内的空气交换率控制在 $0.1d^{-1}$ 以内，辅以恒温恒湿机对展柜内的温度、湿度进行控制调节，并将这些信息实时反馈给文保人员。

由此可见，专业展柜技术的引入，最大限度地保障了文物在实体展示时的安全性。

三　安防技术

随着全国博物馆近几年的飞速发展和相继免费开放，进入博物馆参观的人数也在年年骤增，这其中也不乏一些居心叵测之人。包括故宫失窃案在内，今年以来全国连续发生了三起博物馆文物被盗、被抢案件。博物馆的安全问题再一次引起各地各级政府部门的重视，一系列针对博物馆安全的要求细则逐一出台，同时媒体也在呼吁科技并不能解决全部问题。我们从这几起案件的分析中不难发现，问题确实不全出在科技上，而是人与科技没有完全融合，相应的科技手段不能完全弥补人在各种复杂情况下作出的错误判断。由此看来，除了加强安保人员的责任意识之外，新的安防技术在这种大环境下迫切需要进行系统的升级。让我们重现故宫被盗案的场景吧，犯罪嫌疑人先是藏身于展厅死角处，待展厅闭馆后破坏展厅内的供电系统，继而使报警器失灵，然后盗取文物。排除该展厅安防设备本身的故障原因，如果其安防设备具备以下任意一种功能，小偷就不可能得逞。

首先，新的安防技术要求每个独立报警设备必须具备电压侦测功能。当报警设备被破坏或者工作不正常时，电压值会超过设定范围，继而引发报警，并且这种电压值是设计人员随机设定的，数值也只有设计人员自己知道，所以有效防范了高级偷盗者采用短接模拟电压的反技防手段。

其次，独立的供电系统和大容量不间断电源的运用，解决了偷盗者一旦破坏了监控室电源或报警模块供电系统就导致报警主机瘫痪的问题。

再次，多种技防手段共同协作的立体式防护。单一的防护手段比较容易被人发现弱点，而多种手段共同防御，则互补了不足，特别是新的技防手段的加入无形中给这套体系又加上了一层保险。如应用在展柜的驻波报警器和应用在墙壁的震动报警器，分别通过侦测展柜内的物体位移、气流变化和墙壁上的震动波幅度来引发报警，并且相对于传统的被动红外与微波侦测技术，其隐蔽性更好，误报率更低。这些新的技防手段都在不同程度上弥补了传统技防的不足，并且仍在不断改进，为保障文物安全默默做着贡献。

博物馆事业的发展离不开宣传展示手段的更新，也离不开对文物安全保护的重视。科技时代的到来使得新技术的引入对博物馆明天的发展产生了积极而广泛的影响，今天介绍的这几种新技术也只是推动博物馆发展的其中很小的一部分。这些新技术涵盖了教育、研究、保护、宣传等各方面，这就要求我们在不同的领域开拓自己的思路，不断提高各方面的专业水平，并且在相关技术岗位上培养专业技术人才，从而推动博物馆发展从数量增长向质量提升转变。

浅谈博物馆的信息安全管理

陈宇滔

（南京市博物馆　江苏南京　210004）

内容提要： 随着博物馆信息化的发展，信息技术在博物馆中的应用越来越深入，随之而来的信息安全问题也逐渐暴露出来。本文主要从系统安全和数据安全两个方面分析博物馆信息安全管理中所面临的多种威胁，并针对这些问题提出一些应对之策。

关键词： 博物馆　信息安全　网络安全　数据存储

随着信息技术的不断进步，博物馆的现代化建设也得到了快速的发展。越来越多的博物馆开始以数字形式对有形的物质文化遗产以及无形的非物质文化遗产的各方面信息进行收藏、管理、处理，并为用户提供数字化的展示、教育和研究等各种服务。传统博物馆的文物管理、展示和信息查询发生了巨大的、根本性的变革。以此为基础的博物馆数字化概念应运而生。如同信息技术的发展进程一样，博物馆信息的数字化为博物馆资源的使用与传播提供了高效便捷的途径，但同时也带来了许多不可预知的威胁。在博物馆中，随着信息技术运用的逐渐广泛和深入，安全问题也应引起人们的足够重视。

一　博物馆信息安全的概念范围

一般认为，博物馆数字化有两层含义。第一层含义，即博物馆的数字化，主要指应用于传统博物馆的各类信息化系统工程，包括博物馆信息网络的构建、针对博物馆不同工作领域开发的各类应用程序、导览系统以及陈列展示中所使用的各类信息化展示设施等；第二层含义，即数字化的博物馆，普遍意义上的数字博物馆是以数字形式对实体藏品的各方面信息进行采集和管理，实现藏品信息的永久保存，并可以通过互联网为用户提供数字化的展示、教育和研究等多种服务的信息系统。基于这两层含义，博物馆的信息安全问题，也大致可以分为两个方面。

1. 信息系统安全

信息系统主要由计算机、网络硬件设备、操作系统软件和应用软件组成。信息系统的安全，简单来说，可分为硬件安全与软件安全两个方面。硬件方面主要包括终端计算机及外设、网络设备、存储设备和电源等网络辅助设备。软件方面主要包括终端计算机操作系统、服务器操作系统以及各种应用软件。随着网络技术的不断发展，信息系统越来越依赖网络化环境，各种应用软件均以网络为平台进行开发建设。因此，网络安全已经成为信息系统安全的主要问题。

2. 信息数据安全

信息时代，内容为王。数据、资源是信息化的核心。博物馆数字化、信息化建设的一切活动，都是围绕数据的管理和使用而展开的。因此，保证数据的安全，是信息安全管理工作的重中之重。信息数据的安全，主要包括数据存储与备份、数据传输与交换、数据使用等方面的问题。

二　博物馆面临的主要信息安全威胁及相应对策

1. 网络安全

计算机网络安全受到的威胁很多，概括起来主要有以下几种。

结构缺陷。网络在建设之初若缺乏合理规划，则在建成投入使用之后，可能会遇到各种难以即时解决的故障，从而对信息系统的正常运行造成阻碍。

电磁辐射。电磁辐射会干扰网络线路中的信号传播，造成网络通信质量下降，甚至是无法使用。此外，通过无线电磁波发射传送的网络信号，也存在着被截获的风险。而现在，应用越来越广泛的无线网络技术，一方面为设备的网络接入提供了极大便利；另一方面，也对网络的安全，尤其是单位局域网内部终端以及服务器信息的安全造成了极大威胁。

系统缺陷。包括主机和网络设备的硬件性能缺陷；操作系统以及应用软件的设计缺陷、漏洞。这些问题，或造成不定期的软硬件故障，或给恶意攻击者留下方便之门。

病毒传播。计算机病毒是一种恶意程序，它占用磁盘和系统资源，影响系统的正常运行。更为严重的是，有些病毒会对计算机上存储的数据进行修改、破坏、隐秘发送，造成数据的损坏或泄露。

黑客攻击。黑客利用网络或者系统中的漏洞，运用特定的技术手段，非法进入他人的计算机系统，搜索和盗取有用的信息，或者对系统和数据进行破坏。这种行为极易造成严重的后果。这种攻击不仅仅来自外部网络，在网络的内部，也有可能会发生。

为了应对网络系统安全所受到的各种威胁，博物馆的信息管理工作要注意以下几个方面。

硬件设备的安全防护。主要措施有：重视对终端及外设的维护保养，保证其工作效率；保证机房及网络设备的安全，采用电磁屏蔽及良好接地等手段，既让设备不受外界电磁干扰的影响，也使其自身的电磁辐射不对周围环境造成影响，并且有利于降低信息泄露的风险；采用双机热备份技术，包括关键网络节点上的设备以及服务器的备份，以此防止因单点故障而造成信息系统运行中断；合理配置不间断电源（UPS），尽量减小电力系统的不稳定因素对网络中各种设备的影响。

无线网络安全防护与网络隔离。无线信号是在空气中传播的，只要在信号覆盖范围内，一些非法用户无需任何物理连接就可以获取无线网络的数据。在博物馆的网络中，如果需要使用无线接入，必须要对无线接入点进行设置，保证其具有足够的接入安全性。此外，应严禁工作人员私自将无线接入设备连接至博物馆的网络。而博物馆信息系统的关键位置，如藏品管理系统所在的网络、存有涉密数据的计算机，应该与外网进行物理隔离，防止信息的泄露。

账户权限控制。要重视操作系统的账户安全，终端计算机操作系统的管理员账户和用户账户均应设置密码，访客账户一般情况下应禁用。在有条件的情况下，应该设置域服务器，用户登录终端计算机时由域服务器进行身份验证。利用域服务器，可以对不同的用户分配不同级别的网络资源访问权限，也能够对终端操作系统进行统一集中管理。对于博物馆的各种应用软件系统，也应完善相应的权限控制机制。

计算机病毒防范。网络系统在对病毒的防护上，基本采用安装杀毒软件的方式。杀毒软件分为个人单机版和企业网络版两种。在博物馆的信息网络中，应采用网络版杀毒软件。网络版杀毒软件由服务器端和客户端组成，软件的策略设置和升级工作均由管理员在服务器端完成。使用网络版杀毒软件，可以实现统一管理、统一升级，避免由于工作人员计算机应用水平的差异或者安全意识的薄弱而造成终端安全漏洞。此外，还有以硬件形式存在的防毒墙，主要安装在网关位置，为网络的边界安全提供保护。

防火墙技术。防火墙在连接内网与外网的网关上构造一层保护屏障，限制外部对内部网络的访问行为，阻断不安全的服务和非法用户，也可以限制内网对外网的访问，它是网络系统中一种重要的安全设备。但是防火墙也有一些缺陷和不足。防火墙无法防止用户在网络内部进行的攻击行为，不能完全阻止传送已感染病毒的软件和文件。而且，它只能防护单一网络线路的安全，如果网内某一用户，在终端上采取其他的网络接入方式，例如通过无线上网卡访问外部网络，防火墙就无法对其进行防范，从而造成网络安全中的漏洞。

入侵检测和安全审计。入侵检测是对计算机和网络资源上的恶意使用行为进行识别和响应的处理过程。它不仅检测来自外部的入侵行为，同时也指出内部用户的未授权活动。入侵检测通过收集计算机网络或计算机系统中若干关键点的信息，并对其加以分析，从中发现网络或系统中违反安全策略的行为和被攻击的迹象。入侵检测是对防火墙的合理补充或补偿。它提供了对内部攻击、外部攻击和误操作的实时保护。信息系统的安全审计是在记录一切（或部分）与系统安全有关的活动的基础上，对其进行分析、识别、记录和存储，分析一切可疑事件，发现系统中的安全隐患，或者追查导致安全事故的原因，然后采取相应的安全措施。它可以实现网络访问记录、邮件访问记录、上网时间控制、不良站点访问禁止等功能，达到保障网络安全以及防止信息泄露的目的。

规范员工行为。在信息安全管理中，对人的管理十分重要。在 2011 年的 RSA 信息安全大会上，不少信息安全专家不约而同地提出了一个引人关注的问题：众多缺乏安全意识的员工，正在成为黑客突破企业安全防护时最大也是最难修补的漏洞。员工对安全的忽视，也是对信息系统安全的一种威胁。例如随意下载安装软件，可能会导致计算机中毒，进而造成中毒计算机所在的整个网络瘫痪；或者被植入木马，为黑客打开计算机系统的后门。又例如，局域网中的 Windows 共享文件机制，是一种很不安全的应用，即使设置密码，也容易被破解。而有的员工由于计算机应用知识的欠缺，甚至还会发生其计算机中存在可匿名访问的共享文件夹而其却并不知晓的情况。因此，加强员工的信息安全意识，规范员工的网络行为，也是信息安全管理不可忽视的一个重点。

2. 数据存储安全

博物馆的信息数据，主要包含藏品、文献、考古、陈列展览、宣教、科研等博物馆馆藏信息和业务工作信息，以及各应用系统运行所需的文件和配置信息等。这些数据，有些分散存储在各终端计算机中，有些存储在移动设备中，有些存储在应用系统的服务器或服务器的扩展存储设备中。所有这些数据，是博物馆信息系统的核心所在。如果数据在存储过程中发生损坏、丢失，或者保密信息被泄露，必将会对博物馆造成不同程度的损失。

一般来说，数据存储所面临的安全威胁主要有：因存储介质本身的硬件故障，或者断电、死机、电磁干扰、软件缺陷等系统故障而造成数据的损坏；工作人员因疏忽大意而产生的误操作，导致数据损坏；计算机系统感染破坏性的病毒，造成数据损坏；因不可抗力因素而造成的数据损坏；某些敏感或保密的数据被不具备资格的人员阅读或复制，或者由于工作人员的保管疏忽，而造成数据泄密。

为了应对以上种种威胁，首先应该建立一个安全的存储系统。存储按照使用方式和规模，可分为移动存储和非移动存储。博物馆应尽量采用安全性较高的非移动存储设备，例如内置磁盘、磁盘阵列、磁带机等。

其次，要重视数据备份，建立完善的备份系统。数据备份是将数据以某种方式复制一份予以保留，以便在系统遭受破坏或数据丢失的情况下，重新加以恢复的一个过程。数据备份系统包括备份软件、备份介质、备份策略。在组建备份系统时，需要考虑数据备份的安全性、可用性与方便性。因为只有安全、可用的备份才可以及时地恢复所需数据；只有具有相当的方便性，用户才可以忍受定期或不定期备份的枯燥工作。

第三，完善用户权限控制。对不同级别的用户，为其设置相对应的访问权限。对普通用户，应限制其只能访问系统中的可公开数据。对各种专业用户，可以分别设置其访问敏感数据的范围。对高级别的用户，除设定相应的访问权限之外，还可以开放修改、删除的权限。通过权限控制，保证数据只对可信任的用户开放，提高数据存储的安全性。

另外，还应重视移动设备的安全隐患。USB 内存盘、存储卡、移动硬盘等移动存储设备，因其方便小巧，在随身携带的过程中，非常容易遗失。而笔记本电脑、手机等移动设备因其价值不菲，也经常面临被盗的风险。这些都会导致数据的丢失以及信息泄露。此外，如果将存有重要数据的移动设备送修，由于维修时间和接触人员的不可控性，这也会成为信息泄露的一大途径。在工作中，往往存在移动存储设备的无序使用、互相借用以及存储文件公私不分的情形，还有在私人笔记本电脑上处理工作、留存工作文件甚至是重要的博物馆信息数据的情况。诸如此类的混乱情形，都有可能导致博物馆信息的泄露。因此，加强对移动设备使用的管理，并辅以必要的技术手段，消灭移动设备所带来的安全威胁，也应该成为博物馆信息安全管理中的一项工作任务。

3. 数据交换与使用

博物馆资源的数字化，为资源的利用提供了极大方便。但由于数字资源的易复制性与易传播性，使得博物馆数字化资源的版权难以得到保护。因此，博物馆在使用数字资源的过程中，必须加强对自有资源的保护意识，采取必要的保护措施。

在数据传输与交换过程中，可以采用加密技术保证数据的安全。可以在数据传输之前，用加密算法对数据进行加密处理，然后进行传输。到达目的地之后再解密，这就如同密码电报。或者采用具有加密协议的网络，对数据进行传输，以从网络通信层面上对传输的数据进行保护。

在数据的使用过程中，也要重视对数据的保护。要根据使用环境和目的，合理控制资源质量。例如，文物照片在不同的应用环境中，所需要的精细度是不同的：用于网页显示的图片通常只需要几十万像素；用于插入文档的，一般不会超过一百万像素；而用于大幅面出版印刷的照片，可能就会需要上千万像素。如果在网页上放入分辨率过大的图片，不仅会影响网页的加载速度，更重要的是，由于网上信息可以无限制复制传播，博物馆将无法控制高质量信息资源被随意使用的情况。同理，如果在文档中插入分辨率过大的图片，并且将文档提供给他人，也就意味着连同高质量的图片一并提供。所以，博物馆应根据使用对象，区分应用需求，对提取使用的数字资源的质量进行控制。在向公众展示馆藏资源时，还应注意加强版权保护意识，用技术手段对资源进行版权标注。这样，当公众互相传播这些资源时，侵权行为也可以得到一定程度上的遏制。

信息安全管理是一项集管理和技术为一体的系统工程。在现代信息安全领域中，一个基本的原则是三分技术、七分管理。博物馆应当通过制度、设备、技术、人员等多层次的手段，建立完善的安全管理体系。既要加强技术管理，保证系统和数据的安全、稳定、可靠，也要加强制度管理、增强员工的安全意识，在信息资源的使用、发布以及与用户的交互中掌握尺度，维护信息安全，保障博物馆信息化系统的健康运行。

参考文献：

1. 刘远洋：《数字博物馆信息安全保护机制》，《数字博物馆研究与实践（2009）》，中国传媒大学出版社，2009 年。
2. 曹志宇：《博物馆信息化进程中的网络安全问题初探》，《数字博物馆研究与实践（2009）》，中国传媒大学出版社，2009 年。
3. 王裕昌：《博物馆信息安全的保护途径和措施》，《中国校外教育》2010 年第 2 期。
4. 兰健：《博物馆信息资源的安全和保密措施》，《中国文物报》2011 年 2 月 16 日。